James L. Dickerson

COLONEL TOM PARKER
Das verrückte Leben des exzentrischen Managers von Elvis Presley

James L. Dickerson

COLONEL TOM PARKER
Das verrückte Leben des exzentrischen Managers von ELVIS PRESLEY

Aus dem Englischen von Waltraud Eckersberger

www.hannibal-verlag.de

Danksagung

Folgenden Personen und Organisationen möchte ich für die Unterstützung bei der Entstehung dieses Buches danken: Ed Frank von der Mississippi Valley Collection, University of Memphis; der Jean und Alexander Heard Library, Vanderbilt University; Frances Preston, Brenda Lee, Marshall Grant, Bobbie Moore, Paul Lichter, Al Dvorin; Diane Grey bei der Tampa Tribune; Carl Sedlmayr Jun., Laura Sedlmayr, Hal Kanter, Evelyn Black Tuverville, James Reid; John Bakke, University of Memphis; der Public Library of Nashville and Davidson County; dem FBI; Joan Jacka, Nevada Gaming Control Board; Debbie Taylor, Tampa Humane Society; Sharon Toon, Selective Service System; der Tampa-Hillsborough County Public Library; Loretta Bowman, Las Vegas, Nevada; Ave M. Sloane und Marian Smith, United States Immigration and Naturalization Service; Mark Medley, Country Music Foundation; Chips Moman, D.J. Fontana, Donna Presley Early; Sergeant Dan Grossi, Tampa Police Department; Claudia Anderson, Lyndon Baines Johnson Library; und ein besonderer Dank geht an den wahren Helden der Elvis-Presley-Saga, Scotty Moore.

Für meine Mutter, Juanita Dickerson Caldwell

Impressum

Deutsche Erstausgabe 2022
© 2022 by hannibal

Hannibal Verlag, ein Imprint der KOCH International GmbH, A-6604 Höfen
www.hannibal-verlag.de

ISBN: 978-3-85445-722-0
Auch als E-Book erhältlich mit der ISBN 978-3-85445-723-7

Titel der Originalausgabe: Colonel Tom Parker: The Curious Life of Elvis Presley's
Eccentric Manager

Copyright © 2001 James L. Dickerson
Coverfoto © James R. Reid *(Das Foto zeigt Parker, wie er in Memphis hinter Elvis Presley
aus dem Zug steigt. Parker konnte das Land nicht verlassen, also holte er Elvis in New York ab
und sie nahmen den Zug nach Memphis.)*
ISBN 978-1-941644997
Sartoris Literary Group, Inc.
Jackson, Mississippi
www.sartorisliterary.com

Coverdesign und grafischer Satz in deutscher Sprache: Thomas Auer
Übersetzung: Waltraud Eckersberger
Deutsches Lektorat: Dr. Rainer Schöttle
Korrektorat: Manuela Tiller

Hinweis für den Leser:
Kein Teil dieses Buchs darf in irgendeiner Form (Druck, Fotokopie, digitale Kopie
oder einem anderen Verfahren) ohne schriftliche Genehmigung des Verlags reproduziert oder unter Verwendung elektronischer Systeme verarbeitet werden.
Der Autor hat sich mit größter Sorgfalt darum bemüht, nur zutreffende Informationen in dieses Buch aufzunehmen. Alle durch dieses Buch berührten Urheberrechte, sonstigen Schutzrechte und in diesem Buch erwähnten oder in Bezug genommenen Rechte hinsichtlich Eigennamen oder der Bezeichnung von Produkten und handelnden Personen stehen deren jeweiligen Inhabern zu.

Printed in Germany

CO2-neutrale Produktion

INHALT

Kapitel 1:
Die zweitgrößte Show auf Erden
9

Kapitel 2:
Unterwegs mit Hank und Eddy
33

Kapitel 3:
Der Colonel erschließt sich ein wildes Königreich
75

Kapitel 4:
Der King rockt sich an die Spitze
114

Kapitel 5:
Vom Rand des Abgrunds zurück ins Rampenlicht
149

Kapitel 6:
Geteert und gefedert mit dem Glanz Hollywoods
187

Kapitel 7:
Las Vegas zieht die Schlinge enger
224

Kapitel 8:
Der König ist tot: Lang lebe der Manager
262

Anmerkungen
301

Bibliografie
310

Register
316

Colonel Tom Parker (Country Music Foundation)

KAPITEL 1

★ ★ ★

Die zweitgrößte Show auf Erden

Dem jungen Tom Parker schien das Leuchten Tampas wie ein Signalfeuer in der Nacht. Die Natur hat die Städte Tampa und St. Petersburg durch eine riesige inländische Salzwasserbucht zusammengefügt, doch sie unterscheiden sich sehr voneinander. St. Petersburg, mit seinen Sandstränden am Golf von Mexiko, ist seit Langem die Spielwiese der Reichen und Schönen an Floridas Westküste. Tampa ist herber und von der Arbeiterschicht geprägt. Die Stadt war fast die gesamte Frühgeschichte hindurch als Zielhafen für Bananenboote aus Kolumbien bekannt.

Seit die Region im sechzehnten Jahrhundert von Juan Ponce de Leon und Hernando de Soto entdeckt wurde, genießt Tampa dank seiner Mineralquellen mit wundersamen Heilkräften einerseits den Ruf eines Naturparadieses, andererseits aber auch den einer gesetzlosen Hafenstadt, wo Glücksspiele, Prostitution und Alkohol in Maßen toleriert wurden, solange ein gebührlicher Abstand zu den gepflegten Vierteln der feinen Gesellschaft gewahrt blieb.

Tampa bot Tom Parker alles, was ein junger Mann sich nur wünschen konnte. Als er in den frühen 1930er-Jahren zum ersten Mal in der Gegend um die Bucht von Tampa auftauchte, war der Land-

Boom der 1920er-Jahre in Florida abgeklungen und hatte eine Flut von Neuankömmlingen zurückgelassen, darunter manche mit Vermögen, das sie investieren konnten, aber auch andere, die verzweifelt Arbeit suchten. Für Parker war dies sowohl der ideale Zeitpunkt als auch der ideale Ort, um Wurzeln zu schlagen. Mit Ausnahme der Region um die Bucht von Tampa war die gesamte Westküste Floridas trostloses Brachland.

Da Tampa den einzigen bedeutenden Hafen zwischen Key West und Pensacola besaß, wurde die Stadt von zahllosen illegalen Einwanderern frequentiert, welche die Häfen mit dem größten Zulauf an der Westküste umgehen wollten. Tausende von Kubanern kamen, um in den Zigarrenfabriken der Gegend zu arbeiten, und Tampa war auch der Hafen der Wahl für jene, die durch die Hintertür in die Vereinigten Staaten kommen wollten. Von allen Häfen Amerikas wurden im Hafen von Tampa die wenigsten Fragen gestellt. Es war genau der richtige Ort, wenn man eine Vergangenheit hatte und noch einmal von vorn anfangen wollte.

Tom Parker kam in den frühen 1930er-Jahren zum ersten Mal nach Tampa. Aus der Zeit davor gibt es keine Aufzeichnungen über seine Existenz in Amerika, und es sollte noch Jahrzehnte dauern, bis jemand herausfand, dass sein wahrer Name Andreas van Kuijk lautete. Dem sichersten existierenden Beweismaterial zufolge – Material, das später von einem Nachlassgericht in Tennessee anerkannt wurde und von Tom Parker selbst unangefochten blieb – wurde er am 26. Juni 1909[1] als Andreas van Kuijk in Breda in den Niederlanden geboren.

Als Andreas auf die Welt kam, wurde er von fünf Brüdern und Schwestern begrüßt; noch vor seinem zehnten Geburtstag folgten vier weitere Geschwister. Seine Eltern waren Adam und Maria van Kuijk. Allen Angaben zufolge hatte er eine ganz normale Kindheit. Johannes und Marie Ponsie, seine Großeltern mütterlicherseits, verdienten sich ihren Lebensunterhalt als reisende Händler auf den Wasserwegen der Niederlande und verhökerten billigen Plunder.

Andreas war sechzehn Jahre alt, als sein Vater starb. Die Familie versuchte, sich irgendwie über Wasser zu halten, nachdem sie den Hauptverdiener verloren hatte, aber die Situation war verzweifelt. Wo sollten sie wohnen? Was sollte Maria arbeiten, um die Familie zu ernähren? Andreas verschwand wiederholt für kurze Zeiträume. Später stellte sich heraus, dass er sich auf dem Werftgelände herumgetrieben hatte. Eines Morgens verließ er sein Zuhause und kam nie mehr zurück.[2]

In den späten 1920er- und frühen 1930er-Jahren war Andreas von der Bildfläche verschwunden. Irgendwo zwischen den Niederlanden und den Vereinigten Staaten – mehr wissen wir nicht – legte er seine alte Identität ab und erfand sich neu. So wurde Tom Parker geboren, vollständig ausgewachsen und in seinem Mund eine gigantische handgerollte kubanische Zigarre zur Schau tragend.

»Hallo«, sagte er bei seiner Ankunft in der nüchternen Hafenstadt Tampa, »mein Name ist Tom Parker und ich komme aus Huntington, West Virginia.«

Die 1920er- und frühen 1930er-Jahre hindurch gab es Dutzende von Schaustellerbetrieben, die kreuz und quer durch Amerika reisten und Jahrmärkte, Ausstellungen und Messen mit ihrem Unterhaltungsangebot bereicherten. Einer der bekanntesten war die Johnny J. Jones Exposition, aber es gab viele andere, darunter die Rubin & Cherry Shows, Beckmann & Gerety's C. A. Wortham Shows und John M. Sheesley's Mighty Midway.

Eines der aggressivsten Unternehmen war das in Tampa ansässige Royal American Shows, das in den frühen 1920er-Jahren den Betrieb aufgenommen hatte. Das gesamte Jahrzehnt hindurch kämpfte es darum, mit anderen Shows gleichzuziehen, und Anfang der 1930er-Jahre war es zur führenden Attraktion auf den Rummelplätzen im Land geworden, eine Position, die es bis ins darauffolgende Jahrhundert hinein behauptete.

Im Wesentlichen waren die Schaustellerbetriebe auf den Rummelplätzen eine weiterentwickelte Form der reisenden Medizinshows, die in den späten 1880er-Jahren und bis ins neue Jahrhundert hinein populär waren. Die Kickapoo Indian Medicine Company etwa war in jener Zeit ein typisches Beispiel für diese Art von Show, die ein buntes Unterhaltungsprogramm bot. Gewöhnlich bestand das Programm aus zehn Einzelvorstellungen mit tanzenden Indianern, Schlangenmenschen, einem Trapez-Akt, Gewehr- und Handwaffenausstellungen und einem Seiltänzer.[3]

Als sich auf den Rummelplätzen glamourösere Shows immer größerer Beliebtheit erfreuten, wurden die Medizinshows immer weiter zurückgedrängt, bis sie gegen Mitte der 1960er-Jahre nahezu ausgestorben waren. Aber als Tom Parker nach Tampa kam, waren sie noch sehr präsent, vor allem im Süden. Im kleinstädtischen Amerika waren sie oft die Einzigen, die den Menschen Liveunterhaltung boten.

Der Ablauf war immer derselbe: Die Medizinshow errichtete ihre Zelte vor den Toren der Stadt, und der Marktschreier der Vorstellung ging in Begleitung eines »Jake«, eines Weißen mit schwarz geschminktem Gesicht, und eines Indianers in die Stadt, um ein paar Nummern an hochfrequentierten Straßenecken vorzuführen. Diese Darbietungen hatten den Zweck, Menschen zu den Vorstellungen, die gewöhnlich ein paar Stunden dauerten, ins Zelt zu locken. Die wahre Absicht hinter den Medizinshows – und später der Shows auf den Rummelplätzen – war jedoch nicht, die Menschen zu unterhalten, sondern ihnen Waren zu verkaufen.

Die ganzen 1920er-Jahre hindurch war Johnny J. Jones der Pate der amerikanischen Schaustellerbetriebe, ein Mann von sanftem Gemüt und kleiner Statur, dem der Ruf anhaftete, geschäftlich gerissen und seinen Angestellten gegenüber fürsorglich zu sein. Er war sehr beliebt unter den Schaustellern. Als sich in deren Kreisen im Dezember 1930 die Nachricht von seinem Tod verbreitete, waren zunächst alle traurig, denn in Schaustellerkreisen hieß es, dass Jones seinesgleichen niemals absichtlich etwas Schlechtes angetan habe;

doch die Trauer wich schnell der Besorgnis darüber, wer nun die Führungsrolle übernehmen würde.

Schausteller brauchen eine Galionsfigur, jemanden, der das große Geschäft mit der Welt draußen machen kann. Sie haben ihre eigene Sprache, ihren eigenen Verhaltenskodex und ihre eigenen Erwartungen an die Welt außerhalb ihrer eigenen. Der Tod von Johnny J. Jones hinterließ in der Schaustellerwelt eine große Lücke. Die erfolgreichsten Schausteller werden nicht demokratisch gewählt, auch nicht durch göttliche Intervention in ihre Position gebracht. Sie kommen an die Spitze, wenn sie natürliche Führungsqualitäten vorweisen können.

Der aussichtsreichste Kandidat für diese Führungsrolle im Jahr 1931 war Carl J. Sedlmayr, der (zusammen mit den Velare-Brüdern) Eigentümer und Geschäftsführer der Royal American Shows aus Tampa war. Sedlmayr war am 20. Oktober 1886 in Falls City, Nebraska, auf die Welt gekommen; er war also fünfundvierzig Jahre alt, als Jones starb. Er war nicht in eine Schaustellerfamilie hineingeboren worden, was seinen Aufstieg zu einer Berühmtheit noch beeindruckender macht.

Sedlmayrs Kindheit verlief ohne besondere Vorkommnisse, bis im Jahr 1897 sein Vater starb, wonach er nach Kansas City, Missouri, geschickt wurde, um bei Verwandten zu leben. Im Alter von vierzehn Jahren wollte er nichts lieber werden als Apotheker. Dieser Traum zerplatzte, als er sich für die Stelle eines Apothekers in Omaha and Council Bluffs, Iowa, bewarb und seine Bewerbung abgelehnt wurde.[4]

Stattdessen antwortete Sedlmayr auf eine Zeitungsanzeige, in der Verkäufer für ein neuartiges Schreibgerät, den Tintenfüller, gesucht wurden. Er brachte die neumodische Erfindung hinaus in die Welt und wurde ein erfolgreicher Handelsreisender. Auf seinen Reisen traf er auf etliche Marktschreier, die für Medizinshows warben, und fand Interesse an der Lebensführung, die damals der Inbegriff des amerikanischen Showbusiness war. Im Jahr 1907 stürzte er sich im Alter von einundzwanzig Jahren Hals über Kopf ins Schaustellerleben und nahm eine Stelle als Ticketverkäufer im Riverview Park in Chicago an. Schließlich hatte Sedlmayr genug Geld gespart, um sich einen Schaustellerbetrieb kaufen zu können.

Da er dachte, der Begriff »Royal« würde Kanadier ansprechen, und »American« würde in den Vereinigten Staaten gut ankommen (um erfolgreich zu sein, musste der Betreiber eines Schaustellgeschäfts in beiden Ländern gleichermaßen erfolgreich sein), änderte er den Namen des Betriebs auf Royal American Shows.[5] 1925 hatte er zwei Partner dazugewonnen, Elmer und Curtis Velare. Zusammen bauten sie die Royal American Shows zu einem erstklassigen Unternehmen auf.

Film und Radio waren die größte Bedrohung für die Darbietungen auf den Rummelplätzen, doch die Schausteller trotzten der Konkurrenz erfolgreich, denn es kam ihnen zugute, dass die Besucher bei ihren Vorstellungen mitmachen konnten. Man konnte die Unterhaltungskünstler aus der Nähe erleben. Man konnte das Gras riechen und das Popcorn und die kandierten Äpfel. Noch dazu gab es auf dem Rummel Vorstellungen mit Mädchen, was für einen gewissen Kitzel sorgte, den man im Radio und in den Kinos vergeblich suchte (außer man hatte in der Kino-Loge besonders viel Glück).

Sedlmayr war ein meisterhafter Schausteller, auch wenn er selbst niemals eine Bühne betrat, um etwas vorzuführen. Er hatte ein anderes Talent. Er verfügte über die Fähigkeit, in eine Stadt zu kommen und allein durch die Kraft seiner Persönlichkeit jeden zu überzeugen, dass Royal American die größte Show der Welt sei. Die meisten Betreiber von Schaustellerunternehmen wissen mehr über die Städte und Gemeinden, die sie besuchen, als die Menschen, die dort leben. Sie finden schnell heraus, wer ehrlich war und wer nicht.

Wenn eine Stadt von einer mafiaähnlichen Familie kontrolliert wird, die ihre eigenen Mädchenshows und Spielhallen betreibt, wird ein Schausteller ganz schnell von ihr zu hören bekommen. Schausteller belächeln die Anschuldigung, man könne ihnen nicht trauen. In ihren Augen läuft in der Welt insgesamt der größte Schwindel mit all den dunklen, örtlichen Machenschaften und den skrupellosen Machtzentren.

Sedlmayr traf gewöhnlich drei Tage vor den Vorstellungen in einer Stadt ein. Sein erster Tagesordnungspunkt war, sich bei

Behörden, führenden Politikern und jenen Geschäftsleuten vorzustellen, deren Gegenwehr er am meisten vermeiden wollte. War das geschafft, ging er zu dem Gelände, wo der Rummel aufgebaut werden sollte, und schritt die vorgesehenen Plätze jeder einzelnen Attraktion ab. Seine Schrittlänge betrug genau neunzig Zentimeter. Er kannte die Abmessungen jeder einzelnen Attraktion seines Betriebs und war stolz auf seine Fähigkeit, die Markierungen für jeden benötigten Pfosten und Trägerpfahl abschreiten zu können.

1935 war Sedlmayr zum unumstrittenen König des Rummelplatzes geworden. Der Tross der Royal American Shows füllte neunzig Eisenbahnwaggons und bot die größte Vielfalt an Fahrgeschäften, Nebenvorstellungen und Künstlern am Platz. Durch den Streik der Angestellten des Zirkus Barnum and Bailey im Jahr 1938 bekam Royal American unerwartet Auftrieb.

Während der Zirkusbetrieb stillstand, konnten die Royal American Shows, deren Attraktionen häufig dem Zirkus zur Verfügung gestellt wurden, den zugeteilten Platz vergrößern, sodass der Betrieb nach dem Ende des Streiks, als der Zirkus wieder auf Reisen ging, mehr Platz zur Verfügung hatte als der Zirkus selbst.

P. T. Barnum war seit eh und je berühmt dafür, die »größte Show der Welt« zu haben. Doch nach 1938 waren Carl Sedlmayrs Royal American Shows eindeutig die zweitgrößte Show der Welt. Die ganzen 1940er- und 1950er-Jahre hindurch vergrößerte Royal American seinen Einfluss und stand noch in den späten 1990er-Jahren unbestritten an der Spitze. Carl Sedlmayr erhielt niemals die öffentliche Anerkennung oder erreichte den großen Bekanntheitsgrad eines P. T. Barnum, aber das lag daran, dass er bereits früh in seiner Laufbahn beschlossen hatte, hinter den Kulissen zu bleiben. Sein Name ist außerhalb der Schaustellerbranche weitestgehend unbekannt, aber innerhalb der Branche ist er ein Gott.

Am Ende der Saison 1965 kehrte der Royal-American-Tross in sein Winterquartier in Tampa zurück, wo die gesamte Ausrüstung entladen und eingelagert wurde. Sedlmayr und sein Sohn, Carl Sedlmayr jun., vereinbarten, sich am Abend im Haus des Sohns zum Abendessen zu treffen. Als der Vater nicht zu der Verabredung erschien, fuhr Carl jun. zu seinem Haus, um ihn zu abzuholen, und fand ihn in seinem Bett vor, wo er ruhig im Schlaf gestorben war.

Mehr als zwölfhundert Schausteller strömten in den Greater Tampa Showmen's Club, um Carl Sedlmayrs Beerdigung beizuwohnen. Im Einklang mit seiner überkonfessionellen Lebensführung wurde die Messe von einem Rabbi sowie einem protestantischen Pastor geleitet. Sein Leichnam wurde in einem Mausoleum auf dem Schaustellerfriedhof Showmen's Rest in Tampa bestattet, und nach dem Abschied von diesem Schausteller wurde die Fackel der Royal American Shows seinem Sohn übergeben, der im Alter von sechsundvierzig Jahren bereits einen Gutteil der amerikanischen Rummelplätze gesehen hatte.[6]

Im Jahr 1931 oder 1932 traf Carl J. Sedlmayr jun. erstmals auf Thomas A. Parker. Sedlmayr war zwölf oder dreizehn Jahre alt, in einem Alter, als er gerade damit anfing, die Grundlagen des Schaustellergeschäftes von seinem Vater zu lernen. Den zweiundzwanzigjährigen Parker konnte man kaum übersehen: Ein Meter achtzig groß, mit einer dicklichen, birnenförmigen Körpermitte, stach er aus seiner Umgebung heraus. Er hatte ein rundes, freundliches Gesicht und blaue Augen, in denen etwas Hinterlistiges funkelte.

Sedlmayr kann sich noch lebhaft an Parker erinnern.[7] Zwar weiß er nicht mehr, in welcher Stadt sie waren, aber eines Tages schritt er den Platz ab, blickte nach oben und sah ein neues Gesicht. Er sah ihn sich genau an, denn Schausteller sind wie eine Familie, und Neuankömmlinge werden stets gründlich überprüft. Tom Parker stand hinter der Theke eines Imbissstands, erhobenen Hauptes inmitten des dicht gedrängten Tumults des Rummelplatzes … und verkaufte kandierte Äpfel mit dem Enthusiasmus und Eifer eines Predigers in einem Zirkuszelt.

Sedlmayr ist nicht sicher, in welchem Monat Parker den Vertrag mit Royal American einging, denn alle frühen Unterlagen wurden zerstört, als das Dach eines Schauwagens undicht wurde und am Ende alles, was sich darin befand, vom Regenwasser durchweicht war. Er erinnert sich ungefähr an das Jahr, als er Parker traf, weil er noch weiß, wie alt er damals war. »Es war eine kleine Gemeinschaft«, sagte er über Royal American. »Wir standen uns nahe, wir arbeiteten und lebten zusammen.«

Traditionsgemäß verließ der Schaustellerzug Tampa im März oder April. Seit eh und je hatte die Saison stets in der ersten Maiwoche mit dem Cotton Carnival-Fest in Memphis, Tennessee, angefangen und endete in der letzten Oktoberwoche auf der Louisiana State Fair in Shreveport, Louisiana – zwei Städte, denen für Tom Parkers sowie Elvis Presleys Karrieren entscheidende Bedeutung zukommen sollte.

Gewöhnlich dauerte eine Buchung eine Woche, aber manche Veranstaltungen, wie etwa das Annual Spring Festival in St. Louis, Missouri, und die Calgary Exhibition and Stampede in Alberta, Kanada, dauerten zwischen zehn Tagen und zwei Wochen. Weitere Aufenthalte auf dem Weg von Memphis nach Shreveport waren das Annual Shrine Jubilee in Davenport, Iowa, die Edmonton Exhibition in Alberta, Kanada, die Regina Exhibition in Saskatchewan, Kanada, die State Fair of Wisconsin in Milwaukee, die State Fair of Minnesota in St. Paul, die Kansas State Fair und die Mid America Fair in Topeka, Kansas.

Memphis war die erste Stadt, wo Parker kandierte Äpfel verkaufte. Anlass war der Cotton Carnival, eine ziemlich offensichtliche Nachahmung des Mardi Gras in New Orleans. Der Cotton Carnival begann mit der Ankunft der »königlichen Barke« auf dem Mississippi, die an der Monroe Street im Herzen der Innenstadt von Memphis anlegte. Es folgte eine Parade mit bunt dekorierten Flößen und Musikzügen.

Der König und die Königin, die von den Familien erfolgreicher Baumwollhändler eingeführt wurden, legten königliche Kleidung an und warfen den Kindern und Erwachsenen, die die Straßen der Innenstadt säumten, Bonbons zu. In späteren Jahren wurden aufwendige, motorisierte Flöße benutzt, aber in den frühen 1930er-Jahren bestanden die Flöße aus alten, von Eisherstellern ausrangierten Wagen, die von Pferden und Maultieren gezogen wurden.[8]

Parker reiste mit einem ganzen Zug voller ihm fremder Leute, doch verband ihn mit seinen Weggefährten ein gesundes Misstrauen gegenüber den Behörden. Schausteller sind keine Menschen, die Hemden mit Button-down-Kragen tragen und geregelte Arbeitszeiten haben und sie blühen nicht unter Reglementierungen und dem Sinn für soziale Verantwortung auf. Schausteller gibt es in allen Formen, Größen und Farben, von jedem ethnischen Hintergrund und jeder sexuellen Orientierung und mit allen Talenten, aber ihnen allen gemein ist ein Misstrauen gegenüber der traditionsgebundenen Gesellschaft. Und diese gemeinsame Sichtweise schweißt sie zu einer Familieneinheit zusammen. Parker wird nach seiner Ankunft in Memphis wohl als Erstes versucht haben herauszufinden, wer die Mafiabosse waren, besonders, weil es sein erster Auftritt auf einem Rummelplatz war. Nicht dass er im Entferntesten den Wunsch verspürt hätte, ein Treffen zu vereinbaren: Es ging ihm darum, sich von Ärger fernzuhalten.

In den frühen 1930er-Jahren war in Memphis eines der mächtigsten Verbrecherkartelle des Landes beheimatet. Auf der Basis einer Studie über die Mordraten im gesamten Land wurde Memphis von der Versicherungsgesellschaft Prudential Insurance mehr als zwei Jahrzehnte lang als Amerikas »Mörderstadt« bezeichnet. Dieser Titel sollte der Stadt durch die 1930er- und 1940er-Jahre hindurch anhaften, und bis zum heutigen Tag taucht er in regelmäßigen Abständen immer wieder auf. Es gab vielerlei komplexe Gründe dafür, warum Memphis eine gefährliche Stadt war, hauptverantwortlich aber war ein Unterweltgangstertum, das sich auf Kokainhandel, Prostitution und Glücksspiel stützte und, in späteren Jahren, auch auf raffinierten Wirtschaftsbetrug, welcher dem Staat und der Privatindustrie Millionen raubte.[9]

Parallel zur Unterwelt verlief eine politische Organisation, deren Anführer der berüchtigte E. H. »Boss« Crump war. Er kontrollierte nicht nur die Politik in Tennessee, häufig hatte er auch Einfluss auf die landesweite Politik. Fast vier Jahrzehnte lang bestimmte er, wer für politische Ämter infrage kam, einschließlich Präsidenten, bundesstaatlicher Richter und einer großen Anzahl kommunaler Ämter, angefangen beim Chef der Bezirkspolizei bis hin zu den Mitgliedern der Einberufungsbehörde.

In den 1930er-Jahren war Memphis landesweit in aller Munde, und Zeitschriften schickten regelmäßig Journalisten in die Stadt, um über die ruchlosen Aktivitäten zu berichten, die viele Zeitungsverleger als Bedrohung für Gesundheit und Sicherheit der gesamten Nation betrachteten. Welchen Eindruck Parker auch bei seiner Ankunft mit Royal American im Jahr 1931 gehabt haben mochte – bis zu seiner Abreise war ihm mit großer Wahrscheinlichkeit völlig klar geworden, dass Memphis die gefährlichste Stadt in Amerika war.

Sedlmayr ist nicht sicher, wie lange Parker für Royal American gearbeitet hat, ein oder zwei Jahre vielleicht, schätzt er. Wahrscheinlicher aber ist, dass es sechs oder sieben Jahre waren. Das hat Parker selbst später behauptet. Wenn dem so war, dann war er 1934 beim Auftakt des Cotton Carnival dabei, wo nach der Ankündigung, es gebe keine Tickets mehr für die Vorstellung des Guy Lombardo Orchesters im Auditorium der Stadt, ein Tumult ausbrach. Ein Mob von enttäuschten Fans umringte das Auditorium und hielt Fans, die Tickets hatten, davon ab, ins Gebäude hineinzukommen. Während des darauffolgenden Tumults wurden Fenster zerbrochen und Türen eingetreten. Dieser Vorfall vermittelte Parker einen ersten flüchtigen Eindruck davon, welch zerstörerische Kraft und welch unbegrenztes finanzielles Potenzial in musikalischem Starruhm steckte.

Mit der Zeit machte Parker mehr auf dem Rummel, als nur Äpfel zu verkaufen. Gern erzählte er die Geschichte von seiner Nummer mit den tanzenden Hühnern, bei dem er eine erhitzte Platte unter ein mit Sägespänen bedecktes Blech stellte. Er platzierte mehrere Hühner auf den Sägespänen und wann immer er sie »tanzen« lassen wollte, erhitzte er die Platte stärker, sodass sie sich die Füße verbrannten. Ein anderes Mal fing er Zaunkönige, malte sie gelb an und verkaufte sie als Kanarienvögel. Oscar Davis, der später sein

Assistent wurde, sagte dem Elvis-Biografen Jerry Hopkins, Parker habe ihm erzählt, er sei verantwortlich für die Verpflegung im Zug gewesen – die Schausteller nannten ihn »Kuchenwagen« – und dass er manchmal nebenher aus der Hand gelesen habe.

Einer anderen Geschichte nach betrieb Parker einen Hot-Dog-Stand. Hot Dogs zu verkaufen, ist keine große Herausforderung. Die Leute kaufen sie, weil sie ihnen schmecken. Die Schwierigkeit liegt darin, Hot Dogs zu verkaufen, die eigentlich keine sind. In Parkers Hot Dogs waren an jedem Ende des Brötchens kleine Wurststückchen, mit einem Klecks Senf und billigen Zutaten dazwischen. Wenn sich jemand beim Anblick seines Hot Dogs beschwerte, betrogen worden zu sein, deutete Parker auf ein Wiener Würstchen, das er vorher in die Sägespäne geworfen hatte. »Aber nein, du hast dein Würstchen fallen lassen, Junge«, sagte er und zeigte auf das mitgenommen aussehende Würstchen auf dem Boden.

Einer weiteren Geschichte nach diskutierte die Leitung des Rummelplatzes darüber, den Preis für ein Essen von fünfzig auf fünfundzwanzig Cents herunterzusetzen, wenn ein Essensstand auf dem Rummelplatz schlechte Geschäfte machte. Parker meinte, er habe eine bessere Idee. Er malte ein Schild, auf dem stand: »Zutritt 1 Dollar. Wenn Sie nicht zufrieden sind, erhalten Sie die Hälfte zurück.« Natürlich wurde der Stand von Kunden gestürmt, die sich ein gutes Geschäft nicht entgehen lassen wollten.

Wenn nicht ausreichend Zutaten für ein bestimmtes Konzessionsangebot vorhanden waren, wie etwa ausreichend Zitronen für Limonade, ging Parker in den nächstgelegenen Drogeriemarkt und kaufte Zitronensäure, um seinem Gebräu den richtigen Geschmack zu geben. Nachdem er das Gebräu aus Zuckerwasser richtig durchgemischt hatte, garnierte er es mit einer Zitronenscheibe. Es schmeckte grässlich, aber es sah aus wie Limonade und das war alles, was zählte.

In den frühen 1930er-Jahren waren die Royal American Shows vollgepackt mit Unterhaltung. Für jemanden mit Parkers Zartgefühl war das erheiternd. Zwerge, Frauen mit Bart, Schlangenmenschen,

Trapezkünstler, geübte Scharfschützen, Messerwerfer, Tierausstellungen mit Gorillas und Schlangen und Löwen sowie Glücksspiele jeder erdenklichen Art. Die einzige Anforderung an eine Nummer bestand darin, irgendwie sonderbar zu sein oder auf einem nicht wahrnehmbaren Schwindel zu beruhen.

Manche Nummern waren äußerst simpel. White Wing war ein Afroamerikaner, der eine nachgemachte Militäruniform trug, samt weißen Hosen und Schuhen. Mit einem zugespitzten Stock, einer Tasche und einer Pfeife patrouillierte er über den Rummelplatz. Wenn er ein Stück Papier auf der Erde liegen sah, pfiff er so laut er konnte, rannte wie wild auf das Papier zu und stach zum Klang einer dramatischen Fanfare zu. Nur zu gern gaben ihm die Besucher des Rummels haufenweise Geld für seine so unerwartete und exzellente Darbietung.

Eine der beliebtesten Attraktionen war Leon Claxtons »Harlem in Havana«. Claxton war der erfolgreichste Schwarze am Platz. Anders als die Musik-Shows, die vorwiegend von Weißen mit schwarz angemalten Gesichtern dargeboten wurden, traten in Claxtons Vorstellungen Afroamerikaner auf, die tanzten, sangen und Sketche für das Publikum auf den Sitzplätzen aufführten. Claxton besaß ein außergewöhnliches Talent für erstklassige Produktionen, und viele seiner theatralischen Erfindungen wurden später in frühe Rock'n'Roll-Revues integriert.[10]

Jeder Schaustellerbetrieb hatte eine Mädchenshow, und Royal American war da keine Ausnahme. Ein einundzwanzigjähriger Ex-Matrose wie Parker sollte sich davon natürlicherweise angezogen fühlen, aber es gibt keine Hinweise darauf, dass er sich damals auch nur im Geringsten für Frauen interessierte. Welche Laster er auch immer in diesem Alter gehabt haben mag – später waren es Essen und das Glücksspiel –, Frauen gehörten nicht dazu.

Unter anderem beeindruckte Parker an den Royal American Shows, dass man sich geradezu verpflichtet fühlte, die Besucher des Rummels mit den neuesten technischen Errungenschaften zu blenden. In Carl Sedlmayrs Augen war größer immer besser, besonders wenn sich etwas durch eine neue technische Spielerei oder Erfindung noch steigern ließ. Im Jahr 1932 benutzte er erstmals riesige Scheinwerfer der Marine, um den nächtlichen Himmel mit blendenden Lichtstrahlen zu erhellen, die man noch im Umkreis von vierzig Meilen sehen konnte. Im Jahr darauf war Royal American der erste Schaustellerbetrieb, der vier Riesenräder an einem Ort zu einer Mammutattraktion gruppierte.

Auf dem Rummel gab es nicht viel, was man als anspruchsvolle Unterhaltung hätte bezeichnen können. Zu den ersten Lektionen, die der Holländer als Schausteller lernte, gehörte die Erkenntnis, dass die Formel für Erfolg in der amerikanischen Unterhaltungskultur stets auf dem kleinsten gemeinsamen Nenner beruhte. Die Leute konnten über Schausteller lachen, so viel sie wollten, aber was das Geldverdienen in der Unterhaltungsbranche anging, gaben die Schausteller den Ton an.

Wie immer war Shreveport die letzte Station der Royal American Shows. Nach seiner Abreise aus Memphis muss Parker wohl gedacht haben, dass die Verruchtheit dieser Stadt und die maßlose Gesetzlosigkeit in der Beale Street – wo er kleine Beutel Kokain hätte kaufen und die Gesellschaft von Prostituierten hätte genießen können, während er den besten Blues weit und breit hörte – eine Ausnahme sei, denn die anderen Stationen auf ihrer Reise waren im Vergleich dazu harmlos.

Shreveport brachte ihn in die Realität zurück. In den frühen 1930er-Jahren hatte Shreveport weniger als die Hälfte der Einwohner von Memphis, war aber in dieselben Gangster-Machenschaften verstrickt, mit einem wesentlichen Unterschied: Während das organisierte Verbrechen in Memphis weitestgehend auf Bluff City (so genannt aufgrund der Lage mit Blick auf den Mississippi; *bluff* = Klippe, Steilufer) begrenzt war, stand der gesamte Staat Louisiana unter der Kontrolle von brutalen Mafiabossen; der erste war Huey »Kingfish« Long, der 1928 zum Gouverneur und 1931, dem Jahr, in dem Tom Parker an Bord des Zugs der Royal American Shows in die Stadt kam, zum Senator der Vereinigten Staaten gewählt wurde.

Aller Wahrscheinlichkeit nach spielte Parker in Shreveport das erste Mal an einem Glücksspielautomaten. Da der Jahrmarkt eine ganze Woche dauerte, brauchten die Schausteller in ihrer freien Zeit etwas Abwechslung. Shreveport war keine gesetzlose Stadt wie New Orleans. Zwar gab es dort weitestgehend dieselben Unterhaltungsmöglichkeiten, die Treffpunkte jedoch lagen versteckt und außer Sichtweite, insbesondere die Spelunken, die noch zu später Stunde geöffnet waren, wo illegaler Whiskey und Glücksspiele angeboten wurden.

In den frühen 1930er-Jahren war Frank Costello, der Boss der New Yorker Mafia, Eigentümer der Glücksspielautomaten in Shreveport. Als er die Automaten in Louisiana einführen wollte, besaß Sam Carolla, der Boss der Mafia in New Orleans, bereits die Lizenz für New Orleans. Außerhalb der Stadt gab es im ganzen Staat keine Glücksspielautomaten. Costello ging zu Huey Long, um einen Deal mit ihm zu machen; Long war einverstanden, die Staatspolizei für den Schutz der Automaten im gesamten Staat zu nutzen, darunter auch jene, die Carolla gehörten, so Davis. In Carollas Ohren klang das nach einer guten Idee, und er hatte nichts gegen Costellos Einzug in den Staat einzuwenden. Auf Wunsch Costellos war für die Verteilung und den Service der Automaten Carlos Marcello zuständig, der Eigentümer des Unternehmens Jefferson Music, das Musikautomaten verkaufte.[11]

All das dürfte Parker im Laufe seines ersten Besuchs in Shreveport klargeworden sein. Trotz der Geheimnistuerei scheute sich das organisierte Verbrechen nicht, den Geschäftsinhabern zu bestätigen, dass es Teil des Mafianetzes sei und unter dem Schutz von Huey Long stehe. Gerade diese Offenheit erzwang die Kooperation von privaten Nachtclub- und Restaurantbesitzern, die keinen Ärger mit der Mafia wollten.

Als Parker im November 1931 oder 1932 nach Tampa zurückkehrte, hatte er seine Lektionen auf der Schattenseite amerikanischer Politik und Geschäftemacherei gelernt, und das würde ihn für den Rest seines Lebens begleiten. Sein größtes Problem war, dass er sich illegal im Land aufhielt. Ohne dokumentierte Verurteilungen oder ausgestellte Haftbefehle wäre es kein Problem für ihn gewesen, nach fünf Jahren Aufenthalt in Amerika die Staatsbürgerschaft zu bekommen. Die Einbürgerung war nicht kompliziert. Als Erstes hätte Parker drei Jahre vor dem eigentlichen Antrag auf Staatsbürgerschaft seine Absicht erklären müssen, Bürger der Vereinigten Staaten werden zu wollen. Diese Erklärung, die als »first papers« bezeichnet wird, musste damals einem Angestellten des Bezirksgerichts vorgelegt werden.[12] Aus irgendeinem Grund bemühte sich Parker niemals darum, die Staatsbürgerschaft der Vereinigten Staaten zu erhalten.

Als Schausteller war Parker den größten Teil des Jahres unterwegs. Bei seiner Arbeit auf dem Rummel konnte er sein, was immer oder wer immer er wollte. Die Staatsbürgerschaft wäre eher eine Last als ein Vorzug gewesen. Mehr als alles andere brauchte er eine Familie, eine *richtige, waschechte* amerikanische Familie, die es ihm ermöglichen würde, sich in die Gesellschaft hineinzumischen. Leider kannte er nicht viele Frauen.

Unter den vielen Konzessionsständen, die mit auf der Royal-American-Tour reisten, war auch der Stand der Zigarrenfirma Have-a-Tampa. Gewöhnlich arbeiteten in den Ständen junge, attraktive Frauen mit einladendem, übertriebenem Lächeln. Alle Frauen hinter den Verkaufstischen waren reizvoll (deshalb wurden sie eingestellt), aber eine von ihnen zog Parkers Aufmerksamkeit besonders auf sich. Ihr Name war Marie Mott.

Marie war bereits zweimal verheiratet und ein Jahr älter als Parker, als sie sich 1935 kennenlernten; sie war also siebenundzwanzig Jahre alt. Aus einer ihrer Ehen hatte sie einen Sohn, Robert Ross. Als sie Parker kennenlernte, lebte sie mit ihrem Sohn bei ihren Eltern und ihrem Bruder, Bitsy Mott.

Ob aus wahrer Liebe oder aus wirtschaftlichem Überlebenskalkül, Parker machte ihr fast sofort einen Antrag. Sie heirateten im selben Jahr. Die Heirat bot ihm nicht nur eine fertige Familie, sondern er hatte während der reisefreien Zeit auch eine Bleibe: Also schaffte er seine Habseligkeiten in das Heim von Maries Eltern.

Wie Bitsy Mott dem Autor Dirk Vellenga erzählte, erinnere er sich, wie der Haushalt jedes Mal in Aufruhr gewesen sei, wenn seine Schwester und ihr neuer Ehemann von einer Reise zurückkamen: »Ich kann mich erinnern, dass sie meinen Vater und meine Mutter aus ihrem Bett vertrieben und selbst darin schliefen. Daddy und Momma haben geschlafen, wo sie Platz fanden. Das hat mich ein bisschen geärgert.«

Vielleicht wollte Parker eine Gefährtin und einen Ort zum Leben, vielleicht hatte er wirklich so schlichte Beweggründe. Falls er jedoch erwartet hatte, seine Ehe mit Marie würde ihm zur amerikanischen Staatsbürgerschafft verhelfen, dann hatte er sich getäuscht. Zwar bekamen Ausländerinnen, die einen Amerikaner heirateten, die Staatsbürgerschaft, umgekehrt traf dies aber nicht unbedingt zu. Ein illegaler Immigrant konnte nicht automatisch durch die Eheschließung mit einer Amerikanerin die Staatsbürgerschaft erlangen. Wenn eine Amerikanerin vor dem Jahr 1922 einen illegalen Ausländer heiratete, ging ihr sogar ihre amerikanische Staatsbürgerschaft verloren. Zum Zeitpunkt von Maries und Tom Parkers Heirat hatte sich das Gesetz geändert und erlaubte es Amerikanerinnen, die Ausländer heirateten, ihre Staatsbürgerschaft zu behalten, vorausgesetzt, ihr ausländischer Ehemann erfüllte die Voraussetzungen für eine Einbürgerung; vor den Gerichten jedoch blieb dies die ganzen 1930er- und 1940er-Jahre hindurch eine Grauzone.[13]

Marie Parkers rechtlicher Status wurde offenbar nie angezweifelt. Falls ihr Ehemann aber aus irgendeinem Grund kein Anrecht auf die Staatsbürgerschaft gehabt hätte, hätte er sie auch durch die Heirat nicht bekommen.

Carl Sedlmayr war nicht der einzige Herr der Schausteller in der Gegend um die Bucht von Tampa. Über die Bucht hinweg, in St. Petersburg, gab es einen Geschäftsmann, der sich durch seinen hochtrabenden Stil und seine taktischen Züge landesweit einen

Ruf erworben hatte. James Earl Webb war kein gewöhnlicher Geschäftsmann. Er besaß den berühmtesten Drugstore auf der Welt – Webb's City.

Der Drugstore nahm zehn Häuserblocks ein und verkaufte alles, was sich an die Kundschaft bringen ließ. Webb rühmte sich damit, dass er täglich tausend Rezepte und fünftausend Eiswaffeln verkaufte. Mit einem Laden, der sechzigtausend Kunden pro Tag anzog, war das nicht schwierig. Allein seine Ausmaße machte den Laden zu einer Kuriosität, dazu kam, dass alles verkauft wurde, von Autoreifen über Fernsehgeräte und Essecken bis hin zu Schweizer Uhren zum Preis von 6,98 Dollar, aber es waren nicht seine Ausmaße, die den Laden immer füllten: Es lag an Doc Webb, der ein unvergleichlicher talentierter Selbstdarsteller war.

Der knapp einen Meter siebzig große Werbekönig kleidete sich pompös und trug Anzüge, die Liberace neidisch gemacht hätten. Freunden erzählte er, er besitze mehr als hundert Anzüge und fünfzig Jacketts, und alle würden die Blicke auf sich ziehen. Webb hatte seinen eigenen Stil, den Parker später fast bis ins kleinste Detail als angemessen für Elvis Presley befinden sollte. Es war zwar Webbs Stil, der jedermanns Blicke auf sich zog, doch sein Verkaufsgenie war es, das ihn zu einem der reichsten Männer Floridas machte.[14]

Einmal promotete Webb auf einer riesigen Verkaufsveranstaltung den Verkauf von Dollarscheinen. Er versprach, tausend Ein-Dollar-Scheine für nur fünfundneunzig Cent pro Stück zu verkaufen. Webb's City wurde von Tausenden von Kunden belagert, welche die Fünfundneunzig-Cent-Dollars an sich rissen, um sie dann gleich im Laden in Ware umzusetzen.

Am Tag darauf veranstaltete er eine zweite Werbeveranstaltung: Dieses Mal verkaufte er zweihundertfünfzig Dollarscheine zu neunundachtzig Cents pro Stück. Wieder wurde der Laden belagert. Am dritten und letzten Tag bot er an, alle nicht in Ware umgesetzten Dollarscheine zum Preis von einem Dollar und fünfunddreißig Cents zurückzukaufen. Doch es gab einen Haken. Die Scheine mussten die richtigen Seriennummern haben. Wieder füllte sich der Laden mit

Menschen, die erpicht darauf waren, ihr Glück mit der korrekten Seriennummer zu versuchen und sich leicht fünfunddreißig Cents zu verdienen. Natürlich gab es keine passenden Seriennummern, weil Doc Webb diese Scheine alle zu Hause in seinem Safe verwahrt hatte. Wenn es mit der Dollarschein-Werbung nicht funktionierte, versuchte Doc Webb etwas anderes. Einmal schickte die Zeitschrift *Cosmopolitan* einen Journalisten zu Webb's City, der herausfinden sollte, was vor sich ging. Der später veröffentlichte Artikel berichtete von einer erotischen Tanzshow in der Cafeteria, von Verkaufspersonal, das Damenunterwäsche am Zigarrenverkaufstisch verhökerte, und von einer Freiluftshow mit Doc Webb höchstpersönlich in einem Zirkus mit drei Manegen, der »bei einem Hochseilakt mit einer ganzen Galaxie von hübschen und wagemutigen jungen Damen herumhüpfte«.

Es ist unmöglich zu ermessen, welchen Einfluss Carl Sedlmayr und Doc Webb zusammen auf Tom Parker hatten. Aber er muss alles förmlich aufgesogen haben wie ein Schwamm; manche Idee übernahm er unverändert, anderen mischte er hier und da etwas von seinen eigenen Erfahrungen bei, ohne etwas ganz zu verwerfen. Es ist unwahrscheinlich, dass es ohne den inspirierenden Einfluss von Sedlmayr und Webb je einen Tom Parker gegeben hätte, zumindest nicht den Tom Parker, der später die Unterhaltungsindustrie revolutionierte.

Als die 1930er-Jahre zu Ende gingen, war Parker es müde geworden, mit Royal American zu reisen. Er setzte die Dame am Empfang davon in Kenntnis, dass er in der nächsten Saison nicht dabei sein werde. Über Parkers Aktivitäten zwischen 1938 und 1940 ist nicht viel bekannt, außer dass er Werbung für die Live-Auftritte verschiedener Künstler machte, darunter Popsänger Gene Austin aus Kalifornien, Filmstar Tom Mix und Country-Star Roy Acuff.

Im Wesentlichen verteilte er Flugblätter, plauderte mit Radiomoderatoren und Zeitungsreportern und lieferte Ideen für den

Einsatz von Eintrittskarten zu Werbezwecken oder für Werbeveranstaltungen im Stil von Doc Webb, wobei der Künstler persönlich in den Läden erschien, um Autogramme zu geben. Das wird kaum für einen Vollzeitarbeitsplatz gereicht haben; zweifellos nahm er etliche alltägliche Jobs an, um sich seinen Lebensunterhalt zu verdienen.

Nachdem der deutsche Einmarsch in Frankreich bekannt geworden war, verabschiedete der Kongress ein Gesetz, das Parker bis ins Mark getroffen haben musste. Mit dem Selective Service Act wurde erstmals seit 1918 ein Einberufungsgesetz verabschiedet. Alle Männer zwischen einundzwanzig und sechsunddreißig wurden aufgefordert, sich bei den örtlichen Einberufungsbehörden zu melden. Zu gegebener Zeit würde jeder zu einer ärztlichen Untersuchung einbestellt werden. Jeder, der diese Musterung bestand, würde zu einem Jahr Militärdienst eingezogen werden.

Am 16. Oktober 1940 begab sich Parker in das Büro des Selective Service im First National Bank Building und füllte die erforderlichen Registrierungsunterlagen aus. Darin beschrieb er sich selbst als braunhaarig mit blauen Augen und heller Hautfarbe; besondere Kennzeichen: keine. Als Arbeitgeber nannte er den Sänger Gene Austin aus Hollywood, Kalifornien.[15]

Er und Marie lebten damals noch immer bei deren Eltern in der West Platt Street 1210; nach vier Jahren dürften seine Schwiegereltern beträchtlichen Druck auf ihn ausgeübt haben, Arbeit zu finden, um seine Familie zu ernähren. Das neu erlassene Einberufungsgesetz war ein zusätzlicher Ansporn. Die Arbeit als Teilzeitpromoter entsprach wohl kaum einer Tätigkeit, die ihn vor der Einberufung hätte bewahren können. Er brauchte eine Arbeit, die ihn als nützlich für die Allgemeinheit präsentieren würde.

Anfang 1941 fand er Arbeit als Außendienstmitarbeiter bei der Tampa Humane Society, die sich um herrenlose und verwahrloste Haustiere kümmerte. Das Reizvollste an diesem Angebot war die kostenlose Wohnung, die mit dem Job verbunden war. Er, Marie und Robert zogen in die Wohnung in der ersten Etage über dem Tierheim und gründeten einen Hausstand.

Parkers wahrer Berufswunsch war eine Vollzeittätigkeit als Promoter in der Unterhaltungsbranche. Die Unterkunft lag günstig an der North Armenia Avenue und bot ihm eine Ausgangsbasis für die Verfolgung seiner anderen Interessen.[16] Seine erste Herausforderung, die er sich anscheinend selbst gestellt hatte, war die Entwicklung eines Werbeplans, welcher der Unterkunft größere öffentliche Unterstützung verschaffen sollte. Seine beste Idee bei der Humane Society war es, ortsansässigen Tierliebhabern, die sich für ihre Vierbeiner eine würdige letzte Ruhestätte wünschten, einen Haustierfriedhof bereitzustellen. Ob Parker selbst das Konzept dazu entwarf oder es von jemandem gestohlen hat, ist unklar, aber es erwies sich als eine sehr erfolgreiche Werbemaßnahme.

Das ganze Jahr 1941 hindurch war es ungewiss, ob die Vereinigten Staaten in den Zweiten Weltkrieg eingreifen würden. Parker hörte während dieser Zeit nichts von der Einberufungsbehörde. Dann, am 7. Dezember 1941, griffen die Japaner Pearl Harbor an, was den Kriegseintritt der Vereinigten Staaten zur Folge hatte. Einen Monat nach dem Angriff, am 8. Januar 1942, schickte die Einberufungsbehörde in Tampa dem vierunddreißigjährigen Parker einen weiteren Fragebogen. Das war zufällig genau der Tag, an dem Elvis Presley in Tupelo, Mississippi, seinen siebten Geburtstag feierte. Parker ließ sich fast zwei Wochen Zeit, bevor er den Fragebogen zurückschickte.

Auf der Grundlage seiner Angaben stufte die Behörde ihn in die Kategorie III-A ein. Das bedeutete, er wurde zurückgestellt, weil er verheiratet war und ein Kind zu versorgen hatte. Wieder hörte Parker nichts von der Einberufungsbehörde, bis er im Februar darauf neu auf I-A eingestuft wurde, womit er als für den Militärdienst tauglich und abrufbar galt.[17]

Aus welchem Grund die Einberufungsbehörde ihn neu einstufte, bleibt ein Rätsel. Alle verheirateten Männer mit Familie wurden freigestellt. Am Ende des Jahres 1943 wurde diese Freistellung für alle aufgehoben, aber zum Zeitpunkt von Parkers Neueinstufung war sie noch in Kraft. Am wahrscheinlichsten ist, dass die Behörde bei der Überprüfung seines Fragebogens keinen Beleg dafür fand, dass er und Marie die Ehe geschlossen hatten, wie Parker behauptete. Ihre Eheschließung in Tampa ist nicht dokumentiert, und bis zum heutigen Tag ist kein Eintrag über einen Thomas und eine Marie Parker im Heiratsregister aufgetaucht.

Als Parker das nächste Mal von der Einberufungsbehörde hörte, wurde er aufgefordert, zur ärztlichen Eingangsuntersuchung anzutreten. Im Lauf des Jahres 1943 stieg die Zahl der Kriegsopfer rasant, und es war kein Ende der Kriegshandlungen in Sicht. Parker hatte Frau und Kind zu versorgen und arbeitete Tag und Nacht, um das Leben armer, wehrloser Welpen zu retten. Das sollte doch sicher reichen, um ihn vor dem Wehrdienst zu bewahren. Er war viel zu alt, um sich an Kriegsspielen zu beteiligen.

Tom Parker mit Schauspieler Gig Young während der Dreharbeiten für *Air Force* (deutscher Titel: »In die japanische Sonne«) auf dem Drew Field in Tampa (1942, *The Tampa Tribune*)

Rummelplatz der Royal American Shows in Tampa (ca. 1940er-Jahre, Tampa-Hillsborough Public Library System)

Frühes Foto von Eddy Arnold (Archive Photos)

Tom Parker, ganz links, mit Eddy Arnold, Mitte, 1946 in Tampa
(Country Music Foundation)

KAPITEL 2

Unterwegs mit Hank und Eddy

Im Winter 1943 fiel ein Filmteam von MGM in Tampa ein, um Szenen für den neuen Film mit Spencer Tracy, *Kampf in den Wolken* (*A Guy Named Joe*), zu drehen. Tracy spielt darin einen Kriegspiloten, der stirbt und zum Schutzengel für einen jungen Piloten wird. Weitere Darsteller waren Irene Dunne und der Newcomer Van Johnson. Tracy war damals so ungefähr der einzige große Star, den es in Hollywood noch gab. Clark Gable, Robert Taylor, James Stewart und Robert Montgomery hatten sich freiwillig zum Militärdienst gemeldet. Weil so viele Schauspieler in Uniform waren, hatte MGM seine Produktion auf nur zwei Dutzend Filme pro Jahr eingeschränkt. Tracy hatte in jenem Jahr viele Drehbücher abgelehnt, bevor er Dalton Trumbos *Kampf in den Wolken* las. Es war eine sentimentale, fahnenschwenkende Geschichte, die Tracys Patriotismus ansprach.

Trumbo war der »König« der patriotischen Filme (Ende des Jahres arbeiteten Tracy, Johnson und Trumbo in *Dreißig Sekunden über Tokio* [*30 Seconds Over Tokyo*] zusammen), wurde aber später vor das Komitee für unamerikanische Aktivitäten zitiert und wegen seiner angeblichen Verbindungen zur Kommunistischen Partei in die Mangel genommen. Er weigerte sich, die Fragen des Komitees zu beantworten, und wurde wegen Nichtachtung des Kongresses verurteilt. Nach seiner Entlassung aus dem Gefängnis stand er jahrelang auf der schwarzen Liste und schrieb seine Drehbücher unter Pseudonymen.

MGM hatte Tampa als Drehort für *Kampf in den Wolken* ausgewählt, weil der Luftwaffenstützpunkt MacDill in den südlichen Ausläufern der Stadt lag. MacDill war das einzige größere Trainingslager der Army in Florida, und das Militär war mehr als willig, seine Einrichtungen den Filmgesellschaften zur Verfügung zu stellen. Das garantierte gute Publicity und unterstützte die Army bei der Rekrutierung neuer Soldaten.[1]

Eines Tages tauchte der Produktionschef des Films bei der Tampa Humane Society auf und fragte Tom Parker, ob er sich für ein paar Szenen einige Hunde ausleihen könne. Nur zu gern gab Parker ihm alle Hunde, die er brauchte. Nicht nur würde er ihm die Hunde ohne Berechnung überlassen, er würde sie sogar zum Stützpunkt begleiten und dafür sorgen, dass sie nach Möglichkeit machten, was die Dreharbeiten verlangten. Die Filmleute sahen in Parker zwar nur den kleinen Hundefänger, ihm aber verschaffte diese Erfahrung den ersten flüchtigen Einblick in das ganz große Showgeschäft, und sofort fing er Feuer.

Anfang 1944 sah es so aus, als würde Tom Parker zum Wehrdienst eingezogen werden. In Europa und im Pazifik wurde erbittert gekämpft, und ganze Schiffsladungen von Soldaten wurden dahingerafft. Bei der Einberufungsbehörde in Tampa blickte man auf die Zahlen für März und April und wühlte sich durch die Listen. Am 3. März 1944 schickte die Behörde ein Schreiben an Parker und bestellte ihn zur Eingangsmusterung ein.[2]

Zusammen mit Dutzenden weiterer Männer fand er sich in der Woche darauf zur Untersuchung ein. Aus den Unterlagen geht nicht hervor, wo die Untersuchungen stattfanden, aller Wahrscheinlichkeit nach aber auf dem Stützpunkt MacDill. Nach seiner Ankunft wurde er gewogen, gemessen, und seine Augen und Ohren wurden oberflächlich untersucht. Ein Armeearzt prüfte seinen Blutdruck, hörte ihn ab und nahm seine bisherige Krankengeschichte auf. Bis dahin war er mit dem medizinischen Personal immer allein gewesen. Das sollte sich ändern. Nachdem er die Untersuchungskabine verlassen hatte, sagte man ihm, er solle sich setzen und warten, bis sein Name aufgerufen werde. Er setzte sich auf einen Metallstuhl in einem Raum voller Männer, von denen die meisten einige Jahre jünger waren als er. Er war nicht lange dort, bis jemand auch seinen Namen rief ... *Thomas Andrew Parker*.

Er stellte sich in eine Reihe mit den anderen Männern und kam in einen weiteren spärlich möblierten Raum. Die Männer wurden aufgefordert, zwei Reihen zu bilden, einer hinter dem anderen und Schulter an Schulter zu stehen. Ein Armeearzt wies die Männer im Befehlston an, ihre Hosen bis auf die Knöchel fallen zu lassen. Und sie wurden aufgefordert, breitbeinig dazustehen.

Falls der Arzt nicht außergewöhnlich lange Arme gehabt hatte, muss er Parkers Gesicht sehr nahe gekommen sein. Ohne Erklärung fing der Arzt mit seiner Routine an, die er bis zum Ende des Tages noch Dutzende Male durchführen würde.

»Drehen Sie den Kopf nach links«, sagte der Arzt.

Parker spürte, wie der Arzt ihm in die Hoden griff.

»Husten Sie«, sagte der Arzt.[3]

Die Untersuchung verfolgte zweierlei Ziele: Erstens, um festzustellen, ob die Art und Weise, wie sich seine Hoden beim Husten bewegten, Hinweise auf einen Weichteilbruch gaben; zweitens, um herauszufinden, ob Männer darunter waren, die eine Erektion bekamen, wenn sie ihre Hosen in Anwesenheit anderer Männer fallen ließen. Bevor Parker die Untersuchungsstelle an jenem Tag verließ, wusste er, dass er die begehrteste Klassifizierung erhalten hatte, die ein Mann bekommen konnte. Er wurde als 4-F klassifiziert, was bedeutete, er war aufgrund »körperlicher, mentaler oder moralischer Gründe« für den Militärdienst abgelehnt worden.[4]

Eine physische Disqualifizierung hätte sich auf beliebig viele Beschwerden stützen können. Eine mentale Disqualifizierung stützte sich eher auf emotionale Probleme als auf tatsächliche mentale Defizite, obwohl Kandidaten mit besonders niedrigem IQ gewöhnlich übergangen wurden. Die »moralische« Disqualifizierung stützte sich gewöhnlich darauf, dass der Rekrut für homosexuell gehalten wurde. Warum Parker abgelehnt wurde, kann nicht mehr nachvollzogen werden, denn laut Gesetz ist das Selective Service System dazu verpflichtet, diese Unterlagen nach einem bestimmten Zeitraum zu vernichten. Dass Parker jedoch aufgrund von physischen Problemen abgelehnt worden wäre, ist kaum anzunehmen, denn er lebte nach der Untersuchung noch dreiundfünfzig Jahre.

Am 16. März schickte die Einberufungsbehörde Parker ein Schreiben, in dem er offiziell über seine Klassifizierung als 4-F benachrichtigt wurde; im September des darauffolgenden Jahres wurde seine Klassifizierung auf 4-A geändert, was bedeutete, dass er mit sechsunddreißig Jahren zu alt für den Militärdienst war.[5] Er war gerade noch einmal davongekommen.

Der Gitarrist Eddy Arnold aus Henderson, Tennessee, gehörte zu den vielversprechendsten aufstrebenden Countrymusikern im Jahr 1944. Noch war er kein Star, aber er war auf einem guten Weg dahin. In jenen Tagen begann eine Karriere im Musikgeschäft häufig mit Auftritten bei einem lokalen Radiosender. Livemusik gehörte bei den meisten Sendern zum festen Programm, und gewöhnlich war es für einen ambitionierten Sänger nicht schwierig, gebucht zu werden.

Arnold gab sein Radio-Debüt im Jahr 1936 bei einem Sender in Jackson, Tennessee. Von dort aus fuhr er zu Sendern in Memphis und St. Louis und wieder zurück nach Jackson, wo er sechs Jahre lang regelmäßig beim Sender WTJS auftrat. Die Künstler wurden für ihre Liveauftritte nicht bezahlt; man erwartete von ihnen, dass sie um der Erfahrung willen kamen, die sie auf diese Weise sammeln konnten.

Um seinen Lebensunterhalt zu bestreiten, spielte Arnold wann immer möglich in Clubs und nahm einen Teilzeitjob als Gehilfe in einem Bestattungsinstitut an. Dort war es seine Hauptaufgabe, einen Rettungswagen zu fahren. Der Bestatter stellte ihm einen Schlafplatz im Bestattungsinstitut zur Verfügung und bezahlte ihm fünfundzwanzig Cents für jede Leiche, die er brachte – was in den Situationen der Fall war, wenn der Rettungswagen nicht rechtzeitig zur Stelle war, um ein Menschenleben zu retten. Wenn er bei einer Bestattung mitarbeitete, bekam er jeweils fünfzig Cent, und wenn er einen Anzug trug und als Sargträger fungierte, erhielt er eine Zulage.

Im Jahr 1943 zog Arnold die Aufmerksamkeit von Dean Upson auf sich, einem leitenden Mitarbeiter des Radiosenders WSM, der die Buchungsagentur Artists' Service Bureau betrieb. Gegen eine Provision von fünfzehn Prozent wurde Arnold von der Agentur für Liveauftritte gebucht, und Arnold durfte sich als Star der »Grand Ole Opry« bezeichnen. Upson wollte Arnolds persönlicher Manager werden; er bot ihm einen Fünfjahresvertrag, doch der Sänger wollte sich nicht über einen so langen Zeitraum verpflichten und schloss nur einen Jahresvertrag ab.[6]

Im selben Jahr erschien im *Radio Mirror* ein Bericht über Arnold, in dem es hieß, der Sänger »gewinnt mit jedem Auftritt an Popularität«. Tom Parker las den Bericht und nahm sich vor, den Künstler im Auge zu behalten. Zwar hatte Arnold noch keinen Plattenvertrag, aber der Fünfundzwanzigjährige löste zweifellos Begeisterungsstürme aus, und Parker fand, er habe das Aussehen und die Stimme eines Plattenstars. Im Jahr darauf zeigte sich, dass Parker richtiggelegen hatte, denn Arnold, der sich inzwischen Tennessee Plowboy nannte, unterschrieb einen Plattenvertrag mit RCA Victor.

Inspiriert von seinem kurzen Flirt mit dem Filmgeschäft und erleichtert, den Fängen der US-Army entkommen zu sein, nahm sich Parker ein paar Tage frei von seinem Job im Tierheim und fuhr nach Nashville. Alle, mit denen er in der Branche gesprochen hatte, hatten ihm gesagt, er müsse in der *Music City* sein und den Größen der Countrymusik Honig um den Bart schmieren, wenn er hauptberuflich als Veranstalter arbeiten wollte. In Tampa hatte er in kleinem Rahmen ein bisschen Werbung für die Grand-Ole-Opry-Stars Ernest Tubb und Roy Acuff gemacht, und das hatte gereicht, um ihm die Tür zum Ryman Auditorium zu öffnen.

Die Opry war schon seit 1925 auf Sendung, lief jedoch anfangs unter dem Namen WSM Barn Dance. Weil WSM eine Tochtergesellschaft der NBC war, bekam der Sender mehrere Stunden Programm täglich aus New York. Im Gegenzug lieferte WSM der NBC wöchentlich mehrere Popmusik-Shows sowie Sendungen mit großer Orchestermusik. Die populärste Sendung war „Sunday Down South" mit Dinah Shore und Snooky Lanson.

Samstagabends stand bei der NBC die beliebte Music Appreciation Hour auf dem Programm, in der klassische Musik und Opern gespielt wurden. Als Kontrastprogramm übertrug WSM unmittelbar nach der NBC-Sendung Barn Dance. Eines Abends, während der WSM-Sprecher sich über die ernste Musik in der NBC-Sendung lustig machte, stellte er Barn Dance als »Grand Ole Opry« vor. Der Name blieb hängen, und als WSM später die Übertragungsstärke von 1000 auf 50 000 Watt erhöhte, konnte die Opry in fast allen Haushalten im Land gehört werden.

Die Eigentümer des Senders WSM mussten für die Ausstrahlung heftige Kritik von ihren Freunden einstecken, weil viele in Nashville fanden, sie würde die Stadt in einem schlechten Licht darstellen; aber außerhalb des Stadtgebiets von Nashville wurde die Sendung ausgesprochen erfolgreich, und schon bald strömten Country-Fans in die Stadt, um ihre Helden live zu hören. Schnell wurden die Räumlichkeiten des Radiosenders zu klein für die Opry. WSM probierte mehrere neue Standorte aus, darunter das War Memorial Building, bevor das Ryman Auditorium dauerhaft zur Heimat der Opry wurde.

An jenem Samstagabend, als Parker das Ryman besuchte, war Eddy Arnold als Vorprogramm für die Übertragung aus der Opry vorgesehen. Möglicherweise war es kein Zufall, dass Parker dort war. Vielleicht hatte er seinen Besuch so geplant, dass er mit Arnolds Auftritt zusammenfiel. Wie auch immer es zu dem Treffen kam, Parker stellte sich Arnold vor und behauptete, als Promoter könne er viel Gutes für ihn tun. Arnold war beeindruckt von Parker, hatte aber manchmal Schwierigkeiten, seinen gutturalen Akzent zu verstehen.[7]

Während Parker in Nashville war, erfuhr er, dass die Opry plante, sich an einer reisenden Zeltshow zu beteiligen, um in den Kleinstädten im Süden Werbung für ihr Programm und dessen Sponsoren zu machen. Die Show würde aus vier Einzelvorstellungen in einer Art Zirkuszelt bestehen; eine davon sollte Eddy Arnold bestreiten. Parker ließ das Management der Opry wissen, diese Art von Show sei genau das Richtige für ihn, denn er sei vom Meister Carl Sedlmayr persönlich in der Kunst ausgebildet worden, ein Schaustellerunternehmen zu führen.

Parker wurde vom Fleck weg engagiert. Er kehrte nach Tampa zurück und kündigte seine Arbeitsstelle bei der Humane Society, erwarb einen gebrauchten Lkw, der groß genug für den Transport seiner notwendigen Ausrüstung war (Plakate, Eimer mit Klebstoff, Bürsten etc.) und bequem genug, um darin zu schlafen, während er unterwegs war. In der Unterkunft engagierte er einen Mitarbeiter, einen Mann namens Bevo, der ihn bei der Werbung unterstützen sollte.

Als die Zeltshow in Florida ankam, setzte Parker alle Hebel in Bewegung und arbeitete unermüdlich, um für die Künstler zu werben. Seine Aufgabe war es, mehrere Tage vor der Show in die Stadt zu reisen und überall dort Ankündigungsplakate anzukleben, wo sie auffallen würden. Dazu wurde von ihm erwartet, Verbindungen zu den örtlichen Radiosendern und Zeitungen herzustellen und das Interesse an der Show zu wecken. Wenn viele Leute kamen, war es Parkers Verdienst. Wenn nur wenige kamen, hatte er stets eine Erklärung parat, mit der er jemand anderem die Schuld zuschob.

Mit Parker in dem heruntergekommenen, stotternden alten Lkw, den er hellgelb lackiert hatte, reiste sein Gehilfe Bevo, der über Nacht vom Gehilfen eines Hundefängers zum Gehilfen eines Konzertpromoters aufgestiegen war. Eddy Arnold beschreibt Bevo in seiner

Autobiografie *It's a Long Way From Chester County* als Hilfsarbeiter beim Zirkus, der ihn als ein echter Charakter beeindruckt habe. »Er hielt sich für einen echten Kerl, einen Frauentyp, und er trug alle möglichen seltsamen Kleidungsstücke, die andere weggeworfen hatten, wie zum Beispiel Hosen, die zu groß oder zu klein waren, Jacken mit Schultern, die fast bis zu seinen Ellenbogen hingen, oder Farben, die nicht zusammenpassten«, schrieb Arnold. »Und er mochte die Frauen, so wie manche Männer trinken oder spielen, und das hat ihm immer eine Menge Ärger eingebracht.«

Bevos Aufgabe war es, die von Parker aufgehängten Plakate vorsichtig wieder abzulösen und einzusammeln, damit sie wiederverwendet werden konnten. Manchmal verschwand er für mehrere Tage am Stück. Gewöhnlich hatte es mit Frauen zu tun, die er unterwegs kennengelernt hatte. Bevo erzählte den Frauen gern, dass er Eddy Arnolds Manager sei, und manchmal glaubten ihm die Frauen und liefen mit ihm davon in die nächste Stadt, nur um dann wieder zu Mutter nach Hause zu eilen, wenn sie herausfanden, dass er gelogen hatte und kaum mehr als ein Hilfs-Roadie war.

All das brachte Parker auf die Palme, weil er die Plakate immer für die nächste Stadt brauchte; laut Arnold jedoch konnte er Bevo nie lange böse sein. Jedes Mal, wenn er wieder einmal verschwunden gewesen war, schrie Parker ihn an und warf ihm vor, alle im Stich zu lassen, um ihm dann, weil er offensichtlich nicht alle Tassen im Schrank hatte, auf die Schulter zu klopfen und ihm zu sagen, dass er wieder an die Arbeit gehen solle.

Allen Berichten nach war Parker ein wagemutiger Promoter. Einmal, so wird erzählt, fuhr er durch eine Stadt, wo gerade eine einheimische Band auf einer Freilichtbühne auftrat, und die Vorstellung wurde live im Radio übertragen. In einer kurzen Pause zwischen zwei Nummern spurtete Parker von seinem Lkw los und hüpfte auf die Bühne, griff sich das Mikrofon und teilte den Zuhörern mit, dass sie einen wirklich guten Künstler, nämlich Eddy Arnold, in der Zeltshow am anderen Ende der Stadt verpassen würden. Als ihm das Mikrofon schließlich entrissen wurde, hatte er alles gesagt, was er hatte sagen wollen, und damit ein paar Minuten teurer Sendezeit für seinen Klienten gestohlen.

Arnold wusste zu schätzen, wie viel Mühe er sich gab, und sagte ihm das auch.

Als die zweiwöchige Tour vorüber war, teilte Parker Arnold mit, dass er sein Manager werden wolle. Arnold meinte, er habe schon einen Manager, aber der Vertrag würde im Jahr darauf auslaufen. Auf Parkers Frage, ob er mit seinem Management glücklich sei, antwortete Arnold, er habe zwar einen Plattenvertrag mit RCA unterschrieben, aber bisher noch keine Songs aufgenommen. Sein Einkommen mit Manager sei nicht viel höher, als es ohne Manager gewesen sei.

Parker erzählte ihm, was jeder Manager von jeher einem potenziellen Klienten gesagt hat, nämlich, dass ihn die Leute reihenweise bis aufs Hemd ausziehen würden, ihm hier ein paar Cent und da ein paar Cent stehlen würden, wodurch ein hübsches Sümmchen zusammenkäme. Wenn er sein Manager wäre, würde er die Mittelsmänner ausschalten und sich um sein Geld kümmern. »Junge, ich mach dich zu einem Star!« In Arnolds Ohren hörte sich das einfach prima an.

Im Dezember 1944 buchte RCA eine Aufnahmesession für Arnold. Die beiden Songs, die er an jenem Tag aufnahm, »Mommy, Please Stay Home With Me« und »Mother's Prayer«, wurden im Monat darauf veröffentlicht. Nach den Maßstäben des Jahres 1945 war die Platte sehr erfolgreich, die gesamten 85 000 gepressten Exemplare wurden verkauft. Arnold war in Hochstimmung. Zwei weitere im selben Jahr veröffentlichte Songs, »Many Tears Ago« und »Cattle Call«, verkauften sich weniger gut, aber seine Plattenkarriere hatte gut angefangen, und er war sich dessen bewusst.

Das ganze Jahr 1944 hindurch und bis ins Jahr 1945 hinein arbeitete Parker weiterhin freiberuflich als Promoter für die Shows der Opry, die durch Florida führten. In dieser Zeit setzte das Management der Opry ihn unter Druck, nach Nashville zu ziehen, aber er fand immer einen Grund, der dagegen sprach. Erst im September 1945, als die Einberufungsbehörde in Tampa ihm einen Brief schickte und ihm mitteilte, dass er neu auf 4-A eingestuft worden war – zu alt für den Militärdienst –, zögerte er nicht länger, Florida zu verlassen.[8] Das Letzte, was er zu diesem Zeitpunkt wollte, war, Staub bei der Einberufungsbehörde aufzuwirbeln. Die Klassifizierung 4-F, die er im Jahr 1944 bekommen hatte, war deshalb gut, weil sie ihn von der Army fernhielt, aber sie hätte sich ändern können. War man hingegen einmal als 4-A eingestuft, gab es kein Zurück: Zu alt war zu alt.

In der zweiten Jahreshälfte 1945 trafen Parker und Arnold eine Managementvereinbarung. Parker und Marie zogen nach Nashville und eine Zeit lang wohnten sie sogar im Haus von Arnold und dessen Frau Sally. Der Tennessee Plowboy empfand Parker als einen derben, ungebildeten Mann, der ein Talent für den Umgang mit Menschen zu haben schien.

»Die Leute meinen oft, sie hätten es mit einem Landei zu tun«, schreibt Arnold in seiner Autobiografie. »›Ach, mit dem kann ich es leicht aufnehmen‹, denken sie. Können sie nicht. Er ist ihnen schon voraus, noch bevor sie ihm überhaupt gegenübersitzen. Er ist gerissen und hat eine gute Menschenkenntnis; er täuscht sie. Weil sein Englisch vielleicht nicht korrekt ist (hier und da verwendet er vielleicht ein falsches Wort), meinen sie: ›Ach, mit dem kann ich umgehen.‹ Und gehen ihm geradewegs ins Netz.«

Von Anfang an stellte Parker unter Beweis, dass er ein Talent zum Manager hatte. Er nahm Arnold aus den Zeltshows und Bierhallen und buchte ihn für erstklassige Veranstaltungsorte. Es arrangierte für ihn, dass er Gastgeber eines Showteils der Grand Ole Opry wurde, und fädelte Deals für ihn ein, wo er nur konnte, kleine Deals, die großes Geld einbrachten. Wenn zum Beispiel der Inhaber einer Bühne zustimmte, Arnold zu buchen, aber nur unter der Voraussetzung, dass er einen Teil des Verkaufserlöses aus Arnolds Fanartikeln (Erinnerungsalben) bekäme – was tatsächlich passiert ist –, erklärte sich Parker einverstanden, solange Arnold einen Teil der Einnahmen aus dem Popcornverkauf bekäme. Ihm fiel immer etwas ein.

Die Bühnenbesitzer waren an den Umgang mit Bauerntölpeln gewöhnt, nicht aber an den Umgang mit einem Genie, das nur so aussah und sprach wie ein Bauerntölpel. Im ersten Jahr als Arnolds Manager bewies Parker, dass er ein geniales Manager-Talent hatte – auch wenn es sein einziges war. Als Schausteller hatte er die Erfahrung gewonnen, dass zwei Dinge wichtig waren – der Blick fürs Detail und der Augenkontakt mit dem »Zielobjekt«.

Er wusste, dass der Erfolg jedes jemals ersonnenen Betrugs von der Manipulation kleinster Details abhing. Er wusste, was auch immer den Künstlern auf den Jahrmärkten bezahlt wurde, es waren Peanuts im Vergleich zu dem, was mit Lizenzverkäufen verdient wurde. Dasselbe Prinzip herrschte im Musikgeschäft. Für jeden Sänger, der sich für eine große Nummer hielt, weil er hundert Dollar dafür bekommen hatte, sich die Seele aus dem Leib zu singen, gab es einen Lizenznehmer oder Bühneninhaber, der nicht nur doppelt, sondern zehnmal so viel verdiente.

Bühneninhaber waren den Umgang mit Schaustellern nicht gewohnt, besonders nicht mit solchen, die Countrymusik-Künstler vertraten; als Parker ihnen also anbot, Arnolds Gage im Austausch gegen einen Anteil aus den Einnahmen an den Konzessionsständen zu ermäßigen, waren die meisten auf der Stelle einverstanden, weil sie dachten, sie hätten ihn übervorteilt und den Bühnenbesitzer in der Stadt davor noch dazu, der nicht denselben Deal bekommen habe.

Als Erstes fiel Arnold und seiner Band an Parker auf, dass er sich bereitwillig auf den Weg machte, um mit den Menschen persönlich zu verhandeln. Die meisten Manager in Nashville wickelten ihre Geschäfte und Tourneeplanungen telefonisch ab. Parker nicht. Er wollte den Konzertagenturen und Bühnenanbietern keine Zeit lassen, über seine Angebote nachzudenken. Er wollte persönlich vor Ort sein, diesen Augenkontakt haben, sie mit seinem Körperumfang und seiner Entweder-oder-Manier einschüchtern. Parker war ein verdammt guter Unterhändler und ein geborener Schauspieler.

★

Eddy Arnold war einer der gefragtesten neuen Stars in der Countrymusik. In den Jahren darauf war es nichts Ungewöhnliches, wenn er zwei oder drei Platten gleichzeitig in den Top 10 hatte. Im Jahr 1948 hatte er neun Top-10-Hits in den Charts, fünf davon kamen auf Platz eins. Die Einkünfte aus Plattenverkäufen, Konzerten, Souvenirverkäufen und veröffentlichten Songs strömten nur so herein.

Anders als die Countrysänger von heute, schrieb Arnold viele seiner Songs selbst. Er hatte gelernt, dass das große Geld in der Branche mit der Veröffentlichung von Musik zu machen war. Diese Seite des Geschäfts hatte Parker noch nicht verstanden, als er nach Nashville kam, aber er lernte schnell, und was er von Arnold über das Musikverlagsgeschäft lernte, kam ihm später immens zugute, als er Elvis Presleys Karriere managte.

Als Arnolds Platten in die Top 10 kletterten, war eine von Parkers ersten Aktionen, ihn von der Opry abzuziehen. Dort war kein Geld zu verdienen. Warum also bleiben? Nicht nur, dass ihnen die Show kein Geld einbrachte, das Management der Opry verlangte auch noch von jedem Künstler fünfzehn Prozent Provision für jede Show.

Parker brachte den Tiernahrungshersteller Ralston Purina dazu, eine tägliche fünfzehnminütige Radiosendung mit dem Titel »Checkerboard Square« mit Arnold als Gastgeber zu sponsern. Die Sendung wurde täglich um zwölf Uhr mittags durch das Hörfunknetz Mutual (MBS) übertragen. Meistens sang Arnold die ganze Sendung hindurch, doch manchmal hatte er auch Gäste, wie etwa Hank Williams oder Ernie Ford, und dann plauderten sie live und sangen abwechselnd.

Die Radiosendung verlieh Arnold einen Berühmtheitsstatus, der über die Grenzen der Countrymusik hinausging. Immer darum bemüht, die Karriere seines Klienten zu fördern, reiste Parker erstmals nach Las Vegas und buchte Arnold für ein zweiwöchiges Engagement im luxuriösen Hotel El Rancho Vegas. Arnold war überwältigt, als Parker ihm davon erzählte. Er hatte auf vielen Jahrmärkten, Rodeos und in Bierkneipen gespielt, aber noch nie an einem derart kultivierten Ort wie dem El Rancho.

Anfänglich war er besorgt, dass das Engagement seine Fans in der Baptistengemeinde im Süden vor den Kopf stoßen könnte. Er hatte gehört, die Hotels in Vegas versuchten, die Künstler dazu zu bringen, ihre Gage in den Casinos zu verspielen. Vorsichtshalber ließ er Parker vorab ankündigen, dass er nicht spielen werde. Zu Arnolds Freude wurde seine Show in Vegas ein Erfolg.

Er schwelgte in der Aufmerksamkeit und genoss es, Filmstars wie Robert Mitchum und Clara Bow kennenzulernen. Am Ende seines Engagements gab das Hotel eine Presseerklärung heraus und gratulierte ihm zu seinem Auftritt. »Er hat einen neuen Ansatz in unserer Unterhaltungspolitik bestätigt, nämlich, dass das Publikum in Las Vegas seine Countrymusik sehr wohl annimmt«, so die Presseerklärung. »Er hat sich als unsere beste Entdeckung des letzten Jahres erwiesen und stets für ein ausverkauftes Haus gesorgt.«

Vegas bot Parker alles, was er sich immer von einer Stadt erträumt hatte – ein wahres Paradies für einen Schausteller, wo Geld zugleich Macht bedeutete und Bestechung zum üblichen Geschäftsgebaren gehörte. Die verchromten Glücksspielautomaten, die eleganten Blackjack-Tische und die verführerischen Roulette-Räder ließen die schäbigen Automaten in den Hinterzimmern in Louisiana wie billige Imitationen aussehen. Natürlich war das Glücksspiel nur das nach außen Sichtbare davon, wie Vegas funktionierte. Dahinter verborgen war ein Geschäftssystem, das sich an P. T. Barnums Motto hielt: Ständig kommen neue Dummköpfe auf die Welt. Für Parker war es der Beginn einer langen vorteilhaften Beziehung.

Als Parker das erste Mal mit der Royal American Show nach Shreveport kam, unterrichtete Jimmie Davis Geschichte und Sozialkunde an der Mädchenschule Dodd College. Davis hatte schon in jungen Jahren mit einer Laufbahn als Lehrer geliebäugelt und hatte einen Masterabschluss in Pädagogik an der Louisiana State University erworben, seine einzige wahre Liebe aber war die Musik. Und darin war er gut genug, um sich seinen Lebensunterhalt während der College-Zeit als Straßenmusiker zu verdienen.

Jeden Freitagabend übertrug der Radiosender KWKH in Shreveport Countrymusik. Irgendwann um das Jahr 1930 war Davis regelmäßig jeden Freitag zu hören; von vielen anderen Künstlern unterschied er sich darin, dass er seine Songs selbst schrieb. Bald hörte ihn ein Talentsucher, der für Decca Records arbeitete, und bot ihm einen Plattenvertrag an.

Davis' erste Platte, »Nobody's Darling But Mine«, war ein bescheidener Erfolg und ermöglichte es ihm, eine Band zu gründen, sodass er in der Country-Szene in ganz Louisiana und Texas auftreten konnte. Weil Davis mit den spärlichen Einkünften als Künstler kaum seinen Lebensunterhalt bestreiten konnte, nahm er in Shreveport eine Stelle in der Stadtverwaltung an, wo er mit Beurkundungen zu tun hatte. Parallel dazu trat er weiterhin mit seiner Band auf und nahm Platten für Decca auf. Am besten war er als Songwriter; im Lauf seiner Karriere komponierte er mehr als dreihundert Songs, darunter das immer noch gern gehörte »You Are My Sunshine«.[9]

Auf Drängen seiner Frau ging Davis in die Politik und wurde zum Beauftragten für die öffentliche Sicherheit in Shreveport ernannt. Vier Jahre später stieg er in die Bezirksverwaltung von North Louisiana auf, wo er in der Behörde arbeitete, welche die Strom- und Gasversorgungsunternehmen beaufsichtigte.

Im Jahr 1943 bewarb er sich um das Amt des Gouverneurs und wurde, für alle überraschend, für eine vierjährige Amtszeit gewählt. Am Ende der Sitzungsperiode 1944 sang Davis zusammen mit den Abgeordneten im Repräsentantenhaus eine schwungvolle Version von »You Are My Sunshine«. Während ihre dröhnenden Stimmen durch den erhabenen Raum schallten, ließ einer der Abgeordneten zwei Tauben mit den Namen Peace und Harmony fliegen. Unter den Jubelrufen der Abgeordneten verließ Davis den Raum, ein Abgang, der P. T. Barnum – oder Tom Parker – unglaublich stolz gemacht hätte.[10]

Wann genau Davis und Parker sich kennenlernten, ist nicht bekannt. Da Parker nach 1938 nicht mehr jedes Jahr nach Shreveport kam – und erst 1945 nach Nashville zog, wo Davis gelegentlich geschäftlich zu tun hatte –, ist es wahrscheinlich, dass sie in den frühen 1930er-Jahren aufeinandertrafen, als sich Davis mit seiner Leidenschaft fürs Showgeschäft zur Royal American Show hingezogen gefühlt haben musste – oder Parker sich für Davis' Auftritte bei KWKH begeisterte.

Parker und Davis teilten mehr als ihr gemeinsames Interesse am Entertainment. Sie teilten eine Faszination für die Schattenseite der amerikanischen Gesellschaft. Davis' politischer Aufstieg fiel zeitlich mit den Anfängen von Frank Costellos und Sam Carollas Spielautomaten-Imperium in Louisiana zusammen.

Als Beauftragter für die öffentliche Sicherheit war es unmöglich, dass Davis nichts von den Spielautomaten und deren Inhabern wusste. Carlos Marcello erledigte die Laufarbeit für Costello; er suchte Standorte für die Automaten und sammelte die Einnahmen ein. Nachdem er die Automaten aufgestellt hatte, war er dafür verantwortlich, die örtlichen Amtsträger für ihre Kooperation und ihr Schweigen zu entschädigen.

Senator Huey Long schützte die Automaten mithilfe der örtlichen Polizei, um verärgerte ortsansässige Amtsträger bei der Stange zu halten. Als Long im Jahr 1935 ermordet wurde, verlagerte sich die politische Hierarchie, doch für die Fürsten der Unterwelt, deren Macht sich von Jahr zu Jahr vergrößerte, änderte sich nicht viel.

Als Davis Gouverneur wurde, war Leander Perez, besser bekannt als der »Boss des Deltas«, der Gangster mit dem größten politischen Einfluss; der Boss mit dem größten Einfluss in der Unterwelt war Carlos Marcello, den der Senator in Tennessee, Estes Kefauver, einst als »das bösartige Genie des organisierten Verbrechens« bezeichnete.[11]

Jimmie Davis stand in enger Beziehung zu Perez und war ein langjähriger Freund von Marcello. Kurz nachdem er Gouverneur geworden war, eröffneten Marcello, Costello und der aus Florida stammende Gangster Meyer Lansky zwei vollwertige Spielkasinos in Jefferson Parish, südwestlich von New Orleans. Parker interessierte sich besonders für Lansky. Nicht nur war dieser das Finanzgenie hinter den Investitionen, welche die Mafia in den Casinos in Las Vegas tätigte, sondern er hatte auch Verbindungen zur Santo-Trafficante-Familie in Tampa, welche die Bundesbehörden für die mächtigste Verbrecherfamilie in Florida hielten.[12]

Zwischen 1937 und dem Zeitpunkt, als Parker Tampa verließ, machte die Stadt eine Phase durch, die FBI-Beamte und Zeitungsjournalisten als »Blut-Ära« bezeichneten. Acht Jahre lange kämpfte Trafficante mit seinen sechs Söhnen gegen rivalisierende Banden um die Kontrolle des Gebiets um die Bucht von Tampa. Als der Staub sich 1946 gelegt hatte und Santo Trafficante sen. als klarer Sieger hervorgegangen war, ging sein gleichnamiger Sohn Santo jun. nach Kuba, um dort eine Casinokette aufzubauen.

Und auf Kuba traf er Marcello, einen etwa einen Meter fünfundfünfzig großen Pitbull mit breiter Brust, der in einer Mischform aus Sizilianisch und der schleppenden Sprechweise von New Orleans sprach und sich als ein einfacher Arbeiter ausgab. Als Fidel Castro an die Macht kam, ließ er die Casinos schließen und brachte Santo jun. und Marcello für kurze Zeit ins Gefängnis.

Nach dem Tod seines Vaters ging Santo jun. eine Partnerschaft mit Meyer Lansky ein und machte ihn mit Marcello bekannt. Das Dreiergespann hatte die illegalen Glücksspiele von Texas bis Florida und hinauf ins Mississippi-Delta fest im Griff. Mit Lansky an Bord hatten sie auch bei legalen Glücksspielen in Las Vegas einen Fuß in der Tür.

Marcello war von den dreien der Gefürchtetste. Es heißt, der Don der New York Mafia, Vito Genovese, der in Amerika problemlos überallhin reisen konnte, habe grundsätzlich jedes Mal Marcello angerufen, bevor er sich nach New Orleans aufmachte.[13]

In jener Zeit war es in den meisten Südstaaten üblich, dass der Gouverneur seinen treuesten Anhängern den Titel »Colonel« verlieh. Es war ein Ehrentitel, aber je nachdem, in welchem Staat er ausgestellt wurde, öffnete er den Titelinhabern Türen. In Tennessee hatte er wenig Bedeutung, doch in den Staaten Louisiana und Mississippi hatte er großes Gewicht, besonders bei den Strafverfolgungsbehörden. Wenn man in einem dieser Staaten ein Colonel war, konnte man mit fast allem davonkommen, außer mit Mord (aber selbst das war nicht ausgeschlossen).

Im letzten Jahr seiner ersten Amtsperiode, 1948, erhob Gouverneur Davis seinen Freund Tom Parker offiziell in den Stand eines »Colonels« von Louisiana. Damit bekundete er öffentlich: »Meine Freunde sind auch deine Freunde.« Weil Parker den PR-Vorteil des Titels erkannt hatte, sagte er einem Mitarbeiter auf dem Weg zur Amtseinführung: »Sorg dafür, dass mich von jetzt an jeder mit dem Titel ›Colonel‹ anspricht.«

Tom Parkers »Beförderung« zum Colonel war nicht das einzige historisch bedeutende Ereignis in Louisiana im Jahr 1948. Es war auch das Jahr, in dem Gouverneur Jimmie Davis' musikalische Heimat, der Radiosender KWKH in Shreveport, eine wöchentliche Sendung mit dem Namen *Louisiana Hayride* ins Leben rief. Die Show wurde samstagabends aus dem Shreveport Municipal Auditorium, einem Gebäude am Rande des Geschäftsviertels der Stadt, übertragen.[14]

Der unglaublich erfolgreichen *Grand Ole Opry* nachempfunden, bot der *Hayride* drei Stunden Liveunterhaltung mit einem bunt gemischten Showformat mit aufstrebenden Künstlern aus der Country-Szene, Komikern und einem Moderator mit einem Sack voll gut geschriebener, »improvisierter« Sprüche. Die Künstler traten auf einer den traditionellen Auditorien nachempfundenen Bühne auf; auf dem Bühnenbild war, passend zum touristischen Motiv des Staates Louisiana, eine von Sumpf umgebene Bucht dargestellt.

Ein fester Bestandteil war ein Quiz mit dem Titel »Schlag die Band«. Die Kandidaten wurden aus dem Publikum gezogen und gebeten, einen von der Hausband, den Lump Boys, gespielten Song zu erkennen. Wenn sie den Titel nennen konnten, bevor die Musik aufhörte, bekamen sie einen Preis. Da die Sponsoren nicht wollten, dass jemand mit leeren Händen ging, bekamen die Kandidaten, die den Song nicht richtig erkannt hatten, eine zweite Chance. Der zweite Song, der gespielt wurde, war immer »You Are My Sunshine«.

Die Stärke der Show lag im musikalischen Talent. Üblicherweise suchte die Leitung des *Hayride* Musiker aus, die darauf brannten, gehört und gesehen zu werden. Sie bekamen Einjahresverträge mit Bezahlung nach Gewerkschaftstarif und traten jedes Wochenende auf. Schon das erste Jahr seines Bestehens war ein Erfolg, denn das Management nahm ein großes Aufgebot an Künstlern unter Vertrag, darunter Johnny and Jack and the Tennessee Mountain Boys mit Miss Kitty Wells, Tex Grimsley and the Texas Playboys und die Four Deacons.

Dann, eines Tages, kam der große Durchbruch.

Vier Monate nach der Eröffnung fuhr ein junger Mann mit einem ramponierten Wagen, in dem alle seine Besitztümer verstaut waren, vor dem Auditorium vor. Im Wagen saßen auch seine Ehefrau und seine Stieftochter. Alles, was er wolle, sagte er, sei eine Chance, den Leuten beim *Hayride* zu zeigen, was er konnte.

Der Mann hieß Hank Williams, und bevor er zu Größerem und Besserem weiterzog, verlieh er dem *Louisiana Hayride* die musikalische Identität, dank der er mit der *Opry* konkurrieren konnte. Williams roher Musikstil und seine ergreifende Ehrlichkeit machten ihn auf Anhieb zum Publikumsliebling, und er füllte den Zuschauerraum bis auf den letzten Platz. Williams blieb bis Juni 1949 bei der Show, dann zog er nach Nashville und ging zur *Opry*.

Mit einer Übertragungsleistung von 50 000 Watt konnte der *Hayride* sogar in New Mexico im Westen und oben in Arkansas und Mississippi im Norden gehört werden. Das war ein guter Anfang, aber die Produzenten bei KWHK waren ehrgeizig und bald hatten sie ein Netzwerk aufgebaut, das den Einfluss der Show noch vergrößerte. Schließlich strahlte auch CBS den *Hayride* aus, zunächst eine Show pro Monat und später eine Show pro Woche, in der die Hälfte des dreistündigen Programms gezeigt wurde.

Im ersten Jahr kam der kanadische Künstler Hank Snow für einen Auftritt als Gaststar vorbei. Er war seit Mitte der 1930er-Jahre, seit der Unterzeichnung eines Vertrags mit RCA Victor, ein erfolgreicher Künstler in Kanada, aber erst 1948 begann er, in den amerikanischen Markt vorzudringen. Bis zur Mitte der 1940er-Jahre hatte RCA Victor seine Platten nur in Kanada herausgebracht.

Da amerikanische Country-Künstler häufig in Kanada auftraten, kamen sie in Kontakt mit neuen Talenten, die südlich der Grenze oft völlig unbekannt waren. Ernest Tubb entdeckte Hank Snow, der auf seiner Tour durch Kanada unter dem Namen »Hank the Singing Ranger« auftrat. Tubb war so beeindruckt von dessen Talenten, dass er seinen Namen in der Countrymusik-Branche bekannt machte und es arrangierte, dass Snow in Dallas auftreten konnte.

Weil Tubb bei jeder Gelegenheit die Werbetrommel für Snow rührte, hatte RCA Victor keine andere Wahl, als seine Schallplatten auch in den Vereinigten Staaten zu verkaufen, obwohl sie weiterhin in Kanada veröffentlicht wurden und Snow als kanadischer Künstler beworben wurde. Nach dem bescheidenen Erfolg von »Brand New Heart« sah man sich Snow bei RCA Victor etwas genauer an und beschloss gegen Ende der 1940er-Jahre, seine Platten in den Vereinigten Staaten zu veröffentlichen.

Zwei Jahre nach seinem ersten Auftritt auf dem *Hayride* war Snow ein anerkannter *amerikanischer* Countrymusik-Star. Im Jahr 1950 hatte er zwei Riesenhits, »Golden Rocket« und »I'm Movin' On«, und im selben Jahr wurde er Mitglied der Stammbesetzung der *Grand Ole Opry*. Infolge seines plötzlichen Erfolgs zog Snow nach Nashville und wurde schließlich amerikanischer Staatsbürger. In Countrymusik-Kreisen hielt man große Stücke auf ihn, und er hatte den Ruf, ehrlich und anständig zu sein.

Unter Colonel Parkers Leitung ging Eddy Arnolds Karriere sprunghaft nach oben. Konzertbuchungen liefen so gut, dass Parker in *Variety* eine Anzeige platzierte: »Eddy Arnold und ich bedauern, dass wir für die Saison 1949 keine weiteren Termine für persönliche Auftritte frei haben.« Das traf nicht ganz zu. Arnold hatte eine Vielzahl von Buchungen für das Jahr, aber sein werbetüchtiger Manager – Arnold weigerte sich hartnäckig, ihn Colonel zu nennen – schaffte es immer, ein oder zwei Termine für panische Anrufer unterzubringen, die Angst hatten, musikalisch den Anschluss zu verlieren.

In jener Zeit begegnete der Colonel zum ersten Mal dem Talentscout Al Dvorin aus Chicago, der sich auf Live-Auftritte von Künstlern, Kleinwüchsigen und Tierdressuren spezialisiert hatte. Dvorins Büromanager war Tom Diskin, dessen zwei Schwestern mit dem bekannten Countrymusiker Pee Wee King auftraten, dessen Buchungen Dvorin tätigte. Wenn King mit Eddy Arnold auf Tour ging, informierte Diskin Dvorin vier Wochen vorher darüber und begleitete seine Schwestern. So lernte Diskin Parker kennen und beschloss, für ihn zu arbeiten.

Pee Wee King war nicht Dvorins einziger Künstler, den der Colonel für Auftritte mit Arnold buchte. Bobby Powers und Donna Dempsey hatten eine Kleinwüchsigen-Show, die dem Colonel aufgefallen war. Bobby spielte Akkordeon und Donna tanzte. »Sie waren ein süßes Zwergen-Paar«, sagt Dvorin. »Einfach schön!«[15] Parker fand, sie würden der Show noch etwas mehr Pep geben.

Mit seinen Auftritten verdiente Arnold damals 4000 bis 8000 Dollar pro Abend, sein Liederbuch, das für fünfzig Cents verkauft wurde, brachte etwa 40 000 Dollar pro Jahr ein, und mit seinen Plattenverkäufen war er unter den Erfolgreichsten in der Countrymusik (1948 bekam er 250 000 Dollar Tantiemen). Im Jahr 1949 scheffelte er stolze 500 000 Dollar im Jahr. Sein erster Millionenhit war »Bouquet Of Roses«, ein bemerkenswerter Erfolg für einen Countrymusiker. Sein Privatleben verlief ebenso zu seiner Zufriedenheit, und seit der Geburt seines zweiten Kindes im Januar 1949 schwebte er im siebten Himmel.

Allerdings hing eine dunkle Wolke drohend über ihm.

Dean Upson verließ das WSM Artists' Service Bureau, kurz nachdem Arnold ihre Managementvereinbarung beendet hatte, und ging nach Shreveport, um KWKH bei der Gründung des *Hayride* zu unterstützen; das hielt jedoch nicht lange, und bald war er zurück in Nashville, wo er ein PR-Unternehmen gründete. Während Arnolds Erfolg sich von Monat zu Monat steigerte und ihn zum Tagesgespräch in Nashville machte, wurde Upson immer missgünstiger. Schließlich reichte er Klage gegen Arnold ein und behauptete, ihr Managementvertrag sei noch in Kraft. Er behauptete, Arnold schulde ihm zehn Prozent von allem, was er seit der Vertragsunterzeichnung im Jahr 1943 verdient habe.

Arnold war wegen der Klage am Boden zerstört, nicht nur, weil er ein Mann des Wortes und entsetzt darüber war, dass jemand ihn öffentlich beschuldigte, seinen Zahlungsverpflichtungen nicht nachgekommen zu sein, sondern weil ihm bei seiner Beziehung zu Parker immer unbehaglicher wurde. Wahrscheinlich verachtete er sich auch ein wenig selbst dafür, zugestimmt zu haben, Parker nicht zehn, sondern fünfundzwanzig Prozent seiner Einkünfte für Parkers Bereitschaft zu geben, ihn exklusiv zu vertreten.

Arnold hatte keine Zweifel an Parkers Fähigkeit als Manager, denn die war unbestritten, doch die Art und Weise, wie Parker sie auslebte, beunruhigte ihn. Wann immer er eine Anzeige schaltete – und er schaltete eine Menge davon –, stets stand Parkers Name neben Arnolds. Alles wurde mit »Eddy Arnold und Tom Parker« unterzeichnet.

Ungeachtet seines Künstlernamens Tennessee Plowboy (was etwa mit »Landei aus Tennessee« zu übersetzen ist) war Arnold kultiviert, auf die Gefühle anderer bedacht und respektvoll gegenüber Autoritäten und glaubte aufrichtig an die in den Südstaaten vorherrschende Auffassung darüber, wie sich ein Gentleman in der Öffentlichkeit zu präsentieren habe. Eddy Arnold war alles, was Parker nicht war, und langsam, von Jahr zu Jahr, zermürbte ihn ihre Verschiedenheit mehr und mehr.

Parker war dreist, überheblich und manchmal geradezu widerwärtig. Er war ein Schausteller durch und durch und gab niemals vor, etwas anderes zu sein. Bei Besprechungen mit Managern von RCA Victor schlug er ihnen auf den Rücken, setzte ihnen lustige Hüte auf und bekam darüber Lachanfälle.

Arnolds explosives Lachen war mindestens genauso dröhnend und unvorhersehbar wie Parkers, aber nicht Arnold, sondern Parker spielte die Rolle des Bauerntölpels. Arnold wusste nie, was ihn erwartete, nur eins wusste er genau: nämlich, dass Parker irgendwo draußen in der Dunkelheit war, sich geschäftlichen Machenschaften widmete, Schultern klopfte und leutselig Hände schüttelte und sich neue Projekte ausdachte, wie er seinem »Jungen« mehr Geld verschaffen könnte.

Die Country-Branche hatte noch nie so einen Erfolg wie den Eddy Arnolds erlebt. Nie zuvor hatte ein Countrymusiker die Linie zur Popmusik übertreten und derart große Stückzahlen an Platten verkauft. Nie zuvor hatte ein Countrymusiker so viel Erfolg mit Liebesliedern gehabt. Nie zuvor hatte sich ein Countrymusiker über einen Ruf als Sexsymbol freuen dürfen. Die Frauen an den Veranstaltungsorten drehten seinetwegen durch. Er war der Liebling der Frauen.

Parker war allen immer zwei Schritte voraus. Um Arnold in die Kinos zu bekommen, überredete er die William Morris Agency, Türen für sie zu öffnen. Die beiden Kinofilme *Feudin' Rhythm* und *Hoedown* wurden kurz nach Arnolds erstem Engagement in Las Vegas gedreht und beide kamen im Jahr 1950 in die Kinos und erhielten gemischte Kritiken. Dies mündete in eine halbstündige Fernsehshow für die NBC, *The Eddy Arnold Show*. Diese war im Grunde nur der verlängerte Arm seiner Radiosendung, aber sie brachte seinen Namen und sein Gesicht in die Öffentlichkeit und gab Millionen von Fernsehzuschauern die Möglichkeit, ihn zu sehen.

Die ganze Zeit über wurde Arnold von Upsons Klage geplagt. Das Verfahren zog sich hin, Jahr für Jahr, eine Verfügung nach der anderen. Der Kampf mit seinem ehemaligen Manager schärfte seine Wahrnehmung für den jetzigen. Dessen fünfundzwanzig Prozent Provision wogen schwerer und schwerer. Er verdiente reichlich, aber er hatte einen Manager, der zehn Prozent wollte, und einen anderen, der fünfundzwanzig Prozent wollte, der Staat forderte mehr als die Hälfte an Steuern, und langsam sah es so aus, als besäßen alle ein Stück von Eddy Arnold, nur er selbst nicht.[16]

Irgendwann reiste Parker nach Shreveport, und mit der Unterstützung von unbekannten Investoren, die er aller Wahrscheinlichkeit nach durch seine Verbindung mit Jimmie Davis kennengelernt hatte, versuchte er den *Hayride* zu übernehmen. Er machte den Inhabern ein Angebot, die Show auf der Stelle zu kaufen, doch die fassungslosen Inhaber wollten nicht verkaufen. Parker war es nicht gewohnt, ein Nein als Antwort zu bekommen. Wutschnaubend reiste er ab. Von seinen Künstlern würde keiner jemals auf dem *Hayride* auftreten – es sei denn, das Angebot war einfach zu gut, um es abzulehnen.

Tom Parker schwelgte in Eddy Arnolds Erfolg. Er hatte bewiesen, dass all die Zweifler und Kritiker unrecht gehabt hatten. Sie konnten den Colonel einen Schausteller nennen, wenn sie wollten – obwohl er 1951 erst zweiundvierzig Jahre alt war, sah er viel älter aus –, aber den Erfolg konnten sie nicht bestreiten, und sein Klient war einer der größten Stars in Amerika. Aus Parkers Sicht war er selbst der Grund für dessen Starruhm.

Warum sollte er nicht so denken? War nicht er es, der zu den Tagungen der Musikbranche fuhr und mit einem gemieteten Elefanten, über dessen Rücken er ein Transparent mit der Aufschrift »Vergessen Sie niemals Eddy Arnold« gebreitet hatte, für alle sichtbar hin und her stolzierte? War nicht er es gewesen, der eine Herde dressierter Ponys gemietet hatte, um die Entscheidungsträger der Musikbranche zu unterhalten? Und war nicht er es gewesen, der sich die mehrseitige Anzeige für das Fachmagazin ausgedacht hatte, die Eddy Arnold hinter einem Pferdegespann und knöcheltief im Schlamm versunken als einen Jungen vom Land darstellte?

In den Jahren 1951 und 1952 hatte Arnold eine Reihe von Hits in den Top 10, darunter »Kentucky Waltz«, »I Wanna Play House With You« und »Call Her Your Sweetheart«, aber er war immer seltener im Aufnahmestudio und auf Konzerten und immer öfter vor den Fernsehkameras. Zwei Wochen trat er in der äußerst populären

Quizshow *$64 Question* auf, absolvierte mehrere Auftritte in Perry Comos beliebter Sendung und moderierte *The Chesterfield Show*, die während des Sommers als Ersatz für Perry Comos Show ausgestrahlt wurde. Im August 1951 erschien sein Foto auf der Titelseite des *TV Guide*, ein deutliches Zeichen dafür, dass er den Übergang vom Country-Schnulzensänger zum Pop-Künstler geschafft hatte, etwas, das keinem Countrysänger jemals zuvor gelungen war.

Zusammen mit Arnolds Berühmtheit wuchs auch seine Frustration über sein Management. Zwischen seinen Fernseh- und Live-Auftritten und Aufnahmesessions gab es aufreibende Besprechungen mit den Anwälten wegen Upsons Klage. 1953 waren vier Jahre vergangen, seit die Klage eingereicht worden war, und mit jedem Jahr wurden die Verfügungen und juristischen Auseinandersetzungen verdrießlicher. Als der Fall schließlich vor Gericht kam, stellte Upsons Anwalt Arnold als dumm hin, weil er seine Finanz- und Steuerunterlagen nicht ordentlich führe, und eine Weile sah es aus, als stecke Arnold in großen Schwierigkeiten. Dann schlug das Pendel zu seinen Gunsten um, denn der Richter entschied, dass Upson ohne Arnolds Wissen den Vertrag geändert hatte, um es so aussehen zu lassen, als gelte die Vereinbarung für unbestimmte Zeit und nicht nur für ein Jahr.

Im Jahr 1953 wies der Richter Upsons Hauptforderungen ab und beauftragte einen Justizangestellten damit, festzulegen, wie viel – wenn überhaupt – Arnold seinem Ex-Manager für das eine Jahr, in dem die Managementvereinbarung in Kraft war, schulde. Zur Zeit des Urteilsspruchs hielt sich Arnold in Las Vegas auf, wo er für ein zweiwöchiges Engagement im Sahara Hotel gebucht war. Obwohl er noch nicht wusste, wie viel er Upson würde zahlen müssen, war es ein klarer Sieg für den Künstler.[17]

Diese Erfahrung vermieste Arnold die Vorstellung, überhaupt einen Manager zu haben. Er hatte Upson vertraut, ihn beim Wort genommen, und aus seiner Sicht hatte sich sein früherer Manager gegen ihn gewandt und ihn auf einen juristischen Höllentrip geschickt. Wenn ein Mann, dem er blind vertraute, einen Vertrag änderte, wie der Richter beschieden hatte, wozu würde dann ein Mann hinter seinem Rücken fähig sein, dem er nie vertraut hatte, in diesem Fall der Colonel? Während des Engagements in Las Vegas kam es zur Eskalation. Arnold, Parker und dessen Assistent Tom Diskin waren in Arnolds Zimmer und sprachen über Geschäftliches, als Parker und Diskin eine Pause machten und nach unten ins Café gingen. In ihrer Abwesenheit klingelte das Telefon. Michael Streissguth schreibt in seiner Biografie über Eddy Arnold *(Eddy Arnold, Pioneer of the Nashville Sound)*, dass der Anrufer nach Parker fragte, und Arnold ihm sagte, der sei nicht da. Weil der Anrufer nicht wusste, dass er Arnold am Apparat hatte, bat er ihn, Parker etwas auszurichten: »Sagen Sie ihm einfach, dass die Show, die wir mit Hank Snow zusammengestellt haben, großartig läuft.«

Arnold legte auf und stürmte hinunter ins Café. Er war außer sich vor Wut. Er bezahlte Parker eine Provision von fünfundzwanzig Prozent, damit er ihn exklusiv vertrat. In seinen Augen war es ein massiver Betrug, dass Parker auch in Hank Snows Karriere involviert war. Als er sich dem Tisch näherte, an dem Parker und Diskin saßen, konnte er sehen, wie sie die Unterlagen, über denen sie gesessen hatten, unter den Tisch schoben, um sie vor ihm zu verstecken. Arnold überbrachte die Nachricht über Hank Snow und ging zurück in sein Zimmer.

»Ich habe ihn einfach ein paar Tage ignoriert«, sagte Arnold in einem Interview mit Streissguth. »Ich wollte nicht mit ihm reden. Aber als wir wieder zu Hause waren und er dann wegfuhr, schickte ich ihm ein Telegramm.«

In dem Telegramm teilte er Parker mit, dass er ihre Verbindung beenden wolle. Er bat ihn, sich mit ihm im Büro seines Anwalts zu treffen, um die Einzelheiten zu klären. Parker debattierte nicht mit Arnold, ließ ihn aber wissen, dass ein Telegramm nicht ausreiche, um den Vertrag zwischen einem Künstler und seinem Manager zu beenden: Das sei nur gegen klingende Münze möglich.

Am 4. September 1953 trafen sich Arnold und Parker im Büro des Anwalts und lösten ihren Vertrag formal auf, Arnold erlaubte

Parker jedoch, auf unabhängiger Basis weiterhin Buchungen für ihn zu tätigen. Wie viel genau er Parker bezahlt hat, um aus dem Vertrag herauszukommen, ist nie bekannt geworden, aber es muss eine beträchtliche Summe gewesen sein, sonst hätte Parker niemals kampflos nachgegeben.

Später war Arnold voll des Lobes über Parker und erzählte den Journalisten, sie hätten sich getrennt, weil ihre Persönlichkeiten so unterschiedlich seien. Parker blies in seinen Kommentaren in dasselbe Horn und sagte *Billboard*: »Es tut mir sehr leid, Eddy zu verlieren. Er ist ein guter Junge. Ich bin froh, dass wir uns gütlich trennen konnten.«[18]

Anfang des darauffolgenden Jahres sprach der Richter sein Urteil über den Upson-Fall. Auf der Grundlage der Berechnungen des Justizangestellten wurde Arnold dazu verurteilt, Upson die fürstliche Summe von 782,49 US-Dollar zu zahlen.[19] Innerhalb weniger Monate war es Arnold gelungen, sich zweier riesiger Mühlsteine zu entledigen, die an seinem Hals gehangen hatten. Es war ein Schlüsselmoment, jedoch aus anderen Gründen, als er sich erhoffte.

Da Parker nun zum Teil aus seinem Leben verschwunden war, bat Arnold Joe Csida, ihn zu managen. Csida war Redakteur bei *Billboard* gewesen und hatte das Magazin verlassen, um sich als Manager und Fernsehproduzent zu versuchen. Er war ein tüchtiger Manager, aber innerhalb eines Jahres, nachdem Arnold die Vereinbarung mit Parker gelöst hatte, ging es mit seiner Karriere bergab. Gegen Ende des Jahrzehnts lag die kometenhafte Karriere des Tennessee Plowboys in Trümmern.

Mit Tom Diskin als Assistenten gründete Parker ein Büro in der Lobby des WSM-Studios, wobei die Manager des Senders das zu diesem Zeitpunkt nicht wussten. Es war der perfekte Ort, um Geschäfte zu machen. In der Lobby gab es ein Telefon, das sie kostenlos benutzen konnten, und sicher auch reichlich Büromobiliar, das sie für geschäftliche Besprechungen mit neuen Kunden in Anspruch nehmen konnten.

Oscar Davis, der sich als Manager von Hank Williams einen Namen gemacht hatte, benutzte die Lobby ebenfalls als Büro. Nach Williams' plötzlichem Tod im Januar war er völlig aus dem Konzept geraten und, wie Parker, auf der Suche nach neuen Klienten. Schließlich schloss er sich Parker an und erklärte sich bereit, PR-Jobs für ihn zu übernehmen.

Parker hatte sogar ein Büro in der Garage hinter seinem Haus in Madison, Tennessee; aber das war zu weit von den ausgetretenen Pfaden von Nashvilles Musikindustrie weg, und für den Moment genügte die Lobby des Radiosenders seinen Zwecken. Er und Davis wechselten sich am Telefon ab. Wenn ein Anruf einging, meldeten sie sich nicht mit Namen, sondern nannten lediglich die Telefonnummer. Wenn der Anruf für Davis war und Parker abnahm, sagte er »Einen Moment« und reichte das Telefon an Davis weiter, der es umgekehrt genauso machte, wenn er einen Anruf entgegennahm.

Nach seiner Erfahrung mit Eddy Arnold hielt Parker es für besser, eine eigene Buchungs- und Managementagentur zu gründen und eine Reihe von Künstlern unter Vertrag zu nehmen, damit er, sollte es mit einem von ihnen bergab gehen, noch andere hätte, mit denen er arbeiten könnte. Seine neue Firma nannte er Jamboree Attractions und sein Briefpapier versah er mit dem Logo eines Planwagens, auf dem stolz verkündet wurde: »Wir bedienen das ganze Land.«

Innerhalb weniger Monate stellte er eine Liste mit Talenten zusammen und begann, Shows für Cousine Minnie Pearl, Whitey Ford, auch bekannt unter dem Namen Duke of Paducah, und den jungen Countrysänger Tommy Sands, der später als Popstar Erfolg haben sollte, zu buchen. Für den Anfang war es ein gutes Aufgebot, was er jedoch brauchte, war ein neuer Star.

Dem »alten« Parker stets wohlgesinnt, griff das Schicksal ein und bescherte ihm, ohne dass er auch nur einen Finger rühren musste, einen der herausragendsten Solokünstler in der Stadt: Im Herbst 1954 war Hank Snow wieder auf der Suche nach einem neuen Manager. Er wollte jemanden, der sich nicht nur um seine Buchungen kümmern, sondern ihm auch die Türen zu Radio und Fernsehen öffnen könnte.

Snow wusste sehr wohl von Parkers Erfolg mit Eddy Arnold, und als er erfuhr, dass sie ihren Managementvertrag beendet hatten, setzte er sich mit Parker in Verbindung. Später sollte er bereuen, dass er nicht überprüft hatte, woran die Vereinbarung zwischen Parker und Arnold gescheitert war, aber damals schien es ein guter Plan.

Parker war zu Hause, als Snow anrief, und da er nur einen Katzensprung von ihm entfernt wohnte, schlug Parker vor, sich in seinem Garagenbüro zu treffen. Als Snow eintraf und das Büro betrat, erlebte er die erste Überraschung, und es sollten noch viele weitere folgen.

»Hallo, Tom«, sagte Snow fröhlich.[20]

Parker erstarrte. »Von jetzt an, und für alle Zeit, werden Sie mich mit Colonel Parker ansprechen«, wies er den Künstler zurecht. Das Treffen dauerte etwa zwei Stunden. Snow erinnerte sich später, dass sich der Großteil des Gesprächs um Parkers großartige Erfolge mit Eddy Arnold drehte. Wenn Hank Snow landesweit ein Star werden wolle wie Eddy Arnold, dann habe er sich ganz sicher den Richtigen ausgesucht, versicherte Parker ihm. Er werde einen Star aus ihm machen und seinen Namen in Leuchtreklamen erstrahlen lassen.

Gemessen an seinen Schallplattenverkäufen war Hank Snow landesweit unter den fünf erfolgreichsten Künstlern in der Country-Szene. Er lag nur einen oder zwei kleine Schritte hinter Eddy Arnold, aber er wollte mehr. Er wollte heraus aus der Meute und Arnold den Platz an der Spitze streitig machen. Mit wem könnte er das wohl besser schaffen als mit dem früheren Manager des Tennessee Plowboys?

Während ihres ersten Treffens konnten sie sich nicht einigen, doch nach ein paar weiteren Gesprächen stimmte Parker zu, Snow exklusiv zu managen, unter der Voraussetzung, dass Snow ihm eine Pauschale von 2500 Dollar für »besondere Dienste« für den Rest des Jahres zahle. Die Provisionsbestimmung ihres Vertrags sollte am 1. Januar 1955 in Kraft treten.

Als der Tag des Vertragsbeginns nahte, unterbreitete Parker, der bereits 2500 Dollar eingesteckt hatte, ohne auch nur einen Finger zu rühren, einen neuen Vorschlag. Warum nicht ihrer beider Unternehmen, Hank Snow Enterprises und Jamboree Attractions, zu einer Partnerschaft zusammenlegen, und jeder bekäme einen Anteil von fünfzig Prozent? Parkers Ausführungen nach würden sie dadurch und mit Snow als Headliner bei ihren Showbuchungen so richtig abkassieren. In Snows Ohren hörte sich das gut an, also stimmte er zu. Dann verkündete Parker die nächste Hiobsbotschaft. Er teilte Snow mit, dass sein Assistent Tom Diskin einen Anteil von fünfundzwanzig Prozent von Jamboree Attractions besitze und von Snow herausgekauft werden müsse, bevor sie ihren Deal besiegeln könnten.

Snow stellte Diskin einen Scheck über 1225 Dollar aus, was dem Anteil von fünfundzwanzig Prozent am Unternehmen entsprach. Dann erklärte Parker, das Unternehmen sei nach der Auszahlung an Diskin nur noch 3750 Dollar wert, Snow müsse ihm also einen Scheck über 1775 Dollar ausstellen, damit sie gleichwertige Partner wären. Snow schrieb den Scheck.

An jenem Tag verließ Snow das Garagenbüro als stolzer Miteigentümer der Hank Snow Enterprises-Jamboree Attractions. Tief in seinem Herzen wusste er, dass er auf dem besten Weg zum Megastar war, und es hatte ihn nur 5500 Dollar gekostet.[21] Parker sah dieselben 5500 Dollar und sah doch etwas anderes.

Es war ein drückend heißer Samstag, und den ganzen Nachmittag über lag die Temperatur bei fast vierzig Grad. Erst ab sechs Uhr abends würde sie unter vierunddreißig Grad sinken. Die meisten Teenager in Memphis, diejenigen zumindest, die sich die fünfundzwanzig Cent für den Eintritt leisten konnten, standen samstagnachmittags in der Schlange vor den klimatisierten Kinos der Stadt. 1954 gab es in Memphis nur wenige Privathaushalte mit Klimaanlagen, und wenn die

Kinos mit Slogans wie »kühl und komfortabel« warben, hatte das eine ebenso starke Anziehungskraft für die Besucher wie die Filme selbst.

Der neunzehnjährige Elvis Presley war da keine Ausnahme. Er sah sich im Kino die Nachmittagsvorstellung an und mischte sich unter die Menge der Jugendlichen, die vielleicht zwölf oder jünger waren. Elvis hatte im Jahr zuvor die Humes Highschool abgeschlossen und nach ein paar Fehlstarts einen Job als Lkw-Fahrer bei Crown Electric gefunden. Im Kino passte Elvis nicht zu den anderen.

Es war damals undenkbar, dass über Achtzehnjährige eine Nachmittagsvorstellung besuchten. Die Samstagnachmittage waren für die Kinder reserviert. Weil Elvis aber für sein Alter noch recht unreif und gern mit Jüngeren zusammen war, hat ihn das wohl nicht gestört.

Als er an jenem Tag nach Hause kam, war es Zeit zum Abendessen, und seine Mutter Gladys sagte ihm, ein Mann namens Scotty Moore habe für ihn angerufen. Er habe gesagt, er repräsentiere Sam Phillips' Sun Studio, und der Inhaber wolle mit Elvis über ein Vorsingen in seinem Studio sprechen.

Niemand musste Elvis erklären, was das bedeutete. Er hatte mehrere Male in Sams Studio an der Union Avenue vorbeigeschaut und versucht, Sams Aufmerksamkeit auf sich zu ziehen, aber bis jetzt hatte er damit nur bei der hübschen Sekretärin Marion Keisker Erfolg gehabt. Elvis wusste nicht, dass Marion seit Monaten versucht hatte, Sam zu überreden, Elvis zu einem Vorsingen einzuladen.

Sam hatte immer einen Vorwand gefunden, um sich diesem Ansinnen zu verweigern, und erst an jenem Nachmittag, als Marion mit Scotty und Sam in das Café nebenan ging, gab er schließlich nach und erlaubte Scotty, den Jungen mit dem komischen Namen zum Vorsingen einzuladen. Sam hatte Anfang des Jahres eine Schallplatte von Scotty und seiner Band, den Starlite Wranglers, veröffentlicht, aber die Platte mit dem Countrysong »My Kind Of Carryin' On« hatte sich nicht gut verkauft, und Scotty wollte unbedingt eine zweite Chance bekommen.[22]

Als Elvis Scotty zurückrief, nahm dessen Ehefrau Bobbie den Anruf entgegen. Scotty und Elvis unterhielten sich dann kurz, gerade lange genug, um für den folgenden Tag ein Treffen zu vereinbaren. Das Vorsingen würde zwar am Unabhängigkeitstag, dem 4. Juli, stattfinden, doch weder Scotty und Bobbie noch Elvis hatten etwas Besonderes für den Feiertag geplant.

Bobbie sah Elvis als Erste, als er den Gehsteig entlangkam. Er trug ein weißes Spitzenhemd, weiße Schnallenschuhe und pinkfarbene Hosen mit senkrechten schwarzen Streifen an den Außenseiten. Sein Haar war mit Pomade glatt nach hinten zu einem Entenschwanz frisiert. Sie ließ ihn durch die Vordertür hinein und rief Scotty zu, der im hinteren Zimmer Gitarre spielte: »Dieser Bursche ist hier.«[23]

Scotty bat Bobbie, die Straße hinunter zu Bill Black zu laufen und ihn zu fragen, ob er herüberkommen wolle, um beim Vorsingen dabei zu sein. Black spielte Kontrabass bei Scottys Starlite Wranglers und er hatte sich angewöhnt, sein Instrument bei Scotty zu lassen, wo es geräumiger war und es keine Kinder gab, welche die Saiten malträtierten.

Scotty und Elvis improvisierten auf ihren Gitarren, als Bill eintraf. Elvis war kein Meister an der Gitarre, aber seine Stimme war kraftvoll, und anscheinend kannte er jedes Lied, das jemals geschrieben worden war. Er hatte überall in der Stadt gesungen, hatte versucht, seiner Stimme eine Richtung zu geben, doch bis dahin hatte er sie noch nicht gefunden, und so sprang er zwischen Blues, Pop und Country hin und her.

»Er hat alles gesungen, angefangen bei Eddy Arnold, bis hin zu Billy Ekstein, alles, was Sie sich denken können«, sagt Scotty. »Ich war völlig entgeistert darüber, wie viele Songs er kannte.«

Bill hörte eine Weile zu, dann stand er auf und ging.

Als Scotty meinte, genug gehört zu haben, versprach er Elvis, mit Sam zu sprechen und wieder auf ihn zuzukommen. Nachdem Elvis gegangen war, setzten sich Scotty und Bill zusammen, um über Elvis' Leistung zu sprechen. Bill äußerte sich unverblümt.

»Na ja, er hat mir nicht sonderlich imponiert«, sagte er. Bobbie, die vor Elvis' Erscheinungsbild zurückgeschreckt war, stimmte Bill zu. »Ich glaube, er hat auf niemanden wirklich Eindruck gemacht«, meinte sie. »Er hatte eine gute Stimme und er konnte singen, aber er hat auch nichts anderes gesungen als das, was alle anderen singen.«[24]

Scotty hatte einen besseren Eindruck gewonnen, obwohl nichts an Elvis herausstach und Aufmerksamkeit erregte. Am meisten hatte ihn Elvis' Gefühl für Timing beeindruckt. Er spielte die Rhythmusgitarre recht ordentlich und seine Stimme konnte er auf eine Art und Weise der Musik anpassen, die Scotty aufhorchen ließ.

Am Abend jenes Tages rief Scotty Sam an und erzählte ihm von dem Vorsingen. Er äußerte sich lobend über Elvis' Gesang und sein Repertoire, lobte sein Potenzial aber nicht in den Himmel. Sam habe zwei Möglichkeiten: Er könne die Starlite Wranglers ins Studio bitten, um eine Schallplatte mit Elvis als Sänger aufzunehmen, oder Scotty und Bill bitten, Elvis noch mal vorsingen zu lassen, damit er dessen Stimme vom Tonband hören könnte. Sam entschied sich für Letzteres und bat Scotty, dafür zu sorgen, dass alle am darauffolgenden Abend im Studio sein würden.

Da sie tagsüber alle einer geregelten Arbeit nachgingen – Scotty arbeitete für seinen Bruder in einer Textilreinigung, Bill im Firestone-Werk und Elvis bei Crown –, verbrachten sie einen ganz gewöhnlichen Montag. Nach der Arbeit gingen sie nach Hause, aßen zu Abend, machten sich frisch und trafen sich anschließend in Phillips' Studio. Es war noch heiß, als sie ankamen, die Temperatur ging langsam auf dreißig Grad zurück. Niemand scheint sich zu erinnern, ob das Studio damals klimatisiert war; wenn ja, werden sie die lärmenden Kühleinheiten abgeschaltet haben, damit sie die Tonbandaufnahmen nicht störten. Im Studio herrschte eine glühende Hitze.

Sie gingen genauso vor wie in Scottys Haus, nur dass Bill dieses Mal Kontrabass spielte. Sie begannen mit »Harbor Lights«, einem Song, den Bing Crosby ein paar Jahre zuvor aufgenommen hatte. Danach spielten sie Ernest Tubbs »I Love You Because«. Nichts schien richtig. Sie hörten sich an wie ein Haufen Kinder, die nachspielten, was sie im Radio gehört hatten.

Je mehr sie spielten, desto schlechter schien es zu werden.

Gegen Mitternacht machten sie endlich eine Pause. Scotty ging nach draußen, um eine Zigarette zu rauchen. Die Union Avenue war eine der Hauptgeschäftsstraßen in Memphis, und so floss selbst um Mitternacht noch ein stetiger Verkehrsstrom am Studio vorbei. Die letzten zwölf Lieder, die sie gespielt hatten, waren Balladen gewesen. Scotty hatte nichts gegen Balladen, aber seinem natürlichen Impuls folgend war ihm schnelle Musik lieber. Das war schon immer so gewesen, auch schon, als er als Kind anfing, Gitarre zu lernen.

Zurück im Studio saßen sie auf dem Boden herum, müde, unsicher, was sie als Nächstes machen sollten. Plötzlich sprang Elvis von einem Moment der Inspiration gepackt auf, fing an, auf seiner Rhythmusgitarre zu spielen, und dazu sang er »That's All Right, Mama«, einen Blues, der 1940 von Arthur »Big Boy« Crudup aufgenommen worden war. Doch eigentlich »spielte« Elvis gar nicht auf seiner Gitarre, er schlug mit der offenen Hand auf die Saiten, wollte mehr einen Rhythmus erzeugen als Töne.

Bill, der bis dahin ausgelaugt auf seinem Kontrabass gesessen hatte, sprang auf und begann mitzuspielen. Als Scotty Elvis' schnelles Riff hörte, spitzte er seine Ohren und stimmte mit seiner Elektrogitarre ein. Als der Song zu Ende war, reckte Sam seinen Kopf aus dem Kontrollraum. »Was macht ihr da?«, fragte er.

»Wir spielen nur herum«, meinte Scotty, unsicher, ob Sam ihren plötzlichen Anfall von Albernheit billigen würde.

»Also, das hat sich gar nicht so schlecht angehört«, sagte Sam. »Versucht's noch mal!«

Dieses Mal schaltete Sam das Tonband ein.

Nach mehreren Versuchen hörten sie sich die Aufnahmen an. Keiner wusste, was er sagen sollte. Es war gut – so viel wussten sie –, aber es hörte sich nicht an wie etwas, das es auf dem Markt gab. Scotty sagte schließlich, »Na ja, du hast ja gesagt, du würdest nach etwas anderem suchen.«[25]

Sam sagte erst einmal gar nichts. Er war ebenso verblüfft wie sie. Sie sahen ihn erwartungsvoll an. Würde er ihnen sagen, sie hätten eine Platte aufgenommen oder einfach nur ihre Zeit verschwendet?

Endlich rückte Sam mit der Sprache heraus. »Okay, wir brauchen eine B-Seite«, sagte er. »Ich kann dem DJ beim Radio nicht nur einen Song bringen.«

Als sie an diesem Abend nach Hause gingen, waren sie über »That's All Right, Mama« in heller Aufregung, hatten jedoch Bedenken, ob es ihnen gelingen würde, einen weiteren Song dieser Art für die B-Seite aufzunehmen. Wie sich herausstellen sollte, waren ihre Bedenken gerechtfertigt. Als sie sich zwei Tage später wieder in Sams kleinem Fünfundfünfzig-Quadratmeter-Studio einfanden, klang alles, was sie spielten, nichtssagend und langweilig.

An jenem Abend verließen sie das Studio ohne B-Seite, doch Sam machte sich keine großen Sorgen. Er rief seinen Freund Dewey Phillips an (keine verwandtschaftliche Beziehung) und bat ihn, im Studio vorbeizukommen. Dewey war der heißeste Disc Jockey in Memphis, bekannt für seinen schrägen Humor und seine Besessenheit, wenn er auf Sendung war – ein bisschen wie eine sanftere 1950er-Version von Howard Stern.

Dewey gefiel der Song sehr und er nahm eine Kopie mit, um ihn in seiner Sendung zu spielen. Und wie er ihn spielte – immer und immer wieder. Als Scotty, Bill und Elvis das nächste Mal ins Studio kamen, hatte Sun Records Aufträge für 5000 Platten bekommen, die noch nicht einmal gepresst waren.

Jetzt war ihnen klar, dass sie eine B-Seite brauchten – und zwar schnell. Nur weil Dewey den Song im Radio gespielt hatte, waren sie zu örtlichen Berühmtheiten geworden. Dieses Mal gab Bill den entscheidenden Anstoß. Sie saßen im Studio herum und sprachen darüber, was sie als Nächstes machen könnten, als Bill unvermittelt aufsprang und anfing, mit einer hohen Falsettstimme »Blue Moon Of Kentucky« zu singen, und dabei schlug er mit all der manischen Energie, die er aufbringen konnte, auf seinen Kontrabass.

»Blue Moon Of Kentucky« war von der Bluegrass-Legende Bill Monroe als Ballade aufgenommen worden, aber Bill Black sang es schnell, trieb die Worte im Rhythmus seiner stampfenden Füße voran. Wie sie es bei »That's All Right, Mama« gewusst hatten, wussten sie auch jetzt auf Anhieb, dass sie einen Song hatten, der sich für eine Platte eignete. Elvis übernahm den Gesang, Scotty brachte seine Gitarre auf Touren und Sam strahlte, als er das Tonband einschaltete.

Sie hatten ihre B-Seite.

Jetzt waren sie bereit für den Rock 'n' Roll.

Marion setzte einen Vertrag auf, den Elvis unterschreiben sollte, doch seltsamerweise erhielten Scotty und Bill keine Verträge. Sam schlug ihnen vor, einen separaten Deal mit Elvis zu machen. In ihrer Aufgeregtheit über das Erscheinen ihrer Platte dachten Scotty und Bill nicht groß über die rechtlichen Details ihres Tuns nach. Die drei setzten sich zusammen und beschlossen, dass Elvis fünfzig Prozent bekommen sollte und Scotty und Bill jeweils fünfundzwanzig Prozent. Da sie einen Namen brauchten, nannten sie sich die Blue Moon Boys. Später würden sie sich Elvis and the Blue Moon Boys nennen.

In derselben Woche äußerte Sam gegenüber Scotty seine Besorgnis, dass jemand Elvis einen Managementvertrag anbieten und ihnen Knüppel zwischen die Beine werfen könnte. Damals war es gängige Praxis, dass ein DJ, der einen Künstler zum ersten Mal im Radio gesendet hatte, dessen Management beanspruchte. Manchmal verlangten sie auch einen Anteil der Tantiemen. Sam schlug Scotty vor, Elvis zu managen, zumindest im ersten Jahr.

Für Scotty klang das nach einer guten Idee, also besprach er es mit Elvis und ließ durch einen Anwalt einen Vertrag ausfertigen. Am 12. Juli 1954, sieben Tage nach der Aufnahme von »That's All Right, Mama«, kam Scotty zu Elvis nach Hause, wo er, Elvis, Gladys und Vernon Presley den ersten Managementvertrag für den zukünftigen König des Rock 'n' Roll unterzeichneten.

»Pass gut auf meinen Jungen auf«, sagte Gladys.[26]

Das mochte für manche ein hingeworfener Satz sein, nicht aber für Scotty, der ihre Bitte ernst nahm.

Im Vertrag wurde Elvis als »Sänger von Ruf und Ansehen« aufgeführt und Scotty als Leiter der Band und Buchungsagent. Nach den Bedingungen des Einjahresvertrags würde Scotty zehn Prozent von Elvis' Einkünften aus Live-Auftritten bekommen. Selbst das war irreführend, denn zehn Prozent von Elvis' fünfzig Prozent waren nur zusätzliche fünf Prozent für Scotty. Der Vertrag untersagte es Elvis nicht, auch anderweitig Buchungen anzunehmen; wenn aber jemand anderes Elvis buchte, würde das null Prozent Provision für Scotty bedeuten. Elvis' Einnahmen aus Plattenverkäufen wurden merkwürdigerweise mit keinem Wort erwähnt.[27]

Scotty und Bill waren damals zu aufgeregt, als dass es ihnen aufgefallen wäre, aber alles, was sie sich von der Vereinbarung erhoffen konnten, war ihr Anteil an den Einnahmen aus ihren Konzertauftritten. Keiner von beiden sollte jemals für ihr Mitwirken an den Aufnahmesessions bei Sun Records bezahlt werden, und nur Elvis würde Tantiemen aus den Schallplattenverkäufen erhalten. Das bedeutete, sie hatten kein Anrecht auf eine Vergütung für ihre Arbeit an »That's All Right, Mama« und »Blue Moon Of Kentucky« oder für andere Plattenaufnahmen bei Sun Records. Was Sam Phillips anbelangte, waren Scotty und Bill nicht erwünscht. Er hatte einen Deal mit Elvis und nur mit Elvis. Falls dieser das begriffen hatte, ließ er es sich Scotty und Bill gegenüber nicht anmerken, die beide davon ausgingen, sie hätten eine Fünfzig-fünfundzwanzig-fünfundzwanzig-Partnerschaft.

Tom Parkers provisorisches Garagenbüro wurde zunehmend zu seinem Refugium. Eine Umstrukturierung bei WSM führte zu einem Verbot von Ferngesprächen vom Telefon in der Lobby. Zwar hatten Parker und Oscar Davis und ein paar der anderen PR-Leute, die mit den Talenten der Opry arbeiteten, noch Zugang zu den Telefonapparaten in den hinteren Büros, doch machte es Parker nicht mehr annähernd so viel Spaß, denn für ihn war die Lobby seine Bühne, auf der er die Rolle des schnell sprechenden Managers spielen konnte.

Außerdem sah er, da Hank Snow ihm großzügig Schecks ausstellte, keinen Grund, sich von dem Sender zu verabschieden. Wenn er nicht allein in seinem Büro Zigarren rauchte, verbrachte er die meiste Zeit mit Managern aus dem Musikbusiness. Er war nicht mehr auf der Straße unterwegs wie früher, wie er es bei Royal American gelernt hatte. Vielleicht lag es an seinem Alter, denn mit fünfundvierzig war sein Stoffwechsel nicht mehr das, was er einmal gewesen war, aber wahrscheinlicher ist, dass er vorwiegend damit beschäftigt war, Künstler zu buchen, anstatt ihre Karrieren zu managen.

Hank Snow war der einzige Künstler, mit dem er vereinbart hatte, ihn als Manager zu vertreten, und diese Vereinbarung sollte erst im Januar 1955 in Kraft treten. Parker hatte es nicht eilig, eine engere Arbeitsbeziehung mit Snow aufzubauen. Von Anfang an hatte er aus einem nicht erkennbaren Grund eine deutliche Abneigung gegenüber Snow gehabt. Vielleicht waren ihre Persönlichkeiten zu unterschiedlich, vielleicht lag es daran, dass Snow eine Green Card hatte, die es ihm erlaubte, in Amerika zu leben und zu arbeiten – und Parker nicht. Snows Anblick erinnerte ihn nur an sein eigenes Geheimleben und daran, in welcher Gefahr er schwebte, des Landes verwiesen zu werden.

Aus welchem Grund auch immer verkaufte er Snow für dumm, benutzte ihn, manipulierte ihn für seine eigenen Zwecke, und die ganze Zeit über schüttelte er ihm überaus freundlich die Hand und beglückwünschte ihn zu seinem wundervollen, gottgegebenen Talent. Snow hat die Verachtung nie gespürt, die Parker für ihn hegte; bereitwillig folgte er dem Schlachtplan seines neuen Managers, tat kritiklos alles, was Parker wollte.

Wann genau Parker den Namen Elvis Presley zum ersten Mal hörte, ist nicht bekannt, doch am 30. Juli 1954 gaben die Blue Moon Boys ein Konzert im Overton Park Shell in Memphis, einem Open-Air-Amphitheater, das auf Familienunterhaltung ausgerichtet war. Slim Whitman, einer von mehreren Countrymusikern, die von Parkers Jamboree Attractions gebucht wurden, war der Headliner des Abends.

Auf Elvis reagierte das Publikum an jenem Abend so heftig – junge Mädchen kreischten und stürmten auf die Bühne –, dass es

Whitman nicht entgehen konnte, selbst wenn er es gewollt hätte, besonders, weil das Publikum noch immer nach Elvis schrie, als er die Bühne betrat. Solche Reaktionen hatte es in den 1940er-Jahren bei dem populären Schlagersänger Frank Sinatra gegeben, aber der hatte bei riesigen Veranstaltungen in großen Städten gespielt. Es war erstaunlich, dass so etwas bei einem unbekannten Sänger mit einem seltsamen Vornamen auf einer ländlichen Bühne geschehen konnte.

Mit hoher Wahrscheinlichkeit kommunizierte Whitman direkt oder indirekt mit Parker darüber, was er gesehen hatte. Ein Künstler würde so etwas nicht für sich behalten. Eine weitere Möglichkeit war Oscar Davis, der den Memphis-DJ Bob Neal aufsuchte, um exklusive Insider-Informationen über Elvis zu bekommen. Neal spielte Davis Elvis-Platten vor und begleitete ihn zu einem Live-Auftritt.

Im Nachhinein schrieb Parker es Davis zu, ihm von Elvis erzählt zu haben, wenngleich er sich bezüglich des Zeitpunkts niemals festlegte. Wie auch immer Parker zuerst von Elvis erfahren hat, ob durch Whitman oder Davis, es ist offensichtlich, dass er schon im August wusste, was in Memphis vor sich ging, als »Blue Moon Of Kentucky« in den regionalen *Billboard*-Charts auf Nummer drei kletterte, kurz hinter Hank Snows »I Don't Hurt Anymore«.

Da wusste Parker, dass er Elvis in sein Netz locken wollte. Aufgrund des Erfolgs der Blue Moon Boys in der Shell in Memphis rief Sam Phillips den Manager der *Grand Ole Opry*, Jim Denny, an und sprach mit ihm über die Möglichkeit, die Band für die Opry zu buchen. Denny hatte die Platte gehört, fand aber, sie sei völlig ungeeignet für die Opry. Dennoch versprach er, aufgeschlossen für die Band zu bleiben und Kontakt zu halten.

Phillips wandte seine Aufmerksamkeit dem *Louisiana Hayride* zu, der damals schon von einem 50 000 Watt starken Schwestersender in Little Rock, Arkansas, übertragen wurde. Beim *Hayride* war man an den Blue Moon Boys interessiert, die Voraussetzungen für eine Buchung neuer Künstler war aber, dass sie garantierten, jede Woche aufzutreten, und einen Einjahresvertrag unterschrieben. Alles passierte so schnell, dass Phillips nicht sicher war, ob er Elvis so langfristig verpflichten wollte, also zögerte er die Entscheidung hinaus und sagte weder Ja noch Nein.

Inzwischen begann Parker im Hintergrund, die Fäden zu ziehen, um Elvis in die Opry zu bekommen. Er sprach mit Hank Snow über Elvis und meinte, er könne eine Bereicherung für ihre gemeinsame Buchungsagentur sein. Da Snow selbst in der Show auftrete, würde das Management der Opry in Verlegenheit geraten, wenn es jemanden ablehnte, den er wollte. Hank solle doch einfach mit Denny darüber reden, Elvis in die Show zu nehmen.

Denny war einverstanden, Elvis and the Blue Moon Boys in Snows Auftritt in der Show am 2. Oktober einzubauen, aber nur für einen Song – und nur unter der Bedingung, dass sie »Blue Moon Of Kentucky« sängen und nicht diesen anderen Song, der sich anhörte wie das, was Farbige samstagabends hören würden.

Als Phillips den Anruf von Denny erhielt, war er sprachlos, was nicht oft vorkam, unbegreiflich für alle, die ihn kannten. Es war erst einen Monat her, seit Denny ihm einen Korb gegeben hatte. Was hatte zu seinem Sinneswandel geführt? Na ja, egal ... die *Grand Ole Opry* war eine große Sache. Abgesehen von einem Anruf von Gott höchstpersönlich gab es für einen Künstler aus Memphis nichts, was ihm mehr bedeuten würde als ein Anruf von der Opry. Elvis, Scotty und Bill waren ganz aufgelöst, als sie am Morgen des 2. Oktober den Wagen beluden und sich auf den etwa vierstündigen Weg nach Nashville machten.

Im Lauf der Jahre ist viel über ihren Auftritt an jenem Tag geschrieben worden, hauptsächlich, dass er ein Desaster gewesen und Elvis unter Tränen nach Hause zurückgefahren sei. Scotty hat jedoch ganz andere Erinnerungen daran. Er sagt, das Publikum sei zurückhaltend, aber höflich gewesen, und obwohl keine kreischenden, die Bühne stürmenden Teenager dort gewesen seien, habe keiner in der Band das Gefühl gehabt, ihr Auftritt sei auf Ablehnung gestoßen. Und Elvis hat Nashville auch nicht unter Tränen verlassen, sagt Bobbie Moore, die mit Bill Blacks Ehefrau Evelyn nach Nashville gekommen war: »Er schien mir recht glücklich zu sein.«

Als Sam Phillips nach Memphis zurückkehrte, rief er den Buchungsagenten für den *Louisiana Hayride,* Pappy Covington, an und nahm sein Angebot über einen Vertrag für achtzehn Monate an. Man erwartete von Elvis and the Blue Moon Boys – den Namen hatten sie da schon geändert, mit Betonung auf Elvis –, jeden Samstagabend da zu sein. Sie würden zweiundvierzig Dollar für ihren Auftritt bekommen, wovon Elvis achtzehn und Scotty und Bill jeweils zwölf Dollar erhalten würden.

Am 16. Oktober trat Elvis zum ersten Mal auf dem *Hayride* auf. Der einzige Unterschied zu ihren anderen Auftritten war, dass an jenem Abend D. J. Fontana dazugekommen war, ein Schlagzeuger, der direkt hinter ihnen spielte und den das Publikum nicht sehen konnte, weil er hinter dem Bühnenbild versteckt war. Für Countrymusik-Hörer waren Schlagzeuger damals indiskutabel, aber weil manche Künstler sie bei ihren Plattenaufnahmen nutzten und einen Schlagzeuger brauchten, damit sie sich live so anhörten wie auf ihren Platten, stand D. J. für den *Hayride* auf Abruf bereit.

Wenn sich D. J. samstagabends nicht auf dem *Hayride* herumdrückte und auf sein Stichwort wartete, leise hinter den Vorhang zu schlüpfen, spielte er in Shreveports Nachtclubszene. Country war nicht seine erste Wahl, denn er war mit Bigband-Musik und dem Jazz und Dixieland von New Orleans aufgewachsen; aber ein Gig war ein Gig, und er gab in allen Country-Bands, in denen er spielte, sein Bestes. Der Großteil seiner Einkünfte kam aus den Spelunken und Striplokalen in und um Shreveport, jenen Clubs, die Carlos Marcello von New Orleans aus kontrollierte.

An jenem Abend wurden sie von Frank Page angekündigt, einem festen Mitarbeiter des *Hayride*-Teams, der den Programmdirektor von KWKH, Horace Logan, zusammen mit Norman Bale dazu drängte, Elvis and the Blue Moon Boys einen Vertrag anzubieten. »Horace war nicht dafür«, so Page. »Er sah ihre Musik nicht als Country. Wir auch nicht, aber wir dachten: Warum es nicht versuchen? Wir wussten, dass sie Aufmerksamkeit erregten und Platten verkauften, und wir haben Horace dazu überredet.«[28]

Elvis, Scotty und Bill trafen sich vor der Show mit D. J. hinter der Bühne. Ihre zuletzt erschienene Schallplatte, »Good Rockin' Tonight«, war ihr bislang temporeichster Song. Sie hörten sich die Platte gemeinsam an, und D. J. fand, dass er ihnen am meisten nützte, wenn nicht er den Rhythmus vorgab. Ihre Musik hatte einen unbefangenen Groove, und darin wollte er ihnen nicht ins Gehege kommen.

Am erstaunlichsten an der Band fand D. J., dass sie nur zu dritt waren. Als er die Platte das erste Mal gehört hatte, meinte er, fünf oder sechs Instrumente heraushören zu können.

An jenem Abend war das *Hayride*-Publikum enthusiastisch, aber nicht so ungebändigt wie später, als Elvis' Ruhm immer größer wurde. Im Monat darauf sprach Bob Neal, der ein paar Buchungen für die Band getätigt hatte, mit Sam Phillips darüber, Elvis' Management von Scotty zu übernehmen. Neal war ein Bär von einem Mann, mit einem breiten Lächeln und einer lockeren Art, und alle in der Band, Scotty eingeschlossen, mochten und vertrauten ihm. Niemals wäre jemand auf den Gedanken gekommen, dass er, wenn auch unwissentlich, einem großen weißen Hai, der unheilverheißend im Hintergrund lauerte, den Weg bahnen könnte.

Elvis, Bill Black und Scotty Moore mit Sam Phillips (James R. Reid)

Cover eines frühen Souvenirhefts (ca. 1957)

KAPITEL 3

★ ★ ★

Der Colonel erschließt sich ein wildes Königreich

Mit einem leichten Erdbeben in Memphis begann der Januar 1955 hinreichend prophetisch. Memphis liegt am südöstlichen Rand der New-Madrid-Verwerfung, einer tickenden geologischen Zeitbombe, deren Zentrum sich in New Madrid, Missouri, befindet und die sich südlich bis nach Marked Tree, Arkansas, am anderen Ufer des Mississippi, direkt gegenüber von Memphis, erstreckt.

Beim Wort »Erdbeben« denkt man am ehesten an Kalifornien; die Verwerfung mit der brachialsten Geschichte liegt aber nicht dort, sondern in Missouri. Wenn das nächste große Beben kommt (1955 war es überfällig und ist es heute wieder), wird Memphis dem Erdboden gleichgemacht und vom anschwellenden Mississippi zurückerobert werden, sagen die Forscher, die diese Phänomene untersuchen. Trotz all der Pracht in der Vergangenheit wissen die Einwohner von Memphis, dass ihre Stadt kaum mehr ist als ein vorübergehender Gemütszustand. Sie könnte sprichwörtlich von einem Augenblick auf den anderen verschwinden. Das ist ein Grund dafür, dass Memphis jahrzehntelang Amerikas Hauptstadt der Morde war. Niemand in der Stadt hatte ein Gefühl von Beständigkeit. Die Mehrheit der Einwohner waren Nachkommen afroamerikanischer Sklaven und verfolgter Juden, die zunächst aus Russland und später aus Nazi-Deutschland geflohen waren. Eine lautstarke Minderheit von weißen, aus dem Staat Mississippi geflohenen Nationalisten wog die Mehrheit auf. Ein teuflisches Gebräu der Unzufriedenheit.

Nashville dagegen liegt zweihundert Meilen entfernt und ist praktisch immun gegen die geologischen Annäherungsversuche der New-Madrid-Verwerfung. Die Einwohner Nashvilles wussten nichts von dem Beben in Memphis im Jahr 1955, und selbst wenn sie das leichte Zittern gespürt oder später davon erfahren hätten, hätte es sie nicht gekümmert. Wenn es nach ihnen ging, konnte Memphis zur Hölle fahren. Die Belange der beiden Städte waren niemals eng verflochten.

Tom Parker hatte aufgeschoben, getrödelt, Vorwände gefunden und sich davor gefürchtet, aber der Beginn des neuen Jahres markierte den Zeitpunkt, ab dem er nun offiziell Hank Snows Manager war. Offensichtlich hatte er niemals die Absicht, Snow seine Talente zur Verfügung zu stellen, wie er es bei Eddy Arnold getan hatte, aber das wusste Snow nicht, und der war begeistert von der neuen Partnerschaft.

Parkers Gedanken waren bei Elvis Presley. Sein Managementvertrag mit Snow trat zur selben Zeit in Kraft wie Elvis' neuer Vertrag mit Bob Neal. Scottys Managementvertrag mit Elvis galt weitere sechs Monate.[1] In den vergangenen Monaten hatte Neal Engagements für die Band in Texas und Arkansas gebucht.

Sam hatte Neal als wahrscheinlichen Nachfolger erwähnt, Scotty wusste also, dass eine Veränderung bevorstand. Er hatte gemischte Gefühle deswegen. Er war nicht gern der Manager, und nicht einmal hatte er um eine Provision gebeten, aber es war das einzige Schriftstück, dass ihn mit Elvis und den Platten, die sie aufnahmen, verband. Er wollte ihr Manager sein und er wollte es zugleich nicht. Meistens wollte er einfach nur Gitarre spielen.

Irgendwann um Weihnachten herum fand Scotty den Namen und die Adresse einer Buchungsagentur in Chicago. Ob er der Manager sein wollte oder nicht, war jetzt egal. Wenn er Neal den Vertrag übergeben würde, dann nach einem Erfolg – und nicht, weil er den Job nicht bewältigte. Deshalb schrieb er die Buchungsagentur in Chicago an. Da Neal sie in Texas und Arkansas buchte, könnte er selbst stolz auf sich sein, wenn er ihnen ein Engagement an einem großen Veranstaltungsort außerhalb der Südstaaten besorgen könnte. Zusammen mit ihrer neuesten Schallplatte schickte er einen Brief an die Agentur und wartete auf eine Reaktion.

Mitte Januar bekam er seine Antwort. »Vielen Dank für Ihr Schreiben Ihren Künstler betreffend. In der Tat sind wir eine Buchungs- und Werbeagentur, aber derzeit habe ich nichts, wo ich Ihren Künstler platzieren könnte«, so der Verfasser des Briefes. »In der Gegend um Chicago gibt es nicht viele Engagements für Hillbilly-Sänger.«

Das Schreiben war ordentlich auf Briefpapier von Jamboree Attractions getippt und von Tom Diskin unterzeichnet.[2] Da Scotty weder von Tom Parker noch von Jamboree Attractions wusste, hatte er seinen Brief an das Büro in Chicago geschickt, weil er dachte, es sei die wichtigste Anlaufstelle für große Buchungsagenturen. Tatsächlich war die Adresse weniger eine Zweigstelle als der Versuch Parkers, seinen in Chicago lebenden Verbündeten Diskin zu beschwichtigen.

Etwa zur Zeit, als er seine Absage von Jamboree Attractions bekam, überließ Scotty Bob Neal seinen Managementvertrag. Sam überzeugte ihn, dass dies das Beste für die Band sei. Niemand bot ihm Geld dafür, den Vertrag weiterzugeben. Niemand löste ihn ab. Er übergab ihn einfach.

Bob Neals vollständiger Name war Robert Neal Hobgood, aber die abgekürzte Form machte sich besser im Radio, wo er täglich zwei Sendungen für WMPS moderierte. Er war eine stadtbekannte Persönlichkeit, jemand, der Karrieren im Musikgeschäft fördern konnte. Wie sein Konkurrent Dewey Phillips war er eine permanente Anlaufstelle für Veranstalter und Plattenproduzenten, die für ihre Konzerte oder Platten möglichst viel Publicity bekommen wollten.

Eine beliebte Masche der Veranstalter war es, die Radiosprecher für die Moderation von Shows zu bezahlen, in denen ihre Künstler auftraten. So konnten sie sicher sein, dass die Show während der regulären Radiosendung erwähnt wurde.

Neal traf Parker erstmals Mitte oder Ende der 1940er-Jahre, als dieser nach Memphis kam, um für Eddy Arnolds Auftritte zu werben. Parker kaufte ganz seriös Sendezeit, in der für die Auftritte geworben wurde, aber er steckte Neal auch schon mal fünfzig Dollar dafür zu, dass er die Shows moderierte und in seiner Sendung Werbung dafür machte.

»Es gab vielleicht drei oder vier, die dafür bekannt waren, Werbung auf die echte, altmodische, aufdringliche Art zu betreiben – der Colonel, Oscar Davis, J. L. Frank und Larry Sundrock«, sagte Neal. »Über Parker war mir bekannt, dass er immer einen genauen Plan hatte, nicht wie ein paar andere, die ihre Werbung auf gut Glück betrieben. Die Philosophie des Colonels war: Wenn du etwas machst, musst du in der Lage sein, dafür von Anfang an geradezustehen … Sein Hintergrund war der eines Schaustellers. Er war ein richtiger Gauner und wusste, wie er die Menschen herumkriegte.«[3]

Zweifellos bahnte Neal Parker den Weg dafür, an Elvis' Vertrag von Scotty heranzukommen. Ob er wusste, was er tat, oder einfach von Parker dazu manipuliert wurde, ist eine bis heute nicht beantwortete Frage. Fast jeder, der Neal kannte, mochte ihn als Menschen. Er war herzlich und hatte die Fähigkeit, anderen das Gefühl zu geben, wichtig zu sein.

Die Tatsache, dass er von Parker fünfzig Dollar annahm, um ein Konzert zu moderieren und Werbung dafür zu machen, und das in Ordnung fand, legt die Vermutung nahe, dass es für ihn auch okay gewesen ist, Parker weitere Gefallen zu tun, besonders dann, wenn er der Überzeugung sein konnte, in Elvis' Interesse zu handeln.

Auch wenn Parker immer leugnete, in den Wochen gleich nach dem Konzert im Overton Park Shell bei Auftritten von Elvis im Publikum gesessen zu haben, ist klar, dass er ihn auf der Bühne gesehen hat. Ebenso klar ist, dass er während dieser Zeit eine Obsession für Elvis entwickelte. Was Parker sah, während er im Hintergrund lauerte und beobachtete, war dasselbe, was D. J. Fontana gesehen hatte, als er Elvis and the Blue Moon Boys das erste Mal erlebte. D. J. war beeindruckt davon, wie Elvis, der vier Jahre jünger war als Scotty, sich seinem Bandkollegen und Manager unterordnete. Er vertraute Scotty voll und ganz, und wenn die Frage aufkam, wer das Sagen hatte, stellte Elvis klar, dass es Scotty war – oder der »alte Mann«, wie er ihn gern nannte. Das ist bis heute eine der lebhaftesten Erinnerungen, die von D. J. zu hören sind.[4]

Wenn D. J., der in seinen frühen Zwanzigern war, das bemerkte, wird es auch dem gewieften Parker aufgefallen sein, selbst wenn er nur von Weitem zusah. Elvis' Respekt für Scotty wurde noch dadurch verstärkt, dass er ein Veteran der Navy war und während der blutigen kommunistischen Revolution in China und später auch im Korea-Krieg gedient hatte.[5] Für Parker hingegen stellte jeder, der eine Verbindung zum Militär hatte, eine Bedrohung dar. Niemals würde er einem Veteranen Auge in Auge entgegentreten. Er zog es vor, aus sicherer Distanz hinter den Kulissen zu fungieren und seine Gegner durch Hinterlist und Durchtriebenheit zu schlagen.

Für den 6. Februar 1955 waren Elvis and the Blue Moon Boys für eine Sonntagsvorstellung im Ellis Auditorium in Memphis gebucht. Es war erst ungefähr eine Woche vergangen, seit Bob Neal den Managementvertrag übernommen hatte, aber er verlor keine Zeit und vereinbarte ein Treffen für Sam, Elvis und die Jungs mit dem Mann, den er in seiner Funktion als Manager für perfekt befunden hatte, die Buchungen für die Band zu tätigen – Colonel Tom Parker.

Sie trafen sich in Shorty's Grill, einem winzigen Lokal, das zu Fuß vom Auditorium zu erreichen war. Neal, Sam Phillips, Parker und sein Assistent Tom Diskin saßen schon im Lokal, als Elvis, Scotty und Bill kamen. Während sich alle vorstellten, erwähnte Scotty das Ablehnungsschreiben, das er vor ein paar Wochen von Diskin bekommen hatte, mit keinem Wort. Er hätte Diskin fragen können, warum er denn jetzt interessiert sei – und zwei Wochen zuvor nicht –, aber das hätte möglicherweise eine ganze Reihe neuer Probleme ausgelöst, und das Letzte, was Scotty wollte, war, für einen gescheiterten Buchungsversuch verantwortlich gemacht zu werden. Diskin hatte seine eigenen Gründe, warum er den Mund hielt. Die Beziehung zwischen Scotty und Diskin begann mit einem Geheimnis.

Parker und Diskin seien anwesend, so erklärte Neal den Jungs, weil man sie für die Durchführung der Buchungen engagieren und sichergehen wolle, dass niemand etwas gegen diese Vereinbarung habe. Parker, dessen harte Augen funkelten, während er Elvis verstohlen flüchtige Blicke zuwarf, referierte, von Diskin bekräftigt, wortreich über seinen Erfolg mit Eddy Arnold in der Vergangenheit und über seine Zukunftsaussichten mit Hank Snow.

Zusammen bearbeiteten Parker und Diskin ihr unfreiwilliges Publikum wie ein Duo von Marktschreiern auf dem Rummelplatz, das angebliches Heilöl für fünf Cent die Flasche an den Mann bringen wollte. Bill blieb, bis alle sich vorgestellt hatten, und nachdem er sich das einführende Geschwätz angehört hatte, entschuldigte er sich – er müsse wieder zurück ins Auditorium, wo er noch einiges zu erledigen habe. Scotty brauchte nicht lange, um Parker einzuschätzen. In Schanghai und vielen rattenverseuchten Häfen am Südchinesischen Meer hatte er dutzendweise Hausierer wie ihn gesehen. Über Parker wusste er nicht mehr als das, was Neal ihm erzählt hatte, jedoch gab es etwas in seinem Auftreten, das ihm eine Gänsehaut verursachte.

Elvis und Scotty blieben etwas länger und gingen dann ebenfalls zurück zum Auditorium. Scotty hatte kein gutes Gefühl bei diesem Treffen, und zum ersten Mal machte er sich Gedanken über die Zukunft der Band. In ihrer Abwesenheit kümmerten sich Neal, Parker, Diskin und Sam ums Geschäft. Parker schlug vor, die Band für eine Reihe von anstehenden Auftritten mit Hank Snow zu buchen. Alle fanden, das sei eine gute Idee.

Scotty war nicht der Einzige, der die Besprechung mit einem unangenehmen Gefühl in der Magengegend verließ. Parker reagierte ähnlich auf Scotty, wenn auch aus völlig anderen Gründen. Scotty war anders als die meisten Musiker, die er kannte. Er hatte etwas Gefährliches, ganz und gar Unberechenbares an sich. Aufgewachsen war er im ländlichen West Tennessee, war vernünftig und aufrichtig, wie es Farmerjungen in den Südstaaten häufig sind, und während das auf ein gewisses Maß an bodenständiger Gutgläubigkeit hindeutete, legte es auch eine mögliche Neigung zu gerechtem Zorn nahe, und damit war jeder Schausteller vertraut, der jemals in den Südstaaten zu tun gehabt hatte.

Das war es jedoch nicht, was Parker die größten Sorgen bereitete: Es war Scottys Erfahrung in der realen Welt, über die Grenzen der Vereinigten Staaten hinaus, was ihn beunruhigte. Das, in Kombination mit Elvis' großem Respekt vor Scotty, den er während des Treffens bewiesen hatte, überzeugte ihn davon, dass der Mann eine Bedrohung sei. Je eher man ihn hinauswerfen konnte, desto besser.

Parker verlor keine Zeit, um Elvis auf Tour mit Hank Snow zu schicken. Sieben Tage nach ihrer Besprechung im Shorty's waren Elvis and the Blue Moon Boys in Lubbock, Texas, wo sie in einem Countrymusik-Programm mit dem Duke of Paducah, Bill Myrick and his Rainbow Riders und Jimmie Rodgers Snow, Hanks neunzehnjährigem Sohn, auftraten.

Zwei Tage später stießen Elvis and the Blue Moon Boys zur Hank Snow Jamboree in Abilene, und Snow erlebte zum ersten Mal, welche Aufregung sie verursachten. Das Publikum drehte völlig durch, wenn Elvis auftrat – es wurde gekreischt, Arme wurden geschüttelt, die Bühne gestürmt, die Zuschauer legten ein Verhalten an den Tag, wie er es niemals zuvor bei einem Countrymusik-Publikum erlebt hatte. Deswegen war er froh, eine Partnerschaft mit Parker eingegangen zu sein. Er wusste, dass Elvis bei Bob Neal unter Vertrag stand. Da aber der Colonel jetzt die Buchungen tätigte, war es nur noch eine Frage der Zeit, bis sie Elvis ganz unter Vertrag hätten.

Als Parker vorschlug, eine Tour mit Snow und Bill Haley and the Comets zusammenzustellen, war Snow sofort begeistert. Das einzige Problem dabei, meinte Parker, sei, dass sie Geld brauchten, um Werbung für die Tour zu machen. Er schlug vor, dass jeder 15 000 Dollar in ein spezielles gemeinsames Konto einzahlen solle, die nach der Tour wieder ausbezahlt würden. Snow stellte Parker einen Scheck über 15 000 Dollar aus. Die Show war in sechs oder sieben Städten gebucht und jede Vorstellung war ausverkauft, aber als Parker ihm danach die Abrechnung vorlegte, war nicht ersichtlich, wo Parker seinen Anteil beigetragen hatte.[6]

Snow spürte, dass er betrogen worden war, ließ es aber auf sich beruhen, zum Teil, weil er so viel zu tun hatte – etwa 250 Auftritte im Jahr –, und zum Teil, weil er sich einfach weigerte, das Schlechteste zu glauben. Leugnen ist die beste Zuflucht für reisemüde Musiker auf Tour, von denen die meisten lieber schlafen als streiten.

Welche Bedenken Snow gegenüber Parker auch gehabt haben mag, sie wurden von Elvis' Erfolg mit der Hank Snow Jamboree in den Hintergrund gerückt. Es war unglaublich zuzusehen. Snow war zwar der Headliner, aber er war wie alle anderen beeindruckt von Elvis' außergewöhnlicher Fähigkeit, eine Beziehung zum Publikum herzustellen – selbst als es so weit ging, dass er für Elvis aus dem Rampenlicht treten musste und ihm erlaubte, die Show zu beenden.

Abgesehen von seinem Talent war Elvis nur ein junger Bursche – im selben Alter wie Snows Sohn Jimmie –, und es war unmöglich, den Jungen nicht zu mögen, besonders seine Art, bei jeder Frage sein höfliches »Ja, Sir« oder »Nein, Sir« anzubringen. In den darauffolgenden Monaten lud Snow Elvis häufig in sein Haus in Nashville ein, und noch lange, nachdem die Musik aufgehört hatte zu spielen, erinnerte er sich daran, wie Elvis und Jimmie im Garten hinter dem Haus abwechselnd Messer auf einen Baum warfen, was in den Südstaaten eine Lieblingsbeschäftigung für Teenager war.

Sobald Parker Elvis and the Blue Moon Boys auf Tour geschickt hatte, fing er an, Elvis zu bearbeiten. Er sagte ihm, er verdiene etwas Besseres als das, was er habe. Als er schließlich Elvis' Vertrauen gewonnen hatte, machte er Anspielungen, dass er möglicherweise eine bessere Band brauche. Elvis wollte davon nichts hören, denn er wusste besser als irgendjemand anders, wie ungemein wichtig Scotty und Bill für die Musik waren, die sie im Studio machten. Parker jedoch hatte seine Ansichten über die Band, und obwohl er noch nicht Manager war, schmiedete er Verschwörungen und Intrigen, um sie aus dem Weg zu räumen.

Sie waren erst ein paar Wochen unterwegs, als Parker die Mitglieder von Hank Snows Band darauf ansprach, ob sie daran interessiert seien, Elvis' Band zu werden.[7] Es war nicht das erste Mal, dass er so etwas tat. 1945 hatte er versucht, Unruhe unter den Mitgliedern von Eddy Arnolds Band zu stiften, und als das nicht funktionierte, stellte er ihren Vertrag auf Festgehalt um, woraufhin zwei Mitglieder die Band verließen.

Hank Snows Band war nicht an Parkers Vorschlag interessiert und teilte ihm das mit. Es war ohnehin ein lachhaftes Ansinnen für eine Countryband. Sie spielten keinen Rock 'n' Roll. Die Bandmitglieder erzählten Scotty und Bill von Parkers Angebot und bekräftigten auch gleich, dass sie Parker nicht trauten. Scotty meinte: »Wir wussten von Anfang an, dass der Colonel uns nicht in der Nähe haben wollte. Das wurde mit der Zeit offensichtlich. Elvis hörte auf mich, und er wollte nicht, dass Elvis mit seinen Freunden zusammen war.«

Hank Snows Band ließ Scotty und Bill noch eine andere interessante Information zukommen: Sie hätten Gerüchte gehört, dass der Colonel sich illegal im Land aufhielt.

Aus irgendeinem Grund überraschte das keinen von ihnen. Solange er ihnen Engagements besorgte, war es ihnen aber egal, aus welchem Land er käme.

Was weder Scotty noch Bill und auch sonst niemandem damals auffiel, war, wie furchteinflößend Memphis für Parker erschien. Er hatte Angst vor der Stadt. Er fuhr nur hin, wenn es aus geschäftlichen Gründen absolut nicht zu vermeiden war. Wahrscheinlich könnte man seine Reisen dorthin in seinem ganzen Leben an zwei Händen abzählen, wobei er fünf- oder sechsmal als Schausteller mit Royal American dort war. Es gibt keinen Beleg dafür, dass er während der mehr als fünfzigjährigen Ehe jemals seine Frau Marie mit nach Memphis genommen hätte.

Es ist eine dieser bei Historikern als Ironie des Schicksals so beliebten Tatsachen, dass E. H. »Boss« Crump im Jahr 1954 fast genau in dem Moment starb, als Elvis and the Blue Moon Boys für ihren ersten Auftritt beim *Louisiana Hayride* die Bühne betraten.

Während das in kultureller Hinsicht eine Wachablösung signalisierte, hatte es aber keine Auswirkungen auf Memphis' mächtige Unterwelt, die nach wie vor sehr einflussreich war. Mitte der 1950er-Jahre war Memphis nicht mehr als »Mordhauptstadt Amerikas« gebrandmarkt, aber die bloße Zahl der Verbrechen war niederschmetternd.

Was Parker während seiner Besuche in Memphis mit der Royal American Show nicht klar geworden war, brachte ihm wohl die Dixie-Mafia in Louisiana bei. Jede Stadt, die es schaffte, Carlos Marcello und Santo Trafficante an einer imaginären, durch die Mitte des Mississippi-Deltas verlaufenden Grenze aufzuhalten, konnte mit Menschen wie Tom Parker tun und lassen, was sie wollte – und er wusste es.[8]

Das Gangstermilieu in Memphis war deshalb einmalig, weil es politische Einflüsse nutzen konnte, um die Regierung als seinen Vollstrecker handeln zu lassen. Willst du Ärger mit der Steuerbehörde? Dann leg dich mit der Memphis-Bande an. Willst du, dass jemand abgeschoben wird? Dann wird das die Memphis-Bande für dich erledigen. Hast du einen Rivalen, der eine große Lieferung Heroin erwartet? Jemanden, den du gern im Gefängnis sehen würdest? Nun ja, man wusste, wen man anrufen musste.[9]

Im Gegensatz zur Memphis-Bande mit ihrem wachsenden Einfluss machte die Dixie-Mafia schwere Zeiten durch. Hauptsächlich aufgrund der Anhörungen zum organisiertem Verbrechen, die von Estes Kefauver, dem Senator von Tennessee, initiiert worden waren, erhielt Marcello 1953 seinen ersten Ausweisungsbefehl, gegen den er jedoch noch zwei Jahre später ankämpfte. Das ließ Parker, mehr als alles andere, Memphis mit Vorsicht genießen, besonders jetzt, da sein guter Freund Jimmie Davis nicht mehr Gouverneur von Louisiana war.

Die ersten Monate des Jahres 1955 gehörten zu den aufregendsten Zeiten in Elvis' ganzem Leben, wenn auch nur deshalb, weil er zum ersten Mal auf Tour kostete, wie Erfolg schmeckte. Auf vielen ihrer frühen Reisen wurden sie von Bobbie Moore und Evelyn Black begleitet, die beide überwältigt davon waren, wie rasend Elvis von den Frauen im Publikum vergöttert wurde.

Evelyn erinnert sich daran, als sie und Bobbie auf den Stufen einer Highschool-Turnhalle saßen und dem Auftritt aus sicherer Entfernung – das dachten sie jedenfalls – zusahen. Aber als die Show zu Ende war, brach die Hölle los. »Alle schwärmten aus, und wir schafften es kaum die Treppen hinunter«, sagt sie und lacht. »Sie waren wie eine Herde Rinder. Aber es war lustig. Als Elvis sich verabschiedete, rissen sie ihm sein Hemd herunter und dergleichen. Er hinterließ sein Autogramm auf dem Busen einer Lady.«[10]

Bei keiner der Ehefrauen hinterließ Tom Parker einen positiven ersten Eindruck. »Ich fand, er war ein abgebrühter Kerl«, sagt Evelyn. »Ich glaube nicht, dass er mit vielen Menschen eine persönliche Beziehung einging. Ich habe nie gesehen, dass er einfach mit Scotty oder Bill dagesessen und sich unterhalten hätte.«

»Ich fand, er sah aus wie ein Clown«, meint Bobbie. »Er war früher ein Marktschreier auf dem Rummel gewesen und genauso kleidete er sich auch. Er sah aus wie ein Typ vom Rummelplatz, aber er stellte sich dar wie ein Geschäftsmann. Ich habe ihn nie lachen gesehen oder den Eindruck gehabt, dass er sich einmal amüsiert hätte. Scotty erzählte er, dass er eine Menge Einkommenssteuer zahlte. Je mehr er zahlen müsse, desto lieber sei es ihm.«[11]

Als die Hank Snow Jamboree-Tour zu Ende ging, nahm Parker Elvis in Shows mit anderen Künstlern auf, die er vertrat, wie den Duke of Paducah und Mother Maybelle and the Carter Sisters. June Carter, die später Johnny Cash heiratete, erinnert sich daran, wie sie hinter der Bühne saß und die Saiten von Elvis' Gitarre austauschte. Er spielte seine Gitarren hart, drosch auf sie ein, und selten waren nach einem Auftritt nicht zumindest ein paar Saiten gerissen.[12]

Während einer dieser Vorstellungen traf Parker das erste Mal Gladys und Vernon Presley. Elvis and the Blue Moon Boys pendelten durch Arkansas und vor ihrer Freitagabend-Vorstellung in Texarkana hatten sie Auftritte in Camden, Hope und Pine Bluff. Am nächsten

Morgen wollten sie weiter, hinunter nach Shreveport für ihren allwöchentlichen Auftritt auf dem *Hayride*.

Offenbar war es ein kurzes Treffen, gerade lange genug für eine Begrüßung und eine kurze Einschätzung der beiden. Parker wollte nur seinen Fuß in die Tür bekommen. Die Umsetzung des ersten Teil seines Plans war bereits in die Wege geleitet. Da ihm aufgefallen war, dass sich eine Freundschaft zwischen Elvis und Hank Snow entwickelte, bat er seinen Partner, ein gutes Wort für ihn als Manager einzulegen.

Snow tat, worum er ihn bat, und bei jeder Gelegenheit pries er Parker als Manager an und schwärmte Elvis vor, wie erfolgreich der Colonel mit Eddy Arnold gewesen sei. Er hoffe, dass er bei ihrer Agentur Hank Snow Enterprise-Jamboree unterschreiben werde, wenn sein Vertrag mit Bob Neal beendet sei. Elvis sagte, ihm sei alles recht, was er und Parker mit seinen Eltern vereinbaren würden. Mehr musste Parker nicht hören.

Johnny Cash and the Tennessee Two gehörten zu den wenigen Künstlern, die sich nicht Colonel Parker anschlossen, um mit Elvis auf Tour zu gehen. Sam Phillips, der ihm einen Plattenvertrag besorgt hatte, beanspruchte Johnny Cash für sich. Seine erste veröffentlichte Platte »Hey Porter«, mit »Cry, Cry, Cry« auf der B-Seite, war ein großer regionaler Hit, ebenso wie die nachfolgende Platte »Folsom Prison Blues«.

June Carter erinnert sich, dass sich Elvis jedes Mal, wenn sie zum Mittag- oder Abendessen anhielten, »Cry, Cry, Cry« auf der Jukebox anhörte. Elvis gefiel die Platte so gut, sagt sie, dass er seine Gitarre danach stimmte. June hatte ihren zukünftigen Ehemann noch nicht kennengelernt, aber sie wollte ihn schon allein aufgrund der Tatsache treffen, dass Elvis von seiner Musik fasziniert war; Ende des Jahres sah sie ihn zum ersten Mal in der Grand Ole Opry, und sie blieben zusammen, bis der Tod sie schied.

Marshall Grant spielte Bass bei den Tennessee Two. Durch die paar Monate, die er am Anfang seiner Karriere mit Elvis auf Tour verbracht hatte, waren sie gute Freunde geworden und über die Jahre in Kontakt geblieben. Grant war selbst ein erfolgreicher Manager geworden und lenkte viele Jahre die Karriere der Statler Brothers. Wie alle anderen war Grant beeindruckt von der Energie, die Elvis auf die Bühne brachte. Es war ein unvergesslicher Anblick. Nicht beeindruckt war er von dem Mann, der im Hintergrund lauerte, Tom Parker. »Er hat nie einen besonders guten Eindruck auf mich gemacht«, sagt er. »Er wäre besser mit irgendeiner Nummer irgendwo auf einem Rummelplatz gewesen. Dort hat er angefangen, mit tanzenden Hühnern und Truthähnen. Ich finde, er hätte dabei bleiben sollen. Er hatte immer einen Hut auf und diese Zigarre im Mund stecken und spazierte herum wie ein Gockel. Ehrlich gesagt, ich war nie an einer Freundschaft mit ihm interessiert. Er war dort, wenn ich dort war, aber das war es schon … Alles fing damit an, dass Elvis die Shows zusammen mit Hank beenden musste. Da sah der Colonel etwas in Elvis. Er war es, der das Publikum von den Sitzen riss, und seinetwegen wurden die meisten Eintrittskarten auf der Hank-Snow-Tour verkauft. Und da begann Parker, Vernon zu beackern.«[13]

Die »Parkerisierung« von Elvis begann ernsthaft im Sommer, als der Colonel eine Reihe von hinterhältigen Schachzügen machte, deren Ausführung äußerstes Geschick und hohe Präzision erforderte. Seine erste Herausforderung war, sich bei Vernon und Gladys beliebt zu machen. In Texarkana hatte es gut angefangen, aber die nachfolgenden Treffen auf Tour waren weniger gut verlaufen.

Für ein Treffen in Tampa hatte er Unterlagen für Vernon und Gladys vorbereitet, die sie unterschreiben sollten, um ihn als »Sonderberater« für Elvis zu engagieren. Vernon war bereit zu unterschreiben, aber Gladys winkte ab und sagte, sie habe es nicht eilig damit. All das beunruhigte Elvis und er sagte seiner Mutter, Colonel Parker sei genau der Typ Mensch, den er brauche, um seine Karriere zu managen.

Um diese Hürde zu überwinden, holte sich Parker Hilfe von Hank Snow. Der hatte in der Öffentlichkeit das Image eines anständigen Christen, der richtig von falsch unterscheiden konnte und sowohl öffentlich als auch privat bestrebt war, das Richtige zu tun. So sahen ihn die meisten, einschließlich Vernon und Gladys. Und es kam der Wahrheit ziemlich nahe.

Parkers zweite Herausforderung lag darin, Elvis von Sam Phillips und Sun Records wegzulotsen. Natürlich hätte er es gern gesehen, wenn Elvis bei einer größeren Plattenfirma mit Sitz in New York unterschrieben hätte, und das spielte sicherlich eine Rolle. Wichtiger noch war seine Angst, die Gangster in Memphis, vor denen er einen Heidenrespekt hatte, würden beschließen, Elvis in ihre Trophäensammlung aufzunehmen. Parker war klar, dass er Geschichte wäre, wenn das passierte.

In jenem Sommer erhielt er Besuch von Arnold Shaw, dem kürzlich ernannten Manager der E. B. Marks Music Corporation in New York. Sie trafen sich im Andrew Jackson Hotel in Nashville, um übers Geschäft zu sprechen, und Parker war so beeindruckt, dass er Shaw zu sich nach Hause zum Abendessen einlud, etwas, das er selten machte. Er hielt seine Frau Marie gern aus seinen Geschäftskontakten heraus, und sie war selten in seine geschäftlichen Angelegenheiten involviert.

Auf seinem Plattenspieler in seinem Garagenbüro spielte Parker ihm Elvis' Platten vor, aber Shaw hatte noch nie von dem Sänger bei Sun Records gehört. Eine der Schallplatten, die er spielte, war »Mystery Train«, ein Song, der im Juli aufgenommen worden war. Shaw hörte sich die Platte interessiert an und drückte seine Überraschung darüber aus, dass der junge Mann weiß sei. Er fand, es klinge wie ein Blues, und habe daher angenommen, dass der Sänger ein Schwarzer sei. Das verwirrte ihn, aber auch nicht mehr als die Tatsache, dass ein erfolgreicher Manager von Countrymusikern mit einem holländischen Akzent sprach.

Parker sagte ihm, dass Elvis noch bei Bob Neal aus Memphis unter Vertrag stehe, dass er aber damit rechne, über kurz oder lang den

Vertrag zu bekommen. »Niemand hat nördlich der Mason-Dixon-Linie bis jetzt von ihm gehört, aber ich übertreibe nicht, wenn ich Ihnen sage, dass er das Größte ist, was es im Süden seit vielen Jahren gegeben hat«, sagte er in einem Gespräch, das Shaw Jahre später für *Billboard's The World of Country Music* noch mal wiedergab. »In Florida und Georgia reißen ihm die Mädchen das Hemd vom Leib.«

Parker hatte Vernon und Elvis auf seiner Seite, aber Gladys sorgte sich wegen all der Kritik, die Elvis während seiner Tour durch Florida bekommen hatte, und war nicht überzeugt, dass dem schnell sprechenden Parker Elvis' Interessen am Herzen lagen. Das war der Grund dafür, dass Parker versuchte, sie dazu zu bringen, einen Vertrag zu unterschreiben, der ihn zu einem »Sonderberater« machen würde. Er hatte das Gefühl, Gladys eher gewinnen zu können, wenn er Schritt für Schritt vorging.

Hank Snow war Parkers Trumpf im Ärmel, und er wusste: Falls irgendjemand den Sorgen, die sich Gladys wegen der »bösen Einflüsse« in der Musikindustrie machte, entgegenwirken konnte, dann war es Snow mit seinem ganzen Gerede über Glauben, Erlösung und die ewige Liebe eines christlichen Gottes. Parker war ein manipulatives Genie, aber er wusste, dass nicht einmal er mit seinen immensen Talenten es schaffen könnte, eine Mutter von seinen göttlichen Tugenden zu überzeugen.

Laut Aussage von Snow sprach Parker schon im Juli mit Steve Sholes, dem Manager und Produzenten bei RCA Victor, über einen Plattenvertrag für Elvis. Snow selbst rief Sholes mehrere Male wegen Elvis an. Sholes war ein schwerer, freundlicher Mann, mit einem runden Gesicht, der seit den 1930er-Jahren regelmäßig für RCA von New York nach Nashville reiste, um nach Talenten Ausschau zu halten. Bevor er RCA davon überzeugen konnte, ein Büro und ein Studio in Nashville zu eröffnen, standen ihm Räumlichkeiten in einer presbyterianischen Kirche zur Verfügung. Diese Beziehung fand ein abruptes Ende, als ein Kirchenmitglied eine leere Wodkaflasche im Studio fand und Sholes beschuldigte, ein Kommunist zu sein.

Sholes gefiel, was er über Elvis hörte. In einem Memorandum, das von Parker, Snow, Bob Neal und Parkers Assistenten Tom Diskin unterzeichnet war, stimmten alle vier einem Vorschlag zu, demzufolge Parker und Snow 10 000 Dollar als Gegenleistung für Elvis' Freigabe von Sun Records zahlen müssten sowie weitere 30 000 Dollar an nicht spezifizierte Personen für nicht spezifizierte Zwecke.

Wenn man Hank Snow und den anderen, die damals mit Parker sprachen, Glauben schenken kann, ließ der Colonel innerhalb von ein paar Monaten, nachdem Bob Neal den Vertrag von Scotty übernommen hatte, verlauten, dass er der Ansprechpartner sei, wenn es um Elvis' Zukunft gehe. Nur ein Narr hätte mit einer Plattenfirma über einen Künstler verhandelt, den er nicht sicher unter seinen Fittichen hatte, und kein Manager einer Plattenfirma hätte eine zivil- oder strafrechtliche Verfolgung wegen unlauterer Geschäftspraktiken riskiert wie etwa durch Verhandlungen mit einer Person, von der sie nicht sicher wussten, dass sie ermächtigt war, für den Künstler zu sprechen. Mit Sicherheit waren weder Parker noch Sholes auf den Kopf gefallen.

Es ist möglich, aber unwahrscheinlich, dass Neal und Parker Elvis von ihren Plänen erzählten und ihn baten, seiner Mutter, Scotty oder Bill nichts davon zu sagen, bis alles unter Dach und Fach sei. Ebenso ist es möglich, aber unwahrscheinlich, dass Snow RCA Victor – die Plattenfirma, die seine eigenen Schallplatten veröffentlichte – im Auftrag eines Künstlers kontaktierte, der nicht bei ihm unter Vertrag stand.

Offenbar waren Snow, RCA Victor und alle Beteiligten davon überzeugt, dass Parker, der über keinen unterzeichneten Vertrag mit Elvis verfügte, dessen Schicksal in der Hand hatte. Der einzige Mensch, der eine gesicherte Aussage darüber hätte machen können, war Bob Neal. Für Elvis, Scotty und Bill war Neal so ungefähr der netteste Mensch, dem sie je begegnet waren. Er hatte einen Sohn in Elvis' Alter und spielte für alle Jungs in der Band die Vaterrolle. Viele Jahre lang war Scotty davon überzeugt, dass Neal ausgestiegen war, weil ihm die Strapazen zu groß geworden waren, nicht aufgrund einer vorausgehenden Vereinbarung mit Parker.

Das erste Anzeichen dafür, dass Parker Neal in der Hand hatte, folgte im August, als man D. J. Fontana bat, in die Band einzusteigen. Scotty und Bill hatten mit Elvis vereinbart, dass Elvis von den Erlösen aus den Konzerten 50 Prozent bekommen sollte und Scotty und Bill jeweils fünfundzwanzig Prozent. Scotty und Bill fanden, dass D. J. der Band Tiefgang verlieh, und weil sie schon seit einiger Zeit im Studio mit einem Schlagzeuger gearbeitet hatten, brauchten sie D. J. für die gesamte Tour. Er trat jede Woche mit ihnen auf dem *Hayride* auf und begleitete sie auch bei ein paar anderen Auftritten.

Elvis sagte, er könne D. J. nicht von seinen fünfzig Prozent bezahlen, sei aber einverstanden, wenn Scotty und Bill ebenfalls aus ihrer eigenen Tasche einen Anteil zum Gehalt des Schlagzeugers von 100 Dollar die Woche beisteuern würden. Scotty und Bill stimmten zu, und D. J. wurde als fest bezahltes Vollzeitmitglied der Band engagiert.[14]

Kaum war das geschafft, nahm Neal Scotty und Bill auf ein paar Worte beiseite. Und dann geschah, was wohl als der größte Verrat in die Geschichte der Unterhaltungsmusik eingehen wird: Neal informierte die fassungslosen Musiker, dass man ihnen nun ebenfalls ein festes Gehalt würde bezahlen müssen.

»Aber wir haben eine Partnerschaft mit Elvis!«, entgegneten sie.

»Nein«, erwiderte Neal, »habt ihr nicht.«

»Und was ist mit unserem Anteil?«

»Gibt es nicht«, sagte er ihnen und erinnerte sie daran, dass sie nichts Schriftliches hätten. Scotty und Bill wussten nichts von den Nebengeschäften, die zwischen Parker, Neal und Snow liefen, gaben Parker aber trotzdem die Schuld; sie wüssten, dass der Schausteller dahinterstecke. Neal stritt das ab. »Es wurde offensichtlich, dass [die Partnerschaftsvereinbarung] nicht fair war, denn Elvis war der Star, unabhängig davon, wie viel sie dazu beitrugen«, erklärte Neal 1971 gegenüber dem Biografen Jerry Hopkins. »Ich hatte einen Vertrag mit Elvis, nicht mit Scotty und Bill. Sie hatten weder mit mir noch mit Sun einen Vertrag.«

Scotty und Bill drohten zu kündigen, da das Angebot aber offensichtlich nicht verhandelbar war und sie einen Heidenspaß mit Elvis auf Tour hatten, stimmten sie schließlich zu, ein festes Gehalt zu beziehen. Sie würden 200 Dollar in der Woche bekommen, wenn sie arbeiteten, und 100 Dollar, wenn nicht. »Das mag kein anständiger Lohn für unsere Arbeit gewesen sein, aber für einen normalen Bürger war er es damals«, sagt Scotty. »Das Problem war, dass ein Normalbürger nicht so viel Verantwortung zu tragen hatte wie wir.«

Neals Aussage, dass nicht Parker, sondern er dahintersteckte, wäre überzeugender, wenn er, Parker und Snow nicht anderweitig gemeinsame Sache gemacht hätten, wie zum Beispiel bei der Kontaktaufnahme mit RCA Victor. Die Tatsache, dass Parker fast dasselbe mit Eddy Arnolds Band gemacht hatte, deutete ebenfalls auf ihn hin. Es war jedoch ein Unterschied, ob man Eddy Arnolds oder Elvis' Band ein Festgehalt bezahlte. Scotty und Bill waren entscheidend für die Entwicklung des Sounds, der Elvis unverwechselbar machte, und sie hatten als gleichwertige Partner angefangen.

Man kann sich nur annähernd vorstellen, wie Scotty und Bill sich damals gefühlt haben mussten. Über ein Jahr lang hatten sie auf Elvis' Platten gespielt und die Begeisterung über die rasant ansteigenden Verkaufszahlen geteilt, obwohl sie für ihre Arbeit bei den Plattenaufnahmen weder von Elvis noch von Sun Records bezahlt wurden. Sie waren deswegen nicht beunruhigt, schließlich, so dachten sie, würden sie an ihren fünfundzwanzigprozentigen Anteilen an den Konzerteinnahmen verdienen.

Im Hinterkopf hatten sie noch ein Gespräch, das Scotty am Anfang des Sommers mit Elvis geführt hatte, in dem Elvis angeboten hatte, ihnen einen Anteil seiner Tantiemen auszuzahlen. Dieses Versprechen, in Kombination mit den prozentualen Anteilen an den Konzerterlösen, hatte ihnen genügt, um sie auf Tour durch schwere Zeiten zu bringen.

Das war von einem Augenblick zum anderen vorbei. Sie waren nur noch Gehaltsempfänger, ohne Hoffnung, jemals finanziell von dem Erfolg zu profitieren, von dem sie wussten, dass er kommen würde. Sie kannten nur einen Menschen, der zu schwerem Diebstahl auf diesem Niveau fähig war, und sein Name war Colonel Tom Parker.

Es erforderte einigen Aufwand, aber im selben Monat, in dem Scotty und Bill quasi leer ausgingen, schaffte Parker es, Vernon und Gladys zur Unterzeichnung eines Vertrags zu bewegen, der ihn für die Dauer eines Jahres zum »Sonderberater« für Elvis und Bob Neal bestimmte. Das Dokument besagte, er werde 2500 Dollar im Jahr verdienen, zahlbar in fünf Teilzahlungen.[15] Als »Sonderberater« sei er bevollmächtigt, Verhandlungen in Elvis' Auftrag zu führen. Diesen Vertrag hätte er haben müssen, bevor er Anfang des Sommers Kontakt mit RCA Victor aufnahm, er hätte ihn gebraucht, um Elvis zu RCA Victor zu bringen. Jetzt war er wenigstens gesetzlich dazu berechtigt.

Während Tom Parker sich in Elvis' Leben hineinschlängelte, führte Sam Phillips seine eigenen Manöver durch. Zum Zeitpunkt der Gründung seines Plattenstudios, des Memphis Recording Service, arbeitete er als Techniker beim Radiosender WREC. Eine seiner Kolleginnen im Sender war Marion Keisker, eine bekannte Radiomoderatorin und Gastgeberin einer beliebten Talkshow mit dem Titel *Meet Kitty Kelly*. Eine Zeit lang versuchte Phillips, beide Jobs zu halten. Als offensichtlich wurde, dass er das nicht schaffen würde, ohne einen vollständigen psychischen Zusammenbruch zu riskieren, kündigte er seine Arbeit beim Radiosender, um ganz in seinem Aufnahmestudio zu arbeiten. Marion verließ den Sender ebenfalls, um mit ihm zu arbeiten.

Offiziell war Marion Phillips' Sekretärin, was jedoch den Geschäftsbetrieb anging, war sie eher Partnerin. Marion war es, die Elvis entdeckte, und Marion war es, die ihre Popularität und Medienerfahrung für die Promotion von Künstlern einsetzte, die bei Sun Records unter Vertrag standen. Sie war ein Teamplayer und, wie manche sagen, über beide Ohren in Sam verliebt.

Wenn Marion einen Menschen nicht ertragen konnte, dann Tom Parker.

Als Elvis und seine Eltern den »Sonderberater«-Vertrag mit Parker unterschrieben, schrillten bei Marion sämtliche Alarmglocken.

»Colonel Tom hatte die Familie mindestens ein Jahr lang auf eine ausgesprochen raffinierte und skrupellose Art und Weise bearbeitet«, erzählte sie Hopkins ein paar Jahre später. »Es war unglaublich. Mrs. Presley, möge sie in Frieden ruhen, war einfach nur eine Mutter. Der Colonel ging zu ihr und sagte: ›Sie haben den besten Jungen der Welt, und es ist schrecklich, wie hart man ihn arbeiten lässt.‹«

Es sei schwierig festzulegen, wann genau Parker anfing, Elvis ins Visier zu nehmen. Marion erklärte: »Ich weiß, dass er ihm zu all seinen Shows nachgefahren ist und dass er eine Menge Zeit mit Mr. und Mrs. Presley verbracht hat, besonders nach diesem Auftritt in Jacksonville.«[16]

In jenem Sommer beschloss Sam Phillips, dessen Geschäftsbeziehung zu Elvis offenbar dem Ende zuging, den ersten Radiosender im Land ausschließlich für Frauen zu gründen. Er hatte eine neue Liste von Künstlern, die selbst für reichlich Aufruhr sorgten – Johnny Cash, Jerry Lee Lewis und Carl Perkins –, aber er schien etwas mehr vom Leben zu wollen.

Kemmons Wilson war ein ortsansässiger Geschäftsmann, der nach einigem Erfolg als Bauunternehmer beschloss, eine Reihe von Motels mit dem Namen Holiday Inn zu bauen. Welcher Art Wilsons Freundschaft mit Sam war, ist nach all den Jahren etwas diffus, aber irgendwann in jenem Sommer bot Wilson Sam an, ihm Geld für die Gründung des Radiosenders zu leihen.

Sam und Wilson brachten den neuen Sender, der das Funkrufzeichen WHER erhielt, in einem Holiday Inn an der Third Street, südlich des Crump Boulevards, unter. Zu Marions Überraschung versetzte Sam sie vom Studio zum Radiosender, wo sie als Ansagerin und Nachrichtensprecherin arbeiten sollte.

Marion war nicht glücklich über den Umzug, aber abgesehen davon, dass sie die Vordertür des Studios, die sie mit ihrem eigenen Geld gekauft hatte, entfernen ließ, behielt sie ihre Gedanken für sich und gab ihre Rolle als Seele des Studios auf.[17]

Jetzt, da alles unter Dach und Fach war, machte Tom Parker seinen nächsten Schachzug.

Wegen seiner Verbindungen zu dem Label hatte er bezüglich Elvis' Vertrag von Sun Records als Erstes RCA Victor kontaktiert. Man zeigte sich interessiert, aber innerhalb des Labels gab es Gegenstimmen von leitenden Mitarbeitern, die dachten, Elvis sei nichts weiter als ein halbseidener Hillbilly-Sänger, also überließen sie die Angelegenheit ihrem Country- und Western-Experten Steve Sholes. Als klar wurde, dass Sholes nicht die Summen bieten konnte, die Parker wollte, sprach er mit den Entscheidungsträgern anderer Plattenfirmen, allen voran Columbia Records. Tatsächlich war Columbia an Parker herangetreten, nachdem der ganze Wirbel um Elvis nicht mehr zu ignorieren war.

Leiter der Abteilung Artist and Repertoire bei Columbia Records war Mitch Miller, ein weithin bekannter Orchesterleiter, der sich als Aufnahmeleiter und Produzent mit bekannten Künstlern wie Patti Page oder Frankie Lane einen Namen gemacht hatte. Als die Gespräche über Elvis begannen, hatte Miller mit »The Yellow Rose of Texas« seinen eigenen Nummer-eins-Hit in den Charts.

Mit dem Verweis darauf, dass er nicht mehr als 40 000 Dollar für Elvis' Vertrag bieten könne, schickte Miller den Marketingchef bei Columbia, Bill Gallagher, und Dick Link, einen weiteren leitenden Mitarbeiter, nach Nashville, wo sie mit Parker sprechen sollten. Sie trafen sich in der Lobby des Andrew Jackson Hotels, einem Lieblingstreffpunkt des Colonels.

Gallagher und Link priesen ihr Unternehmen an, indem sie auf Columbias Geschichte als Branchenführer hinwiesen sowie auf Millers Fähigkeiten, es ganz nach oben in die Charts zu schaffen, sogar mit seinen eigenen Platten. Parker hörte aufmerksam zu und schlug dann vor, dass man sich am darauffolgenden Tag noch einmal treffen sollte.

Als Parker am Morgen darauf im Café des Hotels ankam, wurde er von Elvis begleitet. Sie saßen herum und unterhielten sich eine Weile, dann komplimentierte Parker Elvis abrupt wieder hinaus; er müsse mit den Jungs übers Geschäft reden. Als Elvis gegangen war, erklärte Gallagher, Miller habe ihn autorisiert, einen Vorschuss von 40 000 Dollar zu zahlen, wenn Elvis bei Columbia unterzeichne. Parker nickte höflich, dann musste er lachen und sagte, Miller liege gewaltig daneben. Er werde darüber nachdenken und wieder auf ihn zukommen. Er meldete sich nie wieder.

Parker wusste nicht viel über Musik und schien sie auch nicht besonders zu mögen. Geschäfte und Prozentsätze – darüber wusste er Bescheid, und natürlich wusste er, unter welchem Hütchen sich die Murmel befindet. Die erste Lektion, die Parker nach seinem Umzug nach Nashville lernte, war, dass das große Geld an Veröffentlichungen zu verdienen war. Er hatte es bei Eddy Arnold gesehen, der mindestens ebenso viel an den Veröffentlichungsrechten seiner Songs verdiente wie aus seinen Plattenverkäufen.

Parker musste mit 40 000 Dollar arbeiten, denn 35 000 hatte er an Sam Phillips zu zahlen und 5000 Dollar im Voraus an Elvis. Columbia hatte 40 000 Dollar angeboten, Atlantic und RCA jeweils 25 000 Dollar. Das Angebot von Columbia würde Parkers Kosten decken, aber es bot ihm nichts nebenher.

Parker ging zu Hill and Range, einem Musikverlag, mit dem er zu tun gehabt hatte, als er als Arnolds Manager arbeitete. Da er wusste, dass Hill and Range in enger Beziehung zu RCA stand, fädelte er ein Nebengeschäft ein: Wenn der Verlag einen Teil der verbleibenden 15 000 Dollar aufbringen könnte, die nötig waren, um das Geschäft mit Sam Phillips abzuschließen, wäre Elvis einverstanden, ausschließlich Songs aufzunehmen, an denen Hill and Range die Rechte hatte. Zudem wäre Elvis einverstanden, einen Songwriter-Vertrag mit Hill and Range zu unterschreiben.

Hill and Range stimmte dem Geschäft zu – wie viel von den restlichen 15 000 Dollar sie aufbrachten und wie viel von einem stillen Investor kam, ist strittig. Dank seiner Lektionen in Nashville dachte Parker voraus, denn er wusste, dass er Millionen verdienen konnte, wenn er mit Elvis einen Verlag gründen und von den Songschreibern verlangen würde, Elvis als Co-Autor anzugeben.

Rückblickend war Parkers Entscheidung für das Angebot von RCA das Beste, was in Elvis' Karriere passieren konnte, obwohl er das damals unmöglich gewusst haben kann. Von September 1955 bis Dezember 1959 platzierte RCA vierzehn Nummer-eins-Hits in den Popcharts, viele davon Aufnahmen von Elvis, während Columbia nur vier schaffte. Ein Vertrag mit Columbia wäre möglicherweise der Todesstoß gewesen.

Am 21. November 1955 versammelten sich alle an diesem Geschäft Beteiligten – Colonel Parker, Elvis, Vernon und Gladys, Steve Sholes, Bob Neal, ein Vertreter von Hill and Range und Hank Snow – im Memphis Recording Service, um ihre Tinte unter den Deal zu setzen. Ein Fotograf machte Aufnahmen von Gladys, die ihre schwarze Handtasche fest an sich drückte, während sie Elvis auf die Wange küsste, und ein weiteres Foto, auf dem Elvis zwischen Hank Snow und Colonel Parker steht.[18]

Es war nicht das größte Geschäft, das Parker je machen würde, aber es war das glatteste. Als es Herbst wurde, hatte Parker für seine Verbindung zu Elvis ein 2500-Dollar-pro-Jahr-Beratergehalt und einen Anteil an den Buchungen vorzuweisen. Jetzt war er sein Leben lang versorgt und wusste es.

Sam Phillips befand sich in der gleichen Situation.[19] Er hatte Elvis bei dem Geschäft verloren, aber im Zeitraum zwischen dem Beginn der Gespräche und der Vertragsunterzeichnung hatte er 35 000 Dollar Bares verdient, von Kemmons Wilson einen Kredit für einen Radiosender erhalten und die Gelegenheit bekommen, Aktienanteile an Holiday Inn zu erwerben, die ihn zum vielfachen Millionär machen würden.

Am Abend vor der Vertragsunterzeichnung rief Parker Snow an und bat ihn, nach Memphis zu kommen, damit er Vernon und Gladys kennenlernen und all ihre Ängste, die sie wegen des neuen Vertrags ihres Sohnes hatten, zerstreuen könnte. Ob er gegenüber Hank Snow behauptete, Elvis werde an jenem Tag einen neuen Managementvertrag mit Hank Snow-Jamboree Attractions unterschreiben, oder ob Snow einfach davon ausging, ist nicht geklärt, aber er fuhr nach Memphis und war der Auffassung, dass er und Parker eine Partnerschaft mit Elvis eingehen würden.

Nach der Unterzeichnung bat Parker Snow, mit ihm nach Nashville zurückzufahren, anstatt in Memphis zu übernachten und am Morgen darauf zurückzufliegen. Während der dreieinhalbstündigen Autofahrt fragte Snow ihn, wie die Vertragsverhandlungen gelaufen seien. Parker erwiderte, alles sei gut gelaufen, er sei mit zwei unterschiedlichen Verträgen in die Besprechung gegangen, jeweils einen in jeder Seitentasche seiner Jacke. Zum Glück habe er genau den richtigen Vertrag für diese Gelegenheit dabeigehabt. Er sagte Snow, sie würden so viel Geld verdienen, dass sie sich zur Ruhe setzen könnten.[20]

Snow ging an jenem Tag in dem Glauben nach Hause, Parker und Elvis hätten einen Vertrag mit Hank Snow-Jamboree Attractions geschlossen. In Wahrheit war der einzige Vertrag, den Elvis an jenem Tag unterzeichnete, der mit RCA. Der Vertrag, auf den Parker sich bezog, war eine Vereinbarung, die er Bob Neal gebeten hatte zu unterschreiben, die festlegte, die 40 Prozent ihrer gemeinsamen Provision von Elvis gleichmäßig zuzuteilen, bis Parker im März 1956 den Vertrag übernehme. Unter den bisherigen Festlegungen erhielt Neal fünfundzwanzig und Parker fünfzehn Prozent.

Je mehr Fragen Snow über den Deal stellte, desto defensiver wurde der Colonel und fragte wiederholt: »Vertraust du dem Colonel nicht?« Als Parker ihn bei seinem Haus absetzte, hatte Snow ein sehr unbehagliches Gefühl in der Magengegend. Nachdem er eine Weile darüber nachgedacht hatte, vereinbarte er einen Termin mit seinem Anwalt und zeigte ihm die finanziellen Aufstellungen, die Parker für ihn vorbereitet hatte. Der Anwalt teilte Snow seine Bedenken mit, weil Parker keine Gesellschaft gegründet hatte, um ihre Partnerschaft abzusichern. Snow zeigte ihm die Abrechnung für das Engagement in Jacksonville, und der Anwalt schlug vor, Nachforschungen über Parkers Aktivitäten anzustellen. Snow stimmte widerwillig zu.[21]

Nachdem sie die erforderlichen Dokumente aus Jacksonville erhalten hatten, prüften sie die Zahlen und folgerten, dass der Bruttoerlös aus den Ticketverkäufen geändert worden war und nicht in den abschließenden Einnahmen an der Abendkasse enthalten war. Der Anwalt riet ihm, sich umgehend mit Parker zu treffen, um eine Gesellschaft zu gründen.

In seiner Autobiografie erinnert sich Snow an die Worte seines Anwalts: »Parker ist ein gefährlicher Mann, und Sie könnten erhebliche Schwierigkeiten mit den Steuerbehörden bekommen, weil Sie fünfzig Prozent Anteil an seiner Agentur haben.« Snow rief Parker an und bat ihn um ein Gespräch. Als er bei Snow zu Hause eintraf, konfrontierte dieser ihn mit seinen Bedenken und drängte ihn dazu, eine Gesellschaft zu gründen. Parker wollte davon nichts hören. Snow sagt, er sei in Zorn geraten und habe vorgeschlagen, ihre Partnerschaft aufzulösen. Snow dachte einen Moment über diesen Vorschlag nach und stellte dann die naheliegende Frage: »Was wird aus unserem Vertrag mit Elvis Presley?«

»Du hast keinen Vertrag mit Elvis Presley«, sagte der Colonel, wie Snow sich erinnert, »Elvis hat einen Exklusiv-Vertrag mit dem Colonel.«

Was der Colonel sagte, stimmte zwar, aber es war nur die halbe Wahrheit. Elvis hatte keinen Vertrag mit Hank Snow, das war richtig. Er hatte jedoch auch keinen Vertrag mit dem Colonel – aber den würde er bald haben. Infolge dieser Konfrontation lösten Parker und Snow ihre Geschäftsbeziehung. Vielleicht hatte Parker Snow deswegen angeboten, mit ihm nach Nashville zurückzufahren, damit er die Saat des Zweifels in Snow säen und Snow dazu provozieren konnte, ihre Verbindung zu beenden, bevor ein Vertrag mit Elvis unterzeichnet wurde. Snow überlegte nach diesem Treffen, Parker zu verklagen, um seinen Anteil aus dem Vertrag zu bekommen, aber sein Anwalt riet ihm davon ab. Man könne jemanden wegen Betrugs verklagen, der einen Betrug begangen *hat*, aber nicht jemanden, der einen mit einer List dazu gebracht hat zu *glauben*, er habe ihn betrogen.

Parker mag Snow über den Tisch gezogen haben, aber er machte es auf faire und direkte Art – nach uralten Schausteller-Gepflogenheiten. Der Vorfall ließ Snow verständlicherweise verbittert zurück, und verbittert war er bis zum Schluss. In seiner Autobiografie schrieb er, dass er sich an Elvis' Todestag im Jahr 1977 ein Video ansah, das Vernon vorbereitet hatte, um allen zu danken, die ihm in seiner Trauer zur Seite gestanden hatten. »Seine Worte waren sehr emotional, und ich fand, er drückte sich sehr gut aus, bis er sagte, ›Tom Parker war ein ehrlicher Mann‹«, schrieb Snow. »Da lief es mir kalt den Rücken hinunter.«

Im Dezember 1955, weniger als vier Wochen nach der historischen Wachablösung im Aufnahmestudio des Memphis Recording Service, fielen Parkers Freunde aus Louisiana sowie Dutzende hochrangiger Politiker aus allen zwölf Südstaaten in Memphis ein. Sie versammelten sich im Peabody Hotel, einer vornehmen Schänke für die Plantagenbesitzer des Mississippi-Deltas, das an der Union Avenue lag, nur ein Stück die Straße hinauf von Sam Phillips' Studio.

Senator Strom Thurmond aus South Carolina und Senator James Eastland aus Mississippi waren anwesend. Amtierende und ehemalige Gouverneure aus fast allen Staaten kamen hinzu. Es war das größte bis dahin bekannte Zusammentreffen von hochrangigen Politikern des rechten Flügels und weißen Rassisten.[22]

Das Treffen war streng von der Öffentlichkeit abgeschirmt, und Journalisten, die versuchten einzudringen, wurden von den vor dem Hotel postierten Wachmännern grob behandelt. Bevor die Woche zu Ende ging, berichteten die Zeitungen in Memphis sowie die *New York Times* über das Treffen. Sie hatten herausgefunden, dass es von der Federation for Constitutional Government initiiert worden war. Den wahren Zweck der Zusammenkunft deckten sie jedoch nicht auf. Das geschah erst über vierzig Jahre später.

Als die fehlenden Puzzleteile in den späten 1990er-Jahren hinzugefügt werden konnten, wurde bekannt, dass dieses Bündnis sich in Memphis getroffen hatte, um einen Plan zur Bekämpfung der

Rassenintegration in den Südstaaten zu erarbeiten. Zu diesem Zweck wurden höchst geheime staatliche Stellen geschaffen, die verdeckte Einsätze durchführen konnten. Die erste Stelle dieser Art entstand im Staat Mississippi – dort wurde im Frühjahr 1956 die Mississippi Sovereignty Commission gegründet.[23] Louisiana folgte später dem Beispiel Mississippis. Für den Aufbau und die Führung der Commission wurden ehemalige FBI-Agenten rekrutiert. Sie nahmen sich die CIA als Vorbild und operierten fast zwanzig Jahre lang nahezu gänzlich geheim und wurden von einem landesweiten Netzwerk weißer rassistischer Journalisten unterstützt. Ein Abgeordneter in Mississippi bezeichnete die CIA einst als einen »Kindergarten« im Vergleich zu dieser Commission.[24]

Tom Parkers Freundschaften in Louisiana und sein Titel eines Colonels verschafften ihm automatisch eine Position bei der Commission. Es gibt keine Belege dafür, dass Parker die Commission je finanziell unterstützt hat oder dass er aktiv an den illegalen Aktivitäten teilgenommen hätte, aber er fand früh heraus, dass die Commission die Macht hatte, Elvis' Karriere Steine in den Weg zu legen, und er stellte sicher, dass Elvis nichts tat, was die Mitglieder der Commission verärgern könnte.

Das bedeutete vor allen Dingen, Elvis' Begeisterung für die afroamerikanische Kultur zu bändigen. Wenn Elvis wusste, was hinter den Kulissen vor sich ging, so hat er sich niemals seinen Bandmitgliedern anvertraut. Er überließ die schmutzige Arbeit dem Colonel. Er war viel zu sehr damit beschäftigt zu lernen, wie man ein Superstar wird. Nach der Unterzeichnung des Vertrags mit RCA gingen Elvis und die Band wieder auf Tour und spielten vor kreischenden Fans, die ihn von Tag zu Tag mehr anhimmelten. Parker ging ebenfalls auf Tour, nur nicht mit Elvis. Ende November reiste er nach Chicago, um an der Versammlung der Showmen's League of America teilzunehmen.[25] Er durchtrennte niemals das Band zu seinem Hintergrund als Schausteller und nahm bis zu seinem Lebensende an den Versammlungen teil. In Chicago besuchte er seinen alten Freund Carl Sedlmayr und dessen Sohn Carl jun., der selbst ein enger Freund des Colonels geworden war.

Während Parker sich bei der Versammlung in Chicago aufhielt, brach in Toledo, Ohio, die Hölle los, als Elvis in einer Hotelbar einen eifersüchtigen Ehemann verprügelte. Als der Mann, der die Schlägerei angefangen hatte, wieder auf freien Fuß kam, erzählte er den Journalisten, er sei von Elvis bezahlt worden, um den Streit zu inszenieren. Das stimmte zwar nicht, aber es beherrschte die Schlagzeilen von der Westküste bis zur Ostküste und brachte Elvis in eine unangenehme Situation.

Journalisten spürten Parker während der Versammlung auf und wollten wissen, ob Elvis jemanden dafür bezahlen würde, einen Streit anzuzetteln, um Publicity für seine Konzerte zu bekommen. Neugierige Geister würden das wissen wollen. Parker verlor die Beherrschung und brüllte die Journalisten an, und sein drohendes, rotes Gesicht blähte sich mehr und mehr auf wie ein Ballon, als er bestritt, dass der Künstler in irgendeiner Form etwas mit einem Publicity-Trick zu tun habe. Als er sich wieder beruhigt hatte, fing er an zu lächeln, und während er die große Zigarre zwischen seinen Lippen hin und her rollte, kam dem Schausteller in ihm eine Erleuchtung. Er sagte nur noch: »Elvis' Namen haben sie immerhin richtig geschrieben.«

Die ersten drei Monate des Jahres 1956 waren chaotisch für Elvis. Er machte seine ersten Plattenaufnahmen für RCA und absolvierte seine ersten Fernsehauftritte bei der »Stage Show« von CBS. Parker sah in seinem Jungen erstklassiges TV- und Kinomaterial und verlor keine Zeit, die Beziehungen, die er durch Eddy Arnold geknüpft hatte, zu nutzen, um Elvis das Tor nach Hollywood zu öffnen.

Als Erstes musste er sich um eine Reihe geschäftlicher Dinge kümmern. Bob Neals Vertrag mit Elvis würde im März auslaufen, und Parker hatte einen neuen aufgesetzt, der ihn selbst zum alleinigen Manager des Künstlers bestimmte. Der Vertrag legte fest, dass Parker für seine Bemühungen fünfundzwanzig Prozent Provision erhalten würde.

Unglaublich, aber Neal trat widerstandslos vom Vertrag zurück, was die Annahme stützte, er und Parker hätten es so geplant. Gegenüber Jerry Hopkins erklärte Neal es folgendermaßen: »Ich habe es einfach auf sich beruhen lassen. Dass ich noch eine kleine Summe an Provision und Tantiemen aus der Anfangszeit bekommen habe, war alles. Von einer weiterlaufenden Provision oder einem Anteil war nicht die Rede. Ich hatte nichts gefordert und nicht versucht, etwas auszuhandeln. Ich hätte es tun können, habe ich aber nicht.«

Sobald er fest im Sattel saß, zog Parker den Schraubstock um Scotty und Bill enger. RCA wurde angewiesen, Scotty, Bill und D. J. nicht mehr als die Blue Moon Boys zu bezeichnen. Ihre Fotos wurden aus den Werbeunterlagen entfernt. Er informierte auch die Nachrichtenmedien, besonders die Fanzeitschriften, dass sie damit rechnen müssten, seine Unterstützung für künftige Projekte zu verlieren, sollten die Bandmitglieder in irgendeiner Veröffentlichung mit Elvis dargestellt werden.

Als ob das alles nicht schon genug gewesen wäre, entzog er Bill Black, der Fotos von Elvis und der Band für fünfundzwanzig und fünfzig Cent das Stück verkauft und so etwa fünf Cent pro Foto verdient hatte, die Erlaubnis zu fotografieren. Parker steckte die fünf Cent in die eigene Tasche.

Parker ließ die Blue Moon Boys zwar fallen, aber Elvis nicht. Wenn sie auf Tour waren, stellte er sie dem Publikum weiterhin unter diesem Namen vor. »Wir wussten, dass [Parker] uns nicht dabeihaben wollte«, so Scotty. »Es brachte ihn zur Weißglut, als wir nicht mehr im selben Hotel wohnen wollten wie Elvis, einfach weil so viele Fans kamen. Er wusste, dass Elvis von Anfang an auf mich gehört hatte. Mit der Zeit wurde es immer offensichtlicher.«[26]

Als D. J. einmal gebeten wurde, seine Beziehung zu Parker zu beschreiben, sagte er: »Ich hatte keine Beziehung zu ihm ... Wir hatten nichts mit dem Colonel zu tun. Wenn wir etwas brauchten, gingen wir direkt zu Elvis, aber das gefiel [Parker] nicht. Elvis sagte immer: ›Macht euch keine Sorgen wegen des Colonels.‹ Elvis würde sich schon wie versprochen kümmern. Uns interessierte nicht, was der Colonel machte.«

Die Band begleitete Elvis nach San Diego, Kalifornien, wo sie in der *Milton Berle Show* auftraten, die vom Deck der USS Hancock gesendet wurde, einem Flugzeugträger ähnlich dem, auf dem Scotty vor der Küste Koreas gedient hatte.

Vor der Show absolvierte Elvis seine ersten Probedrehs in Los Angeles. Parker hatte für ihn Aufnahmen mit dem Filmproduzenten Hal Wallis arrangiert, der für Filme wie *Die Spur des Falken* und *Casablanca* bekannt war. Nach den Probeaufnahmen flogen Parker und Elvis für die *Milton Berle Show* nach San Diego. Berle empfing sie am Flughafen, und als sie den Flughafen verließen, zog er den Vertrag aus seiner Tasche und wollte ihn Elvis überreichen. Bevor Elvis das Blatt Papier nehmen konnte, grapschte Parker es aus Berles Hand, wobei er den verblüfften Entertainer zurechtwies, er habe kein Recht, Verträge direkt seinem Klienten zu geben.

Es war eine von Parkers emsigsten Zeiten. Nicht nur steuerte er Elvis auf einen Filmvertrag zu, er buchte ihn für die besten Shows, die das Fernsehen zu bieten hatte. Zusätzlich zu der populären *Milton Berle Show* brachte er ihn in die *Steve Allen Show* und die *Ed Sullivan Show*. Zudem buchte er ihn für seinen ersten Auftritt in Las Vegas.

Da Elvis sich schnell zum heißesten Schallplattenkünstler in Amerika entwickelte, ergriff Parker Maßnahmen, um alte Bande zu kappen, von denen er meinte, sie würden den Künstler aufhalten. Als Erstes beendete er den Vertrag mit dem *Louisiana Hayride*. Das Management des *Hayride* könne nicht allen Ernstes erwarten, dass ein Star von Elvis' Größe sich an einen Vertrag hielt, der ihn zu Auftritten an jedem Samstag verpflichtete, und das für ein Butterbrot. Um aus dem Vertrag herauszukommen, gab Parker Elvis die Erlaubnis, eine Wohltätigkeitsvorstellung im Shreveport Coliseum zu geben, wobei der Großteil der Einnahmen dem *Hayride* zukommen würde.

Elvis und Parker waren damals nicht die Einzigen, die viel zu tun hatten. Das FBI legte im Frühjahr seine erste Akte über Elvis Presley an.[27] Dies war von einem Geschäftsmann in Memphis angeregt worden, dessen Identität das FBI bislang nicht preisgegeben hat. Der Mann schrieb einen Beschwerdebrief über Elvis an den FBI-Direktor, J. Edgar Hoover, und drängte ihn dazu, zwischenstaatliche Handelsstatuten zu nutzen, um Maßnahmen ergreifen zu können. »Es gibt Gemüter, die wohl nicht einmal davor zurückschrecken, ihre Waren in völlig schamloser Art und Weise unter die Menschen zu bringen, und die Jugend ist nicht in der Lage zu unterscheiden, was richtig oder falsch ist«, so der Autor des Briefes.

Hoover antwortete, das FBI habe gar nicht die Befugnis, zu machen, wofür der Briefschreiber eintrete. Er wies die Beschwerde zurück, bald aber gab es eine Flut von Beschwerden aus dem ganzen Land, und ein paar davon schlossen mit Todesdrohungen gegen den Künstler. Bevor das Jahr zu Ende war, würde das FBI tief in Elvis' Karriere verwickelt sein, und die Ermittler würden regelmäßig kodierte Nachrichten an ihren Chef abfeuern.

Weniger als eine Woche nach Elvis' Auftritt in der *Milton Berle Show* verkündete Parker, dass sein Junge einen Vertrag für drei Filme mit Paramount Pictures unterschrieben habe. Elvis würde 100 000 Dollar für den ersten Film bekommen, für den zweiten würde die Summe auf 150 000 Dollar und für den dritten auf 200 000 Dollar angehoben werden. Hal Wallis hatte eine exklusive Verpflichtung gewollt, aber Parker sicherte sich das Recht, dass Elvis einen Film pro Jahr für andere Filmgesellschaften drehen dürfe. Parker steckte 112 500 Dollar Provision für seine Bemühungen ein, was bedeutete, dass Elvis für seinen ersten Film im Grunde nicht bezahlt wurde.

Nach ein paar Wochen auf Tour, während der sie vorwiegend Auftritte in Texas und New Mexico hatten, fuhren Elvis und die Jungs nach Las Vegas für ein zweiwöchiges Engagement im New Frontier Hotel. Freddy Martin und sein Orchester, die eine Bühnenfassung des Broadway-Musicals *Oklahoma!* zum Besten geben wollten, waren die Hauptdarsteller der Show. Zur Belustigung des Abendpublikums stand außerdem der Komiker Shecky Green auf dem Programm. Nach allen gültigen Maßstäben war es ein groteskes Engagement, eines, das nur ein Ex-Schausteller, der mit seinen Gedanken auf dem Rummelplatz war, für angemessen hätte halten können. Erschwerend zur Surrealität des Engagements kam der Name dazu, unter dem Parker Elvis gebucht hatte. Für das Publikum in Las Vegas würde er Amerikas erster »atomkraftbetriebener Sänger« sein.

Elvis und der Band war klar, dass es lange zwei Wochen werden würden. Das Publikum in dem eintausend Zuschauer fassenden Raum war höflich und applaudierte jedes Mal, wenn die Musik aufhörte, aber es gab keine kreischenden Mädchen oder randalierende männliche Begleiter, die mit ihren Füßen stampften und auf Ärger mit der Band aus waren. Das Publikum bestand größtenteils aus Touristen im mittleren Alter, die zur Show gekommen waren, um ein gutes Steak zu essen und ihre Lieblingsmusik aus *Oklahoma!* zu hören.

Häufig liest man, das Engagement sei ein Reinfall gewesen, aber weder Scotty noch D. J. sehen es so. Für Scotty war kein Auftritt ein Reinfall, wenn das Haus voll war und das Publikum am Ende jedes Songs applaudierte. D. J. empfand das genauso. »Man war dort einfach nicht an diese Art der Unterhaltung gewöhnt«, sagt er über die zurückhaltende Reaktion des Publikums. »Wir haben alles probiert, was wir kannten. Normalerweise konnte Elvis das Publikum für sich gewinnen. Dieses Mal hat es nicht funktioniert.«

Parker schlachtete den Werbeaspekt des Engagements aus, indem er das Hotel bat, Elvis und der Band zu gestatten, eine zusätzliche Samstagsmatinee für Teenager zu geben, wobei die Einnahmen für einen örtlichen Baseballplatz für Jugendliche gespendet werden sollten. Das war wie ein Glücksbringer. Im Saal drängten sich kreischende Teenager, die am Ende der Show auf Elvis zustürmten und sein Hemd in Fetzen rissen. Ein Journalist beobachtete ein Mädchen, das einen Knopf von seinem Hemd an sich drückte, als sei er ein Diamant.

Da Elvis weder trank noch spielte, fand er in Las Vegas wenig Ablenkung und verbrachte die meiste Zeit im Kino oder einfach mit Freunden. Am Ende des Engagements verließ er Vegas mit dem Gedanken, dass die »Stadt der Sünde« vielleicht nicht die richtige Bühne für seine Talente sei. Die Unterhaltungsmedien schienen derselben Meinung zu sein. »Trifft hier nicht ins Schwarze«, schrieb *Variety*.

Parker sah das ganz anders.

Nach Auftritten in Minnesota und Wisconsin kehrten Elvis und die Band nach Memphis zurück, wo Parker sie anlässlich des jährlichen Cotton-Carnival-Fests für eine Show im Ellis Auditorium gebucht hatte. Es scheint, als sei Parker nicht zu dem Konzert gekommen, in dem auch Hank Snow und die Jordanaires auftraten, offenbar jedoch nahm er Elvis an diesem Abend mit zur Royal American Show auf dem Jahrmarkt, um ihn seinen Freunden, den Sedlmayrs, vorzustellen.

»Die Leute kamen zusammen und Parker erzählte ihnen, seine ersten Sporen im Showbusiness habe er sich mit dem Verkaufen von kandierten Äpfeln auf den Royal American Shows verdient«, erinnert sich Carl Sedlmayr jun., der sich freute, dass sich ein ehemaliger Schausteller einen Namen im großen Showgeschäft machte. »Er hat nicht versucht, es herunterzuspielen oder Ähnliches.«

Vielleicht war es die persönliche Einführung in die Schaustellerwelt durch den Colonel, die Elvis in den darauffolgenden Jahre großen Wert darauf legen ließ, regelmäßig die Royal American Shows zu besuchen. »Er spielte an den Buden, und wenn er einen Preis gewann, gab er ihn an die Kinder weiter, die dort waren«, sagt Carl jun.

Obwohl »Heartbreak Hotel« in jenem Jahr auf Platz eins in Amerika stand, war Elvis nicht die Hauptattraktion auf dem Cotton Carnival. Der Hauptact war der Filmschauspieler und Sänger Eddie Fisher. Er hatte im Jahr zuvor die Schauspielerin Debbie Reynolds geheiratet, und wahrscheinlich hatte Debbies enge Verbindung zu Memphis ihn hier interessant gemacht. Im Jahr darauf schrieb Debbie Reynolds als erste Frau, die Elvis von der Spitze der Charts stieß, Geschichte – und zwar mit ihrem ersten und einzigen Hit »Tammy«.

Die Kontroversen über Elvis' vermeintlich auf der Bühne zur Schau getragene Sexualität gerieten mehr und mehr ins Zentrum seiner Auftritte, zumindest für die Journalisten, die einen guten Aufhänger erkannten, wenn sie einen sahen. Elvis machten all die Presseberichte zu diesem Thema langsam Sorgen. Das Allerletzte, was er wollte, war, dass seine Mutter denken würde, er reise durch das Land und mache irgendeine schmutzige, vulgäre Show. Scotty sagt, Elvis habe die sexuellen Anspielungen nie verstanden. Er machte einfach sein Ding auf der Bühne, ging mit der Musik mit, wie es sein Körper ihm sagte.

Nach Elvis' Runde durch Minnesota und Wisconsin verfasste ein Redakteur der *La Crosse Register*, der offiziellen Zeitung der katholischen Diözese, ein Schreiben an FBI-Direktor J. Edgar Hoover, in dem er verkündete, Elvis sei »zweifellos eine Gefahr für die Sicherheit der Vereinigten Staaten«. Der Redakteur gab zwar zu, nicht bei den Vorstellungen gewesen zu sein, aber er habe zwei Journalisten hingeschickt, um über Elvis' zweiten Auftritt zu berichten.

»Nach Augenzeugenberichten über Presley würde ich urteilen, dass er möglicherweise drogenabhängig und sexuell pervers sein könnte«, schrieb der Redakteur. »Jedenfalls bin ich mir sicher, dass man ihn genau beobachten muss, besonders angesichts der nahezu im ganzen Land steigenden Jugendkriminalität. Der Hoteldirektor berichtete, dass er anscheinend von aggressiven Beratern umgeben ist, die ihn kontrollieren.«

Am Ende jenes Sommers wurde Elvis von einem Zeitungsjournalisten in Jackson, Mississippi, als »Elvis the Pelvis« (»Elvis, das Becken«) bezeichnet.[28] Als er von einem Redakteur des *TV Guide* zu diesem Beinamen befragt wurde, reagierte er gereizt und antwortete, es sei eine »der kindischsten Äußerungen, die ich je von einem Erwachsenen gehört habe.« Einem Journalisten des *International News Service* sagte er: »Ich versuche nicht, sexy zu sein. Meine Bewegungen sind einfach meine Art, meine Gefühle auszudrücken.«

Wir werden vielleicht nie erfahren, inwieweit die »Elvis-Sexterie« das Ergebnis einfallsreicher Journalisten war und welche Rolle Parkers vertrauliche Aussagen gegenüber Journalisten dabei gespielt haben. Ganz sicher nutzte Parker die Presse zum Vorteil seines Jungen. Er hatte einen recht simplen Maßstab für Erfolg: Brachte eine Nachrichtenmeldung Geld ein, war es eine gute Meldung; tat sie das nicht, war sie ein unerhörter, verleumderischer Skandal, der die Demokratie an sich bedrohte.

Die Kontroverse über Elvis' Sexualität war das Beste, was hatte passieren können, denn dadurch strömten Tausende von Briefumschlägen voller Geld in Parkers Büro in Madison, alle mit der Bitte um Fotos seines Jungen. »Manchmal werde ich gefragt, was das Geheimnis hinter Elvis' Erfolg ist«, sagte Parker einem Journalisten des *TV Guide*. »Nun, ich kenne die Antwort nicht und ich will sie nicht kennen. Das Geschäft läuft schon zu gut.«

Gegen Ende des Sommers hatte Elvis seinen ersten Auftritt in der *Ed Sullivan Show* absolviert und seine erste Todesdrohung auf einer Postkarte erhalten, die nach Buffalo, New York, geschickt worden war. Die anonyme Nachricht lautete: »Wenn du nicht mit diesem Scheiß aufhörst, werden wir dich töten.« Das FBI nahm die Drohung ernst und schickte sie zur Analyse ins Labor, aber bei der Besprechung des Falls riet der Staatsanwalt in Buffalo, Richard Moot, dazu, keine Klage zu erheben, falls der Verfasser der Karte identifiziert werden sollte. Offensichtlich war nicht jeder ein Fan von Elvis Presley.

Noch deutlicher wurde das im November, als der Künstler zu einem Auftritt nach Louisville, Kentucky, fuhr. Der Polizeichef kündigte an, er werde »keinerlei anzügliche, laszive Verrenkungen« erlauben, »die das Publikum stimulieren würden.« Von Journalisten zu diesem Verbot befragt, antwortete der Polizeichef: »Wie Sie vielleicht ahnen werden, gehöre ich zufällig nicht zu seinen Bewunderern.«

Der Großteil der anfänglichen Feindseligkeit gegenüber Elvis kam von Männern. Die Frauen schien der Meinung zu sein, seine Hüftschwünge auf der Bühne seien ziemlich cool. Und es gab keine

Altersbeschränkung unter seinen Bewunderinnen. Bill Blacks Frau Evelyn erzählte, sogar ihre Mutter habe Elvis geliebt. »Er nannte sie seinen antiken Schatz«, sagt sie. »Elvis war ein guter Junge, er hätte nicht süßer sein können.«

Für Tom Parker war *Pulverdampf und heiße Lieder (Love Me Tender)* mehr als ein Film. Es war ein kompletter Jahrmarkt, ein Füllhorn an Gelegenheiten und Investitionsmöglichkeiten, alles ordentlich in ein Paket verpackt. Als die Filmproduktion im August begann, war Parker vor Ort an der Seite seines Jungen. In dem Film, der ursprünglich *The Reno Brothers* heißen sollte, gab es viel Action und, vom Soundtrack abgesehen, keine Musik. Elvis Filmpartner waren Richard Egan und Debra Paget. Elvis hatte zwar einen Filmvertrag mit Hal Wallis bei Paramount, aber für diesen Film – Elvis' erstem für Twentieth Century Fox – hatte Parker die Ausnahmeklausel des Vertrags ausgenutzt.

Als Elvis das Drehbuch zum ersten Mal las, stand da zwar nichts davon, dass er singen sollte, aber die Band fuhr dennoch mit ihm nach Hollywood, weil Steve Sholes dachte, er könne die Gelegenheit nutzen, um eine Reihe von Songs für RCA aufzunehmen. Es war eine Möglichkeit, zwei Fliegen mit einer Klappe zu schlagen.

Wie üblich hatte Colonel Tom Parker einen ganzen Vogelschwarm im Visier. Wenn das Drehbuch Lieder enthielte, wären seine Plattenaufnahmen involviert, und das bedeutete mehr Geld, besonders wenn die Lieder aus der Songschmiede von Hill and Range stammten. Das war im Grunde genommen das, was Parker in den Filmen sah: eine Möglichkeit, die Gewinne aus seinen Investitionen zu maximieren.

Love me Tender war für ihn eine Gelegenheit, einen weiteren Keil zwischen Elvis und die Band zu treiben. Als beschlossen wurde, dass Elvis im Film singen sollte, nahm die Band natürlich an, dass sie beim Soundtrack mitarbeiten würde. Zu ihrer Überraschung wurden sie gebeten, bei Twentieth Century Fox vorzuspielen. »Niemand sagte

uns, dass der Film ein Western mit Country-Songs sein würde«, so Scotty. »Elvis wusste es auch nicht. Also machten wir unsere übliche Show.«
Nach dem Vorspielen meinte der musikalische Direktor des Films, dies sei nicht, wonach er suche. Er wolle etwas, das mehr nach Country klinge. Sie würden für den Film jemand anderen zu Elvis' musikalischer Unterstützung suchen.

Scotty, Bill und D. J. waren überrascht. Sie konnten Country spielen wie jeder andere auch, aber natürlich hatten sie angenommen, der musikalische Direktor wolle, dass sie die Art von Musik spielten, die Elvis aufgenommen hatte. Elvis meinte, sie sollten sich keine Sorgen machen, er werde sicherstellen, dass sie im nächsten Film dabei sein würden.

Dieser Vorfall brachte Parker zum Strahlen. Je eher er die Band loswurde, desto besser. Elvis würde jetzt erkennen, dass er der Star war und sehr gut ohne Scotty, Bill und D. J. auskommen konnte.

Elvis verließ die Dreharbeiten von *Love Me Tender* in Los Angeles nur einmal im September, um für den »Elvis Presley Day« nach Tupelo, Mississippi, zu fliegen. Elvis und die Band traten als Teil des Festprogramms auf der Mississippi-Alabama Fair and Dairy Show auf. Zusammen mit Elvis auf der Bühne stand der Gouverneur von Mississippi, J. P. Coleman, der Elvis eine Ehrenurkunde überreichte und den Tag anschließend als »Elvis Presley Day« ausrief.[29]

Der König des Rock 'n' Roll, der ein blaues Samthemd und weiße Schuhe mit Schnallen trug, nahm die Auszeichnung mit großer Bescheidenheit entgegen. Ob Elvis wusste, dass J. P. Coleman der Gründer der Mississippi Sovereignty Commission war, der Mann, der die Mitglieder der neu geschaffenen Commission ernannte, sowie der Mann, der die erste Agenda für die verdeckten Operationen des Geheimdienstes aufgestellt hatte, ist nicht bekannt. Die beiden Männer wurden zusammen fotografiert, und Colonel Parker stellte sicher, dass bestimmte Fotos in den Nachrichtenmedien der Südstaaten weit verbreitet wurden.

Elvis gab an jenem Tag zwei Vorstellungen, eine am Mittag und die andere am Abend, und sang das erste Mal den Titelsong aus *Love Me Tender* auf der Bühne. Es war das erste Mal, dass die Band einen Song spielen sollte, den Elvis ohne sie aufgenommen hatte. Ob es den Bandmitgliedern bewusst war oder nicht – und Parker wusste sicher bestens, was er tat –, dieser Auftritt in Tupelo säte einen Keim des Missmuts, der ein ganzes Jahr lang gehegt wurde, bevor er mit fast desaströsen Folgen auf demselben Schlachtfeld hervorbrach. Über Parkers Genie als Werbemann ist viel gesagt worden, nicht annähernd genug aber über seine Fähigkeiten als Amateur-Psychologe.

Colonel Tom Parker gratuliert Elvis auf der Geburtstagsparty am Set von *Lied des Rebellen (Wild In The Country) 1961* **(James R. Reid)**

KAPITEL 4

★ ★ ★

Der King rockt sich an die Spitze

Oberflächlich betrachtet war die Einberufungsbehörde in Memphis nicht anders als alle anderen: In der Behörde saßen Männer, die der Präsident auf Empfehlung der örtlichen Senatoren und Abgeordneten ernannte. Ihre Aufgabe war es zu bestimmen, wer in die Streitkräfte eingezogen werden sollte.

Während des Kriegs trafen die Mitglieder der Behörde täglich Entscheidungen über Leben und Tod, die sich auf das Leben von Tausenden von Menschen in Memphis auswirkten. In Friedenszeiten jedoch wurden diese Entscheidungen unauffälliger und gelassener getroffen, und der Druck, den die Mitarbeiter der Institution empfanden, war weniger unmittelbar und drängend.

Der Unterschied zwischen der Einberufungsbehörde in Memphis und vielen anderen im Land lag in ihrer gemeinsamen Geschichte mit anderen Behörden dieser Art in den Südstaaten. Die Rassenpolitik stand immer im Vordergrund. Im gesamten Süden neigten die örtlichen Behörden dazu, vorrangig schwarze Männer einzuziehen, es sei denn, sie wurden von wohlhabenden weißen Plantagenbesitzern darüber informiert, dass ein gefährlicher Mangel an jungen schwarzen Arbeitern zur Bestellung der Felder herrschte.[1]

Von den 1940er-Jahren, als der Kongress das Einberufungsgesetz beschloss, bis Mitte der 1950er-Jahre bestimmte die Crump-Organisation, wem in Memphis ein Amt in der entsprechenden Dienststelle übertragen wurde. Da diese Position den Entscheidungsträgern der Behörde nahezu unbegrenzte Macht verlieh, auch Geschäftsverträge, Gerichtsentscheidungen und eine Reihe finanzieller Transaktionen zu manipulieren, waren sie sehr begehrt. Verzweifelte Männer und Frauen waren mit fast allem einverstanden, solange ihre Söhne nicht eingezogen wurden, besonders wenn der Sohn für den Fortbestand des Familienbetriebs unabkömmlich war.

E. H. »Boss« Crump hat niemals gedient. Im Allgemeinen wurden männliche Weiße mit politischem oder gesellschaftlichem Einfluss in der Stadt selten eingezogen, es sei denn, natürlich, sie wollten sich öffentlich als patriotisch darstellen oder spezifische Erfahrungen beim Militär sammeln. Und in diese Kategorie fielen mehr Männer, als man denken würde, denn in Memphis war ein nachhaltiger patriotischer Geist tief verwurzelt.

Elvis Presleys Einberufungsakte zeigt schon früh einen routinemäßigen Ablauf. Er ließ sich am 19. Januar 1953, kurz nach seinem achtzehnten Geburtstag, im Büro des Selective Service an der South Main Street registrieren. Als Adresse nannte er Saffarans 698, und seinen Onkel Ed Smith, wohnhaft in der Mississippi Street 1534 in Memphis, gab er als die Person an, die jederzeit wüsste, wo er wohnte. Er gab an, er sei einen Meter zweiundachtzig groß und wiege achtundsechzig Kilo.

Am 1. März schickte ihm die Behörde einen Fragebogen zu und klassifizierte ihn auf der Grundlage seiner Angaben als 1-ANF. Niemand wusste genau, was diese Klassifizierung aussagte: 1-A hieß, er stand für den Militärdienst zur Verfügung (NF war aller Wahrscheinlichkeit nach die behördliche Abkürzung dafür, dass er noch die Highschool besuchte).[2]

Es war eine ungünstige Zeit für Rekruten mit einer 1-A-Klassifizierung. Der Korea-Krieg war noch immer in vollem Gange, wenn auch Friedensgespräche geführt wurden. Mehr als 25 000 amerikanische Soldaten, die meisten von ihnen Wehrpflichtige, waren in diesem Krieg umgekommen. Elvis war ein sicherer Kandidat dafür, in den Krieg ziehen zu müssen. Gladys war untröstlich bei dem Gedanken, ihrem einzigen lebenden Sohn könnte etwas zustoßen. Die Zukunft sah düster aus.

Ein paar Wochen vor Elvis' Highschool-Abschluss jedoch griff das Schicksal ein, und in Korea wurde ein Friedensvertrag unterzeichnet, wodurch Elvis der Bedrohung, seinen Militärdienst in Kriegszeiten leisten zu müssen, entrinnen konnte. Üblicherweise hätte er im Jahr nach seinem Schulabschluss mit einem Einberufungsbefehl rechnen können, aber nach dem Waffenstillstand in Korea verfügten die Streitkräfte über einen Überschuss an registrierten Männern. Bis Januar 1957 bekam keiner der zweiunddreißig Männer, die zwischen dem 1. und 13. Januar 1953 in Memphis registriert wurden, einen Bescheid von der Einberufungsbehörde.[3]

Während des Sommers 1956 wurden Elvis von Journalisten, die sich wunderten, warum er nicht in Uniform sei, häufig Fragen zu seiner Einberufung gestellt. Im August sagte er einem Journalisten vom International News Service, er habe seit drei Jahren nichts von der Einberufungsbehörde gehört, und fügte hinzu, »und ich hoffe, das bleibt so.« Kurz nach diesen Aussagen erhielt er einen Fragebogen von der Behörde mit der Aufforderung, seine Angaben über Gesundheit und Familienstand zu aktualisieren. Nachdem ein Journalist von United Press International einen Tipp bekommen hatte, dass Elvis das Dokument erhalten habe, wandte er sich direkt an die Einberufungsbehörde mit der Frage, ob sie dem Künstler in naher Zukunft einen Einberufungsbescheid schicken würde. »Die neuen Unterlagen wurden versandt, um Presleys Status zu aktualisieren«, sagte ein Behördensprecher. »Viele Jungs teilen Änderungen von Adresse, Familienstand oder anderen Dingen nicht mit, also versenden wir wehrdienstbezogene Fragebögen.«

»Ich wusste wirklich nicht, was der Fragebogen bedeuten sollte«, sagte Elvis dem Journalisten. »Ich habe nichts von … einer ärztlichen Untersuchung gehört. Wenn sie mich wollen, bin ich bereit.«

Colonel Tom Parker sah sich mit einem Dilemma konfrontiert. Die US-Army war die allerletzte Instanz, mit der er Ärger bekommen wollte. Wenn er bei einer zivilen Einberufungsbehörde um besondere Privilegien für Elvis bitten würde – und er wusste, dass ein Anruf bei der örtlichen Dienststelle genügen würde, um Elvis von der Army fernzuhalten –, könnte es für ihn selbst Schwierigkeiten geben, die zu seiner Abschiebung führen konnten. Ebenso hätte ein zweijähriger Wehrdienst Elvis' Karriere zerstören können. Den Rock 'n' Roll gab es erst seit zwei Jahren. Wie würde sich wohl die Musik in zwei weiteren Jahren entwickelt haben? Die Zeitungsjournalisten waren der Meinung, der Rock 'n' Roll werde nicht viel länger als zwei Jahre Bestand haben, und obwohl Parker nie etwas glaubte, was er in den Zeitungen las, musste er zumindest einräumen, dass sie hin und wieder recht haben konnten.

Bei seiner Rückkehr nach zwei Jahren in der Army würde Elvis möglicherweise Amerika inmitten einer neuen musikalischen Hysterie vorfinden. Parkers Privatleben, das zum ersten Mal seine geschäftlichen Entscheidungen beeinflusste, machte alles noch komplizierter. In den Jahren nach seinem ersten Besuch in Las Vegas, als er das Engagement für Eddy Arnold arrangiert hatte, war er immer wieder dorthin zurückgekehrt, nicht wegen der glamourösen Unterhaltung, für welche die Stadt berühmt ist, sondern wegen der Glücksspielautomaten und Spieltische.

Das Glücksspiel war die Leidenschaft seines Lebens. Es gibt keine Unterlagen über die Höhe seiner Verluste in den 1950er-Jahren, aber zu Beginn der 1960er-Jahre beliefen sie sich Gerichtsunterlagen zufolge auf eine Million Dollar im Jahr in einem einzigen Kasino.[5] Schon 1957 mussten seine Verluste immens gewesen sein. Als die Tageszeitung *Nashville Banner* eine Story herausbrachte, die auf seine Spielschulden hinwies, war Parker so verzweifelt, dass es ihn zu der Überlegung brachte, etwas zu tun, das er ganz früh beschlossen hatte, niemals zu tun: einen amerikanischen Bürger zu verklagen.

Jemanden zu verklagen oder sich selbst in die Situation zu bringen, verklagt zu werden, konnte Enthüllungen über seinen Aufenthaltsstatus Tür und Tor öffnen. Die Herausgeber der *Banner* erwiderten, sie würden mit Freuden die Gelegenheit wahrnehmen, sich gegen die Klage des Colonels zu verteidigen, und erinnerten ihn daran, dass er alle seine Glücksspieleinnahmen bei Gericht offenlegen müsse. Da überrascht es nicht, dass Parker niemals Klage erhoben hat.

Eine Theorie besagt, Parker habe so hohe Schulden gehabt, dass die geheimen Verbindungen, welche die Stadt beherrrschten, seine Schulden in Form eines Anteils an Elvis' Vertrag einforderten. Parkers Kontakte zu den Repräsentanten des organisierten Verbrechens in Louisiana dürften dabei geholfen haben, den Druck zu mindern, denn Las Vegas und New Orleans verband dasselbe Netz der Cosa Nostra. Doch wenn Geld im Spiel ist, geht die Freundschaft über einen bestimmten Punkt nicht hinaus.

Was die Army anging, hatte Parker drei Möglichkeiten. Er könnte besagten Anruf bei der Einberufungsbehörde tätigen und seinen Jungen aus der Army heraushalten; er könnte einfach nichts tun, sich zurücklehnen und zulassen, dass Elvis eingezogen würde; oder er könnte dafür sorgen, dass sich Elvis als Freiwilliger bei der Army meldete und dort eine wunderbare Mission erfüllte. Auf der Grundlage vertraulicher Quellen veröffentliche die *Banner* am Anfang jenes Jahres einen Artikel, der voraussagte, dass Elvis im Dezember eingezogen werde. Im Artikel stand, er werde bei der Truppenbetreuung eingesetzt und die Erlaubnis erhalten, während der Dauer seines Militärdienstes Auftritte zu absolvieren.

Hinsichtlich seiner Spielschulden hatte Parker nur zwei Alternativen: Er könnte die von seinen Schuldnern geforderten Anteile an Elvis' Vertrag abtreten, sich dann zurücklehnen und dabei zusehen, wie sein zu erwartendes Vermögen den Bach hinunterging; oder er könnte das Ganze so lange hinauszögern, bis seine Schulden abbezahlt wären, und damit seinen Jungen vor den Fängen seiner Schuldner schützen.

Parker brauchte einen Ort, an dem er Elvis so lange auf Eis legen konnte, bis er seine Schulden beglichen hatte. Einen Ort, wo er sicher war und seine Schuldner keinen Zugriff auf ihn hatten.

Einen Ort, wo es nicht so aussehen würde, als verstecke er sich. Um Parker entgegenzukommen, sorgte die Einberufungsbehörde in Memphis dafür, dass Elvis vor der Einberufung eine private ärztliche Untersuchung bekam. Parker wollte nicht, dass Elvis durchmachen musste, was er selbst durchgemacht hatte. Er wollte nicht, dass ein Raum voller rowdyhafter Wehrpflichtiger aus Memphis seinen Jungen splitternackt sähe. Er wollte nicht, dass ein Arzt vor anderen Männern an den Geschlechtsteilen seines Jungen herumtastete (in jenen Tagen trugen Ärzte keine Gummihandschuhe und Penisse wurden heftig massiert, um potenzielle Homosexuelle auszusondern).

Von Anfang an war Parker eifersüchtig auf jeden, der Elvis nahe kam. Er war eifersüchtig auf Scotty und Bill, weil sie mit ihm reisten und im selben Zimmer schliefen wie er. Er war eifersüchtig auf die Frauen, mit denen Elvis sich verabredete, was immer ein Streitpunkt war. June Juanico, ein Mädchen aus Mississippi, das Elvis während des Sommers traf, sagte später, Parker sei immer wütend geworden, so wütend, dass Türen knallten, wenn er sie zusammen erwischte. Sie war nicht die Einzige, die Parkers Feindseligkeit spürte. Er reagierte auf alle Frauen in Elvis' Leben so.

Wie einbestellt, meldete sich Elvis am 4. Januar 1957 zu seiner privaten ärztlichen Untersuchung. Auf seinem Weg zum Kennedy Veterans Hospital, wo er einst aufgetreten war, um seine erste Schallplatte zu promoten, war er in Begleitung der Tänzerin Dotty Harmony aus Las Vegas, die ihn über die Weihnachtsfeiertage besuchte, sowie eines seiner Freunde aus Memphis, Cliff Gleaves.[6]

Als sie in Elvis' cremefarbenem Cadillac vor dem Krankenhaus vorfuhren, wurden sie von einer Armee von Reportern und Fotografen begrüßt. Elvis trug eine rote Jacke und schwarze Hosen. Dotty war von der Menschenmenge eingeschüchtert und beschloss, im Wagen zu warten. Bevor Elvis das Gebäude betreten konnte, baten ihn die Fotografen, mit einem Feldwebel der Army und einem Offizier der Air Force auf den Stufen zu posieren. Die Navy hatte keinen Repräsentanten geschickt.

Einer der Fotografen, der darauf aus war, ein Foto mit einem strahlenden Pin-up-Girl zu schießen, bat Elvis, Dotty mit ins Gebäude zu nehmen.

»Nein, Sir, lieber nicht«, sagte er. »Sie hat damit nichts zu tun.«

Im Krankenhaus wurde Elvis von Dr. Leonard Glick begrüßt, der ihm mitteilte, dass er die Untersuchung vornehmen werde. Direkt hinter Elvis drängte sich eine Horde von Fotografen. Sichtbar beunruhigt von dem bunt zusammengewürfelten Haufen, sagte Elvis dem Arzt, er sei davon ausgegangen, dass bei seiner Untersuchung keine Fotografen anwesend wären.

»Das ist Ihnen überlassen«, erwiderte Glick.

Elvis sagte den Fotografen, er würde sehr gern nach der Untersuchung für sie posieren.

»Hey, was halten Sie von einem Foto ohne Hemd?«, rief ein Fotograf.

Als Elvis auf den Untersuchungsraum zuging, rannte urplötzlich eine Gruppe von etwa zwanzig Teenagern aus einem Seitengang auf ihn zu, wurde aber von Militärangehörigen beiseitegedrängt, bevor sie Elvis erreichen konnten.

Als er wieder aus dem Untersuchungsraum herauskam, teilte er den Reportern mit, es sei ungefähr so gelaufen, wie er erwartet hatte. Nachdem er ihre Fragen beantwortet hatte, galt ihr Interesse besonders seiner Einschätzung, wie er meinte, beim Intelligenztest abgeschnitten zu haben. Er erklärte sich bereit, Autogramme zu geben und für Fotos zu posieren. Und da lud er auch Dotty ein, ins Gebäude zu kommen.

Für ein Foto stießen Dotty, Cliff und der Army Sergeant mit Elvis mit zwei Tassen und einer Flasche mit einem Erfrischungsgetränk an. Als die Reporter Dotty fragten, wie Elvis in Form sei, bekamen sie genau, was sie wollten. »Sein Körper ist ein Musterexemplar«, gurrte sie.

Am meisten schien die Journalisten Elvis' Ansicht darüber zu interessieren, was die Army mit seinen für ihn typischen Koteletten machen würde. Elvis umging die Frage, aber ein Journalist aus Memphis, Robert Johnson, Herausgeber der Zeitschrift *16: The Magazine For Smart Girls*, meinte, Elvis habe kein Problem damit, auf die Koteletten zu verzichten: »Er hat einmal angedeutet, dass sie ihm nicht mehr so gefallen wie früher.« Einer der anwesenden Offiziere der Spezialeinheit sagte Johnson, die Army »wird nicht das Risiko eingehen, alles zu vermasseln«, indem sie seine Koteletten stutze.

Elvis gewährte den Journalisten und Fotografen alle Zeit, die sie wollten, und als er das Krankenhaus verließ, rannte ihm eine Krankenschwester nach und berührte seine Jacke – zur Freude ihrer kreischenden Freundinnen, die eine Gasse mit gestärkten weißen Uniformen entlang des Korridors gebildet hatten.

Dotty reiste nach der Untersuchung nach Las Vegas zurück, und Elvis bestieg mit Scotty, Bill und D. J. einen Zug nach New York zu ihrem dritten und letzten Auftritt in der *Ed Sullivan Show*.

Elvis konnte sich nicht vorstellen, dass der Colonel ihn widerspruchslos zur Army einberufen lassen würde. Nur ein Anruf wäre nötig gewesen, um ihn aus diesem Schlamassel herauszuhalten, also wirklich keine große Sache. Auch Scotty verschwendete keinen Gedanken daran. Niemand glaubte, dass dies passieren würde.

Nach der *Ed Sullivan Show* kehrten Elvis und die Band für eine Woche nach Memphis zurück, bevor sie nach Hollywood reisten, um mit der Arbeit an Elvis' nächstem Film, *Loving You*, zu beginnen. Zur Überraschung aller gab die Einberufungsbehörde eine Pressekonferenz und verkündete, dass Elvis nach seiner Musterung als tauglich eingestuft worden sei.

In den Anfangsjahren seiner Karriere schien Elvis häufig besorgt über seine Beziehung zum Colonel. Scotty erinnert sich: »Wir fuhren zusammen im selben Wagen, und Elvis erwähnte etwas, das der Colonel gesagt hatte, und ich erwiderte: ›Elvis, du musst dich behaupten und deine Meinung sagen. Es ist nichts Falsches daran, sich über etwas auseinanderzusetzen.‹ Er meinte: ›Na ja, ich habe einen Deal mit ihm gemacht. Ich singe, und er kümmert sich ums Geschäftliche.‹ Er grummelte einen oder zwei Tage vor sich hin, und das war's dann. Er machte so weiter und tat Dinge, die er eigentlich gar wollte.«

Als Scotty, Bill und D. J. gefragt wurden, ob sie in *Loving You* mitwirken wollten, hatte Scotty den Eindruck, dass Elvis ein gutes Wort für sie eingelegt hatte. Erst Jahre später erfuhr Scotty die Wahrheit, nämlich, dass nicht Elvis es war, sondern der Regisseur Hal Kanter, der sie in den Film hineingebracht hatte. Kanter schrieb sogar spezielle Sprechzeilen für sie. Elvis sorgte jedoch dafür, dass Scotty, Bill und D. J. auf dem Soundtrack spielten. Da wussten die Jungs in der Band, dass Elvis beim Colonel für sie einstehen würde, und sie schätzten es sehr, weil sie wussten, wie schwer es Elvis fiel, dem alten Mann etwas zu verwehren.

Für Colonel Tom Parker waren die Filme ein Mittel, um mehr Geld mit Elvis' Musik verdienen zu können. Er hat nie daran geglaubt, dass Elvis es als Schauspieler schaffen könnte. Als *Love Me Tender* von ein paar Kritikern verrissen wurde, beschloss Parker, dass in künftigen Filmen mehr gesungen und weniger gesprochen werden müsse.

In seinem ersten Film hatte Elvis' Schauspiel eine ganz bestimmte rohe Energie, eine Ungeschliffenheit, die sich für die Filmleinwand zu etwas ganz Besonderem hätte entwickeln können. Was weder Elvis noch Parker bedacht hatten, als der Film in die Kinos kam, war die kulturelle Voreingenommenheit gegen Südstaatler, die unter den Kritikern herrschte. Wenn man auf diese frühen Filmbesprechungen zurückblickt, wird deutlich, dass nicht Elvis' Schauspielkunst kritisiert wurde, an der er noch arbeiten müsse, sondern, dass er ein Südstaatler war. Ihnen gefiel sein Akzent nicht.

Vielleicht suchte sich Wallis deswegen einen Südstaatler für die Regie des nächsten Films *Loving You* aus. Hal Kanter stammte aus Savannah, Georgia. *Loving You* war sein zweiter Spielfilm. Zuvor hatte er bei der Komödie *I Married a Woman* mit George Gobel und Diana Dors für das Filmproduktionsunternehmen RKO Regie geführt. Zudem hatte er ein Drehbuch für *Rose Tattoo* von Tennessee Williams geschrieben. Er wurde als ein Regisseur eingeschätzt, der in der Lage sei, das Mystische der Südstaaten in Bilder zu »übersetzen«, die der Rest des Landes verstehen könnte. Bevor die Arbeit an *Loving You* begann, einigten sich Parker und der Produzent Hal Wallis darauf, dass Elvis' Ambitionen als Schauspieler hinter seiner Musik zurückstehen müssten. Wallis hatte den Großteil der musikalischen Komödien mit Dean Martin und Jerry Lewis produziert und besaß große Erfahrung darin, wie man etwas gekonnt präsentierte.

Parker bekam keinen Gegenwind von ihm. Wallis hat einmal gesagt, er habe Parker als »genial« darin empfunden, den letzten Tropfen aus Elvis herauszuholen. Der Filmmogul musste es wissen, denn auch aus ihm holte Parker den letzten Tropfen heraus. Jedes Mal, wenn Wallis dachte, er habe ihn durchschaut, fiel dem Colonel etwas Neues ein. Als sie zum Beispiel über den Vertrag verhandelten, schlug Parker vor, Elvis solle eine höhere Gage bekommen, wenn er seine eigene Kleidung trug.

Wallis stimmte zu, denn das Studio hatte eine Kostümabteilung, und er wusste, dass es nicht sehr wahrscheinlich war, dass Elvis etwas Eigenes tragen würde. Sobald Wallis zugestimmt hatte, verlangte Parker, dass ein Betrag festgelegt wurde, wie viel sein Junge in dem Fall bekommen sollte. Da konnte Wallis das Gerede schon nicht mehr hören.

»Also, sagen wir, jedes Mal, wenn es passiert, zahlen Sie 25 000 Dollar«, schlug der Colonel vor, und Wallis stimmte dem Betrag zu. Er würde auf jeden Fall dafür sorgen, dass Elvis nur etwas aus der Kostümabteilung trug. Wallis war wie die meisten im Film- und Musikgeschäft, die glauben, kleine Details seien nicht so wichtig für den Erfolg eines Projekts wie der Gesamteindruck. Parker war genau das Gegenteil: Kleine Details waren verdammt noch mal fast alles.

Hal Kanter erinnert sich daran, dass der Colonel das Set von *Loving You* nur für kurze Gespräche mit Elvis besuchte. »Ich hatte das Gefühl, dass Elvis ihn ein bisschen fürchtete und ihn insgeheim nicht mochte«, sagt Kanter. »Aber das mag daran liegen, dass ich so empfand und meine Gefühle auf Elvis übertragen habe. Colonel Parker war der geschickteste Hochstapler seit Barnum. Auf ihn konnte man sich so wenig verlassen wie auf einen Hurrikan. Man wusste nie, wann er zuschlagen würde.«[7]

Unabhängig von Elvis' musikalischen Talenten sah Kanter in Parker einen Bremsklotz für Elvis' Karriere als Schauspieler. »Er interessierte sich eigentlich nicht für das Drehbuch. Viel wichtiger für ihn war, wie viele Songs er auf die Leinwand bekommen konnte.«

Als Parker herausfand, dass Kanter das Drehbuch für *Loving you* geschrieben hatte, fragte er ihn, ob er Interesse hätte, mit ihm zusammen seine Autobiografie zu schreiben. Parker meinte: »Den Titel hätte ich schon – *Wie viel kostet es, wenn es nichts kostet?*«

»Natürlich habe ich das Buch nie geschrieben«, so Kanter.

Einmal tauchte Parker mit einer Handvoll hausgemachter Würste am Set auf. Kanter sah ihm zu, wie er einige davon an Mitarbeiter am Set verteilte, aber »mir bot er an, mir ein paar zu verkaufen«, erinnert sich Kanter und lacht. »Unglaublich! Andere wurden wütend auf ihn. Aber ich fand es lustig.« Noch Jahre nach *Loving you* bekam Kanter Weihnachtskarten, die von Elvis und dem Colonel unterschrieben waren. »Er hat sich immer an Elvis gehängt«, sagt Kanter. »Ich hatte stets das Gefühl, die Weihnachtskarten hätte jemand anderes bezahlt.«

Während der Aufnahmen eines von Elvis' späteren Filmen kam Parker einmal ans Set, um zuzusehen. Er hielt sich im Hintergrund und niemand hatte bemerkt, dass er überhaupt da war. Plötzlich fiel Parker über den Raum hinweg etwas auf, er rannte über die Filmbühne, geradewegs auf die Kamera zu. Alles kam plötzlich zum Stillstand. »Der Junge trägt seine eigene Uhr«, sagte Parker und schob seine Zigarre von einem Mundende zum anderen. »Sehen Sie – er trägt seine eigene Uhr. Das kostet Sie noch mal 25 000 Dollar.«

Der Colonel und die Bandmitglieder hatten nichts als Geringschätzung füreinander übrig, aber nur Parker, der Königsmacher, hatte die Macht, dies zum Ausdruck zu bringen, und nicht die Jungs in der Band, die einen Mythos geschaffen hatten. Als der Eigentümer eines Chrysler-Autohauses in Los Angeles anbot, den Musikern neue Chryslers zur Verfügung zu stellen, wenn er damit werben dürfe, dass Elvis Presleys Bandmitglieder Wagen aus seinem Haus fuhren, lehnte Parker es ab. Dasselbe passierte mit RCA, als den Jungs angeboten wurde, ihre Familien mit RCA-Geräten zu versorgen, im Austausch gegen das Recht, dies für Werbezwecke zu nutzen. Parker wollte davon nichts hören. Nein, nein, nein.[8]

Niemals würde Parker den Bandmitgliedern auch nur den kleinen Finger reichen. Sie waren Angestellte, die 200 Dollar in der Woche verdienten, sonst nichts. Egal, wie viele Platten Elvis verkaufte oder wie viele Filme er drehte, egal, wie viele Konzerte er gab, die Musiker bekamen weiterhin einen Lohn von 200 Dollar pro Woche, außer natürlich, sie waren nicht im Studio, um Filmsongs mit Elvis aufzunehmen, oder auf Tour, denn dann bekamen sie nur 100 Dollar in der Woche. Parker bereitete es die größte Freude, dass die Jungs in der Band weniger verdienten als Elvis' Angestellte oder Trauzeugen, die später unter dem Namen Memphis-Mafia bekannt werden sollten.

»Oh, ja, man musste gut auf ihn aufpassen«, sagt D. J. im Interview. »Er wollte uns nicht als Band. Er sagte: ›Bezahle die Jungs nicht, die wollen bloß mehr Geld. Es gibt genügend andere.‹ Wäre Elvis nicht gewesen, hätten wir uns schon verabschiedet, als ›Heartbreak Hotel‹ herauskam. Der Colonel mochte uns einfach nicht.«

»Er schaute allen, mit denen er zu tun hatte, ständig über die Schulter: Was macht er als Nächstes?«, so Scotty. »Er war nicht dumm; er war ausgesprochen abgebrüht. Er sah sich die Dinge aus allen Blickwinkeln an. Um seinen Spaß zu haben, opferte er 100 Dollar, nur um dir einen Dollar abzuluchsen. Er war gern der Gewinner. Bei Geschäftsverhandlungen kam es manchmal vor, dass man ihm eine Summe nannte, worauf er sagte: ›Ich bin einverstanden, aber was ist mit meinem Jungen?‹«.

Während der Dreharbeiten von *Jailhouse Rock* gingen Elvis und die Band ins Studio, um neue Singles und ein Weihnachtsalbum für RCA aufzunehmen. Seit über einem Jahr hatten sie darüber gesprochen, eine Platte mit Instrumentals aufzunehmen. Elvis würde Klavier spielen, und die Band sollte The Continentals heißen. Elvis war begeistert davon, etwas ganz anderes zu machen, besonders weil er in die Rolle des anonymen Pianisten schlüpfen dürfte. Das wäre, wie undercover zu arbeiten.

Am letzten Tag der RCA-Aufnahmen blieben sie noch im Studio und fingen mit der Arbeit an den Instrumentalaufnahmen an. Sie wussten schon, was sie spielen wollten, und hatten die Songs seit mehreren Wochen geprobt. Aber bevor sie an jenem Tag anfangen konnten, ließ Parker ausrichten, sie könnten die Aufnahmen nicht machen. Er habe sie nicht genehmigt, und es sei einfach eine Tatsache, dass Elvis an keinem Projekt ohne seine Genehmigung mitwirke.

Scotty, Bill und D. J. waren verblüfft. Sie sahen hilfesuchend zu Elvis, doch er schwieg und trat hinter die schützende Wand seiner Entourage. Bill schmiss seine Bassgitarre in den Transportkoffer. Scottys erste Gefühlsregung war nicht Wut, sondern Enttäuschung darüber, dass jemand, den er mochte und dem er vertraute, ihn in einem entscheidenden Moment nicht unterstützte. Elvis verließ das Studio, ohne jemals eine echte Entschuldigung anzubieten oder eine Erklärung abzugeben. Was Parker sagte, war Gesetz. Nichts war verhandelbar.

Auf dem Weg zurück nach Memphis besprachen Scotty und Bill ihre Situation. Sie waren 200-Dollar-Nebendarsteller, und mehr würden sie niemals sein. Niemals würden sie Tantiemen für ihre Mitarbeit an Elvis' Erfolgssongs bekommen, und Parker würde niemals erlauben, dass sie ohne seine Mitsprache Aufnahmen mit Elvis machten.

Wenn sie nicht mit Elvis als Partner angefangen hätten, wäre ihre Sichtweise möglicherweise eine andere gewesen. Die Musik, die sie im Studio des Memphis Recording Service geschaffen hatten, die Musik, die Elvis auf den Ruhmesthron katapultiert hatte, war eine Gemeinschaftsleistung gewesen. Elvis ist nicht mit einer Tasche voller Musik ins Studio gekommen. Er hat nicht gesagt: »Jungs, ich werde den Rock 'n' Roll erfinden. Ich will, dass ihr das und das macht.« Im

Gegenteil, die Magie, die im Studio entstand, war das Ergebnis der Zusammenarbeit von drei Männern, von denen jeder seinen persönlichen Anteil beigetragen hatte. Die Stimme hatte Elvis, und Elvis allein, aber die Musik ... nun ja, das war etwas anderes. Scotty und Bill führten ein langes Gespräch mit ihren Frauen. Sie alle hatten Opfer gebracht, um Elvis zum Erfolg zu verhelfen. Bobbie hatte ihm ihr Auto geliehen und war sogar zu verschiedenen Radiosendern gefahren, um für die ersten Veröffentlichungen zu werben. Bobbie und Evelyn hatten unter der langen Abwesenheit, während ihre Ehemänner auf Tour waren, gelitten, immer in der Hoffnung, dass die Unsicherheit, der Geldmangel und die schweren Zeiten eines Tages vorbei sein würden.

Scotty und Bill hatten die wenig beneidenswerte Aufgabe, ihre Ehefrauen darüber zu informieren, dass der Traum nur ein Traum bleiben würde, ein Gespenst der Hoffnung ohne realistische Grundlage. Sie alle machten den Colonel dafür verantwortlich. Alles war gut gewesen, bis er auf der Bildfläche auftauchte. Nachdem sie ihre Lage mehrere Tage lang analysiert hatten, beschlossen sie, Elvis mit der Realität ihrer verzweifelten Situation zu konfrontieren. Beide Familien hatten Schulden, und je mehr Erfolg sie mit Elvis hatten, desto höher wurden die Verbindlichkeiten.

Scotty und Bill beschlossen, Elvis ihre Kündigungen zu schicken. Sie fragten D. J., ob er nicht auch kündigen wolle, doch er wies darauf hin, dass er, anders als die beiden, als festangestellter Gastmusiker engagiert worden sei, also keinen Grund zur Beschwerde habe wie sie. Er könne es ihnen aber nicht verübeln, wenn sie tatsächlich kündigten.

Als Elvis die Kündigungsschreiben per Eilboten erhielt, war er noch in Los Angeles. Er war völlig geschockt. Er reichte die Briefe in seiner Entourage herum, damit jeder sie sehen konnte. Nachdem der erste Schreck vorüber war, wurde er wütend und warf Scotty und Bill Illoyalität vor.

Als er mit Parker darüber sprechen wollte, erwiderte dieser weise, ihn ginge das nichts an. Steve Sholes wiederum empfahl ihm, einfach eine andere Band zu engagieren. Er habe Scotty und Bill ohnehin nie gemocht und er könne für Elvis ein paar der erfolgreichsten Musiker in New York oder Los Angeles engagieren, die nicht diesen gedehnten Südstaatenslang sprächen.

Elvis wusste nicht, was er davon halten sollte. Als er nach Memphis zurückkehrte, rief er Scotty an und fragte ihn, was es ihn kosten würde, ihn und Bill zurückzubekommen. Scotty sagte ihm, sie hätten eigentlich gar nicht kündigen wollen, aber sie müssten schon etwas sehen für ihre Leistung. Ihre größte Sorge seien die Schulden, die sie abbezahlen müssten. Wenn Elvis jedem von ihnen eine Pauschalsumme von 10 000 Dollar für die Begleichung ihrer Schulden zahle, die auf Tour mit ihm aufgelaufen waren, plus eine Gehaltserhöhung von 50 Dollar pro Woche, würden sie gern zurückkommen. Elvis sagte, er werde darüber nachdenken.

In der Zwischenzeit sprachen Scotty und Bill mit Zeitungsjournalisten über ihre Situation. Sie fühlten sich im Recht und wollten ihre Geschichte erzählen, um nicht bei den Fans den Eindruck zu hinterlassen, sie würden Elvis im Stich lassen. Was die Fans anging, mag das ein guter Schachzug gewesen sein, doch trug es auf der anderen Seite dazu bei, ihre ohnehin schon schwierig gewordene Beziehung zu Elvis noch weiter zu verschlechtern. Als er seine privaten Angelegenheiten in der Presse veröffentlicht sah, geriet er noch mehr in Verlegenheit, was ihn in die wartenden Arme des Colonels trieb, der ihm sagte, er solle sich keine Sorgen darüber machen; er werde ihm dabei helfen, Jungs zu finden, die doppelt so gut seien wie Scotty und Bill.

Statt Scotty zurückzurufen und darüber zu sprechen, traf Elvis sich mit dem Zeitungsjournalisten Bill Burk von der *Memphis Press-Scimitar* und ließ Scotty und Bill seine Antwort in einem »offenen Brief« zukommen, der in der Zeitung veröffentlicht wurde. Im Grunde wünschte er seinen Musikerkollegen nur viel Glück und verabschiedete sich von ihnen. »Wenn du zu mir gekommen wärst, hätten wir eine Lösung gefunden«, teilte er Scotty auf diesem Weg mit. »Ich hätte mich immer um euch gekümmert. Aber ihr seid zur Zeitung gegangen und habt versucht, mich schlecht aussehen zu lassen, statt zu mir zu kommen, um die Dinge zu klären.«

»Später wurde mir klar, dass es nie eine Lösung gegeben hätte, solange Parker mitmischte«, sagt Scotty. »Jedes Mal, wenn ich etwas abgedruckt sehe, sagt Elvis, wir hätten gekündigt, weil wir mehr Geld und Anerkennung wollten. Wir wollten keine Anerkennung, wir wollten einfach ein paar Zulagen, damit wir ein paar Dollars auf der Bank hatten.«

Als Scotty Elvis' Äußerungen in der Zeitung las, wusste er, dass nur zwei Schlüsse möglich waren: Entweder log Elvis und versuchte, sich in der Presse gut darzustellen, oder Colonel Parker hatte ihm nicht gesagt, dass sie über die Jahre hinweg viele Male wegen einer nötigen Gehaltserhöhung angefragt hatten. Er kannte Elvis zu gut, um zu glauben, dass er in einer solchen Situation lügen würde. Zwar wussten er, Bill und D. J. schon lange von Parkers Feindseligkeit ihnen gegenüber, aber sie wollten nie glauben, dass er Elvis tatsächlich etwas verschweigen würde. Jetzt wussten sie, dass Parker mit harten Bandagen kämpfte.

Weil im darauffolgenden Monat ein Auftritt auf der Tupelo Fair bevorstand, begann Elvis, Gitarristen und Bassisten vorspielen zu lassen, die Scotty und Bill ersetzen sollten. Falls die beiden noch irgendeine Hoffnung hatten, dass die Situation gerettet werden könnte, so wurden sie spätestens dann enttäuscht, als Elvis' Vater Vernon ihnen schrieb und ihre Kündigungen akzeptierte. Scottys Brief enthielt einen Scheck über 86,25 Dollar, Zahlung »in voller Höhe« für seine Dienste als Elvis' Gitarrist.

Jetzt, da sie wussten, wo sie standen, verloren Scotty und Bill keine Zeit mehr und suchten sich neue Engagements. Ihre erste Buchung war ein sechzehntägiges Engagement auf der Texas State Fair in Dallas. Der Vertrag verlangte von ihnen vom 5. bis zum 20. Oktober vier Auftritte täglich. Sie bekamen 1600 Dollar und ihre gesamten Spesen wurden vom Veranstalter übernommen. Es war mehr als das Doppelte von dem, was sie bei Elvis verdient hatten.

Als Ersatz für Scotty und Bill engagierte Elvis zwei Musiker aus Nashville, den Gitarristen Hank Garland sowie den Bassisten Chuck

Wiginton. Die Jordanaires waren fassungslos, als sie für den Auftritt in Tupelo eintrafen und erfuhren, dass Scotty und Bill ersetzt worden waren. Sie hatte nichts von den Streitereien mitbekommen.

Gordon Stoker von den Jordanaires bemerkte, dass Elvis an jenem Tag sehr aufgebracht war, und nun konnte er sich auch vorstellen, was passiert war. »Der Colonel hat Elvis über vieles im Dunkeln gelassen«, sagt er. »Teilte ihm Dinge nicht mit, die er ihm hätte mitteilen sollen.«[9] Nach dem Konzert in Tupelo sagte Elvis zu D. J., ohne Scotty und Bill sei es einfach nicht dasselbe.

Da schon eine große Tour für Los Angeles und San Francisco gebucht war, setzte Elvis ein rares Zeichen des Widerstands gegen den Colonel. Er erklärte ihm, er wolle Scotty und Bill für die Tour zurückhaben. Parker gab den schwarzen Peter an seinen Assistenten Tom Diskin weiter, der Scotty und Bill nach deren Rückkehr aus Texas anrief und sie bat, zur Band zurückzukehren. Er war einverstanden, jedem von ihnen 1000 Dollar für vier Auftritte zu zahlen. Scotty und Bill nahmen das Angebot unter der Voraussetzung an, dass für alle künftigen Auftritte eine Tagespauschale ausgehandelt werden sollte. Das konnte der Colonel akzeptieren.

Das nächste Mal sahen sie Elvis im San Francisco Civic Auditorium. Er tat, als sei nichts zwischen ihnen vorgefallen. Tatsächlich war er so beschwingt, dass er eine der grandiosesten Vorstellungen seiner Laufbahn gab. Als sie zum Abschluss – wie bei jeder Show – »Hound Dog« spielten, ging Elvis in die Hocke und performte seinen Rock 'n' Roll mit einem Hund aus Gips, während 9000 jubelnde Fans das Gebäude zum Beben brachten.

Im Dezember 1957, nur eine Woche vor Weihnachten, bekam Elvis unerwarteten Besuch in Graceland, seinem neu erworbenen Heim in Memphis. Es war Milton Bowers, der Vorsitzende der örtlichen Einberufungsbehörde. Bowers war während der Ära Crump ernannt worden und arbeitete seit 1943 bei der Behörde. Wie *Billboard* es vorhergesagt hatte, wurde Elvis mitgeteilt, seine Nummer sei an der Reihe, und er werde bald aufgefordert werden, zur Antrittsuntersuchung zu erscheinen.

Es war noch nie vorgekommen, dass ein Mitglied der Einberufungsbehörde zu einem potenziellen Rekruten nach Hause kam, doch das war nur die erste von mehreren Vorzugsgesten der Einberufungsbehörde und des Militärs gegenüber dem Künstler. Nichts in Elvis' Militärlaufbahn sollte nach Vorschrift ablaufen.

Nach Bowers vorweihnachtlichem Besuch wusste Parker, dass ihm keine Zeit mehr blieb. Er war von verschiedenen Stellen des Militärs kontaktiert worden, und jede von ihnen bot Elvis einen besonderen Deal, wenn er sich freiwillig melden würde. Das Militär hatte schon entschieden, dass es mehr von Elvis, dem Entertainer, hätte als von Elvis, dem einfachen Soldaten. Parker gefiel das nicht. Er wollte nicht, dass die Army von den musikalischen Talenten seines Jungen profitierte.

Nach Ansicht des Autors beschloss Parker, Elvis zu erlauben, sich als Freiwilliger zu melden, aber um den Druck der Gläubiger auf ihn selbst zu mindern, musste er dafür sorgen, dass es aussah, als sei Elvis eingezogen worden und er habe es nicht verhindern können. Parker wollte nicht, dass es aussah, als versuche er, Elvis außer Landes zu bringen. Das hätte seinem Wohlergehen sehr schaden können.

Damit diese List funktionieren konnte, brauchte er die Kooperation der Einberufungsbehörde von Memphis. Von den zweiunddreißig Männern, die sich zwischen dem 11. und 13. Januar 1957 registrieren ließen, wurden neun aufgefordert, zur ärztlichen Eingangsuntersuchung anzutreten (Elvis war nicht darunter). Von diesen neun wurden fünf eingezogen und vier für den Dienst abgelehnt. Aus der Gruppe von zweiunddreißig Männern traten vierzehn, einschließlich Elvis, in die Army ein. Das bedeutet, neun Männer haben sich als Freiwillige gemeldet.

Die Akte der Einberufungsbehörde Elvis betreffend enthält eine undeutliche handschriftliche Notiz, die entweder als »Enl« (für »enlisted«, deutsch: als Freiwilliger gemeldet) oder »Ind« (für

»inducted«, deutsch: einberufen) gelesen werden könnte. Elvis' Akte jedoch stimmt mit jenen der Männer überein, die sich freiwillig gemeldet haben, und es gibt keinerlei Notiz darüber, wann die Meldepflichtigen für die Antrittsuntersuchung einbestellt wurden. Nach Ansicht des Autors beweist Elvis' Einberufungsakte, dass er nie eingezogen wurde, sondern sich als Freiwilliger gemeldet hat.[10] Offenbar war Elvis' umfassend publizierte private Musterung im Militärhospital arrangiert worden, um seinen Eintritt in die Streitkräfte so darzustellen, als sei er eingezogen worden.

An diesem Punkt von Elvis' Karriere kümmerte sich der Colonel um alles. Er übte die entschiedenste Macht aus, die wohl je ein Manager ausgeübt hat, indem er Elvis für die US-Army verpflichtete – und ihm das erst später mitteilte, so wie er bei Buchungen oder neuen Filmverträgen verfuhr. »Du hast eine Tour im Nordosten ... dann machst du diesen Film fertig ... dann, ach ja, das hätte ich fast vergessen, dann gehst du für zwei Jahre zur Army. Mach den Colonel stolz, hörst du?«

Statt zu riskieren, dass Elvis das Interesse an ihrem Vertrag verlor, pokerte Parker lieber und nahm in Kauf, dass die Laufbahn seines Jungen bald zu Ende sein könnte. Wenn er nicht an Elvis' Karriere beteiligt sein konnte, was hatte es dann überhaupt für einen Sinn, dass er eine Karriere hatte? Für Parker galt alles oder nichts.

Um Parker entgegenzukommen, setzte die Einberufungsbehörde in Memphis einen Einberufungsbefehl für Elvis auf. Man teilte ihm mit, dass man den Befehl ungern mit der Post schicken würde – ob es ihm etwas ausmache, ihn im Büro persönlich abzuholen? Für Elvis war das in Ordnung.

Nachdem Elvis den Einberufungsbefehl erhalten hatte, fuhr er zum Studio des Memphis Recording Service. Sam Phillips war nicht da, wohl aber Jack Clement, der damals das Studio leitete. Elvis sagte ihm, dass er zum Militärdienst eingezogen worden sei, und zeigte ihm das Schreiben. Clement hatte den deutlichen Eindruck, dass Elvis sich freute, zur Army zu gehen.

»Na ja, dann kann ich auch Spaß haben.«[11]

Im Kreise seiner Familie und Freunde legte er eine andere Haltung an den Tag. In Wahrheit wollte er nicht zur Army und war häufig bedrückt, wenn er darüber sprach. Vernon hatte nicht viel dazu zu sagen, aber Gladys meinte, es sei ein schlimmeres Schicksal als der Tod. Elvis hatte schon eine ganze Weile nicht mehr persönlich mit dem Colonel gesprochen, also fuhr er nach Nashville, um ihm persönlich sein Weihnachtsgeschenk, eine winzige rote Isetta, zu überbringen. Er lud das Geschenk in einen Lkw, den er selbst fuhr, und zwei Mitglieder seiner Entourage folgten ihm in einem Lincoln.

Als er am Haus des Colonels ankam, wartete eine Horde von Journalisten und Fotografen auf ihn. Es ist nicht klar, ob Parker sie bestellt hatte, weil er Elvis'»Einberufung« öffentlich machen oder weil er jemanden dabeihaben wollte für den Fall, dass Elvis emotional wurde.

»Na, ist er nicht ein süßer Kerl?«, fragte Parker die Reporter. Er schaffte es sogar, feuchte Augen zu bekommen. »Er hätte ja auch einfach etwas mit der Post schicken können.«

Auf Parkers Bitte hin zog Elvis für die Fotografen eine Arbeitsuniform der Army an. Er gab sein Bestes, um sein normalerweise optimistisches Wesen zu zeigen, aber wie es bei Presseterminen manchmal vorkommt, wurde es ein grenzwertiger Erfolg. Elvis war einfach nicht mit dem Herzen dabei.

Während des Termins kam Gordon Stoker von den Jordanaires vorbei und fragte Elvis, ob er nicht am Abend zu ihrem Auftritt in der Grand Ole Opry kommen wolle. Als Elvis einwand, er habe nichts Passendes anzuziehen, bot Gordon ihm an, ihn zu einem Herrenbekleidungsgeschäft zu fahren. Zu Stokers Überraschung kaufte Elvis einen Smoking und elegante schwarze Schuhe.

Wie immer hatte Parker einen Hintergedanken gehabt, als er Stoker bat, an jenem Tag vorbeizukommen. Der Colonel wollte, dass er Elvis in die Opry einlud, weil einer seiner Kumpane, Dub Albritten, ein Mädchen aus Georgia unter Vertrag genommen hatte, das auch dort sein würde. Sie war ein winzig kleines Ding, aber äußerst erfolgversprechend.

An jenem Abend in der Opry posierte Elvis mit Albrittens Wunderkind, der dreizehnjährigen Brenda Lee, für Fotos. Das war genau der Anstoß, den Albritten brauchte, um seinem Star den Weg zu ebnen. Brenda erinnert sich, dass Parker hinter den Kulissen arbeitete und Albritten bei ihrer Karriere unterstützte. Parkers Einsatz schreibt sie zu, dass sie ihre erste Filmrolle bekommen hat.

»Ich fand [Parker] nett – ich mochte ihn«, sagt Brenda. »Er war er selbst. Er zog sich an, wie er wollte, und es war ihm egal, was die Leute dachten. Ich denke, er hatte genug Selbstachtung, um der zu sein, der er wollte, und kümmerte sich nicht groß darum, ob es jemandem recht war oder nicht. Er war ein Marketing-Genie. Dub war auch ein Genie, aber er trat es nicht breit.«[12]

Elvis verließ Nashville, ohne zu wissen, dass Parker ihn benutzt hatte, um Brenda Lees Karriere anzukurbeln. Auch zu seiner Situation angesichts der Einberufung hatte er vom Colonel keine zufriedenstellenden Informationen bekommen. Parker hatte seine Entscheidung getroffen, und das war's. Es war eine schmutzige Angelegenheit, Elvis als Freiwilligen für die Army zu melden, aber es sollte noch schlimmer kommen.

Drei Tage nach Weihnachten kündigte Parker an, dass die Einberufungsbehörde in Memphis Elvis einen sechzigtägigen Aufschub gewährte, damit er die Arbeit an *Mein Leben ist der Rhythmus (King Creole)* abschließen könne. Sowohl Elvis als auch Paramount hatten um den Aufschub gebeten. Parker versicherte den Journalisten, dass der Aufschub nicht verlängert werden würde.

»Ich wüsste nichts, das seinen Eintritt in die Army verzögern könnte, wenn der Aufschub abgelaufen ist«, sagte Parker. »Und ich glaube nicht, dass Elvis einen weiteren Aufschub in Betracht ziehen würde, weil ich weiß, wie er persönlich darüber denkt.« Weiter erklärte er den Journalisten, dass Elvis plane, auch während seiner Zeit in der Army Platten aufzunehmen. »Wir werden ein paar Aufnahmetermine mit RCA für die Wochenenden festlegen«, erklärte er dem Zeitungsjournalisten Richard Allen von *The Commercial Appeal*. »Dieser Aufschub erlaubt ihm, den Paramount-Film abzuschließen, in dem auch eine Reihe von Songs enthalten sind, die ihn für eine Weile in der Öffentlichkeit präsent halten werden.«

Als Elvis die Mitteilung über den Aufschub bekam, waren zwei Showgirls aus Las Vegas bei ihm, die ihn während ihres Zwischenstopps auf ihrem Weg nach New York besuchten, wo sie als Showgirls für das Copacabana vorsprechen wollten. Elvis und die beiden Frauen, die neunzehnjährige Kathy Gabriel aus Cleveland, Ohio, und die zwanzigjährige Hannerl Melcher aus Österreich, posierten für ein Foto, das die Nachrichtenagentur begleitend zu einem Artikel über den Aufschub des Sängers verwendete. Dabei wurde Gabriel als »Miss Ohio« und Melcher als »Miss Österreich« bezeichnet.

Das FBI interessierte sich sehr für dieses Foto und legte eine Akte über die beiden Frauen und ihre Beziehung zu Elvis an. Agenten berichteten, dass Elvis die Frauen während einer Reise nach Las Vegas im Tropicana kennengelernt hatte. Nach Aufforderung durch die amerikanische Einwanderungsbehörde wurde Melcher Objekt einer FBI-Untersuchung. Es gibt keine Erklärung, warum genau sie überprüft wurde.

FBI-Agenten verfolgten die Bewegungen der Frauen von Nevada über Memphis bis nach New York, doch weder die Frauen noch Elvis oder Colonel Parker sind je über die Untersuchung informiert worden. Man kann sich die Reaktion des Colonels vorstellen, wenn er gewusst hätte, wie nahe die Einwanderungsbehörde mit ihren Schnüffeleien seiner Geheimwelt gekommen war.

Im Januar 1958 fuhren Elvis und die Band nach Hollywood, um am Soundtrack für *King Creole* zu arbeiten. Zu diesem Zeitpunkt hatte Parker schon dafür gesorgt, dass die Songschreiber von Hill and Range, Jerry Leiber und Mike Stoller, im Voraus eine Ausfertigung des Drehbuchs bekamen, damit sie Songs schreiben konnten, die zu den jeweiligen Szenen passten.

Elvis hatte praktisch kein Mitspracherecht hinsichtlich des musikalischen Inhalts des Films. Während der Dreharbeiten schickte Parker Leiber einen neuen »Vertrag« zu. Als Leiber den Briefumschlag öffnete, vermutete er zunächst einen Fehler: Enthalten war lediglich ein unbeschriebenes Blatt Papier, nur für seine Unterschrift war eine Stelle vorgesehen. Er rief Parker an, der ihm aber mitteilte, dass da keineswegs ein Fehler vorliege.

»Das Blatt ist leer«, protestierte Leiber.

»Machen Sie sich keine Sorgen, wir füllen es später aus.«

Damit war für Leiber und Stoller das Maß voll. Sie arbeiteten nie wieder mit Parker; und sie bemühten sich auch nie mehr um ein Gespräch mit ihm.

Nach Abschluss der Dreharbeiten nahmen Elvis und die Band den Zug zurück nach Memphis, doch Elvis wurde unruhig, stieg in Dallas aus und mietete eine Flotte Cadillacs, mit denen sie nach Hause fahren konnten. Als er in Graceland eintraf, wartete ein Reporter auf ihn. Elvis erzählte ihm, er habe gerade den besten Film seiner Karriere abgedreht und er habe vor, in Memphis zu bleiben, bis er zur Army müsse. Ob seine Karriere auf dem absteigenden Ast sei, fragte der Journalist.

»Ich wünschte, ich wüsste es«, antwortete Elvis.

In seinen letzten Tagen als Zivilist rief er alte Freunde an, um sich von ihnen zu verabschieden. Oft brach er in Tränen aus, fragte weinend: »Warum ich?« Seiner Freundin kaufte er seltsamerweise einen neuen Wagen und auch anderen machte er eine Freude; seine Band rief er zwar vor seiner Abreise an, traf für sie aber keinerlei Vorkehrungen für die Zeit seiner Abwesenheit. Scotty, Bill und D. J. waren de facto arbeitslos geworden.

Als die Zeit herankam, da Elvis sich bei der Musterungsstelle melden sollte, kam Parker aus Nashville, um ihm einen gebührlichen Abschied zu bereiten. Der Gouverneur von Tennessee, Frank Clement, schickte ein Telegramm und pries Elvis als »einen jungen Mann, der bereit ist, seinem Land zu dienen, wenn er dazu aufgerufen wird.« Parker wollte, dass Elvis das Telegramm der vor dem Gebäude versammelten Menschenmenge vorlese, doch er weigerte sich und verstaute es tief in seinen Taschen.

Während Vernon und Gladys in aller Öffentlichkeit weinten, stolzierte der Colonel mit Ballons, die für Elvis' Film *King Creole* warben, der bald herauskommen sollte, durch die Menge. Was immer er der US-Army schuldete, war nun vollständig bezahlt.

Als Elvis zur Grundausbildung in Fort Chaffee, Arkansas, aufbrach, wurde er von Colonel Parker begleitet, der eine Prozession von Reportern, Fotografen und an die hundert Fans anführte. Parker stieß Elvis weiter vor die Kameras. Bei einer Gelegenheit schlug er sogar vor, dass Elvis eine Cowboykrawatte zu seiner Uniform tragen solle.

»Nein, Sir«, erwiderte Elvis und wies höflich darauf hin, dass das Tragen einer solchen Krawatte ihn in Schwierigkeiten bringen würde. Warum der Colonel sie nicht selbst tragen würde? Parker ignorierte den Vorschlag und blaffte – wie immer ein Meister der Ablenkung – die Fotografen an, sie sollten aufhören, sich gegenseitig zu fotografieren.

Elvis war noch nicht lange in Fort Chaffee, als man ihm mitteilte, er sei der Second Armored Division in Fort Hood in der Nähe von Killeen, Texas, zugeteilt worden. Parker wollte nicht mehr mit der Army zu tun haben als absolut notwendig, aber bis Elvis sicher außer Landes war, würde er noch ein paar Probleme aus dem Weg räumen müssen. Als er in den Vorschriften der Army ein Schlupfloch entdeckte, das es Rekruten erlaubte, mit Angehörigen, die sie versorgen mussten, außerhalb des Armeegeländes zu wohnen, suchte er für Elvis ein Haus, das groß genug war, um Elvis, seinen Vater und seine Mutter aufzunehmen.

Gladys war nicht glücklich darüber, nach Texas zu ziehen. Der Umzug vertiefte nur den Schmerz, den sie darüber empfand, dass ihr Sohn zur Army musste. Sie fühlte sich nicht gut und wandte sich immer häufiger dem Alkohol zu. Sie zeigte alle Symptome einer Lebererkrankung, aber alle waren so mit Elvis' Abreise befasst – Gladys eingeschlossen –, dass niemandem auffiel, wie alarmierend schnell sich ihr Zustand verschlechterte.

Der Colonel folgte Elvis nach Fort Hood, kehrte aber nach Nashville zurück, nachdem er von einem echten Colonel – noch dazu einer Frau – zurechtgewiesen worden war. Es war nicht so, als wüsste er nichts mit seiner Zeit anzufangen. Er war ein viel beschäftigter Mann. Die Verwaltung von Elvis' Geld war ein Fulltime-Job. Journalisten in Nashville gegenüber prahlte er, er würde während Elvis' Abwesenheit genauso viel Geld einnehmen wie sonst auch. Mit einem neuen Film, der bald herauskommen würde, und weiterlaufenden Plattenverkäufen müsste sich Elvis keine Sorgen machen, dass die Quelle versiegte, und er auch nicht.

Für Elvis war der Dienst in der Army größtenteils ein Job mit geregelter Arbeitszeit, die er dem Stützpunkt zur Verfügung stellte – mit einem .30-Kaliber-Karabiner erreichte er den Status eines Scharfschützen –, aber am Ende des Tages kam er nach Hause zu Vernon und Gladys und lebte so, wie er in Memphis gelebt hatte. Manche Soldaten ärgerten sich über seine Sonderbehandlung und riefen ihm manchmal Beleidigungen zu. Die meisten aber schienen den Druck zu verstehen, unter dem er stand.

Der Colonel besuchte ihn ein paarmal, gewöhnlich mit Verträgen in den Händen, aber es war offensichtlich, dass er Abstand vom Stützpunkt halten wollte. Elvis war bei Parkers Besuchen höflich ihm gegenüber, aber sobald er wieder weg war, stapfte er fluchend durchs Haus, offensichtlich wütend über etwas, das der Colonel ihm gesagt hatte.

Im Juni hatte Elvis seine Grundausbildung beendet und damit Anspruch auf einen vierzehntägigen Heimaturlaub. Er fuhr mit seinen Eltern nach Memphis zurück und dann nach Nashville, wo der Colonel für ihn Plattenaufnahmen arrangiert hatte. Zum ersten Mal, seit sie zusammen in Sam Phillips Studio begonnen hatten, waren Scotty und Bill nicht zu den Aufnahmen eingeladen. D. J. durfte dabei sein, aber nicht als erster Schlagzeuger.

Scotty und Bill hatte die Heimtücke schwer getroffen. Beide brauchten das Geld. Seit Januar hatte Scotty in jenem Jahr nur die Einnahmen vom *King Creole*-Soundtrack bekommen, und das waren nur etwas mehr als 2000 Dollar.[14]

Nach seinem Heimaturlaub kehrten Elvis und seine Eltern nach Fort Hood zurück. Man hatte ihm schon gesagt, dass er in Deutschland stationiert werden würde, und Gladys verzweifelte bei dem Gedanken, in ein fremdes Land umzuziehen. Als die Ausbildung dem Ende zuging, brachte Elvis Vernon und Gladys zum Zug nach Memphis. Er versuchte, noch mal Heimaturlaub zu bekommen, um Zeit mit ihnen in Graceland verbringen zu können, bevor er nach Übersee abreiste.

Am Tag, als Vernon und Gladys nach Memphis zurückkehrten, wurde Gladys mit einer fortgeschrittenen Hepatitis ins Krankenhaus eingewiesen. Die Ärzte erkannten den Ernst ihres Zustands und riefen Elvis an, um ihm zu sagen, dass er nach Hause kommen müsse. Sein Urlaubsantrag wurde zunächst abgelehnt. Stündlich rief ein aufgelöster Elvis im Krankenhaus an, um sich über den aktuellen Zustand seiner Mutter zu erkundigen. Er sagte, er werde einfach losfahren, wenn sein Urlaub nicht bald genehmigt werde.

Als Gladys' Arzt hörte, dass Elvis davon sprach, sich unerlaubt von der Truppe zu entfernen, rief er den befehlshabenden Offizier an und bat ihn, Elvis gehen zu lassen. Der Officer blieb unnachgiebig und teilte dem Arzt mit, er könne nichts unternehmen, das in den Medien den Eindruck erwecken würde, Elvis bekäme eine Sonderbehandlung. Der Arzt, der selbst fünfeinhalb Jahre in der Army gedient hatte, drohte dem Offizier, wenn er Elvis *nicht* gehen ließe, werde er mit den Medien sprechen und »ihn dermaßen mit Schmutz bewerfen ...«. Elvis' Urlaub wurde umgehend genehmigt.

Als Elvis in Memphis eintraf, fuhr er gleich ins Krankenhaus, wo er seine Mutter in besserer Verfassung vorfand, als er erwartet hatte. Nachdem er ein paar Stunden bei ihr verbracht hatte, ließ er Vernon im Krankenhaus zurück und fuhr nach Graceland, um dort die Nacht zu verbringen. Am nächsten Morgen fuhr er zurück ins Krankenhaus, wo er mehrere Stunden blieb. Am dritten Tag erhielt er am frühen Morgen einen Anruf in Graceland mit der Nachricht, dass seine Mutter gestorben war.

Wie alle erwartet hatten, reagierte Elvis mit übermächtigem Schmerz auf Gladys' Tod. Als die Journalisten in Graceland eintrafen, fanden sie Elvis und Vernon auf der Treppe vor dem Vordereingang sitzend vor; sie hatten ihre Arme umeinandergeschlungen und nahmen keinerlei Notiz von anderen Anwesenden. Nachdem Parker von Gladys' Tod erfahren hatte, beeilte er sich, von Nashville nach Memphis zu kommen, um die Vorbereitungen für die Bestattung zu übernehmen. Elvis wollte die Begräbnisfeier in Graceland abhalten, aber Parker lehnte das ab und bestand darauf, in eine Kapelle zu gehen.

Mehr als vierhundert Menschen drängten sich in der winzigen Kapelle, um die Messe zu hören, und mehr als sechstausend Trauernde defilierten an Gladys' Sarg vorbei; außerhalb der Kapelle waren fünfundsechzig Polizisten abgestellt, um die Menschenmenge unter Kontrolle zu halten. Es schien, als wollten alle Elvis in seiner Zeit der Not trösten. Das heißt, alle mit Ausnahme der zwei Männer, mit denen er sich auf den langen Weg zum Ruhm gemacht hatte: Scotty und Bill.[15]

Die letzten Wochen in Fort Hood vor Elvis' Abreise nach Übersee verliefen für alle Beteiligten wie unter einem Schleier. Der Kummer war in der Familie und bei seinen Freunden im Lauf des Jahres immer größer geworden, und dann hatte Elvis auch noch den Tod seiner Mutter zu verkraften. Der Colonel besuchte ihn mehrere Male in seinem gemieteten Haus in Killeen, um mit ihm über künftige Veröffentlichungen bei RCA zu sprechen, doch er blieb nicht länger als unbedingt notwendig.

Zum ersten Mal hatte Parker in seinem Garagenbüro in Madison tatsächlich etwas zu tun. Während der vergangenen ein oder zwei Jahre hatte er den Reportern erzählt, er habe ein Team von zwanzig oder dreißig Mitarbeitern in seinem Büro, um all die eintreffende Post bewältigen zu können. Das war eine Lüge, aber jetzt, da Elvis das Land verlassen sollte, wurde das winzige Büro mit Karten und Briefen überflutet. Er wollte diese Briefe nicht ignorieren, denn im besten Fall könnten sie bares Geld enthalten und im schlechtesten

Fall würden sie ihn mit Adressen für seine Kartei versorgen.

Die Army pflegte stets große Truppen von Soldaten per Zug durchs Land zu befördern, und so bestieg Elvis den Zug in der Nähe von Fort Hood und fuhr zum Brooklyn Army Terminal in New York. Colonel Parker begleitete ihn im Zug und schüttelte die Hände ranghoher Army-Angehöriger mit demselben Enthusiasmus und der übertriebenen Freundlichkeit, die er vor dem Jahrmarktpublikum vor fast dreißig Jahren zur Schau getragen hatte, kam dabei aber zu der Ansicht, dass der Army der Blick über den Tellerrand fehlte. Als er erfuhr, dass der Zug nicht durch Memphis fahren würde, überredete er die zuständigen Entscheidungsträger dazu, einen Umweg durch die Stadt zu machen, um alle Publicity-Vorteile zu nutzen, die sich dort boten.

Die Army änderte daraufhin die Route und veranlasste einen einstündigen Tankaufenthalt in Memphis. Elvis' Freunde und Journalisten warteten auf ihn und den Colonel (inzwischen waren sie unzertrennlich geworden, wann immer Fotografen anwesend waren).

Als der Zug schließlich in New York ankam, hatten sich mehr als hundert Reporter, Fotografen sowie Führungskräfte von RCA versammelt, dazu Vernon, Anita Wood – das Mädchen, mit dem er in letzter Zeit regelmäßig ausgegangen war – und mehrere Armeeangehörige. Alle zeigten sich überwältigt von dem großen Wirbel, der da gemacht wurde.

Bevor Elvis die Erlaubnis bekam, zu den Journalisten zu sprechen, legte ein Sprecher der Army die Regeln fest. In den ersten fünfzehn Minuten dürften die Fotografen Fotos machen. Dann würde Elvis Fragen beantworten. Anschließend sollte er mit acht Freunden, die er sich unter den Soldaten ausgesucht hatte, die mit ihm im Zug gefahren waren, an Bord des Schiffes gehen. Sie würden alle auf der Landungsbrücke stehen bleiben und für Fotos posieren. Schließlich würde eine Handvoll Journalisten die Erlaubnis erhalten, für ein paar Minuten an Bord des Schiffes zu gehen.

Parker strahlte die ganze Zeit über. Das übertraf alles, was er je auf dem Rummelplatz gesehen hatte. Die Jungs von der Army konnten wirklich eine Show abziehen, wenn sie wollten.

Als Elvis kam, küsste er eine Soldatin des US-Army-Frauenkorps, die von der Army für diesen Anlass herbestellt worden war, und nach dem Posieren für die Fotografen nahm er Platz, um ihre Fragen zu beantworten.

»Geht Ihre Familie mit Ihnen nach Deutschland?«
»Wofür steht das ›A‹ in Ihrem Namen?«
»Wie war die Zugfahrt?«
»Werden Sie Graceland verkaufen?«
»Wofür haben Sie diese Medaillen bekommen?«
»Wann waren Sie das letzte Mal verliebt?«
»Gibt es etwas, das Sie über Ihre Mutter sagen möchten?«

Der Colonel muss bei dieser Frage zusammengezuckt sein. Es war ihm gelungen, Elvis von Fragen über seine Mutter abzuschirmen, und er war nicht sicher, wie sein Junge reagieren würde. Es wäre entsetzlich, wenn er in Uniform zusammenbrechen und weinen würde. Gute Soldaten weinen nicht.

Zu Parkers Erleichterung reagierte Elvis positiv auf die Frage. »Ich denke, jeder liebt seine Mutter, aber ich war ein Einzelkind, und Mutter war mein Leben lang immer in meiner Nähe. Ich habe nicht nur eine Mutter verloren, sondern auch eine Freundin, eine Kameradin, jemanden, mit dem ich reden konnte ...«[16]

Die Erkenntnis, wie absurd das alles war, musste bei Parker eingeschlagen haben wie ein Blitz. Als er nach Amerika gekommen war, hatte es keinen Rock 'n' Roll gegeben. Jetzt dominierte er die Nachrichten. Er konnte es nicht verstehen. Was Elvis auf der Bühne machte, hörte sich für ihn nicht wie Musik an. Wenn sie unterwegs auf Tour waren, zeigte er mit seinen spontanen Äußerungen unverhohlene Verachtung für Elvis' Fans, besonders die weiblichen. P. T. Barnum hatte recht gehabt: Jede Minute kam ein Trottel auf die Welt (und die meisten von ihnen trugen Röcke).

Die Pressekonferenz dauerte fast eine Stunde. Im Anschluss daran schulterte Elvis einen geliehenen Seesack und stapfte den Landungssteg hinauf, während die Band der US-Army eine schwungvolle Version von »Tutti Frutti« anstimmte. Elvis ging ganze achtmal den

Landungssteg hinauf, damit die Fotografen und Kameramänner bekamen, was sie brauchten.

Parker folgte Elvis an Bord des Schiffes. Sie zogen sich in die Bibliothek des Schiffes zurück, wo Elvis eine Weihnachtsbotschaft für seine Fans aufnahm. Es folgte eine weitere Pressekonferenz, auf der Elvis den Journalisten Botschaften für seine Fans mitgab.

Nachdem die letzten Reporter gegangen waren, hatten Elvis und der Colonel noch einige Minuten zusammen. Der Colonel würde Elvis anderthalb Jahre nicht sehen, aber es gab keinen Grund, ihm das jetzt zu sagen. Der Junge hatte schon genug Sorgen.

Als das Schiff aus dem Hafen ausfuhr, stand Parker mit einem Strahlen in seinem runden Gesicht mit mehr als zweitausend kreischenden Anhängern am Kai und winkte Elvis zu, der am Deck des Schiffes stand und zurückwinkte und von Minute zu Minute winziger wurde. Die Army-Band spielte »Hound Dog«, »Don't Be Cruel« und »All Shook Up«. Es war eine Riesenshow und genauso gut wie die Vorstellungen der Royal American Shows auf den Rummelplätzen und Jahrmärkten.

Parker war stolz, fast ein Amerikaner zu sein.

Nachdem Parker, wieder zurück in Madison, die Post erledigt hatte, hielt er eine Pressekonferenz ab und kündigte an, Elvis werde bis zum Ende des Jahres 1958 eine Million Dollar verdienen und im Jahr darauf wahrscheinlich ebenso viel. Elvis Presley sei eine Gelddruckmaschine, sagte er den Reportern, und mit ihm, der sich um seine geschäftlichen Angelegenheiten kümmerte, werde alles großartig laufen.

Mit jedem Jahr, das verging, schien Parkers Ehefrau Marie immer weniger eine Rolle in seinem Leben zu spielen. Sie führten eine unkonventionelle Ehe, um es vorsichtig auszudrücken. Ihr Privatleben wird wahrscheinlich immer ein Rätsel bleiben, aber für jene, die mit Parker arbeiteten, war sie seine unsichtbare Partnerin. In der Öffentlichkeit zeigte er ihr gegenüber nie Zuneigung, und da aus ihrer Ehe keine Kinder hervorgegangen sind, ist nicht sicher, ob sie jemals eine sexuelle Beziehung hatten. Die wenigen Fotografien, die von Maria existieren, zeigen ein freundliches, intelligentes Gesicht. In ihren späteren Jahren hätte sie als Idealbild für die Großmutter des Jahres gelten können.

Da Elvis jetzt auf Eis gelegt war, hatte der Colonel alle Hände voll zu tun. Er erledigte, was er konnte, und machte sich auf den Weg. Tom Diskin ließ er zurück, damit er das Telefon bedienen konnte. Jetzt, da Elvis in der Army war, musste Parker sich in der Öffentlichkeit zeigen. Das Allerletzte, was er wollte, war, dass die Menschen dächten, er verstecke sich.

Eine von Diskins ersten Aktionen war, auf Parkers Vorschlag hin die Reporter anzurufen und ihnen zu sagen, dass Elvis eine Vereinbarung über eine Reihe von TV-Auftritten bei ABC-TV abgeschlossen hatte. Das entsprach zwar nicht der Wahrheit, aber es wurde von den Agenturen aufgegriffen und brachte Elvis' Namen landesweit in die Zeitungen. Parker wusste, dass die Reporter es nicht für nötig halten würden, ABC anzurufen, um es zu überprüfen. Die Presse war dafür da, den Lesern zu erzählen, was jemand gesagt hat; ob es der Wahrheit entsprach oder nicht, war irrelevant.

Der Colonel fuhr nach Louisiana, wo der Status eines Colonels noch etwas wert war und wo sein Kumpel Jimmie Davis sich ein weiteres Mal auf die Kandidatur für das Amt des Gouverneurs vorbereitete. Im ganzen Süden waren die Gemüter erhitzt, weil die Regierung bestrebt war, die Rassenintegration in den Schulen zu beschleunigen. Es war eine Zeit der Gewalt und der Verschwörungen; es war nicht wichtig, was man wusste, sondern wen man kannte, obwohl Wissen gefährlich für das eigene Wohlergehen sein konnte.[17]

Jimmie Davis und sein Freund Leander Perez befanden sich im Auge des Sturms, und die Ausläufer der Sturmfront drangen bis zu Carlos Marcello und der Dixie-Mafia, der Mississippi Sovereignty Commission und den ausschließlich mit Weißen besetzten

Citizen's Councils vor. In New Orleans stand Staatsanwalt Aaron Kohn im Zentrum der Nachrichten, weil er aufs Ganze gegangen war und Beweismaterial gegen Marcello zusammengetragen hatte, der damals als der Dixie-Pate bekannt war. Da das FBI Kohn bei der Verfolgung Marcellos nicht unterstützte, versuchte er es aus einer anderen Richtung und erhob Anklage gegen hochrangige Beamte, die er beschuldigte, Gelder von der Dixie-Mafia anzunehmen.[18]

Von Louisiana aus fuhr Parker nach Tampa, wo er alte Freunde besuchte und sich ausruhte, bevor er nach Los Angeles weiterreiste, um ein paar Geschäfte mit Abe Lastfogel, Elvis' persönlichem Repräsentanten bei der William Morris Agency, abzuwickeln. Auf Bitte des Colonels fuhr Lastfogel ihn in der Stadt herum und stellte ihn den richtigen Leuten vor.

Wie gewöhnlich hatte Parker sich einige Pläne zurechtgelegt. Einer der Gefallen, die sich der Colonel von Lastfogel erbat, war, etwas mit Frank Sinatra auf die Beine zu stellen. Während Sinatra in den 1940er-Jahren als Schnulzensänger der Schwarm aller Mädchen war, hatte sich seine Karriere mit der Ankunft des Rock 'n' Roll etwas abgekühlt. Seine öffentlichen Kommentare über Elvis waren ausschließlich negativ gewesen, aber Parker hatte eine Ahnung, dass Sinatra über ein Geschäft, das ihnen beiden zugutekommen würde, nicht die Nase rümpfen würde.

Sinatra hatte den Ruf, Verbindungen zum Mob in Las Vegas zu haben. Möglicherweise wusste der Colonel genau über diese Verbindungen Bescheid oder er ließ sich davon leiten, was er gehört hatte. Falls Parker den von der Mafia kontrollierten Casinos große Geldsummen schuldete – und das schien der Fall zu sein, besonders weil The Frontier, wo Elvis zuletzt in Las Vegas gebucht war, später vom FBI als eins der Hotels identifiziert wurde, die Verbindungen zur Mafia hatten. Ein Deal mit Sinatra für ein Fernseh-Special wäre nicht nur ein perfekter Aufhänger für Elvis' Heimkehr, sondern würde auch dazu beitragen, die Casinos von Parker abzulenken. Denn der hatte allen Grund, sich Sorgen zu machen. Die öffentliche Wahrnehmung des organisierten Verbrechens durch Filme über mit Maschinenpistolen um sich schießenden starken Kerlen mit gebrochenen Nasen war Meilen von der Realität entfernt. Gewöhnlich setzten die Mafiosi in Vegas Gewalt nur dann ein, wenn sie sich untereinander bekämpften oder wenn jemand seinen Zahlungsverpflichtungen nicht nachkam.

Nachdem Parker in Los Angeles alles erledigt hatte, was ihm möglich war, streifte er durch Las Vegas, um sich ein bisschen Ruhe und Erholung zu gönnen – und um als ein Mann gesehen zu werden, der seine Rechnungen bezahlte. Dann kehrte er nach Madison zurück, wo er sich darauf vorbereitete, Elvis' Neuveröffentlichungen für RCA zu promoten.

»I Got Stung« und »One Night« waren die ersten Veröffentlichungen nach Elvis' Weggang zur Army. Release-Datum war der November; »I Got Stung« kletterte im Dezember auf Platz neun der Charts und geriet dann schnell in Vergessenheit. »One Night« war erfolgreicher und kam im Dezember auf Platz drei.

Da Elvis' Platten in den Charts fielen, muss der Colonel Bedenken gehabt haben, weil er ihn nach Deutschland geschickt hatte, besonders als bekannt wurde, dass »The Chipmunk Song« die Nummer eins in Amerika war. Er rief seinen Freund Al Dvorin an und fragte ihn, ob ihm etwas einfiele, wie sie Elvis' Namen in der Öffentlichkeit präsent halten könnten.

Dvorin hatte genau das Richtige. Es trug den Namen Elvis Presley Midget Fan Club. Dvorin erinnert sich: »Ich hatte eine Gruppe von Kleinwüchsigen für die Vorstellung der neuen Flugzeugflotte von Continental Airlines zusammengestellt. Der Colonel fragte, ob ich dasselbe für den Elvis Presley Midget Fan Club machen könne. Ich nahm mir Bobby Powers und, ach, ich weiß nicht, vielleicht zehn oder zwölf Kleinwüchsige und rief den [Fanclub] aus meinem Büro heraus ins Leben. Wir brachten sie für RCA in ein Hotel in Chicago und ließen sie überall im Hotel herumspazieren, dann schickten wir sie die Dearborn Street hinunter und hinüber zur Madison Street. Es war einfach schön. Für uns haben die schönsten Kleinwüchsigen der Welt gearbeitet!«[19]

Der Colonel muss über die Weihnachtsferien einige schlaflose Nächte verbracht haben. Er hatte an Elvis' Vertrag festgehalten – und ihn davor bewahrt, in die falschen Hände zu geraten, aber zu welchem Preis? Entweder war es das Grausamste, was ein Manager je seinem Künstler angetan hatte, oder das Raffinierteste.

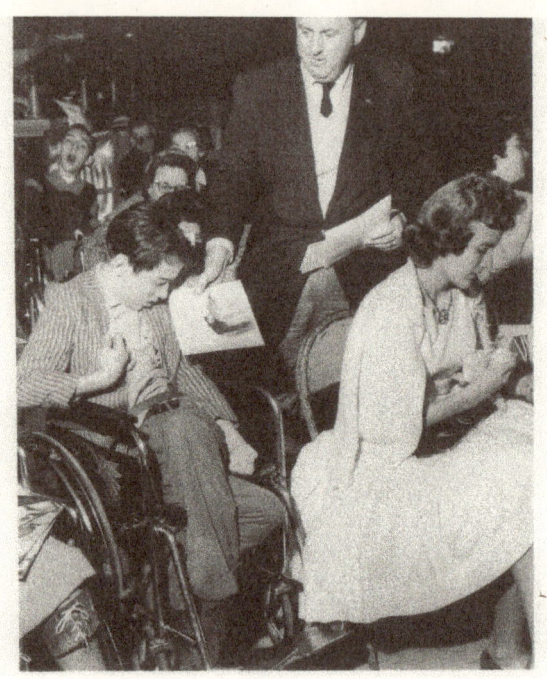

Parker versucht, einem Jungen mit einer Behinderung eine Broschüre zu verkaufen (James R. Reid)

KAPITEL 5

★ ★ ★

Vom Rand des Abgrunds zurück ins Rampenlicht

Bei all den Sorgen, die Elvis plagten – dass man ihn wie einen normalen GI behandeln würde, brauchte er nicht zu befürchten. Die US Army übernahm auf ihre eigene Art die Rolle und sogar die Persönlichkeit eines Colonel-Parker-Ersatzes. Als Elvis' Transportschiff, die *USS General Randall*, einlief, waren die Hafenanlagen von Hunderten von kreischenden Fans gesäumt, die einen Blick auf den »King of Rock 'n' Roll« erhaschen wollten. Wie es üblich war, ging es für Elvis und viele andere Soldaten zunächst zur Blutspende und anschließend nach Bad Nauheim, dem Standort der Siebten Armee der US Army.

Elvis war in Begleitung seines Vaters und seiner Großmutter, Minnie Mae Presley, sowie mehrerer Mitglieder seines Gefolges aus Memphis. Für den Tag nach seiner Ankunft hatte die US Army eine Pressekonferenz einberufen und so den Begriff »Selective Service« mit Leben erfüllt. Von Anfang an stellte die Army klar, dass Elvis während seines Wehrdienstes eine Sonderbehandlung erhalten würde.

Nach zehn Tagen erhielt er die Erlaubnis, ein gemietetes Haus mit drei Schlafzimmern außerhalb des Stützpunkts zu beziehen, das er mit Vernon, Minnie Mae und einer wechselnden Schar von Kumpeln aus Memphis bewohnte. Er stattete das Haus mit einem Piano und mehreren Fernsehgeräten aus und befüllte den Kühlschrank mit reichlich Hamburgern, Schweinespeck und selbst gebackenen Brötchen nach Südstaatenart.

Die US Army managte Elvis ganz ausgezeichnet.

Daheim in Tennessee tat der *echte* Manager, was er nur konnte, um Elvis' Karriere voranzubringen. Wenn schon jemand anderes seine Aufgaben in der Öffentlichkeitsarbeit für Elvis übernehmen sollte, konnte es auch gleich die US Army sein. Er war sicher, dass sie ihn stolz machen würde. Im Februar 1959 veröffentlichte RCA ein neues Elvis-Album mit dem Titel *For LP Fans Only*. Darauf fanden sich zehn Aufnahmen, die allesamt mindestens ein Jahr alt waren, darunter »Playing For Keeps«, das auf der B-Seite von »Too Much« erschienen war. Vier der Songs auf diesem Album waren erstmals von Sun Records veröffentlicht worden.

Wenn sich der Colonel und RCA bei Elvis' Eintritt in die Army über eine Sache einig waren, dann darüber, dass das alte Material des Künstlers reißenden Absatz finden würde. Parker behauptete, dass *alles*, was sie auf den Markt brächten, an der Spitze der Charts landen würde. Er täuschte sich. *For LP Fans Only* geriet schnell in Vergessenheit, und zum ersten Mal, seit RCA Elvis' Vertrag übernommen hatte, stand keiner seiner Titel in den Charts. Parker berief eine Pressekonferenz ein und teilte den Reportern mit, er plane eine »bombastische« Heimkehr für Elvis im Jahr darauf, eine Veranstaltung, die über den Einsatz von Videoüberwachungskameras in Hunderten von Städten im ganzen Land ausgestrahlt werde. Ihm war von vornherein klar gewesen, dass die Medien brav seine Aussagen veröffentlichen würden, ohne sich die Mühe zu machen, sie auf ihre Richtigkeit zu überprüfen.

Ende März erhielt Parker einen Anruf aus der Rechtsabteilung von RCA mit der Nachricht, man habe einen verstörenden Brief mit dem Poststempel von Canton, Ohio, erhalten. In dem anonymen Brief stand, ein in Ostdeutschland stationierter Soldat der Roten Armee plane, Elvis Presley umzubringen.

»Er hat Anweisung, ihn zu töten, und wenn er das Hotel oder das Haus, in dem er mit seinem Vater wohnt, in die Luft jagen muss«, so der Verfasser des Briefes. »Bitte, bitte, denken Sie nicht, dies sei der Brief eines Spinners, denn, Gott ist mein Zeuge, jedes Wort davon ist wahr.«[1]

Nachdem Parker von diesem Brief erfahren hatte, teilte er RCA mit, sie sollten sich keine Sorgen darüber machen, er klinge nach den Briefen, die er von einer Frau aus Ohio erhalten habe, die daraufhin vom FBI überprüft worden sei. »Sie ist verrückt«, sagte Parker und stellte klar, er wolle da wirklich nicht hineingezogen werden. Dennoch nahm RCA Kontakt mit dem New Yorker FBI-Büro auf, das die Handschrift des Briefes analysierte.

Die Frau, die Parker erwähnte, hatte sich freiwillig in eine psychiatrische Klinik begeben, nachdem das FBI sie vorher schon mehrmals befragt hatte. Das FBI hatte die Ergebnisse der Untersuchung an den zuständigen Staatsanwalt in Cleveland weitergeleitet, der es aufgrund des emotionalen Zustandes der Frau ablehnte, sie weiter zu belangen.

Beim Vergleich der Handschrift der Frau mit der Handschrift des Briefes konnte das FBI keine Übereinstimmung feststellen. Der Fall wurde dem Büro in Memphis übergeben, das kein Interesse an einer Weiterverfolgung hatte; FBI-Direktor J. Edgar Hoover jedoch nahm die Drohung ernst genug, um sie an den Stabschef des Geheimdienstes bei der Army weiterzuleiten. In einem Memo schrieb Hoover: »Beiliegenden Brief übersende ich zu Ihrer Information. Von unserer Seite werden keine weiteren Ermittlungen vorgenommen.«[2]

Colonel Parker vertrat einen merkwürdigen Standpunkt zu den Morddrohungen, die jetzt immer häufiger eintrafen. Sein ganzes Leben lang hatte er den Kontakt mit dem FBI oder anderen Gesetzesvertretern gemieden. Nicht eine einzige an ihn geschickte Drohung meldete er dem FBI, und nur widerwillig sprach er mit dem Geheimdienst über Drohungen, die das FBI seinerseits erhalten hatte. Wenn jemand Elvis umbrachte, dann war das eben so. Es war nicht seine Angelegenheit – so etwa schien er gedacht zu haben.

Sein Job war es, sich ums Geschäft zu kümmern. Nicht die Morddrohungen, sondern der Blick auf die Charts zerrte damals wirklich an seinen Nerven. Im März erreichte Thomas Wayne mit »Tragedy« Platz acht in Amerika, ein Titel, der von Scotty Moore für sein neues Plattenlabel Fernwood Records produziert worden war.

Thomas Wayne hieß eigentlich Thomas Wayne Perkins und war der Bruder von Johnny Cashs Bassgitarristen Luther Perkins. Mit seinem atemberaubenden Bariton wurde er von den Discjockeys als »neuer« Elvis Presley angekündigt. An dieser Aufnahme war auch Bill Black beteiligt, der schon bald als Frontmann der Bill Black Combo Schlagzeilen machen würde.[3]

Für Scotty war »Tragedy« ein Riesenerfolg. Nur drei in Memphis aufgenommene Singles waren jemals höher in den Charts geklettert: »Blue Suede Shoes« von Carl Perkins sowie Jerry Lee Lewis' »Great Balls of Fire« und »Whole Lotta Shakin' Going On«. Keine der Platten, die Scotty mit Elvis für Sun Records aufgenommen hatte, war in den Charts jemals so weit nach oben gekommen.

Mag sein, dass Scotty ein bisschen Salz in des Colonels Wunde streuen wollte, als er ihm ein Exemplar von »Tragedy« zukommen ließ, zusammen mit einer freundlichen Nachricht, die er mit »Scotty Moore, Vice President Fernwood Records« unterzeichnete. Der Colonel seinerseits richtete seine Antwort an »Scotty Moore, Vice President« und schrieb, es sei »nur recht und billig«, ihm zu seinem Erfolg zu gratulieren. Scotty gefiel dieser Brief so gut, dass er ihn aufgehoben hat.[4]

Elvis wohnte während seines gesamten Wehrdienstes in Deutschland außerhalb des Armeegeländes in dem gemieteten Haus in Bad Nauheim. Jeden Morgen zog er seine Uniform an und wurde von einem seiner Bodyguards zum Stützpunkt gefahren.

Gut gelaunt tat er, was von ihm verlangt wurde. Meistens war es nur, in seine Uniform zu schlüpfen und vom fahrenden Jeep aus den Menschen zuzuwinken.

Was auch immer die Army ursprünglich für Elvis geplant haben mag, nach dem Brief mit der Morddrohung wurde es geändert. Es spielte keine Rolle, ob der Brief von einem verrückten Fan kam oder nicht, man hatte erkannt, dass Elvis für manche ein Symbol des amerikanischen Kapitalismus war. Würde Elvis von jemandem mit einer politischen Agenda getötet werden, könnte es internationale Auswirkungen haben und den fragilen Waffenstillstand im Europa des Kalten Kriegs gefährden.

Von da an wurde Elvis etwas anders gesehen. Die oberste Riege sorgte dafür, dass seine Kameraden eine Auge auf ihn hatten. Lebend war er ein Glücksfall, der für die Army warb. Tot wäre er eine militärische und politische Katastrophe.

Als Elvis klar wurde, dass die Army keine gefährlichen Einsätze von ihm erwarten würde, wie man sie aus Soldatenfilmen kannte, oder Dinge, die Scotty gemacht hatte, als er während der kommunistischen Revolution bei der Navy in China gedient hatte, entspannte er sich und passte sich dem Soldatenleben an. Das todlangweilige Protokoll war kein Problem für ihn: Sein Leben lang hatte er Fremden mit „Yes, Sir" und „No, Sir" geantwortet.

Ständig kamen Besucherströme aus Amerika, und abends oder am Wochenende, wenn er frei hatte, ging er mit seinen Freunden aus. In Frankfurt besuchte er ein Konzert von Bill Haley and the Comets und posierte mit Haley in dessen Garderobe für Fotos. Ohne den Colonel im Schlepptau, der mit dem Finger missbilligend in seine Richtung fuchtelte, konnte er sich zum ersten Mal, seit er zum Star geworden war, wieder ungezwungen bewegen.

Um eine Verabredung für samstagabends brauchte sich Elvis nicht groß zu bemühen. Ständig gingen Frauen in seinem Haus ein und aus, wobei sich jene in seinem Alter oder älter keine großen Chancen ausrechnen konnten. Er bevorzugte jüngere Frauen … na ja, eigentlich Mädchen im Teenageralter. Eine Zeit lang traf er sich mit einer sechzehnjährigen Deutschen, dann wurde er mit einer Reihe anderer Mädchen gesehen. Seit dem Tod seiner Mutter musste er einfach jederzeit weibliche Gesellschaft um sich haben.

Anita Wood, Elvis' feste Freundin vor seiner Abreise nach Deutschland, hatte einen Reisepass beantragt und sich alle notwendigen Impfungen geben lassen, damit sie ihn besuchen konnte. Als jedoch der Colonel von ihren Plänen erfuhr, untersagte er die Reise. Er behauptete, dies gäbe schlechte Publicity, denn die Auslandspresse werde es aussehen lassen, als hätten sie Heiratspläne.

Als dem Colonel Elvis' Aktivitäten außerhalb des Stützpunkts zu Ohren kamen, war ihm nicht wohl bei der Sache, weil er zur Passivität verurteilt war und ihm Bedenken kamen. Bis dahin hatte er sich nicht in Elvis' Freizeitvergnügen eingemischt, als er aber im Juni erfuhr, dass Elvis und die Jungs aus Memphis einen Flug nach Paris gechartert hatten, schickte er Ben Starr, den Anwalt des Musikverlags Hill and Range, nach Deutschland, um eventuellen Schwierigkeiten zuvorzukommen.

Während Elvis' Abwesenheit buchte der Colonel fleißig Auftrittstermine für seinen alten Klienten Eddy Arnold, was er Elvis aber nie erzählte. In dieser Zeit entwickelte sich die Freundschaft zwischen dem Colonel und dem Senator von Texas, Lyndon Johnson.[5] Wie die beiden sich kennengelernt haben, bleibt ein Rätsel. Das wahrscheinlichste Szenario ist, dass Johnsons Assistent, Walter Jenkins, im Rahmen seiner engen Geschäftsverbindungen mit Betreibern von Verkaufsautomaten in Texas auf Parker traf. Später konnte sich Jenkins einer Befragung im Kongress nur dank Abe Fortas aus Memphis entziehen, der im Hintergrund alle rechtlichen Register zog.

Ende 1959 war die Beziehung zwischen Lyndon Johnson und dem Colonel so gefestigt, dass er und Eddy Arnold zu einem Barbecue auf Johnsons Ranch in Texas eingeladen wurden. Das Barbecue wurde zu Ehren des mexikanischen Präsidenten Adolfo López Mateos veranstaltet.

Ein paar Wochen darauf schrieb der Colonel an Walter Jenkins und bat ihn um ein während der Feier aufgenommenes Gruppenfoto. Jenkins antwortete, er habe das vom Colonel gewünschte Foto nicht, aber er werde versuchen, es aufzutreiben. Im Monat darauf schrieb Johnson dem Colonel eine persönliche Nachricht.

»Meine Frau Lady Bird und ich werden Ihnen und Eddy immer dankbar sein, dass Sie Präsident López Mateos einen unvergesslichen Aufenthalt bereitet haben«, so Johnson. »Ich hoffe, dass sich unsere Wege irgendwann wieder kreuzen und dass Sie wissen, dass Sie jederzeit und in jeder Angelegenheit als Freund auf mich zukommen können.«[6] Colonel Parker führte kein Doppelleben, er führte *drei* Leben. Während der darauffolgenden Jahre korrespondierte er weiterhin regelmäßig mit Lyndon Johnson und Jenkins, zeitweise sogar einmal im Monat. Häufig schickte er Geschenke oder Schallplatten. Manchmal gab er Ratschläge, so beriet er Johnson beispielsweise bei der Gestaltung seiner Visitenkarten für den Wahlkampf.[7]

Was den Colonel am meisten an Elvis beunruhigte, waren nicht die wilden Partys, die Zechgelage und die kindischen Streiche, sondern sein Appetit auf junge Mädchen. Er wusste, dass es seine Karriere zerstören könnte, wenn es außer Kontrolle geriete. Über die Jahre sind dem Colonel viele Dinge unterstellt worden – dass er ein Frauenheld gewesen wäre, gehörte nicht dazu.

Gegen Ende seines Aufenthalts in Deutschland traf Elvis das junge Mädchen, das dem Colonel am meisten Kummer bereiten sollte. Priscilla Beaulieu war die vierzehnjährige Stieftochter von Joseph Beaulieu, einem Kommandeur der Air Force. Beaulieu fand, der vierundzwanzigjährige Entertainer sei zu alt für seine Tochter, verbot ihr aber nicht, sich mit ihm zu treffen.

Während der Weihnachtsferien sahen sich Elvis und Priscilla regelmäßig, er verabredete sich aber weiterhin mit anderen jungen Mädchen. In dieser Zeit fing er an, sich über sein Aussehen Gedanken zu machen – ob man ihm sein Alter schon ansehen würde. Sein Gesicht zeigte noch Spuren der Akne aus seiner Teenagerzeit, und die Male schienen von Jahr zu Jahr stärker aufzufallen.

Ende November begann Elvis, seine Haut von einem gewissen Johannes behandeln zu lassen, der ihm zuvor aus seinem heimatlichen

Südafrika geschrieben hatte. Er behauptete, ein Hautpflegeexperte und Masseur zu sein und bot an, alle seine Termine abzusagen und nach Deutschland zu fliegen, um Elvis zu therapieren.

Im Glauben, Johannes sei Arzt und auf Dermatologie spezialisiert, willigte Elvis ein, sich behandeln zu lassen. »Ich fühle mich außerordentlich geehrt, für diese wichtige Aufgabe ausgewählt worden zu sein«, schrieb Johannes vor seiner Abreise aus Südafrika. »Ich freue mich sehr über den Auftrag und versichere Ihnen, dass ich, wie Sie bald sehen werden, wahre Wunder an Ihrer Haut bewirken kann.«

Die Behandlungen wurden in Elvis' Haus durchgeführt und betrafen sein Gesicht und seine Schultern, wie es in einem Bericht hieß, der von der Kommandozentrale der Militärpolizei für J. Edgar Hoover verfasst wurde.[8] Offenbar ließ sich Elvis jeden Abend von Johannes behandeln. Der Künstler verbrachte so viel Zeit mit ihm, dass sich Priscilla, die Elvis erst seit etwa einem Monat kannte, beklagte, er würde sie vernachlässigen; und Vernon, der die Schecks ausstellte, beklagte sich, dass die Behandlung zu viel Geld kosten würde. Die Rechnungen für einen Behandlungsmonat beliefen sich auf 15 000 Dollar, was in etwa der Summe entsprach, die Scotty und Bill während der ersten drei Jahre ihrer Zusammenarbeit mit Elvis bekommen hatten.

Inzwischen war keinem im Haushalt mehr ganz wohl beim Anblick von zwei Männern, die Abend für Abend nach oben gingen und hinter geschlossenen Türen verschwanden. Die Behandlung wurde noch fast einen Monat fortgesetzt und dann ganz plötzlich abgebrochen, als Elvis von seiner Entourage erfuhr, Johannes habe einigen von ihnen homosexuelle Avancen gemacht.

Voller Empörung verlangte Elvis, Johannes solle sein Haus verlassen.

Johannes bekam einen Wutanfall und zerriss ein Fotoalbum mit Bildern von Elvis. Er drohte, die Karriere des Sängers zu zerstören und dessen Beziehung mit der vierzehnjährigen Priscilla Beaulieu an die Öffentlichkeit zu bringen, und behauptete, er habe belastende Fotos und Tonbandaufnahmen, die ihn in »kompromittierenden Situationen« zeigen würden.

Die Unterlagen des FBI enthalten keine Hinweise darauf, dass Elvis wegen dieses Vorfalls den Rat des Colonels eingeholt hat, dies gilt aber als ziemlich sicher. Parker stand der Homosexualität sehr offen gegenüber. Er hatte Elvis zu einer Freundschaft mit dem Schauspieler Nick Adams ermutigt, der damaligen Gerüchten zufolge homosexuell war. Während seines zweiwöchigen Engagements im Frontier Hotel in Las Vegas hatte er Elvis auch zu einer Freundschaft mit dem Pianisten und schillernden Las-Vegas-Künstler Liberace gedrängt. Laut Scotty Moore, der nichts von Liberaces Homosexualität wusste, beeinflusste dieser Elvis' Kleidungsstil in den Jahren nach diesem Treffen in Las Vegas. »Ich dachte, alles sei nur gespielt«, so Scotty. »So naiv war ich.«

Statt sich Sorgen darüber zu machen, wie Johannes ihm schaden könnte, ging Elvis in die Offensive und reichte beim Kommandeur der Militärpolizei einen Bericht ein. Er erzählte den Ermittlern seine Version der Ereignisse und wiederholte Johannes' Drohungen, ihn wegen »kompromittierender Situationen« bloßzustellen. »Presley versichert uns, dass dies nicht möglich ist, weil er sich niemals in einer kompromittierenden Situation befunden hat«, berichtete Major Warren Metzner, der Leiter der Ermittlungsabteilung der Army. »Presley gibt an, dass [Johannes] unter einer psychischen Störung leidet. Er begründet das mit den Anfällen, die [er] bekam, nachdem er sich über die Schockbehandlungen geäußert hatte.«

Johannes wurde nie strafrechtlich verfolgt, und die Army fungierte schließlich als Schlichter zwischen Elvis und dem Masseur. Im Bericht an das FBI sagte ein Sprecher der Army, er wolle jede Publicity über diese Angelegenheit vermeiden, weil Elvis ein »erstklassiger Soldat war und der Army während seines Wehrdienstes keinen Ärger gemacht hat.«[10]

Elvis war einverstanden, Johannes 200 Dollar für die letzte Behandlung zu bezahlen sowie weitere 315 Dollar für einen Flug nach London. Johannes nahm das Geld, reiste aber nicht ab, wie er versprochen hatte. Stattdessen verlangte er weitere 250 Dollar, die Elvis zahlte. Im Bericht für das FBI heißt es, Johannes sei am 6.

Januar abgereist und mit Flug 491 der British European Airways nach London geflogen.

Vor seiner Abreise schickte Johannes Elvis einen handgeschriebenen Brief, in dem er ihm für die Zukunft »jeden erdenklichen Erfolg und Glück« wünschte. Weiter schrieb er, er habe auf den Rat eines deutschen Anwalts hin beschlossen, keine Anzeige gegen ihn zu erstatten. »Sie haben eine Mutter verloren, und weil dies Ihr zweites Jahr in der Army ist und Sie in Ihrem Leben so viel durchmachen mussten, habe ich Mitgefühl und verzeihe Ihnen«, schrieb er. Als Johannes das letzte Mal gesichtet wurde, versuchte er, in die Vereinigten Staaten einzureisen.

Am 1. März 1960, einen Tag vor Elvis' Abreise aus Deutschland, hielt die Army in einer Turnhalle in Bad Nauheim eine Pressekonferenz mit ihm ab.[11] Der Colonel hatte es so eingerichtet, dass Elvis diese Gelegenheit für die Ankündigung nutzte, dass die Dreharbeiten für seinen nächsten Film *Café Europa (G. I. Blues)* nach seiner Rückkehr ins zivile Leben beginnen würden.

Unter den Ersten, die Elvis zu seiner Überraschung beim Betreten der Turnhalle sah, war eine alte Freundin, Marion Keisker. Sie war 1957 nach einem Zerwürfnis mit Sam Phillips in die Air Force eingetreten und hatte ein neues Leben in der Army angefangen. Ihrer Einschätzung nach war das Musikgeschäft eine der »schmutzigsten, niederträchtigsten und hinterhältigsten« Branchen, in denen sie je zu tun gehabt hatte.

Jetzt war sie Captain Marion Keisker.

»Hallo, Schätzchen«, sagte sie.

Beim Klang ihrer Stimme drehte sich Elvis um. »Marion«, sagte er und traute seinen Augen nicht. »In Deutschland! Und in der Army! Darf ich Ihnen jetzt einen Kuss geben oder soll ich salutieren?«

»In dieser Reihenfolge«, erwiderte sie und warf sich ihm in die Arme. Der Public-Relations-Manager der Army tadelte Marion empört und drohte, sie vor das Militärgericht zu stellen.«Von gewissen Zeitschriften hätte ich so etwas gewiss erwartet, nicht jedoch von einem Mitglied der Streitmacht«, sagte er.

Marion erklärte, sie sei gekommen, um für den Fernsehsender der Army über die Pressekonferenz zu berichten, doch diese Erklärung stellte den Offizier nicht zufrieden. Er verlangte von ihr, die Turnhalle zu verlassen, aber starrköpfig, wie die Memphis-Schönheit war, weigerte sie sich standhaft. Da griff Elvis ein und erklärte dem Offizier höflich, dass sie ohne Marions Gespür für Talente nie an diesem Ort zusammengekommen wären.

Für Elvis war es die perfekte Verabschiedung.

Der Colonel hatte sich vom ersten Tag des Jahres an mächtig ins Zeug gelegt. Seit »Big Hunk O' Love« im August 1959 auf Platz eins geklettert war, hatte Elvis keinen Top-20-Titel mehr in den Charts gehabt. Dafür war die Bill Black Combo in die Charts gekommen, deren rohes, für Musikautomaten gedachtes Stück »Smokie – Part 2« im Januar die Top 20 erobert hatte.

Während Elvis' Abwesenheit hatte sich die Musik stark verändert. Neue Teenie-Lieblinge wie Frankie Avalon, Paul Anka und Bobby Darin hatten die Popcharts erobert. Der harte, hemmungslose Rock 'n' Roll aus dem Sun-Records-Studio war in der Öffentlichkeit in Ungnade gefallen. Seit Johnny Cashs Erfolg mit »Guess Things Happen That Way« im Juli 1958 hatte Sun Records keinen Top-20-Hit mehr gehabt. Jerry Lee Lewis hatte sich durch die Heirat mit seiner Teenager-Cousine selbst vernichtet.

Mehrere Wochen nach Elvis' Entlassung zirkulierten Storys über Colonel Parkers Pläne, die Entlassungspapiere zu vervielfältigen und die Kopien an Fans zu verkaufen. Um den Gerüchten ein Ende zu setzen, rief Parker Malcolm Adams vom *Commercial Appeal* in Memphis an, um, wie er es nannte, diese »Geschichte eines Spinners« zu widerlegen. Parker sagte: »Das ist lächerlich! So etwas würde wir nie tun, selbst wenn wir es könnten.« Von den Journalisten gefragt, ob Elvis plane, seinen Gesangsstil zu ändern, erwiderte Parker, er sehe keinen Grund zu dieser Annahme. »Aber natürlich, wenn er reifer wird, wird er es vielleicht tun. Elvis ist ein talentierter Künstler. Ich versuche nie, ihm vorzuschreiben, wie er singen oder welche Songs er aussuchen soll.«

In der Woche darauf schrieb der Journalist Charles Holmes vom *Commercial Appeal*, den Parkers Antwort offenbar nicht zufriedengestellt hatte, einen Artikel über die Rückkehr des »Künstlers im Exil« ins Showbusiness. Am Ende seines Artikels formulierte Holmes die Frage: »Wird er seine Bedeutung in der unbeständigen Musik- und Filmwelt zurückerobern? Wir werden es bald erfahren.«

Aus Colonel Parkers Sicht hatte sich der altmodische Rock 'n' Roll weiterentwickelt. In den Charts sah er hübsche Jungs, die glatte Arrangements im New Yorker Stil sangen, die sich elegant auf Fernsehen und Kino übertragen ließen. Er verstand nicht viel von Musik, aber er spürte instinktiv, wofür die Trottel ihr Geld ausgeben wollten – und sein Klient war der berühmteste hübsche Junge aller Zeiten. Er wusste, was zu tun war.

Ein Blizzard braute sich zusammen, als Elvis und neunundsiebzig andere Soldaten am Air-Force-Stützpunkt McGuire in Fort Dix, New Jersey, an Bord einer Transportmaschine vom Typ DC-7 ankamen. Manche sagten, es sei der schlimmste Schneesturm des Jahres gewesen. Nancy Sinatra und eine Horde von Journalisten und Fotografen warteten auf Elvis. Die Schauspielerin Tina Louise war da, um für das Mutual Broadcast Network über seine Heimkehr zu berichten.

Colonel Parker, der den Medienverkehr lotste, sagte den Reportern, der Künstler habe für den Rest des Jahres feste Zusagen für Film und Fernsehen im Wert von insgesamt 850 000 Dollar und rechne damit, bis zum Ende des Jahres noch »Millionen« mehr zu verdienen.[12] Während er seine dicke Zigarre im Mund hin und her rollen ließ, meinte Parker, Elvis habe während seiner Zeit in der Army 1,6 Millionen Dollar verdient. Doch nachdem er noch mal über das Gesagte nachgedacht hatte, schränkte er ein: »Bitte zitieren Sie mich sorgfältig: Die Regierung erhält einundneunzig Prozent Steuern. Elvis ist kein Millionär.«

Als bekannt wurde, dass Elvis' letzter Scheck von der Army auf den Betrag von 109,54 Dollar lautete, wies Parker darauf hin, dass die Regierung auch davon einundneunzig Prozent beanspruche, was bedeute, Elvis werde tatsächlich nur 9,86 Dollar von seinem letzten Army-Gehaltsscheck mit nach Hause nehmen.

Bei einer zweistündigen Pressekonferenz, worin die Army inzwischen Übung hatte – zu viel Übung, wie manche sagen würden –, beantwortete Elvis die Fragen der Reporter mit seiner üblichen freundlichen Ehrlichkeit.[13]

»Wie sind die deutschen Frauen im Vergleich zu den amerikanischen?«

»Alle sind weiblich«, antwortete er.

»Trinken oder rauchen Sie?«

»Nein, und ich kaue auch keinen Tabak.«

»Wie denken Sie über die neue Konkurrenz in Ihrem Musikbereich?«

»Als ich anfing, gelang mir glücklicherweise der Durchbruch. Wenn andere junge Kerle auch dieses Glück haben, nur zu.«

»Man hört immer wieder, der Rock 'n' Roll würde verschwinden. Was denken Sie?«

»Solange die Leute ihn hören wollen, würde ich nie damit aufhören. Sie würden es mir zu verstehen geben, wenn es Zeit für eine Veränderung wäre. Ich selbst würde niemals [etwas ändern].«

»Jemals verliebt gewesen?«

»Ich habe es gedacht. Ein- oder zweimal.«

Nach der Pressekonferenz traf Parker sich mit Elvis und teilte ihm mit, was er bis jetzt für ihn organisiert habe. Weiter informierte er ihn darüber, mit welcher Konkurrenz sie es zu tun bekommen würden. Um mit der Konkurrenz mithalten zu können, müsse Elvis seine scharfen Kanten ein wenig abschleifen und ein älteres Publikum anziehen.

»Ich kann es einfach nicht begreifen, dass ich hier bin«, sagte Elvis einer Schar von etwa fünfzig Reportern und einhundertfünfzig Fans, als er in den Bahnhof von Memphis einfuhr. Es war früh am Morgen, noch bevor die meisten Menschen in der Stadt gefrühstückt hatten, und der Schnee fiel, wie bei seiner Ankunft in Fort Dix. Bei der Pressekonferenz am späten Nachmittag in Graceland erzählte er, er habe während der vierundzwanzigstündigen Zugfahrt nicht schlafen können, weil er sich so gefreut habe, nach Hause zu kommen. Er sagte, er sei hungrig, habe aber noch keine Zeit zu essen gefunden, weil er nur im Haus herumgewandert sei.

Einer der Journalisten fragte ihn, ob er für ein Foto mit einem Teddybären seiner Sammlung posieren würde. Elvis lehnte höflich ab und meinte, für einen Mann, der gerade von der Army zurückgekehrt sei, würde es nicht gut aussehen, einen Teddy zu knuddeln. Tatsächlich hatte Elvis gar keine Teddybär-Sammlung. Es waren mehrere Storys darüber geschrieben worden, doch die hatte sich alle Colonel Parker als Werbetrick ausgedacht. Einmal ging er sogar so weit, einen Teddy zu kaufen und ihn in Elvis' Schlafzimmer zu platzieren, damit die Fotografen ihn sähen. Der Colonel hielt den Jux mit dem Teddybären für einen Brüller; Elvis fand es peinlich und mied das Thema, wann immer möglich.

Der Colonel gab ihm zwei Wochen frei, bevor er ihn zurück an die Arbeit schickte, aber ein Artikel in der Zeitschrift *Life* vom 14. März zeichnete ein düsteres Bild von Elvis' Aussichten, seine Krone als König des Rock 'n' Roll zurückzuerobern. Die Zeitschrift zitierte Elvis so: »Ich will ein guter Schauspieler werden, weil man eine Karriere nicht allein auf Gesang aufbauen kann. Sehen Sie sich Frank Sinatra an. Bevor er als Schauspieler anfing und nur gesungen hat, war er auf dem absteigenden Ast.« Selbst der Colonel hätte das nicht besser sagen können.

Elvis rief Scotty, Bill und D. J. an, um sie zu fragen, ob sie bei der bevorstehenden Plattenaufnahme in Nashville dabei sein wollten sowie bei seinem ersten öffentlichen Auftritt seit seiner Rückkehr, einem Fernsehspecial mit Frank Sinatra. Scotty und D. J. sagten zu,

Elvis und Colonel Parker kehren nach der Entlassung aus der Army nach Memphis zurück (James R. Reid)

aber Bill, der noch immer über die Art und Weise verbittert war, wie Elvis die Dinge gehandhabt hatte, antwortete, er sei zu sehr mit Auftritten mit der Bill Black Combo beschäftigt.[14]

Als Elvis für die Plattenaufnahme nach Nashville kam, trug er seine Armeeuniform und reiste unter dem Namen Sivle Yelserp (Elvis Presley rückwärts buchstabiert). Der Colonel machte sich nicht allzu viele Sorgen wegen der Aufnahmen, weil bereits über eine Million von Elvis' ersten Platten nach seiner Entlassung aus der Army vorbestellt waren. Er könnte tote Fische in die Plattenhüllen legen und trotzdem eine Million verkaufen.

Sehr wohl aber machte sich der Colonel Sorgen über Elvis' Image nach seiner Entlassung sowie über das bevorstehende Special mit Frank Sinatra. Elvis befand sich an einem entscheidenden Punkt seiner Karriere, doch das wusste er nicht. Während Elvis' Abwesenheit war der Colonel, der schon immer undurchsichtig gewesen war, sogar noch unergründlicher geworden und noch tiefer in die Unterweltströmungen des Glücksspiels in Las Vegas eingetaucht.

Da Parker keine Änderungen für seinen Vertrag mit Elvis vorschlug, kann davon ausgegangen werden, dass er Elvis' zweijähriges Exil dafür nutzen konnte, sich von seinen Glücksspielschulden zu befreien. Manche mögen den Colonel dafür kritisieren, Elvis an einem entscheidenden Punkt seiner Laufbahn auf Eis gelegt zu haben, aber möglicherweise hat er seine Karriere dadurch sogar verlängert. Der Colonel lebte in der Gegenwart, die Zukunft jedoch schüchterte ihn ein.

Eins der Dinge, die den Colonel an den Amerikanern faszinierte, war deren anscheinend angeborene Fähigkeit zur Selbstdarstellung. Harry Truman hatte ihn während seines Präsidentschaftswahlkampfs mächtig beeindruckt, weil er Züge einsetzte, um potenzielle Wähler zu seinen Reden zu locken. Sein Freund Jimmie Davis hatte während seines Wahlkampfs um das Amt des Gouverneurs dasselbe Mittel benutzt.

Als Elvis, Scotty, D. J. und die Jordanaires von Memphis mit dem Zug Richtung Miami aufbrachen, um das TV-Special mit Frank

Sinatra aufzunehmen, nahm sich der Colonel Trumans Wahlkampfbuch »Give 'em Hell, Harry« und Jimmie Davis' aufrührerische Werbekampagne »Let's Party« zum Vorbild. Im Voraus rief der Colonel die Journalisten jedes Dorfes, jeder kleinen und großen Stadt entlang der Strecke an, um ihnen mitzuteilen, wann der Zug dort ankommen würde. So bildete sich eine fast ununterbrochene Schlange winkender Fans entlang der Strecke. Jedes Mal, wenn der Zug anhielt, schickte der Colonel Elvis auf die Aussichtsplattform des Kanzelwagens, um den wartenden Fans zuzuwinken. So wie er die Gunst der Fans bediente, hätte man meinen können, er befinde sich im Wahlkampf für ein politisches Amt.

Als sie in Miami eintrafen, quartierten sie sich im Hotel Fontainebleau ein. Der erste Tagesordnungspunkt des Colonels war ein Treffen mit den Mitgliedern des Fanclubs, die ihnen nach Miami gefolgt waren. Er dankte ihnen für ihre Treue zu Elvis während seines Militärdienstes und verkaufte ihnen Elvis-Werbeartikel. Beim ihrem letzten Aufenthalt in Miami im Jahr 1957 war Elvis bei der Olympiade aufgetreten. Zu diesem Anlass hatte Parker eine Schürze getragen und in der Lobby Fotos von Elvis verhökert. Dieses Mal stellte er es etwas eleganter an und trug dabei keine Schürze.

Es war geplant, das Fernsehspecial im Ballsaal des Hotels zu filmen und zu einem späteren Zeitpunkt auszustrahlen. Weitere Gäste in der Show waren Nancy Sinatra, Joey Bishop, Peter Lawford und Sammy Davis. Alle Künstler, einschließlich Elvis, wurden von Nelson Riddle und seinem zweiundvierzigköpfigen Orchester unterstützt. Musikalisch markierte die Show das Ende von Elvis' Experiment mit dem Rock 'n' Roll. Der Colonel hatte entschieden, dass Elvis' Musik in Zukunft stark orchestriert sein sollte, mit dem grandiosen Big-Band-Sound mit Streichinstrumenten, der Sinatra berühmt gemacht hatte. Rock 'n' Roll ließ sich auf der Filmleinwand schwer umsetzen und, wie er schon festgestellt hatte, passte er nicht zur Musik in Las Vegas.

Der Colonel hatte auch politische Gründe für die Buchung in Miami. Er war tief in die Machenschaften in Las Vegas verstrickt, und die Sinatra-Connection war ein wesentlicher Bestandteil davon. Er hatte hart gearbeitet, um eine Verbindung zu Sinatra herzustellen, und war sicher, diese würde sich auszahlen. Kurz bevor die Show am 13. Mai ausgestrahlt wurde, erzählte Co-Produzent Sammy Cahn dem *New York Times*-Journalisten Murray Schumach, es sei Sinatras Idee gewesen, Elvis in die Show zu nehmen.

»Wir saßen eines Tages herum und machten uns Gedanken über die nächste Show«, erzählte Cahn. Plötzlich fragte Frank aus heiterem Himmel: ›Wie wär's mit Elvis Presley?‹ So ist Sinatra. Er macht, was er will.«

Die Show-Kritiken waren nicht schmeichelhaft für Elvis. Der *New York Times*-Journalist John Shanley schrieb: »Auch wenn Elvis es in der Army zum Sergeant gebracht hat, als Sänger hat er das Flegelalter nie hinter sich gelassen. Nichts an seiner Vorstellung war moralisch verwerflich; sie war einfach nur schrecklich.« Trotzdem gestand Shanley – wenn auch widerwillig – ein, dass die Zuschauer im Ballsaal den stärksten Applaus für den King aufgehoben hatten. Unabhängig vom musikalischen Wert der Show war Elvis in die glitzernde Hall of Shame von Las Vegas aufgenommen worden. Es war das zweite Mal, dass der Colonel seinen Klienten zu einem Dienst verpflichtete, der über seine Pflichten hinausging.

Als Elvis nach Memphis zurückkehrte, war er ein anderer Mann. Das wurde offensichtlich, als er, Scotty und D. J. nach Nashville fuhren, um den Soundtrack für *G. I. Blues* aufzunehmen. Nach Aussage des Films ist der Dienst beim Militär ein Riesenspaß. Die Werbeabteilung bei MGM erarbeitete eine Kampagne um das neue, für Elvis geschaffene Image des typisch amerikanischen Jungen, den sich jede Mutter und jeder Vater als Schwiegersohn wünschen würden.

Das stand in direktem Konflikt mit dem Rock'n'Roll-Image des bösen Jungen, das er gepflegt hatte, bevor er zur Army ging. Zweifellos war der Colonel die treibende Kraft hinter Elvis' Imageveränderung, doch offenbar hat Elvis nicht dagegen protestiert. Vielleicht hing das auch mit dem Tod seiner Mutter zusammen, vielleicht verspürte er den Wunsch, etwas zu machen, von dem er dachte, es würde ihr gefallen. Oder er hatte es vielleicht schon die ganze Zeit über im Sinn gehabt.

Als sie ins Studio kamen, um den Soundtrack aufzunehmen, begriff Scotty, dass der *neue* Elvis nicht nur eine vorübergehende Phase war. Seine Erkenntnis bestätigte sich, als er erfuhr, dass der Colonel keine Konzerttourneen für Elvis geplant hatte. Das war eine Überraschung für Scotty, noch dazu eine böse Überraschung, denn Fernwood Records war in Konkurs gegangen und er hatte zu kämpfen, seinen Lebensunterhalt zu bestreiten. Doch das neue Image kam nicht überraschend.

Scotty war immer der Meinung gewesen, ihre Musik sei eher Pop als Rock 'n' Roll. Wenn Elvis schon eine Krone tragen sollte, dann sollte es nicht die des King of Rock 'n' Roll sein, sondern die Krone des »King of Pop«. Die Geschichte sollte Scotty recht geben, aber damals wusste niemand genau, welchem Genre Elvis' Musik zugeschrieben werden konnte. Nicht dass RCA das interessiert hätte – für Elvis' nächste Veröffentlichung waren schon 1 430 000 Vorbestellungen eingegangen.

G. I. Blues sollte der letzte Film sein, in dem Scotty und D. J. auftraten. Zwar durften sie die Rollen der Bandmitglieder spielen, bekamen aber keine Sprechrollen und mussten kurze, bayerische Lederhosen und Bein-Make-up tragen.

Elvis gefiel die Filmmusik nicht, aber er sang, was ihm gesagt wurde, weil der Colonel ihn davon überzeugt hatte, dass er mit dem Studio zusammenarbeiten müsse, wenn er wirklich ein hochkarätiger Filmschauspieler werden wolle. Während der Dreharbeiten bekam Elvis Besuch von einer Reihe unerwarteter Besucher, die der Colonel eingeladen hatte, darunter der König und die Königin von Nepal und der König und die Königin von Thailand. Begeistert von seiner Einführung in den inneren Kreis der königlichen Hoheiten der Welt rief Elvis Liberace an, um ihm von den Neuigkeiten zu berichten.

Als Elvis in diesem Sommer nach Memphis zurückkam, wurde er von den Zeitschriften beschimpft, er gebe den Rock 'n' Roll auf. Vom Cover des *Movie Mirror* sprang einem die Schlagzeile »Der King des Rock 'n' Roll ist tot!« entgegen. Größere Sorgen als die Kritik der Medien bereitete Elvis jedoch Vernons bevorstehende Hochzeit mit Dee Stanley, einer jüngeren Frau, die er in Deutschland kennengelernt hatte. Elvis war erschüttert, dass Vernon so früh nach Gladys Tod wieder heiraten würde, und er weigerte sich, zur Hochzeit zu kommen.

In den Jahren vor Elvis' Eintritt in die Army waren die Probleme des Colonels meistens logistischer oder finanzieller Natur gewesen. Gladys war das einzige Familienmitglied, das an seinen Absichten gezweifelt hatte, und er dachte, durch ihren Tod sei das größte Hindernis überwunden.

Elvis' Heimkehr brachte dem Colonel eine ganze Reihe neuer Probleme, die er nicht vorausgesehen hatte. Der Colonel hatte Vernon in der Tasche, und Vernon tat alles, was er verlangte, wahrscheinlich deshalb, weil Parker wusste, dass Vernon eine Gefängnisstrafe im Mississippi Parchman Penitenitiary abgesessen hatte. Der Colonel benutzte Informationen wie ein Straßenkämpfer eine Rasierklinge: eher angsteinflößende Bedrohung als tatsächliche Waffe. Aber diese Allianz wäre weniger wert, wenn Vernon Elvis durch eine verfrühte Wiederheirat verärgerte.

Dann war da noch Priscilla. Als Parker erfuhr, dass Elvis sich in Deutschland mit einer Vierzehnjährigen getroffen hatte, ging er in die Luft und führte an, was passieren konnte, wenn junge Mädchen auf der Bildfläche erschienen. Ebenso große Sorge bereitete dem Colonel Elvis' neue Freundschaft mit dem Soulsänger James Brown. Sie hatten sich im Continental Hotel in Hollywood kennengelernt, wo sie zusammensaßen und am Klavier sangen. Elvis sagte dem Colonel, er wolle mit James Browns Band etwas aufnehmen, worauf der Colonel erwiderte, Projekte mit Afroamerikanern kämen für ihn auf keinen Fall infrage.

Der Colonel war kein Rassist, zumindest nicht unverblümt, aber seine erweiterte Machtbasis stand auf einem soliden Fundament von

Rassismus. Sein Freund Jimmie Davis war wieder zum Gouverneur von Louisiana gewählt worden, und was man aus Louisiana, Mississippi und Tennessee hörte, wurde immer brutaler. Davis sprach davon, die Staatsmiliz einzusetzen, damit sie sich um die sogenannten »Negerfreunde« kümmere.[15] Davis' Amtseinführung fiel zeitlich mit Elvis' Rückkehr zusammen. Eine seiner ersten Amtshandlungen war es, seinen wichtigsten Unterstützer, Leander Perez, zu beauftragen, eine Geheimkommission, basierend auf dem Model in Mississippi, zu formieren. Währenddessen führte der Staatsanwalt in New Orleans, Aaron Kohn, seine Ermittlungen über Marcellos Verbindungen zur Regierung fort.

Unterdessen tauchte eine weitere Schlüsselfigur auf. Mehrere Monate vor Davis' Amtseinführung fuhr Kohn nach Washington, um mit Robert F. Kennedy zu sprechen, der damals Chefberater des Senatsausschusses war, der in Fällen von Korruption in Arbeit und Verwaltung ermittelte. Er gab ihm einen Überblick darüber, was im Süden vor sich ging, insbesondere dort, wo Marcello Einfluss darauf hatte. Kennedy machte sich Notizen und dankte ihm, dass er zu ihm gekommen war. »Ich kann Ihnen versichern, dass wir früher oder später etwas gegen Herrn Marcello unternehmen werden«, sagte Kennedy.[16]

Colonel Parker war klar, wie ernst die Lage war. Zu seinem Entsetzen hatte Estes Kefauver, Senator in Tennessee und Erzfeind seiner Freunde in Louisiana, Elvis zu Hause willkommen geheißen, wie aus den täglich veröffentlichten Kongressberichten hervorging. Der Colonel konnte es sich nicht leisten, dass unterschiedliche Signale an die falschen Leute ausgesandt wurden.

Elvis wird vorsichtig gewesen sein, mit wem er sich sehen oder fotografieren ließ. Afroamerikaner kamen nicht infrage. Man wird vielleicht nie erfahren, welchen Anteil Parker daran hatte, doch wenn es um die Frage geht, wann Elvis zum ersten Mal Symptome der lähmenden Angst zeigte, die ihn später im Leben quälen sollte, wird dies gewöhnlich mit seiner Rückkehr von der Army in Verbindung gebracht.

★

Kaum hatte Elvis die Dreharbeiten für *G. I. Blues* abgeschlossen, stürzte er sich in einen weiteren Film, *Flammender Stern (Flaming Star)*. Der Film erzählt die Geschichte eines »Mischlings«, dem Sohn eines weißen Vaters und einer indianischen Mutter, der in die Indianerkriege der 1870er-Jahre verwickelt wird. Elvis' Figur versucht, Frieden zu stiften, am Ende aber stirbt er (nachdem er vier Lieder gesungen hat).

Der Colonel versuchte, Elvis dazu zu bringen, auf dem Rücken eines Pferdes zu singen, eine Masche, die Roy Rogers und Gene Autry einst anwandten, um ihren Film aufzuwerten, aber Elvis lehnte das ab und versuchte, die Rolle weitestgehend unverfälscht zu spielen. Er freute sich, als *G. I. Blues* während der Dreharbeiten von *Flaming Star* herauskam und schnell zum größten Kassenmagneten des Jahrzehnts wurde. Das Album zu *G. I. Blues* wurde über drei Millionen Mal verkauft und hielt sich fast drei Monate lang an der Spitze der Charts.

Nach Abschluss der Dreharbeiten im Oktober fuhr Elvis nach Nashville, um ein Album mit Gospels mit dem Titel *His Hand in Mine* aufzunehmen, und kehrte anschließend nach Hollywood zurück, um die Dreharbeiten an seinem dritten Film des Jahres, *Lied des Rebellen (Wild in the Country)* mit Hope Lange und Tuesday Weld, zu beginnen. Den ganzen Sommer über und in den Herbst hinein litt er unter manisch-depressiven Episoden, quälte die Menschen um sich herum und sich selbst. Er aß zu viel, besonders Junk-Food, und duschte über mehrere Tage hinweg nicht.

Frauen waren eine ständige Quelle des Trostes, wenn auch vorübergehend, und er schlief mit so vielen Möchtegernschauspielerinnen, Schauspielerinnen und Kostümassistentinnen, wie er nur konnte, und überließ die Verbleibenden seinem Gefolge, dessen Mitglieder schon in Umlauf gebracht hatten, dass der schnellste Weg zu Elvis über ihre Schlafzimmer führe. Er hatte immer Augen-Make-up benutzt, schon am Anfang, zu Sun-Record-Zeiten, aber jetzt färbte er sein Haar kohlrabenschwarz, eine Optik, die er mit den großen Vorbildern seiner Kindheit assoziierte.

Elvis war dabei, zugrunde zu gehen, aber warum? Während seines Militärdienstes hatte er sich einigermaßen mit dem Tod seiner Mutter abgefunden und sich aufrecht gehalten. Seine Filme und Platten verkauften sich gut seit seiner Entlassung. Woher kam der Druck? Das Einzige, das unter diesen Umständen einen Sinn ergibt, ist, dass Colonel Parker Elvis nach seiner Rückkehr aus Deutschland seine Geheimnisse anvertraut hat.

An Weihnachten hatte Elvis das dringende Bedürfnis nach einem Menschen, dem er vertrauen konnte, jemanden, der ihn bedingungslos annehmen würde. Er glaubte, das Mädchen, das er in Deutschland kennengelernt hatte, Priscilla Beaulieu, sei der Mensch, der ihm das geben könnte. Er überredete ihre Eltern, dass sie ihn in Los Angeles während der Dreharbeiten von *Wild in the Country* besuchen durfte. Während der Weihnachtsferien nahm er sie mit nach Memphis und quartierte sie im Ostflügel von Graceland ein, wo sie bei Vernon und Dee wohnte. Am 2. Januar kehrte sie nach Deutschland zurück, nachdem sie die ganze Nacht wach gewesen war, um mit Elvis ins Neue Jahr hineinzufeiern.

Als Elvis nach Los Angeles zurückkehrte, um die Dreharbeiten wieder aufzunehmen, kam es zu einem Streit mit dem Colonel, erstens wegen Priscilla, von der Parker aufgrund ihres zarten Alters sprichwörtlich zu Tode geängstigt war, und zweitens wegen der Songs, die er im Film singen würde. Erst hatte das Drehbuch keinen Gesang vorgesehen, und nachdem dann doch einige Lieder aufgenommen worden waren, weigerte er sich.

Der Colonel nahm kein Blatt vor den Mund: Er sagte Elvis, der Film bringe mehr Geld ein, wenn er singen würde, und dass er keine Wahl habe. Elvis sang, rächte sich aber dann an Parker, indem er Priscillas Eltern anrief und sie bat, ihrer Tochter zu erlauben, nach Memphis zu ziehen und mit ihm in Graceland zu leben. Sie wiesen ihn allerdings darauf hin, dass sie erst fünfzehn war, und sagten Nein.

Nach Ende der Dreharbeiten kehrte Elvis für ein paar Wochen nach Memphis zurück, um sich zu erholen. Seine Entlassung aus der Army war jetzt schon über ein Jahr her, und während der ganzen Zeit hatte er nicht ein einziges Konzert gegeben. Seine einzige öffentliche Vorstellung innerhalb von drei Jahren war der Auftritt in Sinatras TV-Special gewesen. Er rief den Colonel an und sagte ihm, er müsse wieder vor einem Live-Publikum auftreten, schon allein, damit er nicht den Verstand verlor. Er bettelte seinen Manager an, einen Auftritt für ihn zu arrangieren. Elvis sagte, er werde mit den Jungs der Band Kontakt aufnehmen.

Scotty sagte, wie immer, er könne mit ihm rechnen. Etwa sechs Monate zuvor hatte er als Produktionsleiter in Sam Phillips Aufnahmestudio angefangen. Nachdem er mehrere Aufnahmesessions mit dem explosiven Jerry Lee Lewis beaufsichtigt hatte, war er mehr als bereit, wieder vor einem Live-Publikum aufzutreten.[17]

D. J. und die Jordanaires waren ebenso begeistert. Bill Black lehnte erneut ab, weil er mit seiner Combo zu tun hatte. Er hatte 1960 einen Riesenhit mit einer Instrumentalversion von »Don't Be Cruel« gelandet, und seine draufgängerische, moderne Musik war bei den partyliebenden College-Studenten ausgesprochen erfolgreich.

Der Colonel wollte ganz und gar nicht, dass Elvis wieder live auftrat, aber weil er es ihm nicht verbieten konnte, machte er das Beste aus einer – aus seiner Sicht – ungünstigen Situation und arrangierte ein Wohltätigkeitskonzert im Ellis Auditorium in Memphis. Er buchte Elvis für zwei Konzerte und einen Auftritt bei einem Mittagessen, das einhundert Dollar pro Person kostete, wobei alle Einnahmen verschiedenen Wohlfahrtsorganisationen zukommen sollten, darunter ein Milchfonds für bedürftige Kinder und eine Kindertagesstätte. Die auflaufenden Kosten zahlte Elvis aus eigener Tasche.

Der Colonel sorgte dafür, dass seine gute Arbeit anerkannt wurde; bedürftigen Kindern ein paar Pennys zuzuwerfen war schon immer gut fürs Geschäft, für *jedes* Geschäft. Aber er hatte einen Hintergedanken, warum er das Konzert so gestaltete. Die Botschaft war klar: Elvis konnte jederzeit live auftreten, wenn er unbedingt wollte, aber er würde kein Geld an den Auftritten verdienen dürfen. Im Gegenteil, für das Vergnügen, vor einem Live-Publikum aufzutreten, würde er etwas aus seiner eigenen Tasche zahlen müssen.

Elvis war so verzweifelt, dass ihm das völlig egal war. Die Show wurde zu *dem* gesellschaftlichen Ereignis des Jahres. Der Gouverneur von Tennessee, Buford Ellington, proklamierte den »Elvis-Presley-Tag« und besuchte die Konzerte zusammen mit dem Bürgermeister von Memphis, Henry Loeb.

RCA schickte einen Abgesandten, um den Entertainer für den Verkauf von fünfundsiebzigtausend Schallplatten zu würdigen. Bei einer dreiviertelstündigen Pressekonferenz erklärte Elvis mit Bedauern, warum er neuerdings kaum musikalische Auftritte habe, und betonte, dass das Drehen von Filmen seine ganze Zeit in Anspruch nehme.

»Ich habe drei Jahre lang nicht auf der Bühne gestanden«, sagte er. »Fast hätte ich den Text eines meiner Songs vergessen.« Als er gefragt wurde, ob er vor den Auftritten nervös gewesen sei, bejahte er, doch das sei kein Vergleich mit seinem kürzlichen Auftritt mit Frank Sinatra. »Da war ich nicht nur nervös. Ich war wie gelähmt.«[18]

Die Journalisten stellten verschiedene Fragen, angefangen von der Bemerkung, dass er konservativer zu werden schien – »Ich bin ein bisschen älter, wissen Sie« –, bis hin zu Fragen über seine Koteletten – »Eine Zeit lang waren sie in Ordnung, aber man entwächst ihnen« –, aber immer wieder kamen sie darauf zurück, dass er kaum noch Live-Auftritte habe. Elvis' Antwort auf die Frage, ob er wieder »durch das Land tingeln« werde wie in alten Zeiten, verriet, wie weit er und Parker sich hinsichtlich seiner langfristigen Karriereziele auseinanderentwickelt hatten. Elvis erwiderte: »Colonel Parker könnte das besser beantworten. Irgendwann werde ich eine Tour durch Europa machen müssen …«

Offensichtlich hatte Elvis mit Parker schon über eine Europatournee gesprochen. Ebenso offensichtlich verwirrte ihn die zurückhaltende Reaktion des Colonels. Sein Kommentar auf der Pressekonferenz schien eher an Parker als an einen der anwesenden Journalisten gerichtet zu sein.

In Scottys Erinnerung trat Elvis an jenem Tag auf wie der alte, klassische Elvis von früher. Sie brachten die alten Songs, die Memphis weithin bekannt gemacht hatten, und sie spielten mit der

Energie von damals, mit der ihnen eigenen Gabe, ohne Worte zu kommunizieren, auch wenn ein wahrer Hurrikan von musikalischen Klängen sie zu verschlingen drohte. Hin und wieder schien Elvis unsicher und wandte sich zwischen zwei Songs an Scotty, um sich mit ihm zu beraten, doch die Begeisterung, wieder auf der Bühne zu stehen, hatte ihm deutlich neue Energie verliehen. Am Ende der Show spielten sie »Hound Dog«, die Nummer, mit der sie ihr Programm gern beendeten. Elvis fiel auf die Knie und gab alles, was er hatte. Laut Scotty war das Publikum »völlig aufgelöst«. Der Zeitungsjournalist Bill Burk von *Press-Scimitar* war einer Meinung mit Scotty und schrieb am Tag darauf: »Als der King mit ›Hound Dog‹ die Show beendete, eine Nummer so heiß wie eh und je, drehten sie völlig durch.«

Alles lief genauso, wie der Colonel es geplant hatte, abgesehen davon, dass Elvis zu Parkers Überraschung und Missfallen für die Woche darauf nach Nashville eingeladen wurde, um eine Auszeichnung von höchster Stelle, der Tennessee Assembly, entgegenzunehmen. Er wurde zum Ehrenoberst – *honorary Colonel* – von Tennessee ernannt. Gekleidet in einen schwarzen Anzug und mit etwas ungläubigem Blick stand er an der Rednerbühne des Repräsentantenhauses und nahm die Auszeichnung mit seiner üblichen Bescheidenheit entgegen.

Inmitten der Abgeordneten waren Dutzende junger Frauen – Schwestern, Töchter, Mütter, Freundinnen von Freundinnen der Abgeordneten, die ihre Beziehungen hatten spielen lassen, um den King persönlich zu sehen –, und als Elvis den Saal verließ, herrschte das pure Chaos, weil eine schreiende Horde weiblicher Fans ihm hinaus folgte. Die Abgeordneten von Tennessee blieben zurück in der ernüchternden Stille des Saales, allein mit ihren Gedanken über die wahre Bedeutung von Macht.

»Jetzt bin ich auch ein Colonel«, sagte Elvis zu Parker und stieß ihm dabei in die Seite.[19]

★

Der Plan des Colonels sah für Elvis drei Filme pro Jahr vor. Das garantierte Parker ein jährliches Einkommen von 750 000 Dollar allein aus den Filmen. Rechnete man die Einkünfte aus Plattentantiemen und Veröffentlichungsrechten hinzu, verdoppelte oder verdreifachte sich der Betrag sogar.

Wenn Elvis getan hätte, was er wollte, und auf Tour gegangen wäre, hätte Parker wesentlich geringere Einnahmen gehabt. Konzerttourneen erforderten eine kostspielige Logistik, und die Kosten wären von den Einnahmen abgezogen worden, bevor er seine Provision bekommen hätte. Auf Provisionen aus Filmen und Plattentantiemen war Verlass, sie wurden in Pauschalbeträgen ohne Abzüge ausbezahlt – und sie kamen in schöner Regelmäßigkeit.

Der Colonel hatte aus dem Konzert in Memphis seine Lehren gezogen. Wenn man die kostenlose Publicity und den gestiegenen Wert des Künstlers einrechnete, waren Wohltätigkeitskonzerte Millionen wert, und sie waren eine bequeme und legale Steueroase für Ausgaben, die im Namen der Wohltätigkeit aufgelaufen waren. Für Elvis' nächsten Film, *Blaues Hawaii (Blue Hawaii)*, der vor Ort auf Hawaii gefilmt werden sollte, beschloss Parker, ein weiteres Wohltätigkeitskonzert auf die Beine zu stellen, wobei der Erlös dem geplanten Denkmal für die *USS Arizona* zukommen sollte, dem Kriegsschiff, das von den Japanern in Pearl Harbor versenkt worden war.

Diese Neuigkeit war Musik in Elvis' Ohren. Er rief die Jungs der Band an, und alle außer Bill sagten zu. Elvis würde sie aus seiner eigenen Tasche bezahlen, aber das war es ihm wert, um wieder vor einem Live-Publikum auf der Bühne stehen zu können. Für Scotty, der mit der Navy in Pearl Harbour gewesen war, war es ein bisschen wie Nachhausekommen. Alle waren überrascht, dass Marie mitreiste. Es gehörte nicht zu Parkers Gewohnheiten, seine Frau in seine Aktivitäten einzubeziehen. Warum er sie auf diese Reise mitgenommen hat, während er sie von so vielen anderen ausgeschlossen hat, bleibt unklar.

Parker war ein gerissener Manipulator. In allem, was er tat, versuchte er, Menschen in die Irre zu führen und sich selbst zu verherrlichen. Bei Verhandlungen genügte es ihm nicht, die Geschäfte mit seinem jeweiligen Gegenüber ohne Umwege abzuschließen. Es gab immer einen Haken. Bei einer Gelegenheit verhandelte er über einen Multi-Millionen-Dollar-Film für Elvis, akzeptierte aber das hart umkämpfte, abschließende Angebot erst, als er von seinem Gegner einen Aschenbecher als Dreingabe dazubekam.

Einer seiner Geschäftspartner, der nicht genannt werden möchte, sagt, Parker habe eine Methode gehabt, bei der sie sich im Laufe von Geschäftsverhandlungen mit Signalen unter dem Tisch kurzschlossen. Parker setzte seinen Partner als Verhandlungsführer ein, nahm neben ihm oder direkt ihm gegenüber Platz, schwieg und ließ seinen Partner das Gespräch führen. Unter dem Tisch jedoch hatte er die ganze Zeit über das Sagen, indem er seinem Partner auf die Zehen trat – einmal für »Nein«, zweimal für »Ja« und dreimal, wenn er eine Pause machen wollte, damit sie sich besprechen konnten.[20]

Als der Colonel und Marie an Bord des Ozeandampfers Matsonia in Honolulu eintrafen, wurden sie im Namen der Stadt offiziell von Duke Kahanamoku, einem Schwimm-Champion, der gelegentlich auch als Schauspieler arbeitete, willkommen geheißen. Parker steckte bis zum Kinn in Blumenkränzen, aber zusätzlich gestattete er Kahanamoku, ihm auch noch einen Blumenhut aufzusetzen.

Parker machte eine große Sache daraus, Geld für die *USS Arizona* zu sammeln. Den Reportern sagte er, er rechne damit, 200 000 Dollar von der Million zusammenzubekommen, die für das Projekt benötigt werde. Dankbare Admiräle und Generäle scharten sich um Parker, gespannt, mehr darüber zu hören, was er für sie tun würde. Er erklärte, sie seien die Hüter der freien Welt und verdienten die Dankbarkeit jeder Mutter und jedes Vaters auf dem Kontinent; und die Admiräle und Generäle klopften ihm auf den Rücken und sogen seine Plattitüden auf wie ein Schwamm. Dann sagte er ihnen, er habe für jeden von ihnen eine Kleinigkeit dabei.

Der Colonel schwang den Deckel einer Truhe auf, die er aus Los Angeles mitgebracht hatte. In freudiger Erwartung beobachteten die Admiräle und Generäle den Colonel, als er in die Kiste griff und mit großem Zeremoniell darin herumwühlte, etwas aufhob, Dinge hin und her räumte und schließlich fand, wonach er suchte. Er gab jedem von ihnen einen kleinen Taschenkalender und dankte ihnen für die Opfer, die sie für ihr Land brachten.[21]

Als sie ihn fragten, ob sie Gratistickets für das Konzert bekommen könnten, antwortete Parker, das komme nicht infrage. Da es eine Wohltätigkeitsveranstaltung sei, müsse jeder zahlen. Sogar Elvis zahle für sein eigenes Ticket, sagte er, was stimmte, denn er hatte den Künstler davon überzeugt, dass seine staatsbürgerliche Pflicht das von ihm verlange. Es werde jedoch einen abgesonderten Bereich speziell für die Granden der Army und Navy geben, was sie nicht mehr kosten werde als den Standardpreis von 100 Dollar für den Eintritt.

Nachdem die Admiräle und Generäle den Raum verlassen hatten, hob der Colonel den Deckel seiner Truhe an, um einem örtlichen Discjockey seine Schätze zu zeigen. Die Kiste war gefüllt mit Farbfotos von Elvis – prächtige, glänzende, *kostbare* Souvenirs. Den Admirälen und Generälen hatte er das Zeug gegeben, von dem er glaubte, sie hätten es verdient, und die richtig guten Sachen hatte er aufgehoben, damit er sie auf dem Konzert verkaufen konnte.

Unter den Augen des Discjockeys suchte er zwei Eintrittskarten heraus und überreichte sie dem schwarzen Chauffeur, der ihm zugeteilt worden war. Die freien Eintrittskarten würden den Chauffeur genau inmitten der Army- und Navy-Granden platzieren. Er würde der einzige Schwarze dort sein. Das würde der Brüller werden!

Da Elvis alles bezahlte, peppte der Colonel die Show mit einer seiner früheren Klientinnen, der Country-Komikerin Minnie Pearl auf (und bekam wahrscheinlich eine Provision von dem, was Elvis ihr bezahlte). Er hatte nicht gescherzt, als er Elvis sagte, er müsse für sich selbst bezahlen, wenn er live auftreten wollte.

Zusammen mit Scotty, D. J., den Jordanaires, Boots Randolf am Saxofon und Floyd Cramer am Klavier lieferte Elvis einem Publikum von viertausend Zuhörern eine seiner besten Vorstellungen, wie Scotty sagt, der überrascht war, dass der Auftritt fast eine Stunde dauerte. Er schritt über die Bühne, fiel auf die Knie, bespielte das

Publikum, als seien er und alle Anwesenden noch Teenager. Bis zu seinem nächsten Auftritt sollten acht Jahre vergehen.

Am Ende des Konzerts rechnete der Colonel mit dem für das Denkmal zuständige Komitee ab. Verschiedene Quellen nennen unterschiedliche Beträge, die nach dem Konzert ausbezahlt wurden. Der Elvis-Biograf Jerry Hopkins sagt, das Komitee habe 47 000 Dollar bekommen sowie weitere 10 000 Dollar von Elvis und dem Colonel; eine andere Quelle gibt an, der Colonel habe dem Komitee nur 5000 Dollar gegeben. Doch welche Gesamtsumme auch genannt wird, sie lag weit unter den 200 000 Dollar, die der Colonel den Journalisten versprochen hatte, und unter den Ticketeinahmen für das ausverkaufte Konzert mit 4000 Besuchern.

Nach dem Konzert kehrte die Band aufs Festland zurück, aber Elvis und der Colonel blieben in Honolulu, um *Blue Hawaii* zu drehen, die Geschichte eines Mannes, der nach seinem Dienst in der Army gegen den Willen seiner Eltern die Arbeit in einem Reisebüro antritt. In weiteren Hauptrollen spielten Angela Lansbury als seine Mutter sowie Joan Blackman als seine Freundin. Für diese Rolle war ursprünglich Juliet Prowse vorgesehen, sie wurde jedoch in letzter Minute ausgetauscht – zum großen Missfallen ihres Verlobten, Frank Sinatra, der fand, man habe sie schlecht behandelt.

Mit zweiundfünfzig Jahren befand sich Colonel Parker in seiner zweiten Kindheit. Am Drehort wurde er zu einer wahren Landplage, unterbrach die Dreharbeiten häufig mit dämlichen Fragen und machte sich, laut Jerry Hopkins, im Hotel zum Narren, wo er sich mit einer Zigarrenhülse aus Aluminium eine Mikrofon-Attrappe bastelte und in der Lobby umherstreifte, um Hotelgäste für den – wie er sagte – Ananas-Sender zu interviewen.

Zwei der einheimischen Discjockeys überredete er, in der Lobby des Hotels übergroße Schneemannanzüge zu tragen. Das müssten sie tun, um Mitglieder im Verband der Schneemänner werden zu können. Er versprach, sie würden die offizielle Mitgliedschaft im Verband der Schneemänner erhalten, wartete aber fünf Jahre, bis er ihnen die Mitgliedsausweise schickte. Ein »Schneemann« war natürlich nichts anderes als ein Schausteller, der Dummköpfe anzapfte, um Geld aus ihnen herauszuholen. In Parkers Fall war das Wort »Schnee« unzutreffend, denn sein »Schnee« war immer so schwarz wie die Kohle in seiner fiktiven Heimat West Virginia.

»Er ist so sonderbar«, meinte Ron Jacobs, einer der Discjockeys, »aber ich mag diesen sonderbaren Hurensohn.«

Nachdem *Blue Hawaii* abgedreht war, kehrte Elvis für ein paar Wochen nach Memphis zurück und fuhr dann nach Florida, um *Ein Sommer in Florida (Follow That Dream)* zu drehen. Er war jetzt hauptberuflicher Schauspieler. Als sie in Florida ankamen, schlugen sie ihre Zelte im Paradise Motel in Crystal River auf, einer kleinen Stadt, etwa fünfzig Meilen nördlich von Tampa.

Es war vorgesehen, die meisten Szenen in und um Crystal River herum zu drehen sowie im nahe gelegenen Port Paradise, doch ein paar Szenen waren für Tampa geplant, was Parker freute, weil es ihm Gelegenheit gab, alte Freunde zu besuchen. Einer von Parkers Freunden in Tampa war Frank Connors, der früher in Abe Lymans Band gesungen hatte und Sprecher beim Radiosender der NBC war. Als Parker erfuhr, dass Franks dreiundzwanzigjährige Tochter Sharon, welche die University of Chicago mit Auszeichnung abgeschlossen hatte, Schauspielerin werden wollte, fädelte er es ein, dass sie in *Follow That Dream* die Rolle einer Sekretärin bekam. Als Sharon in Tampa von Reportern aufgespürt wurde, die mit ihr über ihren großen Durchbruch sprechen wollten, gab sie sich optimistisch über ihre Zukunft als Schauspielerin: »Mir gefällt die Vielfältigkeit des Schauspielerberufes ... und ich würde gern die Lady Macbeth spielen.«[22]

Während der gesamten Dreharbeiten lautete der Arbeitstitel des Films *What a Wonderful Life*. Erst nach Fertigstellung wurde der Film in *Follow That Dream (Ein Sommer in Florida)* umbenannt. Das Drehbuch basierte auf dem Roman *Pioneer Go Home* von Richard Powell (auf Deutsch unter dem Titel *Die Kwimpers* erschienen). Es geht um einen Jungen vom Lande, der von einer jungen Frau umworben wird und nicht sicher ist, wie weit er sich auf sie einlassen soll, während er zugleich als Landbesetzer um seine Rechte kämpft – eine Abwandlung der Comicfigur Li'l Abner.

Produziert wurde der Film von Mirisch Brothers in Zusammenarbeit mit United Artists. Mirisch Brothers hatten mit *Manche mögen's heiß (Some Like it Hot)* und *Das Appartement (The Apartment)* bereits zwei ansehnliche Erfolge gehabt, und die Amtsträger in Florida scheuten keine Mühen, um die Filmproduktion zu erleichtern. Wie sich später herausstellte, fand mancher Floridianer, der Staat sei in dieser Absicht *zu weit* gegangen.

Im August verbreiteten die Zeitungen im ganzen Staat eine Story von Associated Press, die darüber berichtete, die Entwicklungskommission in Florida habe Mirisch Brothers 8000 Dollar aus staatlichen Geldern bezahlt, um die Filmproduktion zu unterstützen. Die Schlagzeile in der *Tampa Tribune* – »Florida zahlt 8000 Dollar für Elvis-Film« – war repräsentativ für die Schlagzeilen im gesamten Staat.

Als Reaktion auf die Schlagzeilen ging Parker auf die Presse los. »Wenn der Staat Presley dafür bezahlt, dass er hierherkommt – wir haben nichts von dem Geld gesehen«, sagte er einem Journalisten der *Tampa Tribune*. »Ich weiß, dass es nicht an den Zeitungen liegt, wie Abonnenten ihre Storys verstehen, aber in Inverness kam heute eine Dame auf Elvis zu und sagte, sie habe gar nicht gewusst, dass der Staat seine Unkosten übernimmt. Das Witzige daran ist, dass der Staat Presley überhaupt nichts zahlt. Das Geld ist für das Studio. Wir bekommen ein Gehalt, wenn wir hierherkommen, nicht mehr und nicht weniger.«

Das war Colonel Tom in Höchstform, wie eine Figur des Schauspielers und Komikers W. C. Fields, seine Stimme erhoben, seine Zigarre hin und her rollend und Empörung über die Ignoranz von Normalsterblichen demonstrierend, welche die Absicht hatten, sich der Fortentwicklung von Kunst in den Weg zu stellen.

Die Staatsregierung war erstaunt über die Kritik. Der Gouverneur in Florida, Farris Bryant, verteidigte die Vorgehensweise der Kommission und sagte, es sei eine lohnende Investition gewesen und würde den Tourismus fördern. Die *Tampa Tribune* kam ihm zu Hilfe und schrieb in ihrem Leitartikel: »Es ist richtig, unter uns mag es ein paar geben, deren Einschätzung von Elvis Presleys Wert als Sänger oder Filmschauspieler etwas unter der 8000-Dollar-Marke liegt. Aber das fällt hier überhaupt nicht ins Gewicht.«

Die Zeitung betonte, dass Mirisch Brothers eine halbe Million Dollar für die Produktion des Films ausgegeben hätten, und schrieb, es sei die Hauptaufgabe der Kommission, neue Geschäfte anzustoßen, und »wenn die Entwicklungskommission 8000 Dollar investiert und dafür eine halbe Million Dollar einnehmen kann, ist das ein gutes Geschäft«.

Colonel Parker meinte, das alles sei sehr verwirrend für ihn. »Ich werde Ihnen eins sagen«, teilte er den Reportern mit. »Wenn sich dieser ganze Skandal noch weiter verbreitet, werden die Filmproduzenten in Hollywood zweimal hinsehen, bevor sie noch mal nach Florida kommen, um einen Film zu machen. Niemand gerät gern zwischen die Fronten eines politischen Gefechts, und um ein solches scheint es sich hier zu handeln.«[22] Parker hatte das letzte Wort, und die ganze Aufregung löste sich fast ebenso schnell auf, wie sie entstanden war.

Natürlich steckte mehr hinter dem Aufruhr, als ans Licht kam. Der Colonel ließ sich niemals ohne guten Grund oder ohne alles unter Kontrolle zu haben auf die Schlangengrube der Medien ein. Diese ganze Episode, oder zumindest Parkers Verwicklung darin, war offenbar als Vorwand für das ausgeklügelt worden, was er wirklich vom Staat Florida wollte – nämlich Schutz vor einem Eingreifen der Gesetzeshüter.

Das Drehbuch für *Follow That Dream* verlangte eine Szene, in der Schauspieler-Mafiosi illegal an echten Roulette- und Blackjack-Tischen spielten. Um die Szene filmen zu können, brauchten Mirisch Brothers die Ausstattung dafür. Da das Glücksspiel in Florida damals illegal war, baten die Filmemacher Parker um Hilfe. Für ihn war es kein Problem, die entsprechenden Tische zu besorgen. Niemand wusste genau, woher er sie bekommen hatte, doch die wahrscheinlichste Quelle waren Lagerhallen in Tampa, die den Trafficantes gehörten.

Parker wollte keine polizeilichen Razzien am Drehort, denn sie würden wissen wollen, woher die illegalen Geräte kämen. Das fehlte noch, dass ein Bataillon von Gesetzesvertretern in die Lagerhallen seiner Freunde in Tampa einfiele. Der Aufruhr über die 8000-Dollar-Investition des Staates in den Film, die Mirisch Brothers nicht nötig gehabt hätten, verflocht Gouverneur und Staat so mit dem Projekt, dass es unter Garantie keine Razzien am Set geben und kein Wort über die Spielausstattung fallen würde. Ob der Colonel diesen Plan entwickelt oder einfach nur seinen Vorteil daraus gezogen hat – von größerer Bedeutung ist, dass er Staatsbeamte und die Medien zu seinem Vorteil nutzen konnte.

Interessant war Elvis' Entscheidung, nicht nach Tampa zu fahren, um die geplanten Szenen auf dem Damm zu drehen. Stattdessen wurden Doubles eingesetzt. Elvis wollte nichts mit der Heimatstadt seines Managers zu tun haben. Der Großteil der Medienberichte der vergangenen Wochen hatte sich auf Elvis' Beziehung zu Parker konzentriert, was den Filmpublizisten Art Sarnow zu folgender Aussage gegenüber Journalisten veranlasste: »Es stimmt schon, Presley verlässt sich stark auf Tom Parker, aber der Junge ist kein Dummerchen. Er verfügt selbst über ein recht gutes Urteilsvermögen.«[23] Tampa zu meiden, war Elvis' Art, dieses gute Urteilsvermögen zu demonstrieren.

Im April darauf fand die Premiere von *Follow That Dream* in einem Kino in Ocala statt, was den hocherfreuten Direktor der Entwicklungskommission zu dem Ausruf veranlasste, der Film werde »Florida in der ganzen Welt verkaufen«. Über die Glücksspielgeräte wurde kein Wort verloren.

★

Ab 1962 begannen die Handlungsstränge von Elvis' Filmen immer ähnlicher zu werden, und auch die Musik wurde immer gleichförmiger, worüber seine Fans von früher entsetzt waren. In *Harte Fäuste, heiße Liebe (Kid Galahad)* ging es um Boxen und Frauen, und in *Girls! Girls! Girls!* ging es um Frauen und Frauen. Und so weiter. Paramounts Produzent Hal Wallis gab niemals vor, die Filme seien mehr als Hormonfutter für das weibliche Kinopublikum in Amerika. Er und der Colonel waren sich vollkommen einig darüber, was sie machten, und während Wallis oft sagte, da könne er auch gleich ein Geschäft mit dem Teufel machen, gab er zu, Respekt vor dem Colonel zu haben, den er als einen »dicken, groben Kerl« beschrieb.

»Wir machten unsere Geschäfte per Handschlag, und die Papiere kamen vier oder fünf Monate später«, sagte er den Archivaren der Southern Methodist University vor seinem Tod im Jahr 1986. »Unsere Filmverträge wurden per Handschlag besiegelt. Und er hat immer Wort gehalten. Er hat immer dafür gesorgt, dass Elvis da war.«

Bei all den Dingen, in denen der Colonel und Wallis übereinstimmten, war das Wichtigste ihr Urteil über Elvis' Potenzial als Schauspieler. Keiner von beiden glaubte, er habe eine Chance, ein richtiger Schauspieler zu werden. Für sie war er eine singende Comicfigur, welche die Kinos ebenso gut füllen konnte wie Daffy Duck oder Schneewittchen. Das ist einer der Gründe, warum Wallis die Regisseure für Elvis' Filme ständig austauschte. Die guten Regisseure, wie etwa Hal Kanter, erkannten Elvis' Potenzial und wollten es fördern, aber sie liefen gegen eine Wand. Im Gegensatz zu ein paar anderen Regisseuren, die mit Elvis arbeiteten, sah Kanter das Aufblitzen von Wissbegierde, die nur ein wenig hätte genährt werden müssen.

»Anscheinend hatte sich Elvis genauestens mit dem Kino befasst«, sagt Kanter. »Er war ein Filmfanatiker. Er wollte gut sein – in allem, was er anfing. Wäre er Lkw-Fahrer gewesen, das war mein Eindruck, dann hätte er der beste Lkw-Fahrer weit und breit sein wollen.«

Elvis bekam regelmäßig Angebote für anspruchsvollere Rollen, wie etwa die des Chance Wayne in der Verfilmung von Tennessee Williams' Roman *Sweet Bird of Youth (Süßer Vogel Jugend)*, die Rolle in *A*

Star is Born mit Barbra Streisand sowie eine Rolle in *West Side Story*, aber der Colonel erlaubte ihm nicht, sie anzunehmen.

»Er hätte ein großartiger Schauspieler werden können und wäre vielleicht heute noch unter uns«, sagt Scotty Moore. »Das hätte er machen können, auch wenn er zugenommen hätte. Sehen Sie sich Marlon Brando an. Er ist noch immer großartig. Wenn Elvis eine echte Chance als Schauspieler bekommen hätte, wäre sein Weg anders verlaufen.«

Was Elvis' Karriere anging, hatte der Colonel Scheuklappen auf. Er erlaubte keinerlei Abweichungen von seinen altbewährten, stereotypen Musikfilmen. Warum Parker etwas gegen die Konzerte hatte, ist nachvollziehbar: Seine Provision wäre durch die Betriebskosten für die Live-Auftritte gesunken. Doch die Gründe für seine Entscheidungen in anderen Bereichen bleiben ein Rätsel.

Frances Preston, der Geschäftsführer der Broadcast Music, Inc., BMI, einer der mächtigsten Gesellschaften des Landes für die Vergabe von Musiklizenzen, hat jahrelang versucht, Parker zu einem Vertrag mit Elvis zu bewegen, um ihm dazu zu verhelfen, Tantiemen von den Songtiteln zu bekommen, die unter seinem Namen veröffentlicht wurden. Der Colonel wollte davon nichts hören. Preston war fassungslos, aber Parker lehnte es kategorisch ab.

»Es wurden Briefe geschrieben, aber Parker reagierte gar nicht darauf, wir fuhren zu ihm, um darüber zu sprechen, und es schien, als brauche er das Geld nicht«, sagt Preston. »Priscilla hat es erst nach Elvis' Tod gemacht.«

Die Filme liefen wie am Schnürchen und dank der niedrigen Nebenkosten kam massenhaft Geld herein; das einzige Problem des Colonels war, Elvis' Privatleben in den Griff zu bekommen. Elvis hatte gegen seinen Rat Priscillas Eltern angerufen und arrangiert, dass sie in die Vereinigten Staaten kam, um bei ihm zu leben. Er versprach, sich gut um sie zu kümmern, und bat seine Großmutter und seine

Stiefmutter Dee, Priscillas Eltern zu erklären, dass sie das Mädchen beaufsichtigen und in eine der katholischen Highschools in Memphis einschreiben würden.

Priscilla traf ein, während Elvis noch in Los Angeles war und *Girls! Girls! Girls!* drehte. Elvis sorgte dafür, dass sie bei einem örtlichen Cadillac-Händler und dessen Frau wohnen konnte, holte sie aber später von dort weg, weil er es dem Händler übel nahm, dass Liberace bessere Autos von ihm bekam.

Im Herbst hatte sich Priscilla in Graceland eingewöhnt und an der Highschool eingeschrieben, worüber der Colonel sehr erleichtert war, denn er dachte, in Memphis ließe sich Elvis' Beziehung zu dem jungen Mädchen besser in Schach halten. Parker wusste, dass es für die Medien in Los Angeles ein gefundenes Fressen gewesen wäre, wenn sie erfahren hätten, dass Elvis mit Priscilla zusammenlebte. Wie vernichtend die Presse gegen Jerry Lee Lewis wegen seiner Hochzeit mit einem Teenager auch vorgegangen war – wenn sie nicht *verheiratet* gewesen wären, wäre es noch zehnmal schlimmer gewesen.

Priscilla war eine tickende Zeitbombe.

Aus Parkers Sicht war Elvis' Vorliebe für junge Mädchen eine Schwäche – und er hasste jede Form von Schwäche bei anderen. Diese Einstellung ist häufig bei Menschen zu finden, die selbst zu Suchtverhalten neigen. Als sich das Jahr 1962 dem Ende zuneigte, erfuhr der Colonel, dass sein Freund Lyndon Johnson, der zum Vizepräsidenten befördert worden war, eine Reise nach Los Angeles plante. Er bot Johnson an, in seinem Haus in Palm Springs zu wohnen.

Es stellte sich zwar heraus, dass der Vizepräsident keine Zeit hatte, nach Palm Springs zu kommen; aber als er nach Washington zurückkehrte, ließ er dem Colonel eine Notiz zukommen und bedankte sich für das Angebot, in seinem Haus zu wohnen: »Ich weiß das zu schätzen, vielleicht ergibt sich noch einmal die Gelegenheit. Ich hoffe es.«[25]

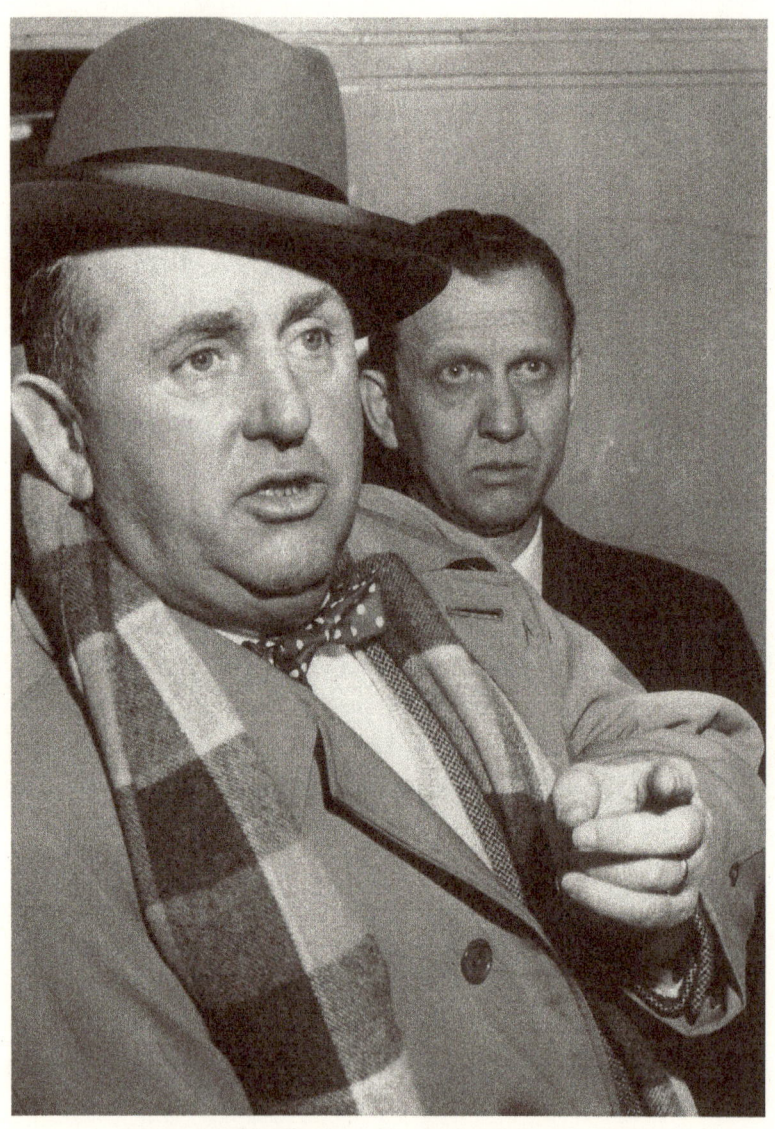

Colonel Parker in Memphis, Ende der 1950er-Jahre

KAPITEL 6

★ ★ ★

Geteert und gefedert mit dem Glanz Hollywoods

Es war 1963 geworden, und Colonel Parker, der die Musik zunehmend als größtes Hindernis für die Filmkarriere seines Klienten betrachtete, hatte Elvis Presleys Künstlerseele an Hollywood verhökert. Seiner Meinung nach bestand der Wert von Elvis' Musik darin, dass man sie als Promotionswerkzeug für seine Filme einsetzen konnte.

Wenn Elvis' Zukunft als Schauspieler in Hollywood lag, dann auch Parkers als Manager. Er und Marie ließen ihr Haus in Nashville zurück – behielten es aber in Besitz, weil sie planten, es eines Tages in ein Museum für die Schätze und Artefakte des Colonels umzubauen – und kauften Häuser in Bel Air und Palm Springs in Kalifornien.

Weil Parker einen Ersatz für sein schäbiges Garagenbüro brauchte, überredete er Paramount, ihm auf dem Studiogelände eine Suite mit fünf Zimmern zur Verfügung zu stellen. Er verkleidete die Wände mit Fotos von Elvis und Postern seiner Filme. Ein Büroraum war vollständig den mit Autogrammen versehenen Bildern von Berühmtheiten aus Unterhaltung und Politik gewidmet. In seinem privaten Büro standen Dutzende von Miniaturelefanten und Schneemännern in verschiedenen Größen, und an den Wänden hingen seine Verdiensturkunden, die er über die Jahre erhalten hatte. Sein Schreibtisch war übersät mit winzigen Elefantenfiguren, und in der Nähe stand ein Abfalleimer, der die Form eines Elefantenfußes hatte.

Dem Colonel wurde schnell langweilig. Bald wurde seine Bürosuite mehr ein Spielzimmer als ein Ort, an dem tatsächlich Geschäfte gemacht wurden. Da er immer eine Schwäche für technische Spielereien hatte, ließ er in seinem Büro eine Lautsprecheranlage installieren, die es ihm ermöglichte, von seinem Schreibtisch aus Kommandos in ein Mikrofon zu blaffen und seine Worte über Lautsprecher in alle anderen Büroräume zu übertragen.

Nach Aussage des Schauspielers Jon Hartmann, der in den 1960er-Jahren kurzzeitig in Parkers Büro gearbeitet hatte, benutzte der Colonel selten verbale Kommandos, um seine Mitarbeiter zu mobilisieren. Stattdessen platzierte er eine Ballonhupe, wie sie üblicherweise von Zirkusclowns benutzt werden, neben das Mikrofon und drückte sie, wann immer er seine Mitarbeiter herbeizitieren wollte … *Tut! Tut! Tut!* In einem Interview mit dem Autor Jerry Hopkins sagte Hartman, die Büromitarbeiter seien immer angespannt gewesen, wenn Parker anwesend war. »Er rief uns zusammen, indem er auf die Hupe drückte, und alle mussten sofort angelaufen kommen«, so Hartman. »Mit oder ohne Lautsprecheranlage – er drückte so lange auf die Hupe, bis alle in strammer Haltung vor ihm angetreten waren. Wir spielten einfach ein Spiel. Das Elvis-Presley-Spiel.«

Mit Ausnahme seiner langjährigen Assistentin Trude Forsher war die Mehrheit von Parkers Mitarbeitern männlich.[1] Für weibliche Angestellte schien er nicht viel übrig zu haben. Die Männer, die für ihn arbeiteten, waren entweder über seine Frau mit ihm verschwägert oder Kollegen von früher, mit Ausnahme der jungen Männer von der Agentur William Morris, die Büropraktika bei ihm absolvierten. Die meisten blieben nur für kurze Zeit.

Elvis' erster Film im Jahr 1965 war *Acapulco (Fun in Acapulco)* mit der in der Schweiz geborenen Schauspielerin Ursula Andress, die mit Sean Connery im ersten James-Bond-Film *(James Bond jagt Dr. No)* mitgewirkt hatte. Einige der Filmszenen wurden in Acapulco gedreht, jedoch ohne Elvis, der alle seine Szenen auf dem Paramount-Gelände drehte. Es kursierten Gerüchte, dass Elvis und Andress während der Dreharbeiten eine Affäre gehabt hätten, aber falls sie der Wahrheit entsprachen, war sie nach Abschluss der Dreharbeiten beendet.

Fun in Acapulco handelte von einem ehemaligen Trapezkünstler (Elvis), der nach einem Unfall auf dem Hochseil eine Stelle als Rettungsschwimmer in Acapulco antritt. Von allen Filmen nach seiner Entlassung aus der Army hatte dieser die bisher überzeugendste Handlung. Er sang etwa ein Dutzend Lieder, aber es wurden keine Singles aus dem Film veröffentlicht, und er musste sich mit einem weiteren Soundtrack-Album zufriedengeben, das Goldstatus erreichte. Es war etwas, das er in Graceland an die Wand hängen konnte, aber er verspürte keine große Befriedigung.

Elvis hatte seine Pläne, ein ernsthafter Schauspieler zu werden, nicht aufgegeben, aber Parker und Wallis hatten, was er nicht wusste, keinerlei Absichten, ihm jemals die Gelegenheit dazu zu bieten. Parker schloss einen neuen Vertrag mit Wallis, der Elvis für weitere drei Jahre, bis 1966, vertraglich an Paramount band. Das Muster von Elvis' Filmen zahlte sich aus, und Parker sah keinen Grund, eine todsichere Sache durch ein Lotteriespiel mit ungewissem Ausgang zu riskieren.

Im Gegensatz zu Hal Kanter, der glaubte, dass Elvis' Schauspieltalent hätte weiterentwickelt werden können, glaubte Wallis nie daran. In Interviews sagte Wallis in späteren Jahren, nach Elvis' Tod, er habe das Gefühl gehabt, ihn als Schauspieler an seine Grenzen gebracht zu haben. Er habe nie die Absicht gehabt, ihn als ernsthaften Schauspieler einzusetzen, zumindest nicht im traditionellen Sinn. Laut Wallis bestand Elvis' Wert in seiner Identität als Rock'n'Roll-Star und in seiner charismatischen Leinwandpräsenz. Der Schlüssel zum Erfolg der Elvis-Presley-Filme, so Wallis weiter, war eine Handlung, in der Elvis ein paar Lieder singen konnte, eine Liebesaffäre mit einem hübschen Mädchen hatte und glücklich bis ans Ende ihrer gemeinsamen Tage lebte.[2] Damit sollte erreicht werden, dass die Zuschauer lächelnd und mit benommenem Blick aus dem Kino kamen und sich selbst gut fanden.

Elvis selbst durfte sich unglücklicherweise nicht gut finden. Er wurde gerade vom Rock 'n' Roll überfahren, diesem Bastard, den er und Scotty und Bill in einer heißen Memphis-Nacht geschaffen und in die Welt hinausgeschickt hatten, wo er sich allein durchschlagen musste. 1963 hatten Bobby Vee, Steve Lawrence, die Beach Boys und Jan and Dean Elvis von der Spitze der Charts gestoßen, und obwohl seine Soundtrack-Alben alle Goldstatus erreichten, war es einfach nicht dasselbe.

Scotty blieb treu an Elvis' Seite, um mit ihm die Studioaufnahmen für den Soundtrack zu machen, doch nur selten spielte er die Leadgitarre, und die Aufnahmen hatten kaum Ähnlichkeit mit der Musik, die sie in ihrer Anfangszeit gemacht hatten. Scotty wusste, dass die Musik, die sie aufnahmen, nicht gut war, aber er wurde dafür bezahlt – hundert Dollar hier und da –, und das war ja auch etwas wert.

Man musste sich daran gewöhnen, wie an so vieles.[3] Es war eine stumpfsinnige Arbeit, sowohl im Studio als auch auf dem Filmgelände, und Elvis flüchtete vor der Realität in ein Übermaß an Essen, Sex und Tabletten. Priscilla schrieb in ihrem Buch *Elvis and Me*, Elvis habe schon vor dem Wehrdienst Tabletten genommen. Er nahm Schlaftabletten, um durch die Nacht zu kommen. Während er in Deutschland stationiert war, fing er an, Amphetamine zu nehmen, um während des Tages wach zu bleiben.

Im Juni machte Priscilla ihren Abschluss an der katholischen Mädchenschule Immaculate Conception. Elvis schenkte ihr zum Abschluss einen Chevrolet Corvair. Nachdem sie die Schule abgeschlossen hatte, wusste sie nicht recht, was sie mit ihrem Leben anfangen sollte. Sie tat, was viele junge Mädchen in dieser Situation machten: Sie meldete sich bei einem Ballettkurs an.

Etwa zur selben Zeit machte Elvis einen seiner seltenen Abstecher zu Parkers Haus in Bel Air. Der Grund seines Besuches ist unklar, aber der Zeitpunkt scheint dafür zu sprechen, dass es um seine Beziehung zu Priscilla ging. Parker wurde zunehmend besorgter über die Angelegenheit, die für ihn ein potenzieller Publicity-Albtraum war. Was auch immer sie an jenem Tag besprachen, es blieb offenbar ohne Ergebnis, denn Priscillas Situation in Graceland blieb unverändert. Trotz all ihrer Versuche, so schnell wie möglich erwachsen zu werden und eine seriöse Rolle in Elvis' öffentlichem Leben einzunehmen, blieb sie das Kinderspielzeug eines Filmstars.

Für seinen nächsten Film, *Tolle Nächte in Las Vegas* (*Viva Las Vegas*), fuhr Elvis an den Originalschauplatz. Trotz des verhaltenen Empfangs, den ihm das Publikums zu Beginn seiner Karriere dort bereitet hatte, war er von Las Vegas fasziniert und staunte wie ein Kind über die vielen »Sünden« – als die sie im Bibelgürtel im Süden der USA galten –, die scheinbar bedenkenlos am helllichten Tag zur Schau gestellt wurden. Parker war begeistert. Er war die ganze Zeit über nach Las Vegas gefahren; der Film gab ihm einen weiteren Vorwand, um seine ausufernde Spielsucht zu befriedigen.

Viva Las Vegas war die Geschichte eines Rennfahrers, der das Geld für einen neuen Motor aufbringen muss. Die weibliche Hauptrolle spielte Ann-Margret, eine beeindruckende Rothaarige, die Furore mit dem Film *Bye Bye Birdie* gemacht hatte, die Geschichte eines Rock-'n-' Roll-Stars aus den Südstaaten, der in die Army eingezogen wird. Am Drehort wurde Elvis von Reportern dazu befragt. Er sagte, er habe sich *Bye Birdie* nicht angesehen, zumindest nicht ganz, und wisse nicht genug über den Film, um etwas darüber sagen zu können.

Die Filmszenen wurden an verschiedenen Orten in und um Las Vegas gedreht, und die Hotels Tropicana und Flamingo waren die Schauplätze für die Hotelszenen. Parker war während der gesamten Dreharbeiten sichtlich unzufrieden, aber niemand wusste genau, warum. Er hatte mehrere Auseinandersetzungen mit dem Produzenten Jack Cummings. In einem Fall ging es darum, dass Cummings sich weigerte, Parker den Sicherheitsdienst für den Film aussuchen zu lassen. Doch Parker ging bei vielen der Konfrontationen leer aus, denn Cummings war der Schwiegersohn von Louis B. Mayer und es gewohnt, seinen Willen zu bekommen.

Während der Dreharbeiten dieses Films in Las Vegas hatte Priscilla zum ersten Mal Gewissheit, dass Elvis sich mit anderen Frauen traf. Offensichtlich hatten Elvis und Ann-Margret eine Affäre, was in der Präsidentensuite im Hotel Sahara nicht zu übersehen war, aber die Mitarbeiter der Filmgesellschaft waren wie immer diskret und schützten Elvis' Privatsphäre.

Der Filmjournalist Bob Thomas von der Associated Press zerriss diesen schützenden Schleier und schrieb einen Artikel über die Romanze. »Es gibt Neuigkeiten, und die Jüngeren unter uns werden durchdrehen – Elvis Presley und Ann-Margret haben eine Liebesaffäre«, schrieb er. »Sie halten Händchen. Sie verschwinden zwischen den Szenen in seiner Garderobe. Sie essen zusammen in aller Abgeschiedenheit zu Mittag.« Als Thomas Ann-Margret dazu befragte, antwortete sie: »*Darüber* werde ich nichts sagen.«

Der Artikel wurde in der *Memphis Press-Scimitar* gedruckt, wo Priscilla ihn las. Sie war todunglücklich. Sie mag den Verdacht gehabt haben, dass Elvis sich mit anderen Frauen traf, wusste es aber nie mit Sicherheit. Es jetzt in der Zeitung lesen zu müssen, tat noch mehr weh.

Auch für Elvis, der immer darauf gezählt hatte, dass die Presse nur vage und ungenau über die Einzelheiten seiner Freizeitaktivitäten berichtete, war der Artikel ein Schock. Er öffnete ihm die Augen. Er hatte immer geglaubt, die Wahrheit über seine Beziehung zu Priscilla sei durch Memphis' relative Abgeschiedenheit geschützt. Jetzt wusste er, dass die Informationen über seine Beziehungen in beide Richtungen flossen, von Memphis nach Hollywood und umgekehrt, und zum ersten Mal verstand er, warum Parker sich Sorgen machte.

Im November waren der Colonel und die ganze Nation fassungslos über die Ermordung des Präsidenten John F. Kennedy. Die gute Nachricht war, dass Parkers Junge, Lyndon, dadurch ins Oval Office aufstieg. Jetzt stand Parker in enger Beziehung zum *Präsidenten*! Keine Woche nach Johnsons Einzug ins Weiße Haus schickte ihm der Colonel ein Geschenk zur Erinnerung an diesen sehr besonderen Anlass – sein Markenzeichen, einen Planwagen.[4]

★

Mit Beginn der Arbeiten an Elvis' zehntem Film nach seiner Rückkehr aus Deutschland, *Die wilden Weiber von Tennessee (Kissin' Cousins)*, trat ein neuer MGM-Produzent auf die Bildfläche – Sam Katzman, ein knausriger Administrator, der aufgrund seiner Vorliebe, Filme innerhalb von zwei Wochen oder schneller zu produzieren, als »König der Schnellschüsse« bekannt war. Sein letzter Film war die Musikrevue *Hootenanny Hoot* gewesen, und während die Dreharbeiten an *Kissin' Cousins* begannen, arbeitete er an *Your Cheatin' Heart*, der Lebensgeschichte von Hank Williams.

Für den Colonel war Katzman ein Geschenk des Himmels, denn je schneller ein Film fertig wurde, desto niedriger waren die Produktionskosten. Unter den Bedingungen von Parkers Gewinnbeteiligungsplan mit dem Studio bedeutete das, dass mehr Geld in seine eigene Tasche floss (er und Elvis bekamen fünfzig Prozent des Gewinns).[5] *Kissin' Cousins* zum Beispiel hatte ein Budget von 1,3 Millionen Dollar zur Verfügung und kostete 600 000 Dollar, was bedeutete, dass Elvis und Parker die Differenz von 750 000 Dollar bekamen. Wenn der Film in die Kinos kam, erhielten sie fünfzig Prozent des Gewinns aus den Kartenverkäufen.

Nach Aussage von Gene Nelson, dem Regisseur, den Katzman für den Film ausgesucht hatte, bekam Elvis von jedem Filmstudio in Hollywood Drehbücher angeboten. »Ein paar von uns mussten tatsächlich Schlange stehen«, erzählte er den Autoren Rose Clayton und Dick Heard für ihr Buch *Elvis Up Close.* »Jemand hatte ein Projekt entwickelt und legte es Colonel Parker vor. Der Colonel sagte jedes Mal: ›Das Drehbuch interessiert mich nicht. Wenn Sie das Geld im Voraus zahlen können, plus fünfundzwanzig Prozent [oder was auch immer], machen wir es.‹«

Da Elvis für Katzman ein Junge vom Land war, engagierte er den Drehbuchautor Gerald Adams, um eine Story für Elvis zu schreiben, die sich über dessen ländliche Wurzeln – so sah Katzman ihn – lustig machen sollte. In Wahrheit wusste Elvis nichts vom »Leben auf dem Land«, weil er sein Leben lang nur in Städten gewohnt hatte. Katzmans Charakterisierung demonstrierte mehr als nur ein kleines kulturelles Vorurteil gegen Südstaatler, eine Haltung, die zur damaligen Zeit häufig anzutreffen war.

Autor und Nobelpreisträger William Faulkner, der nicht weit von Elvis Geburtsstadt Tupelo geboren und aufgewachsen ist, musste im Laufe seiner Karriere dieselben Beleidigungen erdulden.

Nelson gefiel Adams' Drehbuch nicht und er sagte Parker, dass er es ändern wolle. Parker entgegnete, er wisse, wo er ein sprechendes Kamel finden könne, das perfekt für den Film wäre. Nelson sperrte sich gegen das Kamel im Film, verbrachte aber viel Zeit damit, das Drehbuch umzuschreiben. Als es fertig war, schickte er Parker eine Kopie, vielleicht weil er dachte, es wäre gut, die Meinung eines Südstaatlers zu hören, denn der Colonel hatte immer behauptet, aus West Virginia zu stammen. Zusammen mit dem Drehbuch schickte Nelson eine Notiz, in der er den Colonel bat, das Drehbuch zu lesen, bevor es an Elvis geschickt wurde.

Parker antwortete ebenfalls mit einer Notiz: Wenn Nelson seine Einschätzung des Drehbuchs wolle, koste ihn das zusätzlich 25 000 Dollar. Als Nelson ihn später darauf ansprach, sagte Parker, er und Elvis wüssten nichts darüber, wie man Filme mache.[6] Sie interessierten sich nur dafür, so Parker, genügend Songs in den Filmen unterzubringen, damit ein ganzes Soundtrack-Album daraus gemacht werden konnte.

Parker war ehrlich. Er wollte einen Film, der Geld einbrachte. Es war den Filmgesellschaften überlassen, wie sie es bewerkstelligten. Die Aufgabe des Regisseurs war es, sich an Drehbücher nach dem Schema »Elvis, Mädchen, Spaß und Gesang« zu halten, das sich als gewinnbringend erwiesen hatte, und genügend Songs in die Filme einzubauen, damit RCA genügend Material für ein Album bekam.

Nelson machte, was die meisten Regisseure vor ihm und alle, die nach ihm kamen, machten. Er schickte eine Kopie des Drehbuchs an Freddie Bienstock von Hill and Range in New York. Bienstocks Aufgabe war es, die Sequenzen durchzusehen, in denen der Regisseur Lieder einsetzen wollte, und anschließend die Songs bei den Songschreibern des Hill-and-Range-Teams in Auftrag zu geben. Diese schrieben mehrere Songs für jede einzelne Szene, machten Demoaufnahmen davon und schickten diese an den Regisseur, der aussuchte, was ihm am besten gefiel. Das Material, das Elvis schließlich bekam, um es aufzunehmen, schien von Jahr zu Jahr schlechter zu werden, aber er war nicht fähig, etwas dagegen zu unternehmen.

Als sein neunundzwanzigster Geburtstag näher rückte, war Elvis so verzweifelt über seine Karriere, dass er sich weigerte, seinen Geburtstag zu feiern. In einem Jahr würde er *dreißig* werden. Kein Rock 'n' Roller hatte je so viele Jahre auf dem Buckel gehabt. Seine größten Ängste bezüglich seiner Karriere wurden ihm ein paar Tage nach seinem Geburtstag bewusst, als die *Memphis Press-Scimitar* eine Story herausbrachte, die ihm vorwarf, den Rock 'n' Roll aufzugeben, und ihn beschimpfte, weil er so viele niveaulose Filme drehte.[7]

Elvis hatte seinen Rückzug von der Musik immer als einen Karrieresprung verstanden, der ihn zu größerem Starruhm bringen würde, jetzt aber wusste er, dass alles nur eine Lüge war. Um die Dinge noch schlimmer zu machen, hörte er jedes Mal, wenn er das Radio anstellte, einen Rock'n'Roll-Stil, der ihm im wahrsten Sinne des Wortes fremdländisch vorkam. Der meistgespielte Song in jenem Monat war »I Want To Hold Your Hand« von den Beatles. Am Ende des Monats würde er auf Nummer eins in Amerika klettern. Elvis hatte den Rock'n'Roll-Thron einem Haufen von Ausländern überlassen, die gerade dem Teenageralter entwachsen waren – er wusste es, und es schmerzte unerträglich.

Aus geschäftlicher Sicht waren Colonel Parkers Entscheidungen meistens profitabel, aber es gab Zeiten, in denen er nicht in Form zu sein schien. Anfang 1964 riet er Elvis, für 55 000 Dollar die *Potomac* zu kaufen, die Präsidentenyacht, die einst von Präsident Franklin D. Roosevelt benutzt worden war, und sie dann dem St. Jude Hospital in Memphis zu stiften.[8]

Eigentümer der *Potomac* war das in Newport Beach, Kalifornien, ansässige Unternehmen Hydro Capital, das 250 000 Dollar in das Schiff investiert und es zum Long Beach Harbor in Los Angeles transportiert hatte. Warum ein Unternehmen, das eine Viertelmillion Dollar für die Renovierung eines Schiffes ausgibt, es dann für 55 000 Dollar verkauft – und welche Art von Beziehung Hydro Capital und Colonel Parker hatten –, ist bis heute rätselhaft. Nachdem Elvis das Schiff gekauft hatte, gab er es an St. Judes größten Wohltäter, den Entertainer Danny Thomas weiter, der daraufhin den Journalisten sagte, er habe das Gefühl, er spiele »Pingpong« mit einem historischen Artefakt. Als Thomas von den Journalisten zu einer Aussage darüber gedrängt wurde, was St. Jude mit dem Schiff anfangen werde, antwortete Thomas, es werde wahrscheinlich als Schrott verkauft werden – und zu einem niedrigeren Preis, als Elvis dafür bezahlt hatte. Ein Artikel in der *Memphis Press-Scimitar*, in dem das Schiff als »weißer Elefant« bezeichnet wurde, trug auch nicht gerade zur Verbesserung von Elvis' Selbstbild bei.[9]

Was genau Parker im Sinn hatte, ist ungewiss und wird vielleicht nie ans Licht kommen, doch was auch immer er in der Hinterhand hatte, zahlte sich mit großer Sicherheit mehrfach anderweitig aus, raffiniert getarnt und ausgeklügelt kam es irgendjemandem zugute, nur nicht Elvis. Das war nun einmal Parkers Methode. Nie wurde das deutlicher als bei seinen Machenschaften bei der Verteilung von Elvis' Gewinnen aus den Songs, die er in seinem Namen unter dem Dach von Hill and Range registrierte, sowie bei der Verteilung der Gewinne aus verschiedenen Vermarktungsprogrammen. So gehörten Elvis beispielsweise fünfzehn Prozent von Songman Music, aber Parker gehörten vierzig Prozent; Bienstock gehörten fünfzehn Prozent, George Parkhill von RCA gehörten fünfzehn Prozent, und Tom Diskin gehörten fünfzehn Prozent.

Parkers eigentlicher Ansporn, so viele Menschen an Elvis' Gewinnen zu beteiligen, war im Grunde nur, sich selbst Geld zu sparen. Wenn er wollte, dass jemand etwas für ihn machte, gründete er einfach eine weitere Verlagsgesellschaft, und anstatt jemanden einfach für seine Dienste zu bezahlen, übertrug er prozentuale Anteile am Unternehmen. Auf diese Weise war es letztendlich Elvis, der alles bezahlte.

Elvis' Sorgen und Selbstzweifel wurden noch verstärkt durch eine Reihe von Vorfällen und Unglücksfällen, die seine Freunde betrafen, sowie durch neue Drohungen gegen seine persönliche Sicherheit. Im Januar erhielt Elvis eine Postkarte mit einer Briefmarke aus Huntsville, Alabama, die an »Präsident Elvis Presley« adressiert war. Auf der Karte stand: »Sie sind der Nächste auf meiner Liste.« Unter dieser Warnung waren fünf Personen aufgeführt, als Erstes Elvis, und weitere waren Johnny Cash, der Gouverneur von Alabama, George Wallace und ein »Präsident JBJ« (sic).[10]

Vernon brachte die Postkarte zum Büro des FBI in Memphis, aber als die FBI-Agenten sie dem Bundesstaatsanwalt vorlegten, meinte dieser, er sehe keine Möglichkeit für eine Strafverfolgung innerhalb des Bundesgesetzes für Erpressung. Er wollte einfach nichts damit zu tun haben. Der Hinweis auf »Präsident JBJ« (sic) schien dem FBI größere Sorgen zu bereiten als die Drohung gegen Elvis.

Die Initialen JBJ kamen den Initialen von Präsident Lyndon B. Johnson nahe genug, um das FBI zu veranlassen, die Postkarte als potenzielle Drohung gegen den Präsidenten zu sehen und sie entsprechend zu handhaben. Die Postkarte wurde vom Labor des FBI untersucht; es konnte keine Übereinstimmung mit anderen aktenkundigen anonymen Briefen festgestellt werden. Auch enthielt die Karte weder Wasserzeichen noch schriftliche Besonderheiten, die zur Identifizierung des Absenders nötig gewesen wären. Der Fall wurde dem Secret Service übergeben, und die Drohung, jedenfalls die gegen Elvis, wurde von den Behörden ignoriert.[11] Parker blieb, wie immer, auf Distanz.

Elvis Gitarrist und Freund Scotty Moore hatte währenddessen seine eigenen Probleme. Während er Sam Phillips' Studio in Nashville am Laufen hielt, fragte ihn der Produzent Billy Sherrill, mit dem er im Studio arbeitete, ob er ein Album mit Instrumentalstücken aufnehmen möchte. Scotty hatte schon oft mit Sam darüber gesprochen, aber der hatte ihn jedes Mal vertröstet. Als Sherrill ihm das Angebot machte, das Album zu produzieren, und sogar einen Vertrag mit Epic Records abschließen konnte, ergriff Scotty die Gelegenheit. Der Titel des Albums lautete *The Guitar That Changed The World*, und es enthielt viele der frühen Hits, die Scotty mit Elvis aufgenommen hatte, in der Instrumentalversion.

Scotty erzählte Sam von dem Album, aber dieser reagierte nicht, wie er erwartet hatte. Er entließ ihn auf der Stelle. Scotty zog nach Nashville, ein weiteres Zeichen für Elvis, dass seine Welt langsam aus den Fugen geriet. In der Hoffnung, Colonel Parker würde ihm bei dem Album unter die Arme greifen, schickte Scotty ihm ein Acetat der Aufnahme mit einer Notiz, er »würde es als eine Ehre betrachten«, wenn Parker den Text für das Cover verfassen würde.[12]

Parker forderte Tom Diskin auf, ein Antwortschreiben zu verfassen. Darin schrieb Diskin, es sei dem Colonel nicht möglich, ihm bei dem Text zu helfen, es gebe »Restriktionen, die es nicht gestatten, Elvis' Namen im Zusammenhang mit einer anderen im Handel erhältlichen Schallplatte zu verwenden.« Diskin schickte das Acetat an Scotty zurück und versprach, die Schallplatte zu kaufen, sobald sie herauskomme. Weiter schrieb Diskin, Scotty müsse zugeben, »dass das die beste Unterstützung sei.«

Es war ein Schlag in Scottys Gesicht, ein Schlag, für den der Colonel selbst zu feige war, aber Scotty war nicht im Geringsten erstaunt. Als er den Colonel bat, den Covertext zu verfassen, hatte er etwas Entscheidendes vergessen: Er hatte weder Bargeld noch einen Scheck oder eine Zahlungsanweisung mitgeschickt.

★

Die Filme schienen von Jahr zu Jahr schlechter zu werden.

Verschollen im Harem (Harum Scarum) war der erste Film des Jahres 1965, ein unsinniges, misslungenes Werk unter der Regie von Gene Nelson und produziert von Sam Katzman. Die weibliche Hauptrolle gegenüber Elvis spielte die ehemalige, aus Mississippi stammende Miss America, Mary Ann Mobley. Kaum war dieser Film abgedreht, begann Elvis für MGM die Dreharbeiten für *Frankie und Johnny (Frankie and Johnny)*, einen Film, der über ein größeres Budget verfügte und von Edward Small produziert wurde. Regie führte Frederick de Cordova, der später als Produzent von Johnny Carsons *Tonight Show* weithin bekannt wurde.

Danach folgte ein weiterer Film für Paramount mit dem Titel *Südsee-Paradies (Paradise, Hawaiian Style)*, produziert von Hal Wallis und unter der Regie von Michael Moore. Die meisten Szenen wurden auf Hawaii gedreht und nur einige wenige auf dem Paramount-Gelände, was es Elvis ermöglichte, der drückenden Hitze von Memphis und der Isolation seines Lebens in Hollywood zu entkommen.

Unglücklicherweise hatte Hawaii nicht die beruhigende Wirkung auf Elvis, die alle sich erhofft hatten. Er unterlag plötzlichen Stimmungsschwankungen und brach in Wutanfälle aus, und zwei Tage kam er aufgrund von »Magenkrämpfen«, wie seine Freunde es bezeichneten, nicht zum Drehort. Sein Benehmen am Set war so untypisch für ihn, dass die Zeitungskolumnistin Hedda Hopper sich veranlasst sah, einen kritischen Artikel über ihn zu schreiben; tatsächlich war dies der erste Hinweis auf sein zunehmend unberechenbares Verhalten.

Elvis' befremdliches Benehmen während der Dreharbeiten von *Paradise, Hawaiian Style* wurde daraufhin den Aufputsch- und Beruhigungsmitteln zugeschrieben, die er regelmäßig einnahm, sowie der Krise in seiner Karriere als Plattenstar. Beide Faktoren mögen eine Rolle gespielt haben, doch am ehesten lag es wohl an der Nachricht, dass bei Bill Black ein Gehirntumor diagnostiziert worden war, eine Erkrankung, bei der allein der Gedanke daran Angst im Herzen eines kreativen Menschen auslöst. Musikkünstler, Autoren, Maler –

alle, die davon leben, ihr künstlerisches Talent zu nutzen, wissen, dass dies die schlimmste Art zu sterben ist. Es war niederschmetternd für Elvis, dass dies einem der original Blue Moon Boys geschehen musste, jemandem, mit dem er seine Karriere begonnen hatte.

Selbst wenn Elvis Bill nicht mehr gemocht hätte – und alles deutet darauf hin, dass das nicht stimmte, obwohl Bill nicht mehr für ihn hatte arbeiten wollen –, ging Elvis die Diagnose zu nah, als dass er sie als einen dieser unglücklichen Umstände, die das Leben eben bereithielt, hätte abtun können. Im Jahr 1965 war die Überlebensquote nach einer Hirnoperation niedrig, und die Diagnose bösartiger Hirntumor wurde gemeinhin als Todesurteil gesehen. Als Elvis von Bills Krankheit erfuhr, besuchte er ihn zu Hause. Bevor er ging, nahm er Bills Frau Evelyn beiseite und bat sie, ihm nicht böse zu sein, wenn er nicht auf die Beerdigung käme, er wolle nicht, dass seine Anwesenheit von einer feierlichen Begräbnisfeier ablenke. Evelyn sagte, sie verstehe.[13]

Nach Elvis' Rückkehr aus Hawaii wurde Colonel Parker zunehmend besorgter über den emotionalen Zustand seines Klienten. Er beschloss, eine PR-Kampagne zu starten, um Elvis' angeschlagenem Ego zu schmeicheln und die Aufmerksamkeit der Medien wieder auf ihn, den Superstar, zu lenken. Als Allererstes arrangierte er eine Zusammenkunft mit den Beatles.

Der Manager der Beatles, Brian Epstein, hatte Parker schon über ein Jahr zuvor kontaktiert, um ein Treffen zu vereinbaren. Elvis war nicht interessiert gewesen. Dabei zuzusehen, wie die Popularität der Beatles seine eigene in den Schatten stelle, hatte ihn deprimiert und er wollte nichts mit ihnen zu tun haben. Jedes Mal, wenn der Colonel Epstein absagen musste, schickte er später Geschenke von »Elvis und dem Colonel.« Einmal schickte er Cowboy-Outfits und echte Revolver.

Während die Dreharbeiten von *Paradise, Hawaiian Style* zu Ende gingen, begannen die Beatles ihre zweite Tournee durch Amerika mit einem Konzert vor 55 000 Fans im Shea Stadium in New York. Es war das größte Publikum bei einem Rockkonzert in der Geschichte, und die Medien waren voll mit Berichten über die Eskapaden von Paul, John, George und Ringo. Wie schon während ihrer Amerika-Tournee im Jahr 1964, traten sie auch dieses Mal in der Hollywood Bowl auf.

Epstein kontaktierte den Colonel, um eine Zusammenkunft zu vereinbaren. Für die Beatles war Elvis ein Idol, und sie ahnten nicht, dass ihr Erfolg ihn schmerzte. Sie wollten einfach den König des Rock 'n' Roll kennenlernen. Als die Beatles am Haus eintrafen, wurden sie von Elvis an der Tür begrüßt. Ungeachtet dessen, was er persönlich über ihre Musik und ihre unamerikanische Lebensweise empfand, übernahm er die Rolle des kultivierten Gastgebers. Im Hintergrund spielte eine Jukebox abwechselnd Songs von Elvis und den Beatles.

Auch der Colonel war anwesend; fröhlich zog er die Schutzhülle von einem Roulette-Rad, um den Beatles sein Lieblingsspielzeug zu zeigen. Nach einem etwas unglücklichen Einstieg (eine halbe Ewigkeit schienen die Fab Four und Elvis nur wortlos dazusitzen und sich anzustarren) ließ bei allen die Anspannung nach, und bevor der vierstündige Besuch zu Ende war, improvisierten sie zusammen ein paar Musiknummern, darunter den Beatles-Song »I Feel Fine«, wozu Elvis den Bass spielte.

Als die Beatles sich verabschiedeten, luden sie Elvis für den Abend darauf ein (er sagte zu, kam aber nicht), und als Zeichen der Wertschätzung bekamen sie von »Elvis und dem Colonel« Miniatur-Planwagen geschenkt, die leuchteten, wenn man die batteriebetriebenen Glühbirnen anschaltete. Diese waren nicht so spektakulär wie die Cowboy-Outfits, die sie vorher bekommen hatten, aber der Gedanke war es, der zählte.

Als der Colonel sah, wie das Publikum auf die Beatles reagierte, war er noch entschlossener, seinen Jungen wieder zurück ins Rampenlicht zu bekommen. Kurz nachdem die Beatles sich verabschiedet hatten, half Parker der *Variety* und der *Saturday Evening Post* dabei, Artikel zusammenzustellen, die Elvis als größten Star im Showbusiness ausriefen. Diese Beurteilung beruhte auf Elvis' geschätztem Einkommen im Jahr 1965. *Variety* gab an, er habe aus allen Einkunftsquellen zusammen zwischen vier und fünf Millionen Dollar verdient, davon 2,7 Millionen Dollar allein an seinen Filmen.

Zum ersten Mal erlaubte Parker, dass Zahlen genannt wurden, die Einkünfte aus verschiedenen Projekten offenlegten. Für *Harum Scarum* bekam Elvis eine Million Dollar, zuzüglich fünfzig Prozent des Reinerlöses. Für *Frankie and Johnny* bekam er 650 000 Dollar, zuzüglich fünfzig Prozent des Reinerlöses. *Variety* schrieb, Elvis' Tantiemen für das Jahr würden sich auf 300 000 Dollar belaufen, Verlagstantiemen und Einkünfte aus Erfolgsprämien nicht eingerechnet.

Der Journalist Edwin Howard, der für die Unterhaltungssparte der *Memphis Press-Scimitar* zuständig war, schloss sich der von Parker inspirierten Aussage an. »Ich glaube nicht, dass irgendjemand im Showbusiness, die Beatles vielleicht ausgenommen, dieses Jahr mit Elvis im Fünf-Millionen-Dollar-Bereich sein wird«, schrieb er. »Und vergessen Sie nicht … die Beatles müssen alles, was sie verdienen, durch vier teilen. Elvis kann, wie wir alle, dankbar dafür sein, dass es keine vier von ihm gibt.«

Parker wollte, dass genau diese Botschaft in der Öffentlichkeit – und wichtiger noch, von Elvis – gehört wurde. Zwar produzierte Elvis gerade keine Hits wie die Beatles, aber das hatte er schon, hatte es hinter sich gelassen und war weitergezogen zu größerem Starruhm, der nicht an der Anzahl von Fans bemessen wurde, die sich vor seiner Tür versammelten, sondern an der Höhe eines Schecks.

Zunächst sah es so aus, als würde Parkers Plan funktionieren. Dann fiel Bill Black Anfang Oktober ins Koma. Die Zeitungen in Memphis berichteten darüber und schrieben Rückblicke über den Erfolg, den der neununddreißigjährige Bassist und Elvis in den 1950er-Jahren gehabt hatten. Elvis muss das eiskalt erwischt haben, denn nicht nur musste er mit dem bevorstehenden Ende eines Freundes fertigwerden, sondern auch mit dem bevorstehenden Ende seiner Karriere als Plattenstar. So wie die Zeitungen über Bills Erfolg mit Elvis berichteten, hörte es sich an, als sei alles schon sehr lange her.

Bill starb am 22. Oktober, nachdem er noch mal für kurze Zeit das Bewusstsein erlangt hatte. Evelyn und weitere Familienmitglieder hatten die ganze Zeit an seinem Bett gewacht, doch als das Ende kam, war Bill allein in seinem Zimmer. Die Krankenschwestern hatten darauf bestanden, in die Cafeteria zum Essen zu gehen, damit sie bei Kräften blieben.[14]

Elvis ging nicht zum Begräbnis, aber er lud Scotty und D. J. und deren Ehefrauen nach der Begräbnisfeier nach Graceland ein, damit sie Bill zusammen betrauern konnten. Später fuhr Elvis zu Evelyn, um ihr sein Mitgefühl auszusprechen. Priscilla, die als Einzige wirklich zu verstehen schien, was Elvis durchmachte, war an seiner Seite.

Da Parker glaubte, der positive Effekt seines PR-Trommelfeuers lasse nach, brachte er seine PR-Maschinerie erneut auf Touren und lieferte dem Hollywood-Reporter Dick Kleiner eine Story, die an Zeitungen im ganzen Land verkauft wurde. Dieses Mal gab Parker Informationen über die Beträge, die Elvis an Wohltätigkeitseinrichtungen spendete (35 000 Dollar allein in Memphis), über die Gehälter, die er seinen zwölf Mitarbeitern und Bodyguards bezahlte (im Artikel stand 10 000 Dollar im Jahr), über die Anzahl der Autos und Motorräder, die er besaß, sowie über die luxuriöse Garderobe, die Elvis von Paramount zur Verfügung gestellt wurde (zwei Kühlschränke, wobei einer nur für Eiscreme benutzt wurde).

Kleiners Artikel betonte auch, wie sehr Elvis von seinen Fans verehrt wurde. Er erzählte von einem Vorfall in New Orleans, als Elvis eine Stunde lang von sechs jungen Mädchen in einem stehen gebliebenen Fahrstuhl als Geisel gehalten wurde; den Fahrstuhlführer hatten sie zuvor gefesselt und geknebelt. Der Colonel schien sagen zu wollen: Dann wollen wir mal sehen, ob die Beatles das übertreffen können!

Parker wollte einer Welt, die wegen der Beatles und anderen aufstrebenden britischen Bands, wie den Rolling Stones, durchgedreht zu sein schien, und auch Elvis selbst beweisen, dass der amerikanische Musikthron von einer größeren, bedeutenderen Legende besetzt war. Der PR-Blitzkrieg hatte keine Wirkung. Auf die Öffentlichkeit nicht.

Nicht einmal auf Elvis, der wegen seiner Karriere immer missmutiger wurde und erstaunlicherweise unempfänglich für den Colonel.

Der Zeitungsjournalist James Kingsley von *The Commercial Appeal* hörte Gerüchte, dass der Colonel in den Ruhestand gehen wolle und dass Elvis einen neuen Manager suche. Er rief den Colonel an und fragte ihn, ob die Gerüchte stimmten. Nie im Leben, brachte der Colonel hastig hervor. Ruhestand sei das Allerletzte, das er im Sinn habe. Elvis habe ihn auch wegen der Gerüchte angerufen. Nach Aussage der Zeitung habe der Colonel zu Elvis gesagt: »Das sind nur die üblichen Gerüchte, Sohn. Sollte ich je vorhaben, in den Ruhestand zu gehen, wirst du der Erste sein, der es erfährt. Darauf kannst du wetten.«

Während der Dreharbeiten von *Spinout (Sag niemals Ja)* erhielt Elvis im März 1966 Besuch am Set von der Tochter des Präsidenten Lyndon Johnson, Lynda Bird Johnson, in Begleitung ihres Bekannten, des Schauspielers George Hamilton. Niemand wusste recht, was er von diesem Besuch halten sollte, mit Ausnahme von Colonel Parker, der allen immer einen Schritt voraus war. Berichten zufolge gab sich Elvis großspurig und sorgte dafür, dass alle um ihn herum sahen, wie wichtig er geworden war. Zu seinen Besuchern war er liebenswürdig, nicht so reizend jedoch denen gegenüber, die am Film mitarbeiteten. Ein paar sagten, er sei unausstehlich gewesen. Offenbar steckte mehr hinter dem Besuch, als offen zutage trat.

Johnsons wichtigster Berater hinter den Kulissen war der in Memphis geborene Abe Fortas, den er im Jahr zuvor zum Richter am Obersten Gerichtshof ernannt hatte. Für Johnson war Fortas, was Diskin für Parker war: ein zuverlässiger Vertrauter, der Mensch, auf den er zählen konnte, wenn etwas erledigt werden musste, was auch immer es war.

Da es einem Verstoß gegen den Grundsatz der Gewaltenteilung gleichkam, wenn ein Richter des Supreme Court einen amtierenden

Präsidenten in brisanten politischen Fragen beriet, hielten Johnson und Fortas ihre Arbeitsbeziehung geheim. Fortas' Bezug zu Elvis lag in Memphis, wo er am Rande der Beale Street aufgewachsen war und das sündhafte und gewalttätige Nachtleben mit ansah, das in diesem Viertel blühte.[15]

Einer der Jugendlichen, mit denen Elvis die Humes High-School in Memphis besuchte, war der etwas korpulente Alan Fortas. In seiner Jugend war Alan ein überragender Football-Spieler, wahrscheinlich aufgrund seines Umfangs, und hatte den Ruf eines Schlägertyps. Elvis stellte ihn im Jahr 1958 als Bodyguard und Reisebegleiter ein und versorgte ihn mit mehreren Pistolen, die er bei sich oder in der Nähe haben sollte, falls er gebraucht würde, um den King zu verteidigen. Alan Fortas war der Neffe von Abe Fortas.

Die Johnson-Fortas-Parker-Verbindung war mächtig. Bevor Lynda Bird am Set von *Spinout* auftauchte, hatte Abe Fortas bereits Verbindungen zu einem Unternehmen geknüpft, das an mehreren Casinos in Las Vegas beteiligt war. The Great American war ein in Nevada ansässiges Unternehmen, das wiederum Verbindungen zum Hotel Thunderbird hatte, dessen Lizenz im Jahr 1955 aufgrund eines Zusammenhangs mit dem organisierten Verbrechen entzogen worden war. Fortas saß im Vorstand des Hotels. Mithilfe des Supreme-Court-Richters William Douglas stellte das FBI auch Ermittlungen über seine mutmaßlichen Verstrickungen mit der Parvin Foundation an, die Aktien an einem Casino in Las Vegas hielt, das in Verbindung mit Meyer Lansky stand, Floridas Gangsterboss (und Santo Trafficantes Partner).[16]

Auch wenn Lynda Bird offenbar nichts von der Bedeutung ihres Besuchs wusste – er war arrangiert worden, um *jemand Bestimmtes* zu beeindrucken. Entweder hat Parker ihn in die Wege geleitet, um der Glücksspielmafia in Las Vegas zu imponieren, bei der er sich immer mehr verschuldete, oder die Glücksspielmafia in Las Vegas hat das Treffen arrangiert, um Parker mit der Fülle ihrer Macht zu imponieren. Für Elvis bedeuteten beide Auslegungen nichts Gutes.

Colonel Parker hatte sich schon immer gern auf der dunklen Seite der amerikanischen Gesellschaft getummelt. In frühen Jahren, bevor seine Besessenheit vom Glücksspiel außer Kontrolle geriet, war es ein flüchtiger Nervenkitzel gewesen, doch jetzt stand viel mehr auf dem Spiel. Die Unterwelt kämpfte mit harten Bandagen, in einer Art und Weise, die in den 1930er- und 1940er-Jahren unfassbar gewesen wäre. In den Jahren nach der Ermordung von Präsident Kennedy wurde Carlos Marcello öffentlich als potenzieller Mitverschwörer an der Ermordung genannt. Im Jahr 1966 galt Marcello als einer der reichsten und mächtigsten Mafiabosse in den Vereinigten Staaten. 1964 gelang es dem Justizministerium unter der Leitung von Robert Kennedy, Marcello für den Mord an einem Zeugen der Regierung anzuklagen. Jedoch gelang es den Bundesanwälten nicht, eine Verurteilung zu erreichen.[17]

Nachdem *Spinout* abgedreht war, kehrte Elvis nach Memphis zurück, wo er erneut von einer von Parker fabrizierten PR-Kampagne überrollt wurde. In Memphis wurde darüber diskutiert, ein Elvis-Presley-Denkmal zu errichten. Ein Beauftragter der Stadt sagte: »Elvis Presley ... hat unserer Region viel gute Publicity gebracht. Ich denke, die Stadt und das County sollten sich alle Mühe geben und etwas für ihn tun.«[18]

Wie groß die Sorgen des Colonels über Elvis Zukunft und die Zukunft ihrer Beziehung waren, kann man daran erkennen, dass er die Radiosender in Memphis anlässlich des Muttertags ein Tribute für Gladys Presley übertragen ließ. Elvis erfuhr von den Plänen des Colonels durch einen Zeitungsreporter in Memphis, der schrieb, das halbstündige Tribute werde von zwölf lokalen Sendern übertragen und darüber hinaus von Sendern in Tampa, San Francisco, Los Angeles und Palm Springs. Der Reporter schrieb: »Ihre Mutter, die Sie durch die schwierigen Jugendjahre gebracht hat, durfte miterleben, wie Sie reich und berühmt wurden. Sie durfte nicht miterleben, wie Sie sich durch Ihre Lebensführung in der Öffentlichkeit den Respekt als Mensch verdient haben.«

Sämtliche positive Auswirkungen durch das Muttertags-Tribute wurden ausgelöscht, als bekannt wurde, dass auf dem Cotton-Carnival-Fest 1966 Wachsfiguren der Beatles gezeigt würden. Elvis hatte in seinem Herzen immer eine Schwäche für den Cotton Carnival gehabt, denn dort hatte man ihn in frühen Jahren unterstützt, sowie für den Ort, an dem er Spaß auf dem Rummelplatz gehabt hatte, aber die Tatsache, dass die Beatles, und noch dazu in Wachs, als Stars der Veranstaltung angekündigt wurden, war sicher ein harter Schlag.

Bei der Royal American Show wusste man nichts von Elvis' starken Gefühlen, was die Beatles anging. Carl Sedlmayr war nach dem Cotton Carnival im Vorjahr gestorben und sein Sohn Carl Jun. hatte die Leitung des Schaustellerbetriebs übernommen. Die letzten zwei Besuche der Royal American Show in Memphis waren nicht ohne Kontroversen gewesen.

In einem Jahr durfte die Mädchenshow nicht eröffnet werden. In einem anderen Jahr sah sich Royal American der Kritik eines kriegsversehrten Veteranen ausgesetzt, der sich beklagte, dass der Betrieb ihm zchn Dollar berechnet hätte, damit er seine Waren anbieten dürfe. Das Cotton-Carnival-Fest des Jahres 1966 in Memphis war das erste für Carl Jun. als neuen Chef, und er wollte dem Unternehmen einen zeitgemäßen Anstrich geben. Für ihn waren die Beatles perfekt.[19]

Nicht lange nach dieser Demütigung folgte die Rezension von Elvis' neuem Film, *Paradise, Hawaiian Style*. Der Filmkritiker John Knott von *The Commercial Appeal* zerriss Elvis schonungslos in seiner Kritik mit der Überschrift: »Nach zehn Jahren, zwölf Filmen, ist Elvis' Schauspielerei immer noch schwach.« Knott betonte, es habe eine Menschenschlange vor dem Kino gewartet, als er dort ankam, was eine Seltenheit für eine Nachmittagsvorstellung war, spielte die Bedeutung des Films dann jedoch herunter und beschrieb das Gesicht des Stars im Film als »ein kleines bisschen fleischig.«

Knott schrieb: »Seine Filme haben sich nicht verändert. Keine große Schauspielerei, keine große Handlung.«

Immer öfter fuhr Parker nach Las Vegas und an den Spieltischen verlor er immer mehr. 1966 war seine Glücksspielsucht voll ausgereift. Einzig seine Ehe hatte er in seinem Privatleben unter Kontrolle, was wahrscheinlich maßgeblich dazu beitrug, dass er angesichts von Elvis' unberechenbarem Verhalten ein gewisses Maß an Beständigkeit aufrechterhalten konnte.

Gegen Ende des Jahres fuhr der Colonel nach Memphis, um ein vertrauliches Gespräch mit Elvis zu führen. Er hatte schon ziemlich lange keinen Hit mehr in den Charts gehabt. Die Filme machten noch Gewinn, aber niemand konnte sagen, wie lange noch. Parkers größte Sorge war die nun schon fünfjährige Beziehung, die Elvis mit Priscilla führte. Elvis Popularität war zu anfällig, auf lange Sicht zu unsicher, als dass er es hätte riskieren können, dass seine Sache mit einer Minderjährigen ans Licht käme und von den gierigen Reportern ausgeschlachtet würde. Die Presse würde ihn zerstören, so wie sie es mit Jerry Lee Lewis gemacht hatte.

Der Colonel war deutlich: Elvis müsse das Mädchen loswerden, sie wieder zurück zu Mama und Daddy schicken, oder er müsse sie heiraten und eine ehrbare Frau aus ihr machen. Einigen Berichten zufolge tendierte Parker zum Heiraten. Wahrscheinlich glaubte er, es würde Elvis zur Ruhe kommen lassen und ihm eine Erdung geben, wie der Colonel sie durch seine eigene Heirat bekommen hatte. Es hatte nichts mit Liebe oder Sex zu tun. Es war eine geschäftliche Entscheidung.

Als der Colonel wieder nach Kalifornien zurückgekehrt war, traf Elvis eine Entscheidung und machte Priscilla einen Antrag. Er hatte zu viel Zeit und Emotionen in die Beziehung investiert, um sie aufzulösen. Allein in ihrem Zimmer hörte Priscilla ein oder zwei Tage vor Weihnachten ein leises Klopfen an ihrer Tür; dann hörte sie seine Stimme, die sagte, er müsse etwas mit ihr besprechen. Erst zog sie ihn auf, sagte, er müsse das kindische Erkennungswort sagen, das sie sich ausgedacht hatten. Er gab schließlich nach: »Feuerauge«. Als er endlich im Zimmer war, bat er sie, die Augen zu schließen. Als sie sie wieder öffnete, kniete er vor ihr und hielt ein kleines Samtkästchen in den Händen. Er zeigte ihr den Ring darin und sagte ihr, sie würden heiraten.

Priscilla konnte ihren Augen nicht trauen. »Unsere Liebe würde nicht länger ein Geheimnis sein«, schrieb sie in ihrem Buch *Elvis and Me (Elvis und ich)*. »Ich würde öffentlich als Mrs. Elvis Presley mit ihm auf Reisen gehen können, ohne fürchten zu müssen, eine skandalträchtige Schlagzeile zu befeuern. Und am besten war, dass die Jahre voller Liebeskummer und voller Angst, ihn an eins der vielen Mädchen zu verlieren, die sich ständig um meine Rolle bewarben, vorüber waren.«

Elvis und Priscilla einigten sich auf eine Hochzeit im Frühling. Colonel Parker, der wohl unglaubwürdigste aller Hochzeitsexperten, trug die Verantwortung für die Vorbereitungen.

Die Mitteilung, dass Elvis heiraten sollte, war nicht die einzige, die der Colonel seinem Klienten anlässlich seines vorweihnachtlichen Besuchs in Graceland gemacht hatte. Ab dem 2. Januar 1967 sollte der prozentuale Anteil für seine Managementleistungen von fünfundzwanzig auf fünfzig Prozent steigen, die Veröffentlichungen ausgenommen, die bei fünfundzwanzig Prozent bleiben würden. Nach zwei weiteren Jahren würden auch alle anderen Prozentsätze aus »Musikunternehmen« auf fünfzig Prozent angehoben werden.[20]

Außer den beiden war niemand anwesend, als der Colonel Elvis über die Veränderungen informierte, und weder wurden Briefe geschrieben noch klärende Dokumente verfasst. Wir werden vielleicht nie erfahren, wie der Colonel die Veränderungen erklärt und wie Elvis darauf reagiert hat. Sehr glücklich war er darüber sicher nicht.

Der Branchenstandard für die Provision eines Managers lag bei zehn bis fünfzehn Prozent, ein paar Manager ausgenommen, die fünfundzwanzig Prozent bekamen. Fünfzig Prozent Provision hatte es in der Unterhaltungsbranche so gut wie noch nie gegeben, aber in den seltenen Fällen hatte es sich immer um echte Partnerschaften zwischen Kunden und Manager gehandelt: Dann bekam der Klient auch fünfzig Prozent von den Einkünften des Managers. Das berühmteste Beispiel dafür war die Vereinbarung zwischen dem Manager Ken Greenspan und den Künstlern Steve Lawrence und Edi Gorme. Greenspan nahm die Hälfte ihrer Einkünfte; Steve und Edie nahmen die Hälfe seiner Einkünfte. Ungewöhnlich, aber fair.

Der Colonel bot Elvis keinen derartigen Deal an. Nach dem Plan des Colonels würde er alles behalten, was er verdiente, und er nahm die Hälfte von dem, was Elvis verdiente. Das hatte es noch nie gegeben. Warum sollte Elvis einem solchen Deal zustimmen? Manche erklären es damit, dass Elvis' Karriere derart in einer Sackgasse steckte, dass er keine andere Wahl gehabt habe. Sie verweisen auf die fehlenden Hits. Wenn er weiterhin seinen Lebensunterhalt verdienen wollte, argumentieren sie, musste er dem Colonel alles geben, was er forderte. Doch dieses Argument ist schlichtweg nicht stichhaltig.

Zeitungsberichten zufolge, die vom Colonel selbst inszeniert worden waren, verdiente Elvis 1965 zwischen vier und fünf Millionen Dollar. Davon waren fast drei Millionen Einkünfte aus seinen Filmen. Elvis war also kaum ein Kandidat fürs Armenhaus. 1965 drehte er drei Filme: *Harum Scarum*, *Frankie and Johnny* und *Paradise, Hawaiian Style*. 1966 drehte er drei Filme: *Spinout*, *Double Trouble* und *Easy Come, Easy Go*. Im Jahr darauf, dem Jahr, als sein neuer Vertrag in Kraft trat, drehte er drei Filme: *Clambake*, *Speedway*, *Stay Away, Joe*.

Was also dachte sich der Colonel?

1967 waren seine Spielschulden in Las Vegas in schwindelerregende Höhen gestiegen. Ein paar Jahre später würde der Geschäftsführer des International Hotels, Alex Shoofey, in aller Öffentlichkeit sagen, der Colonel verspiele in seinem Hotel jährlich rund eine Million Dollar.[21] Und das war nur das eine Hotel. Durch die durchschnittlich vier bis fünf Millionen Dollar im Jahr, die Elvis damals verdiente, musste der Colonel mit seinen fünfundzwanzig Prozent Provision Einkünfte von einer Million bis eineinviertel Millionen Dollar gehabt haben, wohl nicht einmal genug für die Deckung seiner Verluste in einem Hotel.

Eine mögliche Erklärung, die der Colonel Elvis für die Vertragsänderung gegeben haben könnte, war, dass er mehr Geld schuldete, als er aufbringen konnte, und deswegen einen höheren Prozentsatz von Elvis' Einkünften brauchte. Vielleicht war er Elvis gegenüber ehrlich und hat ihm gesagt, dass er in Schwierigkeiten steckte. Die zweite mögliche Erklärung – und nach den vorliegenden Fakten die wahrscheinlichere – ist, dass der Colonel seine gesamte Provision von fünfundzwanzig Prozent entweder bei einem Wetteinsatz verloren hat oder dass er die gesamte Summe gebraucht hat, um seine aufgelaufenen Spielschulden bei seinen Schuldnern in Las Vegas zu bezahlen.

Es ist zweifelhaft, dass er Elvis gesagt hat, dies sei der Grund dafür gewesen, dass er ihn 1958 zur Army gebracht hat, denn Elvis hätte es damals in seinem Alter nicht verstanden; jetzt aber war Elvis älter und hatte selbst erleben können, wie die Welt wirklich funktionierte. Dieses Mal wird er Elvis erklärt haben, dass er jetzt fünfundzwanzig Prozent seines Vertrags besaß und dass er nicht weiter für ihn als Manager arbeiten könne, wenn er nicht weitere fünfundzwanzig Prozent bekäme.

Wenn Elvis protestiert hätte, hätte der Colonel sagen können: »Ich habe dich auf anständige und ehrliche Weise verloren.« Wenn Elvis vorgeschlagen hätte, sich an die Behörden zu wenden, hatte die Antwort lauten können: »An wen willst du dich wenden? Sie haben dir die Tochter des Präsidenten gebracht, so mächtig sind sie. Höher als zum Präsidenten kann man nicht gehen.« Wenn Elvis Angst um seine persönliche Sicherheit geäußert hätte, hätte der Colonel ihm sagen können, diese Angst habe er zu Recht. Er hätte darauf hingewiesen, dass Elvis' zuverlässigster Bodyguard, Alan Fortas, Abe Fortas' Neffe war: »Wessen Anordnungen würde Alan wohl folgen, wenn es hart auf hart käme?«

Man kann nur erahnen, wie Elvis sich gefühlt haben musste.

Inzwischen wissen wir, dass Elvis in jener Zeit, zwischen Dezember und Januar, erstmals unter längeren Depressionsphasen litt. Mit seiner Entourage sprach er nicht über seinen neuen Vertrag mit dem

Colonel, aber nach dem, was Rose Clayton und Dick Heard in ihrem Buch schreiben, gestand er Marty Lacker gegenüber, dass er unter Druck gesetzt werde, Priscilla zu heiraten.

Von allen Orten, an denen Elvis und Priscilla hätten heiraten können, war Las Vegas der unpassendste, aber was will man erwarten mit Colonel Parker als Zeremonienmeister? Offensichtlich war Las Vegas der Ort, an dem er sich am wohlsten fühlte. Nachdem der Hochzeitstermin auf den 1. Mai 1967 festgelegt worden war, fuhren Elvis und Priscilla ein paar Tage zuvor nach Los Angeles, um den Zeitplan durchzugehen, den der Colonel für sie erstellt hatte. Weil er besorgt war, die Presse könnte Wind von der bevorstehenden Heirat bekommen, arrangierte der Colonel, dass Elvis und Priscilla in einem Haus in Palm Springs wohnen konnten, das sozusagen als Bühne für eine Inszenierung dienen konnte.

Am Tag vor der Hochzeit ließ er sie nach Palm Springs fahren, um die Nacht dort zu verbringen (das sollte die Reporter auf die falsche Fährte lenken). Am Morgen darauf standen sie vor der Dämmerung auf und flogen in einem Learjet, den Frank Sinatra ihnen geliehen hatte, nach Las Vegas, wo sie im Büro des Urkundsbeamten ankamen, gleich nachdem es geöffnet hatte, um eine Heiratserlaubnis zu erhalten. Von dort aus eilten sie ins Hotel Aladdin, wo sie von einem jüdischen Richter in der privaten Suite des Hoteleigentümers Milton Prell getraut wurden.

In der Suite waren, außer Elvis und Priscilla, der Colonel und Marie, Vernon und Dee, Priscillas Mutter und ihr Stiefvater, Major und Mrs Beaulieu, die beiden Trauzeugen, Joe Esposito und Marty Lacker (und ihre Ehefrauen), Elvis' alter Freund George Klein und ein paar andere. Alan Fortas und die anderen Mitglieder der sogenannten Memphis-Mafia waren nicht eingeladen.

Gleich nach der Trauung wurden Elvis und Priscilla vom Colonel zu einer Pressekonferenz eskortiert, bei der Elvis Fragen über sein Privatleben beantwortete. Von da aus gingen sie zu einem Empfang. Auf der Gästeliste standen vorwiegend Freunde und Geschäftspartner des Colonels. »Ich wünschte, ich wäre damals stark genug gewesen zu sagen: ›Moment mal, das ist unsere Hochzeit, Fans hin oder her, Presse hin oder her. Lass uns einladen, wen immer wir wollen, und lass uns feiern, wo immer wir wollen‹«, schreibt Priscilla in ihrer Autobiografie. »Es schien, als sei die Zeremonie vorbei, kaum dass sie angefangen hatte.«

Nach kurzen Flitterwochen kehrte Elvis an die Arbeit zurück und drehte die drei Filme für 1967 ab: *Speedway*, *Clambake* und *Stay Away, Joe*. Priscilla hatte er klar gemacht, dass er den Großteil der Zeit allein in Los Angeles leben werde und von ihr erwarte, dass sie sich um ihr gemeinsames Zuhause, Graceland, kümmerte.

Als Priscilla erfuhr, dass sie schwanger war, hatte sie gemischte Gefühle. Sie hatte *so lange* darauf gewartet, Elvis' Ehefrau zu werden, und die Erkenntnis, dass sie fast ihr gesamtes erstes Jahr als Mann und Frau schwanger sein würde, machte ihr Angst. Bei einer Gelegenheit sprach sie mit Elvis über eine mögliche Abtreibung – ohne aber das Wort tatsächlich auszusprechen. Er überließ die Entscheidung ihr und versprach, zu ihr zu stehen, wie immer ihre Entscheidung ausfallen würde.

Priscilla entschied sich, das Baby zu bekommen. Nach Lisa Maries Geburt – Lisas zweiter Vorname kam von der Frau des Colonels, Marie – stellte sie entsetzt fest, dass Elvis jegliches sexuelle Interesse an ihr verloren hatte. Als sie ihn damit konfrontierte, sagte er ihr, er habe Angst, ihr wehzutun, und wolle warten, bis sich ihr Körper vollständig von der Geburt erholt habe. Es dauerte Monate, bis er wieder mit ihr schlief.[22]

Im November 1967 bekam Mary Ann Mobley, die Hauptrollen in zwei von Elvis' Filmen – *Girl Happy* und *Harum Scarum* – gespielt und eine enge Freundschaft mit Colonel Parker geschlossen hatte, hochrangigen Besuch aus Mississippi: Erle Johnston, Leiter der Mississippi Sovereignty Commission, Paul B. Johnson, Gouverneur von Mississippi, sowie einen Beamten der Highway-Polizei. Ersterer hatte ihren Besuch bei der in Mississippi geborenen Schauspielerin mehrere Wochen zuvor angekündigt und sie gebeten, ihre Begleitung zu sein, solange sie in Los Angeles waren. Sie war gern dazu bereit. Sie und ihr zukünftiger Ehemann, der Schauspieler Gary Collins, aßen mit den Besuchern zu Abend und zeigten ihnen die Stadt.[23]

Die Kommission, die weniger eine staatliche Behörde war als vielmehr eine Spionageagentur mit der besonderen Erlaubnis, schwarzen Menschen Schaden zuzufügen, war besonders beunruhigt, weil manche Film- und Fernsehschauspieler eine positive Haltung gegenüber der Rassenintegration eingenommen hatten. Als drei Schauspieler der Fernsehsendung *Bonanza* ihre Auftritte in Mississippi mit dem Hinweis auf das Rassenproblem absagten, startete man eine geheime Kampagne gegen die Sendung. Möglicherweise wollte die Kommission nur deutlich machen, dass sie existierte, oder sie wollte dem Colonel eine Botschaft überbringen, weil Elvis Verbindungen zu schwarzen Künstlern hatte. Jedenfalls sollte man diese Kommission nicht auf die leichte Schulter nehmen.

Gut vier Monate nach dem Besuch der Kommission in Los Angeles wurde der Anführer der Bürgerrechtsbewegung, Martin Luther King, im Lorraine Motel in Memphis, nur ein paar Blocks von Abe Fortas' Geburtsort entfernt, ermordet. In Memphis und neunundsiebzig anderen Städten kam es zu schweren Ausschreitungen. Als es der Nationalgarde gelungen war, die Ordnung wiederherzustellen, waren neunundzwanzig Menschen gestorben und mehr als zweitausend verletzt worden.

Elvis fühlte sich beschämt. Lyndon Johnson hatte kürzlich angekündigt, er werde keine zweite Amtszeit als Präsident anstreben. King war durch seinen Einfluss in der schwarzen Bevölkerung und seine Opposition gegen den Krieg in Vietnam zu einem mächtigen politischen Strippenzieher in der anstehenden Wahl geworden. Dass es möglich war, eine einflussreiche Persönlichkeit wie King nur ein paar Minuten Fahrzeit von Graceland entfernt niederzuschießen, machte Elvis vollends bewusst, wie angreifbar auch er selbst für seine Feinde war.

Elvis sagte dem Colonel, dass er etwas tun müsse, dass er sich gegen die Ungerechtigkeit aussprechen müsse – er müsse sich einmischen. Der Colonel befahl ihm, den Mund zu halten. Martin Luther King war maßgeblich dafür verantwortlich, dass Johnson sich nicht für die Wiederwahl beworben hatte. Er hatte Pläne durchkreuzt. Er hatte die Gewerkschaft der Teamsters Union nervös gemacht, weil deren Pensionsfonds bei den Mafialeuten investiert worden waren, die in Las Vegas die Casinos leiteten, und ihr Vermögen war daran geknüpft, dass die Demokratische Partei die Kontrolle über das Weiße Haus behielt. King war eine tickende Zeitbombe gewesen und hatte sich an den falschen Stellen Feinde gemacht, und er bezahlte einen hohen Preis dafür, dass er sich in die Angelegenheiten anderer Leute eingemischt hatte.

Für den Colonel war Kings Ermordung sogar ein Vorteil, denn sie bestätigte seine warnenden Worte an Elvis, dass niemand zu groß sein könne, um zerstört zu werden. Wenn er nicht ein bestimmtes Ziel verfolgte, war der Colonel nicht gerade für seine große Achtung für Afroamerikaner bekannt. Er hat nie einen eingestellt, nie mit einem zusammengearbeitet und hat sich nie in einer Sache engagiert, die dem Kampf der Afroamerikaner um Gleichberechtigung genützt hätte. Der Colonel tat alles, was in seiner Macht stand, um ihn und Elvis nicht in Verbindung mit Afroamerikanern zu bringen. Sie seien schlecht fürs Geschäft, das glaubte er zumindest.

Anfang des Jahres hatte Colonel Parker angekündigt, dass Elvis ein Fernsehspecial für die NBC machen werde, sein erstes nach dem Special mit Sinatra im Jahr 1960. Es sollte im Juni aufgezeichnet und über die Weihnachtsfeiertage ausgestrahlt werden. Als die NBC den Colonel erstmals wegen des Specials kontaktierte, war eine traditionelle Weihnachtssendung mit Weihnachtsliedern vorgesehen, doch Steve Binder, der als Produzent und Regisseur engagiert wurde, hatte andere Vorstellungen. Er wollte eine Show mit ungeschliffenem

Rock 'n' Roll, eine Show, die den »alten« Elvis wieder aufleben lassen würde.

Als der Colonel erfuhr, dass Binder vom altbewährten Weihnachtskonzept abweichen wollte, ging er an die Decke. »Zunächst hielten die NBC und der Colonel daran fest: Er singt vierundzwanzig Weihnachtslieder und sagt: ›Ihnen allen frohe Weihnachten‹«, berichtete der musikalische Direktor der Show, Bones Howe, in einem Interview mit der Zeitschrift *Musician*. »Bei einem unserer Treffen sprachen wir schließlich mit Elvis. Und es gab eine Menge Schwierigkeiten, aber mit der Zeit lief alles wie geschmiert. Der Colonel war kein Dummkopf.«

Parker gab schließlich nach und erlaubte Binder, die Show auf seine Art zu machen, verlangte aber, dass sie mindestens ein Weihnachtslied enthielt. Binder willigte ein, nahm es aber später in letzter Sekunde aus der Show, ohne dem Colonel etwas davon zu sagen.

Nachdem Elvis mit Binder und allen anderen an der Produktion Beteiligten gesprochen hatte, wuchs seine Begeisterung. Auf Binders Vorschlag hin rief er Scotty und D. J. Fontana an und bat sie, ihn bei der Show zu unterstützen. Beide sagten zu. Elvis sah die Sendung als Chance, die Fans, die er an die Beatles und die Rolling Stones verloren hatte, zurückzuerobern. Die Aussicht auf ein Kopf-an-Kopf-Rennen mit den neuen Titanen des Rock 'n' Roll jagte ihm Angst ein, aber ihm war klar, jetzt oder nie, und auch wenn er in den Monaten zuvor deprimiert gewesen war: Er war nicht so weit unten, dass er nicht wieder nach oben kommen wollte.

Als Scotty und D. J. am Studio in Burbank eintrafen, waren sie überrascht, wie gesund Elvis aussah. Er hatte abgenommen und seine Muskeln gestärkt und schien wieder diese Funken zu versprühen wie früher, was ihn in den Anfangsjahren berühmt gemacht hatte. Sie besuchten ihn in seiner Garderobe und probten Songs, die sie im »Live«-Segment der Show spielen würden. Binder erklärte Scotty und D. J., dass sie auf einer kleinen Bühne vor einem Publikum auftreten würden, das an drei Seiten der etwa fünf mal fünf Meter großen Bühne sitzen würde.

Spät an jenem Abend lud Elvis alle zu sich nach Hause zum Abendessen ein. Stolz zeigte er Lisa Marie seinen Gästen, aber er hielt sie nicht auf dem Arm und schien unbeholfen im Umgang mit ihr. Priscilla kam spät nach Hause, weit nach Mitternacht, und alle konnten die Spannung zwischen ihr und Elvis spüren.

Als Scottys Frau einen der Bodyguards fragte, was los sei, erzählte er ihr, Priscilla sei mit Mike Stone zusammen, einem Karatelehrer, den Elvis im Monat zuvor auf Hawaii kennengelernt und gebeten hatte, Priscilla Karateunterricht zu geben.[24]

Nach dem Essen wollte Elvis allein mit Scotty und D. J. sprechen. Sie gingen in ein anderes Zimmer, außerhalb der Reichweite von Augen und Ohren seines Gefolges. Elvis vertraute den Jungs aus Memphis unter seinen Leuten, aber er wusste, dass es auch einige gab, die dem Colonel berichteten.

Elvis fragte Scotty und D. J., ob sie eine Europatournee machen wollten. Sie trauten ihren Ohren nicht. Jahrelang hatten sie sich gewünscht, dass Elvis eine Tour durch Europa unternehmen würde, aber der Colonel hatte es kategorisch abgelehnt. Offenbar plante Elvis, Parker in dieser Sache zu umgehen. Er wollte vertraulich mit ihnen sprechen, damit der Colonel erst davon erfuhr, wenn es zu spät und nicht mehr aufzuhalten war. Scotty und D. J. stimmten der Idee mit Vergnügen zu.

Später fragte Elvis Scotty, ob er das Studio in Nashville noch habe. Als Scotty das bejahte, wollte Elvis wissen, was er davon hielte, wenn sie für ein paar Wochen ins Studio gingen, die Türen zusperrten und einfach sehen würden, was sich ergäbe. Auch das gefiel Scotty, und ihm wurde klar, dass Elvis ernsthaft zu seinen musikalischen Wurzeln zurückwollte.[25]

Etwa eine Woche lang probte Elvis die Songs, die sie möglicherweise spielen würden, mit Scotty, D. J. und Charlie Hodge. Binder meinte, sie sollten einfach auf die Bühne gehen und spielen, wonach ihnen gerade war. Er wollte Spontaneität. Während der Proben hielt der Colonel sich zurück, aber er sorgte dafür, dass niemandem seine Anwesenheit entging. Außerhalb seiner Garderobe stellte er zwei

Wachmänner auf, die rote Jacken und Pelzmützen trugen. Bones Howe berichtet, die beiden Männer seien auf Parkers Anforderung von der Agentur William Morris geschickt worden und sollten aussehen wie die Wachen des Buckingham-Palastes. Vor Elvis' Garderobe gab es nur einen Wachmann, und der saß auf einem Stuhl.

Vor der ersten Show – Binder wollte zwei Shows machen und für die zweite ein neues Publikum einlassen – spazierte der Colonel durch den Raum, um das Publikum zu inspizieren. Auch ein paar von seinen Leuten waren da. Tom Diskin zum Beispiel. Weil Parker die Verteilung des Publikums nicht richtig vorkam, schlug er vor, die jungen Mädchen, besonders die hübschen, nahe an der Bühne zu platzieren. Ein paar von ihnen, fand er, sollten sogar direkt auf der Kante der Bühne sitzen.

Im Publikum saß der fünfundzwanzigjährige Paul Lichter, der Manager einer Soulband aus Philadelphia, den Soul Survivors. Lichter war gerade damit beschäftigt, eine Show mit mehreren Bands mit dem Promoter und Manager Sid Bernstein zusammenzustellen, der damals einen der heißesten neuen Acts im Lande hatte, die Young Rascals. Da Bernstein ein enger Freund des Colonels war, bekam er mehrere Eintrittskarten für die Show, aber als er sie verteilen wollte, wurde er sie nicht los. »Zu der Zeit war es nicht cool, ein Elvis-Fan zu sein«, erinnert sich Lichter. »Alle anderen wollten nicht hingehen, aber ich habe die Gelegenheit genutzt.«[26]

Für die Show schlüpfte Elvis in einen schwarzen Lederanzug – so etwas hatte er noch nie getragen; trotzdem assoziierten viele ihn mit diesem Leder-Look in Schwarz. Aller Wahrscheinlichkeit nach ging dies auf den Einfluss anderer Ikonen der 1950er-Jahre zurück: James Dean und Marlon Brando. Bevor Elvis auf die Bühne ging, sagte er, er sei nervös. »Was, wenn ich ihnen nicht gefalle?«, fragte er.

Kurz bevor Elvis auf die Bühne musste, rauschte Colonel Parker in seine Garderobe und verlangte, mit Elvis allein gelassen zu werden. Nach ein paar Minuten kamen die beiden heraus. Elvis' Körperhaltung war drahtig und gespannt wie die eines Profiboxers.

Sein Lampenfieber war wie weggeblasen. Was immer der Colonel ihm gesagt hatte, es hatte ihn verwandelt.

Auf der kleinen Bühne wurde Elvis von Scotty an der E-Gitarre, Charlie Hodge an der Akustik-Gitarre sowie von D. J. begleitet, der sich einen Gitarrenkoffer auf die Knie gelegt hatte und mit Drumsticks darauf spielte. Abseits von der Bühne und außer Reichweite der Fernsehkameras spielte jemand eine elektrische Bassgitarre. Später würde Elvis Scotty bitten, die Gitarren zu tauschen, was D. J. zusammenzucken ließ, weil er wusste, wie eigen Scotty mit seiner teuren Gibson-Gitarre war.

Ebenfalls auf der Bühne war Alan Fortas. Er trug denselben burgunderroten Anzug wie die Musiker, doch seine einzige Aufgabe auf der Bühne war es, mit dem Rücken zur Kamera zu sitzen. Anscheinend weiß niemand, warum Fortas ausgewählt wurde, mit auf die Bühne zu kommen. Möglicherweise, um Elvis' neuen Investoren eine Botschaft zukommen zu lassen. Vielleicht auch auf die Bitte der neuen Investoren hin. Oder auf Elvis' Bitte hin, ihn davor zu bewahren, Martin Luther Kings Schicksal zu erleiden.

Elvis' Auftritt war – bei beiden Shows – einer der besten in seiner Karriere. Als die Sendung gegen Ende des Jahres ausgestrahlt wurde, überschütteten die Kritiker ihn mit Lob und gaben der Show einen neuen Namen: sein »Comeback Special«. Jon Landau von der *New York Times* schrieb, es habe etwas »Magisches« gehabt, einem Mann zuzusehen, der verloren schien und seinen »Weg nach Hause fand«.

Der Großteil der Amerikaner war derselben Meinung: Elvis hatte seine Krone zurückerobert.

Nach der Show ging Paul Lichter mit Bernstein hinter die Kulissen, um Elvis und den Colonel zu treffen. Lichters Zusammentreffen mit Elvis war kurz. »Ich höre Ihre Musik schon seit vielen Jahren«, sagte er. Elvis antwortete nur: »Vielen Dank.« Und obwohl Lichter mit Colonel Parker auch nicht viel länger sprach, war er sehr beeindruckt.

»Er war höchst einschüchternd und hatte eine sehr, sehr starke Präsenz«, sagt Lichter. »Er hatte diese stahlgrauen Augen, die genau durch einen hindurchzusehen schienen. Es gab keinen Zweifel, dass er der wichtigste Mensch im Raum war. Alle sahen erst zu ihm hin, bevor sie etwas machten. Für mich ist es keine Frage, dass er das Schiff steuerte.«

Nachdem die Arbeiten an dem TV-Special beendet waren, hatte der Colonel das Gefühl, es würde ein Hit werden, aber sicher konnte er erst bei der Ausstrahlung sein. Fast unmittelbar nach dem Special fing Elvis mit der Arbeit an einem neuen Film an, *Live a Little, Love a Little*. Seine Beziehung mit Priscilla war angespannt, und einigen Berichten zufolge fing er an, sich mit anderen Frauen zu treffen.

Für Elvis war die Welt weder ein freundlicher noch ein besonders liebevoller Ort. Seine einzige treue Verbündete, Priscilla, entfernte sich mehr und mehr von ihm. Die Hälfte seines Einkommens bekam jemand anderes als er selbst, und Gott allein weiß, wer diese zweiten fünfundzwanzig Prozent Provision bekam, die der Colonel forderte.

Elvis hatte wahrhaft das Gefühl, sein Leben sei in Gefahr, besonders nach dem zweiten Mord im selben Jahr, der Robert Kennedy aus dem Rennen für das Präsidentenamt nahm. Es zählte nicht, dass die Polizei jemanden für den Mord angeklagt hatte, Elvis wusste, dass Robert Kennedy Frank Sinatras Feind war, seit er die Abteilung für das organisierte Verbrechen im Justizministerium auf sechzig Mitglieder verstärkt hatte und einen Bericht über Sinatras vermeintliche Verbindungen zur Mafia anforderte. Der neunzehn Seiten umfassende Bericht listete zehn Mafiabosse auf, mit denen der Entertainer in Verbindung stand. Jack Kennedy hatte die Freundschaft zu Sinatra abgebrochen, nachdem Robert »Bobby« Kennedy sich über ihn beklagt hatte.

Gegen Ende des Sommers hatte Elvis *Charro!* abgedreht, den Film, für den er sich hatte einen Bart wachsen lassen und in dem er einen Revolverhelden spielte. Während der Dreharbeiten wurde er am Set von Vernon Scott für United Press International interviewt. Scott fiel auf, dass er nicht mehr »so unsicher und nachlässig dasaß«, und er zeigte sich überrascht, wie fit der dreiunddreißigjährige Sänger aussah. Er bemerkte auch, dass Colonel Parker nirgends zu sehen war.

»[Parker] ist selten in der Öffentlichkeit mit Elvis zu sehen«, schrieb Scott. »Die beiden gehen getrennte Wege.«

Elvis war in Los Angeles und bereitete sich auf den dritten Film des Jahres vor, *The Trouble with Girls*, als seine Tante in Graceland einen Anruf mit der Nachricht bekam, Elvis sei bei einem Flugzeugabsturz ums Leben gekommen. Der Anrufer sagte, Elvis Leiche sei zum Bestattungsinstitut Manning-Dunn in Louisville, Kentucky, überführt worden. Als Elvis' Tante dort anrief, bekam sie zu hören, man wüsste nicht, wovon sie spreche. Weder habe man etwas von einem Flugzeugsabsturz gehört noch befände sich Elvis Presleys Leiche in ihrem Institut. Man kann sich Elvis' Reaktion vorstellen, als seine Tante ihn in Los Angeles anrief: »Liebling, sie haben gesagt, du seist tot.«[27]

Das FBI ermittelte und erfuhr, dass die Dame bei der Telefonvermittlung misstrauisch geworden war, als der Anrufer ihr die Telefonnummer sagte. Sie verfolgte den Anruf, solange die Leitung noch stand, und kam auf eine Telefonzelle vor einem Supermarkt in West Louisville.

Der Bericht des FBI beschrieb Elvis' Tante als »ganz außer sich« wegen des Vorfalls. Sowohl die Polizei in Louisville als auch das FBI versuchten, den Anrufer aufzuspüren, und gingen sogar so weit, eine Adresse zu überwachen, wo sie einen Verdächtigen vermuteten, doch der Anrufer wurde nie gefasst.

Man konnte über Elvis sagen, was man wollte – dass er paranoid war, dass er auf die unruhigen Zeiten überreagierte –, Tatsache ist, Elvis wurde von Telefonanrufen und Todesdrohungen schikaniert, und in jenem Jahr hatte er zweimal gesehen, was Persönlichkeiten von öffentlichem Interesse passieren konnte, die sich gegen den Status quo auflehnten. Wenn sie wirklich hinter einem her sind, ist es kein Verfolgungswahn.

Die Wahl im November, bei welcher der Republikaner Richard Nixon den demokratischen Kandidaten Hubert Humphrey schlug, muss Elvis irritiert haben, denn er konnte nicht wissen, wie sich das Ergebnis auf ihn auswirken würde. Lyndon Johnson, der Kandidat des Colonels, war auf dem absteigenden Ast, jedoch hatte er noch Abe Fortas aus Memphis zum Nachfolger des Vorsitzendes Richters am Obersten Gerichtshof, Earl Warren, ernannt.

Den Sommer hindurch hatte es Gerede gegeben, dass der Kongress Fortas' Ernennung nicht zustimmen würde. Welche Auswirkungen würde das auf ihn haben? Das würde er erst wissen, wenn er sah, was mit Fortas passierte. Elvis fühlte sich in die Enge getrieben.

Irgendwie hatte der Colonel von Elvis' Gesprächen mit Scotty und D. J. über die Tour durch Europa und die Sessions in Scottys Studio in Nashville erfahren. Elvis hatte Journalisten Anfang des Jahres gesagt, er wolle die Tour machen. Der Colonel würde das auf keinen Fall erlauben. Wenn er das Land nicht verlassen konnte, würde niemand es verlassen.

Daheim in Nashville warteten Scotty und D. J. auf Nachricht, wann es mit der Tour losgehen sollte.

Elvis auf einem Werbefoto für *Harum Scarum*
(MGM)

Parker mit dem Produzenten Hal Wallis (links) und einem Mitarbeiter, 1961
(Mississippi Valley Collection)

KAPITEL 7

★ ★ ★

Las Vegas zieht die Schlinge enger

Beflügelt vom Erfolg des NBC-Fernsehspecials bereitete sich Elvis auf die Aufnahme eines neuen Albums vor. Die Studiosession war für den Januar in Nashville geplant, doch Elvis wollte dieses Mal nicht dort aufnehmen, was daran gelegen haben mag, dass er mit Scotty darüber gesprochen hatte, in dessen Studio zu arbeiten. Niemand scheint zu wissen, warum er seinen Plan mit Scotty nicht zu Ende brachte, am wahrscheinlichsten aber ist, dass Parker dagegen war. Jahrelang hatte er jegliche Mitwirkung von Scotty oder Bill abgelehnt.[1]

Marty Lacker, einer der Jungs aus Memphis, die Elvis schon seit der Highschool kannte, hatte sich kurz zuvor mit Chips Moman von den American Recording Studios angefreundet. Moman hatte das Studio aufgebaut, nachdem er sich von der Stax-Records-Familie getrennt hatte, und in den vergangenen Jahren hatte er eine phänomenale Serie von Hits mit Künstlern wie Wilson Pickett, Neil Diamond, Dusty Springfield, The Gentrys und B. J. Thomas produziert. Chips Moman war 1969 der begehrteste Produzent in ganz Amerika.

Lacker sprach mit Elvis darüber, sein nächstes Album für RCA mit Chips Moman als Produzent in den American Recording Stu-

Produzent Chips Moman 1968, fünf Monate bevor er mit Elvis ins Studio ging (Mississippi Valley Collection)

dios aufzunehmen. Elvis gefiel dieser Gedanke. Nicht nur wäre er damit bei Scotty fein raus, es würde ihn auch mit einem gefragten Produzenten zusammenbringen. Doch es gab noch einen weiteren Grund dafür, warum er die Aufnahmen in Memphis machen wollte.

Erstaunlicherweise war keine der Platten, die er in Memphis aufgenommen hatte, ein Nummer-eins-Hit geworden. Für Elvis, der so sehr mit der Musik aus Memphis identifiziert wurde, war es beschämend, dort nie eine Nummer eins aufgenommen zu haben. Zudem hatte er seit 1955 keine Plattenaufnahmen in Memphis produziert und er wollte diese Chance nutzen.

Moman war nicht so leicht zu überzeugen. Er führte an, dass Elvis seit Jahren keinen Hit gehabt habe. Warum solle er die Arbeit mit Künstlern einstellen, die Hits produzierten, um mit jemandem zu arbeiten, dem dies nicht zu gelingen schien? Es war einiges an

Überzeugungsarbeit nötig, aber am Ende überzeugte Lacker ihn schließlich davon, mit dem King ins Studio zu gehen. Colonel Parker tobte vor Wut. Statt nach Memphis zu kommen, um die Aufnahmen zu beaufsichtigen, schickte er Tom Diskin und Freddie Bienstock von Hill and Range. Der Colonel hatte nach wie vor eine Heidenangst vor der Stadt und fuhr nur hin, wenn es unbedingt notwendig war.

Die Musikzeitschrift *Billboard* hatte Notiz von der Session in Memphis genommen und es geschafft, einen Journalisten ins Studio zu bringen, um Elvis zu interviewen. »Hier hat alles für mich angefangen«, sagte Elvis, der nie zuvor einem Journalisten Zutritt in sein Studio gewährt hatte (der Journalist der *Billboard* war auf Momans Einladung hin gekommen). »Es fühlt sich gut an, wieder in Memphis aufzunehmen.«

Colonel Parker wusste nichts über Moman, außer dass er als Teenager per Anhalter von Georgia nach Memphis gekommen war und sich einen Namen als Gitarrist, Produzent und ausgebuffter Zocker gemacht hatte. Letzteres würde der Colonel würdigen, indem er Moman durch Diskin und Bienstock nach der Aufnahme von ein paar Songs mitteilen ließ, dass Elvis einen Anteil an den Veröffentlichungsrechten der beiden Stücke, die Moman zur Session beigetragen hatte, bekommen müsse. Das sei die übliche Provision in der Branche. Moman sträubte sich gegen diesen Vorschlag.

»Ich sag Ihnen was«, erwiderte Moman und brachte die Würfel ins Rollen. »Wenn Sie das glauben, beenden wir die Session auf der Stelle und betrachten diese Aufnahmen als kostspielige Demos.«

Diskin und Bienstock überbrachten dem Colonel die Botschaft.

Moman hatte ihn in der Hand. Wenn er wegen der Session Staub aufwirbelte, würde Elvis erfahren, dass der Colonel Verleger und Songschreiber unter Druck setzte, ihre Rechte aufzugeben, und das, glaubte Moman, würde Parker eher nicht wollen. Selbst wenn der Colonel die Angelegenheit forcieren würde und Moman seine Drohung zu gehen wahrmachte – für ihn wäre es ein hinnehmbarer Verlust. Er hatte noch andere Künstler in Aussicht. Er müsste nur »Der Nächste, bitte!« rufen.

Irgendwie erfuhr Elvis, was vor sich ging. Er ging zu Moman und fragte ihn, wie sie das Problem lösen könnten. Moman war sehr deutlich: Die Leute des Colonels, die Verleger, müssten das Studio verlassen. »Schon passiert«, sagte Elvis.

Nun, da er mit Elvis' Verwicklung in den Disput konfrontiert war, gab der Colonel klein bei. Er befahl Diskin, es auf sich beruhen zu lassen, er werde dafür sorgen, dass die beiden Songs, an denen Moman finanzielles Interesse hatte – »Suspicious Minds« und »In The Ghetto« – niemals veröffentlicht werden würden. Es gebe auch andere Möglichkeiten, einem Schlaumeier aus Georgia das Fell über die Ohren zu ziehen. Der Colonel hatte ein Sprichwort: »Ich kann Sie nicht davon abhalten anzufangen, aber ich kann Sie davon abhalten, es zu Ende zu bringen.«

Chips Moman und Steve Binder waren die Einzigen, die jemals das Beste aus einem Deal mit dem Colonel herausgeholt hatten. Binder hatte ihn überlistet, indem er ihm nicht ganz die Wahrheit über die Details des TV-Specials gesagt hatte. Moman hatte geblufft – ein Spielertrick, schlicht und einfach. Die Sessions im American Recording Studio wurden die besten in Elvis' Laufbahn seit seiner frühen Arbeit in Sam Phillips' Studio. Aus dieser Session gingen »Suspicious Minds«, »Kentucky Rain«, »Gentle On My Mind«, »Any Day Now« und »In The Ghetto« hervor.

Zum ersten Mal in seiner Karriere hatte Elvis einen Produzenten, der ihn unter Druck setzte. Der Großteil der Songs war schon von Momans Band *827 Thomas Street* eingespielt worden, und so konnte er sich auf Elvis' Gesang konzentrieren.

»Wenn er sich an einem Song versuchte, war er entweder in der richtigen Stimmung dafür oder nicht«, sagt Moman. »Wenn nicht, war es besser, den Song auf einen anderen Tag zu verschieben. Viele können nicht nachvollziehen, wie ich ihn dazu brachte, die Aufnahmen so oft zu wiederholen. Ich ließ ihn einen Song zwanzig oder dreißig Mal singen, immer und immer wieder. Ich bat ihn, noch mal von vorn anzufangen, um etwas zu korrigieren, das nicht ganz passte. Aber er hat es klaglos durchgezogen.«[2]

Ein paar Mitglieder seines Gefolges legten seine Kooperation mit Moman als ein Zeichen von Schwäche aus und beschimpften ihn deswegen. »Warum lässt du dich von diesem Kerl herumschubsen?«, fragten sie. Ein paar schienen sich durch Elvis' Arbeitseinstellung in ihrer eigenen Männlichkeit reduziert zu fühlen. Sie legten ein seltsames Verhalten an den Tag, doch Elvis muss man zugutehalten, dass er sie völlig ignorierte.

Priscilla hatte ihn noch nie in solcher Aufregung über eine Aufnahmesession erlebt. Häufig brachte er Kassetten mit den Aufnahmen des Tages mit nach Graceland, um sie ihr vorzuspielen. Sie hörten sich die Songs wieder und wieder an, und Elvis zeigte ihr, was ihm an jedem einzelnen Song am besten gefiel.

Scotty Moore, D. J. Fontana und die Jordanaires waren nicht zu der Session eingeladen. Scotty erfuhr es aus der Zeitung. Es waren niederschmetternde Neuigkeiten, denn er hatte geduldig darauf gewartet, betreffend der Europatournee und der geplanten Aufnahmen in seinem Studio von Elvis zu hören. Jetzt wusste er, dass es diese Aufnahmen nie geben würde. Ende des Monats wurde bekannt, dass Elvis in Las Vegas auftreten werde. Man fragte Scotty, ob er dabei sein wolle, aber als er nach der großen Tournee fragte, sagte man ihm, die werde es nicht geben.

Scotty, D. J. und die Jordanaires hatten alle feste Arbeit in den Studios in Nashville gefunden, und wenn sie jetzt für ein paar Wochen nach Las Vegas gegangen wären, hätten sie die fest gebuchten Sessions absagen müssen. Sie setzten sich zusammen und rechneten aus, wie viel sie verlieren würden, wenn sie in Las Vegas spielten, und teilten dem Colonel den Betrag mit.

Wenn er ihnen zahlte, was sie durch die abgesagten Sessions verlieren würden, kämen sie sehr gern nach Vegas. Die Reaktion des Colonels war nicht völlig überraschend: Er lehnte ihr Angebot ab, und unter der Leitung eines namhaften Gitarristen und Studiomusikers aus Los Angeles, James Burton, wurde eine neue Band gegründet.

Scottys Enttäuschung über die Session, die nie stattfand, die Europatournee, die nie verwirklicht wurde, und Colonel Parkers

Weigerung, ihn und die anderen für ihr Engagement in Las Vegas zu bezahlen, frustrierte ihn so sehr, dass er seine Gitarre weglegte und vierundzwanzig Jahre lang nicht mehr auftrat.³ Elvis hat er nie wiedergesehen.

Fast unmittelbar nach den American-Sessions begann Elvis mit der Arbeit an einem neuen Film, *Ein himmlischer Schwindel (Change of Habit)*, mit Mary Tyler Moore und Ed Asner in weiteren Hauptrollen. Ermutigt von der Qualität seiner neuen Musik, eröffnete er dem Colonel, er wolle für eine Weile keine Filme drehen. Nach *Ein himmlischer Schwindel* würde der Vertrag mit MGM auslaufen. Es wäre ein guter Zeitpunkt, eine Pause zu machen und sich auf seine Musik zu konzentrieren.

Parker stimmte widerwillig zu. Er versprach, alles zu geben, um Werbung für das bevorstehende Engagement in Las Vegas zu machen. Als der Frühling gekommen war, gab es für Elvis nur gute Nachrichten. »In The Ghetto« hatte es in die Top 10 geschafft – als erster Song seit über drei Jahren –, und sein Album *From Elvis In Memphis* wurde von den Kritikern als seine beste Leistung seit Jahren gelobt.

Dazu gab es Neuigkeiten aus der Politik. Im Mai wurde der Richter am Obersten Gerichtshof, Abe Fortas, angesichts eines wachsenden Skandals über Berichte, er habe Geld von einem Waffenlieferanten angenommen, zum Rücktritt gezwungen.⁴ Informationen über seine Verbindungen zu Casinos in Las Vegas kamen ans Licht, und der Senator in Michigan, Robert Griffin, der wegweisend im Kampf gegen Fortas' Ernennung zum Obersten Richter war, teilte mit, dass er aufgrund seiner Opposition Morddrohungen erhalten habe. In Wahrheit war alles noch schlimmer, als es in der Presse dargestellt wurde. Das FBI ermittelte in einer Reihe von Verbrechen gegen Fortas, darunter Bestechung, Strafvereitelung und rechtswidrige Ausübung von Gesetzen.⁵ Elvis hatte niemanden, mit dem er über diese Entwicklungen sprechen konnte, außer Colonel Parker, und wahrscheinlich scheute er sich, ihn auf dieses Thema anzusprechen.

Elvis war überglücklich: Seine Musik war auf Erfolgskurs, der neue Präsident schien sich nicht für die Haie in Las Vegas zu interessieren, und er fühlte sich wie der Rock 'n' Roller von früher. Er glaubte, der Albtraum sei vorüber.

Das Hotel Las Vegas International war nach dem geltenden Standard in Las Vegas ein gigantisches Monstrum. Gebaut auf fünfundzwanzig Hektar Land, ragte es dreißig Stockwerke empor und hatte 1519 Zimmer mit drei unterschiedlichen Einrichtungsstilen zu bieten: spanisch, französisch und italienisch. Im dreißigsten Stockwerk gab es einen großen Saal, wo die Gäste zu Orchestermusik tanzen konnten, doch das Kronjuwel des Hotels war der Konzertsaal, der zweitausend Menschen fassende Showroom International.[6]

Das International war Kirk Kerkorians Werk. Er hatte die sechzig Millionen Dollar aufgebracht, um zu bauen, was als »das größte Casino der Welt« angekündigt wurde. Mit eintausend Spielautomaten, zwölf Craps-Würfeltischen und zweiunddreißig Blackjack-Tischen, verteilt auf fast 3000 Quadratmeter, qualifizierte es sich spielend für diese Bezeichnung.

Das International war Kerkorians zweites Hotel und Casino in Las Vegas. Im Jahr 1967 hatte er Bugsy Siegel für 12,5 Millionen Dollar das berüchtigte Hotel Flamingo abgekauft. Kerkorian hatte schon mit MGM zu tun gehabt und daher kannte er auch Colonel Parker, aber die unmittelbarste Verbindung kam über Alex Shoofey zustande, den Mann, den er als Hoteldirektor engagierte.

Bevor er zum International kam, hatte Shoofey für einen alten Freund des Colonels, Milton Prell, im Hotel Sahara gearbeitet. Las Vegas war eine einzige riesige Familie, in der jeder mit jedem durch frühere Verbindungen in irgendeiner Beziehung stand.[7]

Nachdem Elvis Colonel Parker gesagt hatte, er wolle keine Filme mehr drehen – und weder bei MGM noch bei Paramount hatte ihn jemand darum gebeten, seine Meinung zu ändern (während der gesellschaftskritischen 1960er-Jahre waren die Ticketverkäufe an den Kinokassen drastisch zurückgegangen, und neue Filme wurden häufig in die Autokinos verbannt) –, fuhr der nach Las Vegas, um zu sehen, welchen Deal er bekommen konnte. Er verließ Las Vegas mit einem Vertrag des International.

Die offizielle Eröffnung des International war für den 1. Juli vorgesehen. Shoofey hielt Elvis für den perfekten Kandidaten, um das neue Hotel einzuführen, aber Parker war anderer Meinung und fand Gründe, die dagegen sprachen. Elvis habe zu viel zugenommen und brauche mehr Zeit, um in Form zu kommen. Shoofey fragte den Colonel, was er davon hielte, wenn Barbra Streisand im Monat vor Elvis auftreten würde.

Das gefiel dem Colonel.

»Lass das Mädel anfangen«, sagte er.

Elvis war über einen Zeitraum von zwanzig Tagen für zwei Shows pro Abend im International gebucht. Die erste Show sollte am 31. Juli um 20.15 Uhr stattfinden. Die zweite Vorstellung war für Mitternacht geplant. Der Comedian Sammy Shore und die Sweet Inspirations würden mit Elvis auf der Bühne stehen.

Während Elvis vor Antritt seines Engagements in Vegas eine Diät machte, seinen Körper trainierte und mit seinen Wutausbrüchen allen in Graceland das Leben gründlich vermieste, blieb Colonel Parker in Las Vegas, wo er die Stadt bearbeitete, wie er es zahllose Male getan hatte, als er bei Royal American gewesen war. Er hängte Tausende von Postern auf, an Lichtmasten und Gebäuden und Taxis, und schaltete ganzseitige Werbeanzeigen in den Lokalzeitungen von Las Vegas.

Als Elvis eine Woche vor Beginn seines Engagements zu den Proben in Las Vegas anreiste, erwarteten ihn mehr als sechstausend Telegramme aus der ganzen Welt. Auch Frank Sinatra und seine Tochter Nancy begrüßten ihn. Sie hatte es nach ihrem Nummer-eins-Hit im Jahr 1966, »These Boots Are Made For Walkin'«, beruflich weit gebracht, nachdem sie Elvis nach seiner Rückkehr aus Deutschland in New York willkommen geheißen hatte.

Es ist unglaublich, aber Priscilla hatte ihren Ehemann niemals zuvor live auf der Bühne erlebt. Elvis bat sie, den Proben in der Woche zuvor fernzubleiben, damit sie am Abend der Premiere die Wirkung in vollem Umfang erleben könnte. Niemand erzählte ihr, was sich bei den Proben abspielte, doch der wachsenden gespannten Erwartung, die im Hotel und in der Stadt zu spüren war, konnte sie sich nicht entziehen. Sie war fassungslos über das gewaltige Ausmaß der PR-Blitzaktion des Colonels.

Elvis wusste, dass er liefern musste. Der Rock 'n' Roll hatte sich seit jener heißen Sommernacht in Memphis, als er und Scotty und Bill ihn unter großem Protest in die Welt brachten, verändert. Er wusste, dass er mit vierunddreißig bei einem Publikum von unter Dreißigjährigen nicht mit den Beatles und den Rolling Stones konkurrieren konnte. In jenem Monat hatten sich viele Amerikaner dieser Altersgruppe auf den Weg zu einem gigantischen Festival in Woodstock, New York, gemacht.

Als Elvis das letzte Mal in Las Vegas aufgetreten war, waren seine Zuhörer in ihren Dreißigern, Vierzigern oder Fünfzigern gewesen; es war ein höfliches Publikum, das aber zweifellos die Musik der älteren Generation bevorzugte. Nur dieses Mal war es Elvis Presleys Musik. Las Vegas war schließlich auf derselben Stufe mit dem King.

Elvis wusste nicht, was ihn erwartete, als er für seine Premierenvorstellung die Bühne betrat. Der Saal war gefüllt mit Berühmtheiten und Journalisten. Elvis sagte ins Publikum: »Das ist mein erster Live-Auftritt seit neun Jahren und vielleicht mein letzter, ich weiß es nicht.«

Elvis stürzte sich in sein Material, wie sich die New-Wave-Künstler später in ihr Publikum stürzen würden. Mit Leib und Seele sang er eine Mischung aus alten und neuen Songs, darunter seinen aktuellen Hit »In The Ghetto«. Es war genau das, was alle hatten hören und *sehen* wollen. Ein Journalist der Associated Press schrieb: »All die kreisenden Bewegungen, die daran erinnern, wie Presley 1956 den

Rock 'n' Roll und sich selbst auf den Markt gebracht hatte, sie waren da. Breitbeinig stand er da, schüttelte sein linkes Bein, schüttelte den Kopf, sodass sein Haar flog wie schwarzes Stroh, ließ die Gitarre kreisen, um sie dann ein letztes Mal zur Seite zu stoßen, sein ganzer Körper vibrierte wie ein Presslufthammer.«
Der Großteil der Kritiker war vollends begeistert über seine Premierenvorstellung. In dem Moment, als Elvis »Jailhouse Rock« anstimmte, schrieb John Carpenter von der *Los Angeles Free Press*, »gab es für mich und alle Anwesenden keinen Zweifel mehr darüber, wer der Oberhäuptling des Rock war.« Robert Christgau, der für die *Village Voice* schrieb, meinte: »... sechzehn Songs lang hat er uns alle zusammengebracht, feiernde Freaks und alternde Spießer, und wir alle haben auf dasselbe reagiert – auf ihn.« Kathy Orloff von der *Chicago Sun Times* schrieb: »Elvis ist der King, lang lebe der King.«

Bei *Newsweek* zollte man Colonel Parker Anerkennung für Elvis' Erfolg und man schätzte, dass das International ihm wohl eine Million Dollar für das Engagement bezahle (das lag um etwa 750 000 Dollar daneben). Man staunte über Elvis' »Durchhaltevermögen« und meinte, es sei »schwer zu glauben, dass er keine neunzehn mehr ist, sondern vierunddreißig Jahre alt.«

Nach der ersten Vorstellung gab Elvis eine Pressekonferenz, bei der er gefragt wurde, ob er nach dem Engagement in Las Vegas weiterhin live auftreten wolle. »Ich hoffe es jedenfalls«, antwortete Elvis. »Ich will. Ich möchte überall auf der Welt spielen.«

Lord Sutch von Lord Sutch Enterprises teilte Elvis mit, er sei gekommen, um ihm ein Angebot über eine Million Pfund Sterling zu machen, wenn er für zwei Konzerte ins Wembley Empire Stadium nach England käme.

»Da müssen Sie ihn fragen«, meinte Elvis und blickte zu Colonel Parker, der in der Nähe saß und einen weißen Mantel trug, der über und über mit »Elvis in Person«-Aufklebern übersät war.

»Könnten Sie das bitte noch mal sagen?«, bat Parker.

Lord Sutch wiederholte das Angebot.

»Machen Sie einfach eine Anzahlung«, entgegnete der Colonel.

»In Ordnung, ich werde mich darum kümmern«, erwiderte Lord Sutch. Dann fragte er Elvis: »Möchten Sie in England auftreten?«

»Ich möchte auf jeden Fall in England auftreten, wir habe so viele Anfragen von dort«, antwortete Elvis. »Und es wird nicht mehr lange dauern, da wir ja jetzt wieder Live-Konzerte geben.«

Am Ende der Pressekonferenz stand Colonel Parker auf und erlaubte den Reportern, ein Foto mit Elvis zu machen. »Aber wenn Sie zu lange brauchen«, warnte er sie, »muss ich Ihnen Überstunden berechnen.«

Nach Elvis' Aussagen hinsichtlich einer Europatournee begann Colonel Parker umgehend mit der Planung einer Tour durch Amerika, damit Elvis zu beschäftigt wäre, um auf den Gedanken zu kommen, das Land zu verlassen. Wenn der Junge rausgehen und sich unters Gesindel mischen wollte, würde der Colonel dafür sorgen, dass es sich um *amerikanisches* Gesindel handelte.

Am Ende des einmonatigen Engagements verkündete das International, dass Elvis' Shows von 101 500 Menschen besucht worden seien. Bei einem Mindestpreis pro Eintrittskarte von fünfzehn Dollar bedeutete das für das Hotel Einkünfte von anderthalb Millionen Dollar allein durch die Tickets, dazu kamen die dadurch bedingten Einkünfte aus den Casinos, Restaurants und Zimmervermietungen.

Als Taktiker, der er war, ließ Colonel Parker einen Journalisten vom *Commercial Appeal* in Memphis, dem er vertraute, nach der Hälfte des Engagements davon in Kenntnis setzen, ein konkurrierendes Hotel habe Elvis für fünf Millionen Dollar einen Zehnjahresvertrag angeboten. Ohne die Informationsquelle aufzudecken, veröffentlichte die Zeitung einen Artikel, in dem Colonel Parker das dementierte. »Wir sind glücklich über das, was gerade passiert«, sagte er. »Zehn Jahre die Zukunft vorherzusehen ist eine lange Zeit.«

Der Artikel wurde von United Press International aufgegriffen und kam schließlich nach Las Vegas, wo er in den Lokalzeitungen veröffentlicht wurde. Das International fiel auf die ausgeklügelte Masche des Colonels herein und bot Elvis für eine Million Dollar einen Fünfjahresvertrag an, der zwei Engagements im Jahr mit jeweils siebenundfünfzig Shows festlegte. Der Colonel hatte zwar seine Seele an Las Vegas verkauft, aber das hieß nicht, dass er die Stadt nicht bei jeder Gelegenheit hereinlegen konnte. Für Elvis war es jedenfalls ein schlechtes Geschäft. Das Angebot über 125 000 Dollar pro Woche lag unter dem, was andere Stars von Elvis' Größe bekamen. Nach Abzug der fünfzig Prozent Provision floss die Hälfte des jährlichen Eine-Million-Dollar-Schecks durch den Colonel wieder nach Las Vegas zurück, wo er sie unweigerlich an den Spieltischen verlor.

Im Endeffekt war Elvis ein vertraglich verpflichteter Bediensteter geworden. Für seine Dienste bekam er 500 000 Dollar im Jahr, wovon er fünfzig bis neunzig Prozent Steuern an Vater Staat zahlte.[8] Der Colonel hatte Elvis zu einem Cabaret-Sänger gemacht, der zwischen 50 000 und 200 000 Dollar im Jahr verdiente. In Memphis gab es Anwälte und Steuerberater, die mehr für das Ausfüllen von Steuererklärungen bekamen.

Zu Hause in Memphis ruhte Elvis sich aus und sonnte sich in seinem Erfolg. Das Engagement in Las Vegas hatte ihn ausgelaugt; die ganze Zeit über hatte er nicht gut schlafen können. Eine Woche nach seiner Rückkehr nach Memphis gab es neue gute Nachrichten. »Suspicious Minds«, der Song, den der Colonel versucht hatte, vom Album zu verbannen, war auf Nummer eins geklettert – Elvis' erster Spitzenreiter seit mehr als sieben Jahren.

Als Elvis im Januar 1970 für sein erstes von zwei jährlichen Engagements ins Hotel International zurückkehrte, war beschlossen worden, das Engagement in zweiwöchige Blöcke aufzubrechen. Der erste Block sollte am 26. Januar beginnen und der zweite am 23. Februar, was ihm eine zweiwöchige Verschnaufpause verschaffte.

Variety bezeichnete Elvis' Show als »Essenz eines Kabuki-Dramas« und nahm damit Bezug auf seine stark stilisierten Karatehiebe und dramatischen Bewegungen auf der Bühne, die scheinbar darauf ausgelegt waren, Drama zur Musik zu erzeugen, die von einer Band gespielt wurde, die das Musikmagazin *Rolling Stone* als »farblos und professionell« beschrieb.

Dean Martin war zur Premiere gekommen, und Elvis zollte ihm Tribut, indem er seinen großen Hit »Everybody Loves Somebody« sang. Wie erwartet, war die Vorstellung ausverkauft, doch Elvis schien es kaum zu bemerken. Er zog seine Show durch. Vor allem war er stolz auf seine Professionalität. Doch den Menschen um ihn herum schien er zerstreut. Wenn er zwischen den Songs zum Publikum sprach, klagte er manchmal darüber, er würde zunehmen und nicht mehr in seine Bühnenkostüme passen. Und es gab Zeiten, da hielt er seinen ungeduldigen Fans kurze religiöse Predigten.

Wie er versprochen hatte, beeilte sich Colonel Parker, eine Konzerttour zusammenzustellen. Die erste Vorstellung sollte in Houston, Texas, stattfinden, wo er Elvis für drei Abende mit jeweils zwei Vorstellungen für das Houston Astrodome gebucht hatte. Nach diesen Auftritten, die nur vier Tage nach dem Abschluss seines zweiwöchigen Engagements im International stattfanden, war Elvis ausgelaugt und niedergeschlagen. Er kehrte nach Memphis zurück, wo er sich für einen dreitägigen Aufenthalt ins Baptist Memorial Hospital begab. Dort wurde festgestellt, dass er an einem Auge an einem Glaukom litt. Die Angst, er könnte blind werden, verstärkte seine Niedergeschlagenheit. Die Monate März und April hindurch schlief er die meiste Zeit und verließ sein Schlafzimmer nur, um kurz mit Lisa Maria zu spielen.

Vom Colonel wurde er während ihrer Telefonate ständig unter Druck gesetzt, ins Studio zurückzukehren, um neues Material aufzunehmen. Er hatte zwei Alben mit Live-Material seines letzten Engagements in Las Vegas herausgebracht, aber durch den Erfolg von »Suspicious Minds« angespornt, wartete man bei RCA ungeduldig auf neues Studiomaterial.

Im Sommer fuhr Elvis nach Nashville, um Songs für ein Album mit dem Titel *Love Letters From Elvis* aufzunehmen. Hinsichtlich einer Rückkehr ins American Recording Studio in Memphis hatte er gemischte Gefühle. Chip Moman setzte seine Vorstellungen knallhart um, und Elvis war nicht sicher, ob ihm dieses Umfeld an diesem Punkt in seinem Leben guttun würde. Colonel Parker stellte klar, dass er sich einer weiteren Zusammenarbeit zwischen Elvis und Moman entgegenstellen würde.

Als Elvis im August für sein zweites Engagement des Jahres nach Las Vegas zurückkehrte, musste er nicht mehr befürchten, blind zu werden, und entspannte sich ein wenig. Leider sollte diese Pause von seelischen Belastungen nicht von Dauer sein. Ungefähr eine Woche vor dem Ende des Engagements erhielt Colonel Parker eines frühen Nachmittags einen Telefonanruf in seinem Büro im International. Der Anrufer sagte, Elvis werde am Wochenende gekidnappt. Der Colonel meldete den Anruf nicht der Polizei; er rief seinen Anwalt Ed Hookstratten in Los Angeles an.[9]

Am Tag darauf erhielt die Ehefrau eines von Elvis' Bodyguards am frühen Morgen einen Anruf in ihrem Haus in Los Angeles von einem Mann, der sagte, er sei auf der Suche nach ihrem Mann. Er sagte, Elvis würde es am Abend »so richtig kriegen.« Eine Dreiviertelstunde später rief der Mann, der mit einem Südstaatenakzent sprach, wieder an und sagte, der Killer habe eine Waffe mit einem Schalldämpfer. Er bezeichnete ihn als einen »Verrückten«. Für 50 000 Dollar in kleinen Scheinen werde er die Identität des Killers preisgeben.

Auch dieser Anruf wurde Colonel Parkers Anwälten gemeldet, die das FBI informierten. Man schickte Agenten nach Las Vegas, und Priscilla und die dreijährige Lisa Marie sollten in ihrem Haus in Los Angeles rund um die Uhr bewacht werden. Elvis wurde angewiesen, in seinem Zimmer zu bleiben und es nur für die Vorstellung verlassen.

Er absolvierte seine Show an jenem Abend wie geplant; nicht geplant war allerdings das massive Security-Aufgebot, bestehend aus FBI-Agenten, Wachmännern des Hotels und Elvis' eigener Privatarmee von schwer bewaffneten Jungs aus Memphis. Auf Hookstrattens Anforderung hin war John O'Grady, ein Kriminalbeamter des Los Angeles Police Department, nach Las Vegas gekommen, um als Elvis' oberster Leibwächter zu fungieren. Von dem Anrufer hat man nie wieder gehört. Der Rest des Engagements im International verlief ohne weitere Vorkommnisse, aber Elvis hatte dieser Vorfall in große Unruhe versetzt.[10]

Es waren keine Filme geplant, und zwischen Plattenaufnahmen und Live-Auftritten hatte Elvis etwas Zeit zur Verfügung, in der er sich immer obsessiver mit Colonel Parker und all den Schwierigkeiten, die der alte Mann ihm eingebracht hatte, befasste. In Las Vegas hatte er gelernt, dass er sich irrte, wenn er glaubte, Abe Fortas' Rücktritt sei ein gutes Omen für die Zukunft. Er hatte nach wie vor dieselben Verpflichtungen in Las Vegas.

Der einzige Unterschied bestand darin, dass er jetzt vielleicht für nur 50 000 Dollar im Jahr arbeiten würde. Während es auf Weihnachten zuging, kam es wiederholt zu Wutausbrüchen. Niemand hielt es in seiner Nähe aus. Seine Beziehung mit Priscilla war dabei zu zerbrechen. Er mochte weder sich selbst noch irgendjemand anderen.

Knapp eine Woche vor Weihnachten 1970 kam Priscilla ins Wohnzimmer in Graceland, wo Elvis und Vernon eine hitzige Debatte wegen Colonel Parker führten. »Verdammt noch mal, Daddy, ruf ihn an und sag ihm, wir sind fertig miteinander«, sagte Elvis laut Priscillas Autobiografie. »Zerreiß die verfluchten Verträge, und ich werde ihn auszahlen.« Vernon fragte ihn, ob er sich sicher sei.

»Verdammt, ja, und wie ich das bin«, erwiderte Elvis.[11]

Wutentbrannt stürmte Elvis aus Graceland. Ohne Priscilla oder Vernon zu sagen, wohin er ging, fuhr er allein zum Flughafen in Memphis. Unter dem Namen Jon Burrows kaufte er ein Ticket nach Washington, D. C. Bei seiner Ankunft fühlte er sich krank, und vielleicht war ihm auch ein bisschen bange, denn es war das erste Mal, dass er allein reiste. Und ohne den Flughafen in Washington überhaupt verlassen zu haben, kaufte er ein Ticket nach Los Angeles.

Während eines Zwischenaufenthalts in Dallas rief er seinen

Freund Jerry Schilling an, der früher in Memphis für ihn gearbeitet hatte und nach Kalifornien gezogen war, um sich eine Karriere als Manager aufzubauen. Elvis sagte ihm, er brauche seine Hilfe, um ein Zusammentreffen mit Präsident Nixon zu arrangieren. Schilling steckte gerade mitten in einem Filmprojekt, aber es ihm fiel schwer, Elvis abzuweisen, und nachdem sich dieser ein paar Tage ausgeruht hatte, machten sie sich gemeinsam auf den Weg nach Washington. Mit ihnen im Flugzeug reiste der republikanische Senator George Murphy aus Kalifornien. Während des langen Nonstop-Flugs kam Elvis mit Murphy ins Gespräch. Er sagte ihm, er fliege nach Washington, um den Präsidenten zu treffen, und dass er darauf hoffe, Vollmachten eines Bundesbeamten zu erhalten. Er sei entsetzt über das Ausmaß des Drogenmissbrauchs in der Unterhaltungsbranche und wolle etwas dagegen unternehmen.[12]

»Haben Sie einen Termin?«, fragte Murphy.

»Nein, Sir.«

Murphy schlug Elvis vor, dem Präsidenten einen Brief zu schreiben, er werde ihn persönlich abgeben. Vom Interesse des Senators motiviert, schrieb Elvis einen fünfseitigen Brief, den er an den Präsidenten adressierte. Er erklärte darin, wer er war und dass er ihn treffen wolle, um »über die Probleme zu sprechen, mit denen unser Land konfrontiert ist.« Er schrieb, er wolle dem Präsidenten seine Dienste anbieten. »Ich will keinen Titel oder in ein festes Amt berufen werden«, schrieb er weiter. »Ich kann und werde mehr ausrichten, wenn ich als Sonderbotschafter eingesetzt werde.«[13]

Schilling hatte vor ihrer Abreise aus Los Angeles in Graceland angerufen und Vernon und Priscilla über Elvis' Pläne in Kenntnis gesetzt. Beide fanden, dass er Verstärkung brauche. Also wurden Sonny West und fünf weitere Bodyguards sowie Elvis' langjähriger Freund, der ehemalige Sheriff von Shelby County, Bill Morris, zu ihnen nach Washington geschickt.

Wie gewünscht, erhielt Elvis die Erlaubnis, den Präsidenten zu treffen. Als er das Weiße Haus betrat, teilte er den Beamten des Secret Service mit, er habe einen 45er Colt als Geschenk für den Präsidenten mitgebracht. Elvis durfte unbehelligt mit einer Waffe das Oval Office betreten. Nixon posierte für Fotos mit ihm, und nachdem sie eine Weile miteinander geplaudert hatten, erklärte er sich einverstanden, Elvis einen Dienstausweis der Behörde für Betäubungsmittel und gefährliche Drogen (Bureau of Narcotics and Dangerous Drugs) zukommen zu lassen.

Elvis war in Hochstimmung. Am Ende des Treffens schockierte er den Präsidenten, der nicht gerade als gefühlsbetont bekannt war, mit einer spontanen Umarmung zum Abschied. Dann schaute er ihm in die Augen und brach in Tränen aus.

Ermutigt, weil er im Weißen Haus empfangen worden war, bat Elvis Bill Morris, auch mit J. Edgar Hoover, dem Direktor des FBI, ein Treffen zu arrangieren. Vom Hotel aus rief Morris Hoovers Büro an und erklärte den Grund für das gewünschte Treffen. Er sagte, er sei der ehemalige Sheriff von Shelby County in Memphis.

Einer von Hoovers Beratern informierte ihn in einem Memorandum über die Anfrage. Er erinnerte den Direktor daran, dass Senator Murphy bereits wegen der ungewöhnlichen Bitte des Künstlers angerufen habe. Nachdem der Berater Elvis' Akte durchgesehen hatte, sagte er: »Ungeachtet Presleys Aufrichtigkeit und guter Absicht gehört er gewiss nicht zu den Menschen, die der Direktor zu treffen wünscht. Ich möchte anmerken, dass seine Haare zurzeit schulterlang sind und er vorzugsweise ausgefallene Kleidung trägt.«

Stattdessen schlug der Berater vor, eine Besichtigungstour durch das FBI-Gebäude für Elvis und seine Entourage zu organisieren und sie einfach davon in Kenntnis zu setzen, dass es dem Direktor nicht möglich sei, sich mit ihnen zu treffen.[14]

Elvis kehrte nach Memphis zurück und hatte genau das bekommen, was er gewollt hatte: PR-Fotos von ihm und Präsident Nixon, die Aufmerksamkeit der landesweiten Presse und, was am wichtigsten war, die Nachweise, die ihn als Staatsbevollmächtigten auswiesen. Im Lauf der Jahre wurde diese Reise zunehmend als Peinlichkeit für den Ruf des Königs des Rock 'n' Roll angesehen. Alles Mögliche wurde als Auslöser dafür verantwortlich gemacht, angefangen bei Elvis' exzessivem Medikamentenmissbrauch bis hin zu seiner angeblichen Abneigung gegen die Beatles. Derartige Interpretationen sind offensichtlich ungerecht und haltlos. Elvis' Konsum von Aufputsch- und Beruhigungsmitteln war in den Jahren zuvor dramatisch angestiegen, doch es würde zu weit gehen, diese Reise stimmungsverändernden Substanzen zuzuschreiben. Auch Berichte über Elvis' angebliche Feindseligkeit gegenüber den Beatles sind keine glaubwürdige Erklärung. Elvis fühlte sich von Colonel Parker betrogen. Der hatte die Hälfte seiner Einkünfte abgeschöpft. Das war auch der Grund für Elvis' Streit mit Vernon, als Priscilla dazukam. Elvis wollte den Colonel auszahlen und ihn aus seinem Leben streichen. Vernon hatte Todesangst, sich mit dem alten Mann anzulegen.

Als Elvis an jenem Tag aus Graceland stürmte und geradewegs zum Flughafen fuhr, hatte er offenbar nichts anderes im Sinn, als den Menschen zu erreichen, dem allein er dachte vertrauen zu können: den Präsidenten der Vereinigten Staaten. Nixon war gegen den Mob in Las Vegas vorgegangen und hatte Abe Fortas ausgeschaltet. Elvis dachte, Nixon sei der einzige Mensch, der über die Macht verfüge, ihn aus dem Schlamassel, in den er geraten war, herauszuholen.

Weil aus dem anderthalbstündigen Flug von Memphis nach Washington ein mehrtägiger Ausflug wurde, hatte Elvis Zeit, die Sache zu überdenken. Eigentlich wollte er weder in eine staatliche Ermittlung involviert werden noch wollte er Colonel Parker in Schwierigkeiten bringen. Er wollte nur, dass die Öffentlichkeit von dem Treffen mit Nixon wusste. Und er wollte die Dienstmarke. Vielleicht würde das reichen, um ihn vor den auf ihn lauernden Wölfen zu schützen.

Die Reise nach Washington zeigt Elvis im Kampf ums Überleben. Die Todesdrohung kurz zuvor und seine Erkenntnis, dass er ein vertraglich geknebelter Knecht geworden war, lasteten schwer auf ihm. Er schluckte Aufputsch- und Beruhigungsmittel, war jedoch nicht der verrückte Junkie, zu dem man ihn gemacht hat. Man muss nicht verrückt sein, um in ein Flugzeug zu steigen, nach Washington zu fliegen und um Treffen mit dem Präsidenten und dem FBI-Direktor zu bitten: Nicht, wenn man einen Manager hat, der Colonel Tom Parker heißt.

Während sich Elvis auf sein Engagement im International im Januar 1971 vorbereitete, war Colonel Parker damit beschäftigt, neue Projekte zu organisieren, um seinen Klienten auf Trab zu halten. Seine Beziehung zu Elvis stand auf wackligen Beinen, und es machte ihn nervös, wenn er hörte, wie Elvis mit Journalisten über eine Konzerttournee im Ausland sprach.

Parker und Elvis kommunizierten während dieser Zeit nur wenig miteinander. Ihre Persönlichkeiten hätten nicht unterschiedlicher sein können – und zwischen ihren persönlichen Weltanschauungen lagen Welten; und doch reagierten sie ähnlich auf eine Situation, die für sie beide immer unerträglicher und aufreibender wurde: Elvis zog sich weiter in seine stetig wachsende Welt verschreibungspflichtiger Medikamente zurück und nährte seine neue Sucht mit einer gefährlichen Mischung aus Aufputsch- und Beruhigungsmitteln; Colonel Parker zog sich in die blausamtene Isolation des Casinos zurück, wo er sich in der grell beleuchteten Traumwelt des großen Gewinns verlor und eine Sucht nährte, die ihn an die 20 000 Dollar in der Woche kostete. Ihre selbstzerstörerische Sucht war an diesem Punkt in ihrem Leben vielleicht die einzige Gemeinsamkeit der beiden Männer.

In Las Vegas wurde Elvis' Verhalten immer unberechenbarer, seine Medikamentenabhängigkeit für alle um ihn herum immer offensichtlicher, einschließlich dem Colonel, der nie auch nur einen Finger rührte, um es aufzuhalten. Er sah Elvis' Sucht genauso wie Inhaber von Stripclubs den Drogenkonsum ihrer Tänzer sehen: Sie versorgten sie nicht mit den Drogen, denn das wäre illegal gewesen, aber sie hielten sie auch nicht davon ab, sie zu konsumieren. Ein mit Medikamenten versorgter Elvis war gut fürs Geschäft; damit gab es keine Schwierigkeiten.

Nachdem Elvis die siebenundfünfzig Vorstellungen im International zu Ende gebracht hatte, war er erschöpft von der körperlichen Anstrengung der Auftritte und demoralisiert, weil seine Ehe sich zunehmend verschlechterte. Doch der Colonel drängte ihn, mehr für RCA aufzunehmen, und nach nur einer Woche Ruhe in Graceland fuhr Elvis nach Nashville, um an Material für ein neues Album zu arbeiten. Den Großteil des Frühlings und Sommers verbrachte er im Studio.

Colonel Parker blieb in Las Vegas, wo er in der Dreizimmer-Suite im dritten Stock des International, die man ihm zur Verfügung gestellt hatte, agierte. Danach ging es im Juli nach Nevada für eine weitere Reihe von Vorstellungen, nur dieses Mal im Hotel Sahara Tahoe in Stateline, Nevada. Elvis gab achtundzwanzig Vorstellungen und las aus Bibeln vor, die ihm aus dem Publikum gereicht wurden.

Kaum hatte er das Engagement im Sahara Tahoe beendet, war es auch schon wieder Zeit, für weitere siebenundfünfzig aufeinanderfolgende Shows ins International zurückzukehren, nur dass das Hotel jetzt nicht mehr das International war: Es war jetzt das Las Vegas Hilton, nachdem es von Barron Hilton vom gleichnamigen Hotelkonzern gekauft worden war. Anfangs war Barron Hilton empört, als er erfuhr, dass Colonel Parker in das Hotel gezogen war und dass man ihm freie Bürofläche, Unterkunft und Room-Service zur Verfügung gestellt hatte. Elvis spielte nur acht Wochen im Jahr im Hotel. Warum also sollte das Hotel seinen Manager so extravagant hofieren?

Als man Hilton erklärte, dass Parker nicht nur ein exzentrischer Talentmanager, sondern einer der besten Kunden des Casinos war, etwa eine Million Dollar pro Jahr wert, rechnete Hilton schnell noch mal nach. Das Hotel zahlte Elvis eine Million Dollar im Jahr für seine Auftritte und Colonel Parker verlor eine Million Dollar im Jahr an den Spieltischen. Er änderte seine Meinung über Parker und rollte den roten Teppich aus. Wenn er wollte, könnte er das gesamte dritte Stockwerk haben.

Für November hatte Colonel Parker Elvis für eine Reihe von Einzelauftritten in Stadthallen und Auditorien von Minneapolis,

Minnesota, bis nach Tuscaloosa, Alabama, gebucht. Er trat vor ausverkauften Häusern auf und wurde von den meisten Kritikern mit Lobeshymnen überschüttet. *Rolling Stone* schrieb: »Es ist die Darstellung von Presley als königliche Figur, die seine Show so überwältigend macht ... Es gibt keinen anderen Künstler, der einfach darin schwelgen kann, und wir mit ihm.«

Zum ersten Mal seit Jahren hatte Elvis in der Branche Aufsehen erregt. Einer der Menschen, die der wirtschaftliche Nutzen der wiederbelebten Karriere des Entertainers lockte, war Paul Lichter, der junge Unternehmer, der Elvis und den Colonel erstmals backstage nach seinem »Comeback«-TV-Special 1968 getroffen hatte.

Lichter war seit Elvis' Premiere in Las Vegas 1969 mit Elvis und dem Colonel in Kontakt geblieben, nachdem er von einem Freund bei RCA Records gebeten worden war, Elvis mehrere goldene Schallplatten zu überreichen. Es war ein PR-Schachzug, das war ihm klar, aber es brachte sein Foto in der Branche in Umlauf und lieferte ihm einen weiteren Vorwand, um mit Elvis und dem Colonel zu sprechen.[15]

Als Lichter im Hotel eintraf, beschied ihn der Colonel, er solle in sein Zimmer gehen und dort auf seinen Anruf warten. »Da war ich nun, zum ersten Mal in Las Vegas, was ziemlich aufregend für mich war, und ich verbrachte die ersten anderthalb Tage in meinem Zimmer«, sagt er. »Er sagte, wenn ich den Anruf verpasste, dann war es das.«

Lichter hatte Angst, den Anruf zu verpassen, wenn er das Zimmer verließe. Er bestellte beim Room Service, und während das Casino im Erdgeschoss vor Geschäftigkeit brummte und die Stadt ihren sündhaften Charme mit Hochdruck ohne ihn versprühte, saß er fernsehend neben dem Telefon und wartete auf den Anruf.

Als das Telefon schließlich klingelte, eilte er nach unten und wurde an zwei bewaffneten Wachmännern vorbei in einen Raum geleitet, wo Elvis und der Colonel vor einem Pulk von Reportern und Fotografen Hof hielten. Er überreichte Elvis die goldenen Schallplatten und unter dem Blitzlichtgewitter schüttelte er ihm einige Minuten lang die Hand, wonach er wieder aus dem Zimmer geleitet wurde. Es war ebenso schnell vorbei, wie es angefangen hatte.

Später lud Elvis ihn nach oben in seine Suite ein. Während der Überreichung der goldenen Platten hatte Elvis ihn gefragt, woher er komme, und er hatte geantwortet, aus Philadelphia – da hatte es bei Elvis geklingelt. Er wolle einen Cadillac-Kombi, wie Dean Martin einen hatte, und der einzige Ort, wo man den bekommen könne, so hatte er gehört, sei in Philadelphia. Er dachte, Lichter könne ihm helfen, den Wagen zu besorgen.

Nach diesem ersten Treffen – Elvis lud ihn ein, einen Monat im Hotel zu bleiben, und übernahm alle Unkosten – beschloss Lichter, das Management-Geschäft hinter sich zu lassen und ins Elvis-Presley-Geschäft einzusteigen. Als Elvis wieder auf Tour ging, ging Lichter ebenfalls auf Reisen und verkaufte für den Preis von fünfundzwanzig Dollar Abonnements für seinen neu geschaffenen Elvis Presley Unique Record Club.

Um Fotos für die Abonnenten seines Schallplatten-Clubs sowie für die zweimonatig erscheinende Zeitschrift *Memphis Flash* zu bekommen, engagierte er ein Team von Fotografen, die Elvis auf seiner Tournee folgten. Sie schossen Fotos von Elvis, während er an öffentlichen Orten ankam oder sie verließ, und Lichter benutzte sie für seine Veröffentlichungen.

Colonel Parker hielt nicht besonders viel von Lichters Aktivitäten und instruierte seinen Anwalt, ihm Drohbriefe zu schicken, die Lichter aber ignorierte. Er hatte jedes Recht, an öffentlichen Orten Fotos von Elvis zu machen, und wusste, dass der Colonel ihn nicht davon abhalten konnte.

Eines Tages, während Lichter am Pool des Hilton entspannte, kam Tom Diskin, den er schon mehrmals getroffen hatte, auf ihn zu und sagte ihm, der Colonel wolle mit ihm sprechen. »Sein Büro nahm die gesamte dritte Etage des Hotels ein, was an sich schon einschüchternd war«, erzählt Lichter. »Als ich ihm gegenüberstand, sagte er: ›Ich mag Sie, und Sie erinnern mich an mich selbst. Ich kann

Sie nicht davon abhalten, etwas anzufangen, aber ich kann Sie davon abhalten, es zu Ende zu bringen.‹ Ich dankte ihm, doch ich wusste, dass ich nichts Unrechtes tat, und machte weiter.«

Al Dvorin, der damals mit seinen unvergesslichen Worten »Ladies and Gentlemen, Elvis has left the building« Rock'n'Roll-Geschichte schrieb, fand die Publicity-Kämpfe zwischen Lichter und dem Colonel amüsant. »Der Colonel hatte seine Freude daran«, sagt er. »Eines Tages sagte er zu mir: ›Wenn ich nicht im inneren Kreis wäre, wäre ich der Erste, der es von außen versuchen würde.‹«[16]

Für den Colonel waren Unternehmer wie Lichter Raubkopierer, doch rechtlich waren sie es nicht. Sie machten Fotos an öffentlichen Orten und verkauften sie auf öffentlichem Eigentum außerhalb von Elvis' Auftrittsorten in Zeitschriften oder Broschüren. Es war alles gesetzeskonform, aber dem Colonel gefiel die Vorstellung nicht, dass andere von der Popularität seines Klienten profitierten, besonders, wenn er selbst nicht an den Gewinnen beteiligt war.

Um gegen die Raubkopierer vorzugehen, ließ Parker anfangs seine Anwälte Drohbriefe an sie schicken. Manchmal hat es funktioniert, manchmal nicht. Als sich das Problem Anfang der 1970er-Jahre verschärfte, ging Parker defensiver damit um und ließ dem Publikum vor jedem Auftritt verkünden, dass professionelle Fotografien oder Aufnahmen während der Vorstellungen nicht erlaubt seien. Später wurden diese Auflagen auf die Eintrittskarten gedruckt.

Seinen Höhepunkt erreichte der Streit schließlich 1975 am Omni Theater. Wie üblich hatte Lichter seine Leute außerhalb aufgestellt, um Reklameblätter für seine Elvis-Presley-Artikel zu verteilen. Lichter wusste nicht, dass Parker eine Gruppe von Motorradfahrern als Sicherheitsdienst für das Konzert angeheuert hatte. Lichters Händler wurden verprügelt und ihre Blättchen auf die Straße geworfen. Dann wurde es hässlich. Es fielen Schüsse. »Die Waffen knallten bum, bum, bum«, so Lichter. »Ich sage nicht, dass es der Colonel war, aber ganz sicher waren es die Verrückten auf den Motorrädern, die er angeheuert hatte. Also hörten wir auf. Geld hin oder her, aber eine Kugel ist eben eine Kugel.«[17]

Während Lichters Disput mit dem Colonel hielt er seine Freundschaft mit Elvis aufrecht und traf oft backstage oder in der Garderobe auf den Colonel. »Er hat nie etwas zu den Briefen gesagt, die er mir schickte«, sagt Lichter. »In späteren Jahren erzählte er mir, es habe nie an ihm gelegen. Vernon habe dahintergesteckt, sagte er.« Gefragt, ob er das glaube, lachte Lichter. »Nein, der Colonel war es, vom Anfang bis zum Ende.«

Nach Parkers Tod fragte dessen Witwe, Loanne, Lichter, ob er die Akte haben möchte, die der Colonel über ihn zusammengestellt hatte. Es stellte sich heraus, dass er eine umfangreiche Sammlung von Zeitungsausschnitten und anderen Informationen über Lichter zusammengestellt hatte.

Lichter war beeindruckt.

Anfang 1972 wurde offensichtlich, dass Elvis ins Straucheln geriet. Als er von Priscillas dreijähriger Liebesaffäre mit dem Karatelehrer Mike Stone erfuhr, nahm Priscilla Lisa Marie und zog nach Los Angeles. Elvis reagierte heftig und drohte, Stone umzubringen. Seine emotionalen Exzesse waren derart intensiv, dass sie selbst seinen kampferprobten Bodyguards Angst machten. Seine Bühnenauftritte gerieten aufgrund seiner Gefühlsausbrüche und langen, weitschweifenden Predigten in die Kritik.

Elvis forderte Parker auf, die Anwälte die Scheidung einreichen zu lassen.

Sowohl für Elvis als auch für Colonel Parker wurde das Leben zum Albtraum, denn der Künstler verarztete sich selbst mit Beruhigungsmitteln wie Methaqualon (Quaalude) und Percodan und blieb über lange Zeiträume ohne Essen. Der Colonel reagierte darauf, indem er Elvis' Aufnahme- und Tour-Pensum erhöhte. Das war das Letzte, das Elvis brauchte, aber fairnesshalber muss man sagen, dass der Colonel vielleicht glaubte, es sei gut für Elvis' emotionales Gleichgewicht, sich weiterhin seinen Fans zu präsentieren.

Nachdem er innerhalb eines Monats siebenundfünfzig ausverkaufte Vorstellungen im Las Vegas Hilton absolviert hatte, ging Elvis wieder auf Tour. Zwischen April und dem ersten August, als er für dreiundsechzig Vorstellungen in das Las Vegas Hilton zurückkehrte, stand er fast ständig auf der Bühne und hatte Auftritte in Buffalo, Detroit, Dayton, Virginia, Indianapolis, North Carolina, Georgia, Florida, Arkansas, Texas, New Mexico, New York, Milwaukee, Chicago und Kansas.

Als Elvis im April des Jahres wieder auf Tour ging, trat Barron Hilton mit einem Angebot an Colonel Parker heran, das dieser nicht ablehnen konnte. Das Hotel würde ihm drei Jahre nacheinander 50 000 Dollar im Jahr für seine Dienste als »Talent- und Publicity-Berater« des Hotels zahlen.[18]

Im Austausch gegen seinen neuen Titel »Berater«, von dem Elvis anscheinend niemals erfuhr – mit Sicherheit hatte er nichts abgezeichnet, wie er es bei anderen vom Colonel ausgehandelten Verträgen gemacht hatte –, willigte er ein, Elvis' Vertrag mit dem Hotel für dasselbe Honorar von einer Million Dollar im Jahr beizubehalten. Für Elvis war es ein erbärmliches Geschäft; andere Künstler, die in Las Vegas auftraten, bekamen viel mehr.

In einem Schreiben an Colonel Parker, in dem die Einzelheiten des Deals aufgeführt waren, schrieb Barron Hilton, er schätze die Aktivitäten des Colonels im Interesse des Hotels. »Wir glauben, dass Ihre Bemühungen, die Hilton Hotels landesweit bekannt zu machen, überaus nutzbringend waren, und würden gern Ihre Dienste in Anspruch nehmen, um unsere Hotels auch in Zukunft bekannt zu machen«, schrieb er. »Wir freuen uns auf eine lange und für beide Seiten einträgliche Verbindung mit einem wahrhaft bemerkenswerten Menschen.«[19]

Egal, wie Parker und Hilton ihr kleines Arrangement nannten – für Parker war es ein eindeutiger Interessenskonflikt, einen Vertrag als bezahlter Berater mit dem Arbeitgeber seines Klienten abzuschließen. Jeder, der mit den Geschäftspraktiken in Las Vegas vertraut ist, würde dies als Schmiergeld bezeichnen. Das Hotel bekam Elvis zum Sonderpreis und Parker konnte schön in seine eigene Tasche wirtschaften.

Als der Colonel eines Tages in seinem Büro auf der dritten Etage Hof hielt, war er überrascht, als Alex Shoofey, der nach dem Eigentümerwechsel im Hotel geblieben war, einen Promoter aus Japan zu ihm brachte. Der Promoter wollte eine Zusammenarbeit für eine Performance in Japan arrangieren. Als der Colonel das hörte, erstarrte er und erwiderte, er brauche am Morgen darauf zwei Millionen Dollar auf seinem Schreibtisch. Der Japaner lächelte und meinte, das sei kein Problem.

Als der Colonel sah, dass er das Geld bekommen könnte, schwenkte er um: Er wolle nicht nach Japan kommen. In Wahrheit wolle er einen Film drehen. Wie wäre es mit einer Million Dollar für *ihn*, damit er es in die Wege leiten könne? Er würde das ganze Geld bekommen. Was er *davon* hielte? Wieder willigte der Japaner ein. Eine Million Dollar seien in Ordnung. Shoofey konnte es nicht glauben, als Parker dem Japaner daraufhin sagte, er solle es vergessen. Er sei einfach nicht daran interessiert, etwas außerhalb der guten alten USA zu machen. Schließlich geleitete Shoofey den verdutzten japanischen Gentleman aus dem Büro.

Als es auf 1973 zuging, erstellte Parker einen anspruchsvollen Terminplan für Elvis, beginnend im Januar mit der live über Satellit übertragenen Show »Elvis: Aloha From Hawaii«, die von etwa anderthalb Milliarden Menschen gesehen wurde. Die Idee mit dem neunzigminütigen Konzert auf Hawaii kam dem Colonel, als er sich den über Satellit übertragenen Besuch Präsident Nixons in China ansah. Während er zusah, wie Nixon von seinen chinesischen Gastgebern begrüßt wurde – und das vor einem weltweiten TV-Publikum –, fingen alle Glocken bei ihm zu läuten an. Stets der Manager, kam ihm auf Anhieb die Gedankenfolge: »Elvis ... Satellit ... Hawaii.«

Die Show war ein Riesenerfolg und zeigte Elvis – zum ersten Mal – dem Publikum in Japan, Thailand, Fernost, China und Australien. Allein in Japan erreichte die Show einen Zuscheueranteil von achtundneunzig Prozent. Am Tag darauf wurde die aufgezeichnete Show in achtundzwanzig europäische Länder übertragen.

Einmal mehr hatte der listige Colonel (er war jetzt dreiundsechzig) Geschichte geschrieben, dieses Mal, indem er das enorme Werbepotenzial der neuen Technologie erkannt hatte. Hätte es das Internet damals gegeben, wären ihm zweifellos viele neue Möglichkeiten eingefallen, es zur Förderung von Elvis' Karriere zu nutzen. Bei all seinen Unzulänglichkeiten war er zweifellos ein Werbegenie.

Innerhalb einer Woche nach dem Konzert auf Hawaii schickte der Colonel Elvis wieder nach Las Vegas, um für das Engagement von vierundfünfzig Vorstellungen im Las Vegas Hilton zu proben. Am Ende des Engagements bat Elvis den Colonel um eine Pause. Er war physisch und psychisch völlig ausgelaugt. Parker schlug vor, er solle für vier Wochen nach Memphis fahren, um neue Kräfte zu tanken.

In der Zwischenzeit stellte der Colonel einen unbarmherzigen Terminplan zusammen. Die erste Vorstellung fand im April in Phoenix, Arizona, statt, und weitere folgten durchgängig bis Juni. Bevor das Jahr zu Ende ging, würde Elvis einhundertneunundsechzig Auftritte in zwanzig Städten absolviert haben. Das wäre selbst für einen gesunden jungen Mann ein hartes Programm gewesen, aber für einen Achtunddreißigjährigen in der körperlichen Verfassung, in der Elvis sich befand, war es eine Qual und grenzte an Misshandlung durch seinen Manager.

Während Elvis sich auf Tour befand, setzte Colonel Parker ein neues Vorhaben in die Tat um. Am 1. März 1973 unterzeichnete er mehrere mysteriöse Verträge mit RCA Records, laut denen sowohl Elvis' Master-Aufnahmen als auch die Ansprüche auf sämtliche Tantiemen, die daraus ausbezahlt wurden, in einem Deal an die Plattenfirma übergingen, den man gemeinhin als »Aufkauf« bezeichnen würde. Im Normalfall würde ein Manager einen solchen Vertrag für einen Künstler schließen, der sich vom Geschäft zurückziehen will und nicht damit rechnet, lange genug zu leben, um von einem geltenden Tantiemenabkommen profitieren zu können. Oder für einen Künstler, der keine Erben hat, die noch Tantiemen erhalten könnten, die nach seinem Tod ausbezahlt wurden. Diese Verträge waren ein Mittel, einen Schlussstrich unter Elvis Presley zu ziehen. Insgesamt gab es sechs davon.[20]

Die erste Vereinbarung verpflichtete Elvis für sieben Jahre zu einem weiteren Plattenvertrag mit RCA Records. Sein geltender Vertrag lief noch zwei Jahre, und bis heute gibt es keine schlüssige Erklärung dafür, warum ein neuer Vertrag geschlossen wurde. Durch die zweite Vereinbarung gingen die Rechte an Elvis' Master-Aufnahmen und die Ansprüche auf seine Tantiemen für die Summe von fünf Millionen Dollar an RCA Records über.

Die dritte Vereinbarung wurde zwischen RCA, Elvis Presley und All Star Shows getroffen, dem Unternehmen, das der Colonel gegründet hatte, um Elvis' Karriere durch den Handel mit Fanartikeln auszuschlachten. Gemäß der Vereinbarung willigte RCA ein, Elvis und All Star Shows nach Ablauf des neuen Siebenjahres-Vertrags 100 000 Dollar auszuzahlen.

Die vierte Vereinbarung wurde zwischen RCA, RCA Record Tours, dem Unternehmen, in dem Parkers zukünftige Ehefrau Loanne angestellt war, und All Star Shows geschlossen. Vereinbarungsgemäß stimmte RCA zu, Colonel Parker für die »Planung, Promotion und das Merchandising« der Tourneevereinbarung mit Elvis Presley einzusetzen. All Star Shows würde für seine Dienste 675 000 Dollar von RCA bekommen, 75 000 Dollar davon zahlbar im ersten Jahr, und jeweils 100 000 Dollar in den Jahren darauf. Zusätzlich sagte RCA Record Tours All Star Shows ebenfalls 675 000 Dollar zu, zahlbar nach demselben Schema.

Die fünfte Vereinbarung, unterzeichnet von RCA, All Star Shows und Colonel Parker, legte fest, dass RCA für Colonel Parkers Dienste 50 000 Dollar über einen Zeitraum von fünf Jahren zahlen würde. Elvis unterschrieb die Vereinbarung zwar, zog jedoch keinen finanziellen Nutzen daraus. Die sechste Vereinbarung wurde zwischen All Star Shows und RCA Record Tours geschlossen. Darin wurde All Star dazu verpflichtet, Colonel Parkers Dienste zu nutzen, um

RCA Records bei der Planung und Werbung der Konzerte zu unterstützen, die durch den Tourneevertrag festgelegt worden waren. RCA stimmte zu, All Star Shows 350 000 Dollar für diese Dienste zu bezahlen, zahlbar zu jeweils 50 000 Dollar über einen Zeitraum von sieben Jahren.[21]

Am Ende war durch die sechs Vereinbarungen Folgendes festgelegt worden: Elvis Presley erhielt einen Betrag von insgesamt 4 650 000 Dollar. Colonel Parker erhielt einen Betrag von 6 200 000 Dollar, wobei für ihn noch zehn Prozent aus dem Nettogewinn der von RCA Record Tours arrangierten Konzerte dazukamen. Elvis zahlte damals um die fünfzig Prozent Steuern – er erzielte also aus diesem Deal, der dem Ausverkauf seines Lebenswerks gleichkam, 2 325 000 Dollar.

Gegenstand des Deals war Elvis' Katalog von über siebenhundert Chartsongs, der ihn mit größter Wahrscheinlichkeit bis zu seinem Lebensende versorgt hätte. Es war ein schamloser Verrat an Elvis' langfristigem Wohlergehen. Elvis unterzeichnete einige der Dokumente, doch nichts gibt Aufschluss darüber, ob er wusste, was er unterschrieb.

Im Jahr darauf traf Parker eine weitere aberwitzige Vereinbarung mit RCA. Darin willigte RCA ein, ein Album mit dem Titel *Having Fun On Stage With Elvis* zu vertreiben, das für Parkers Label Boxcar Enterprises aufgenommen worden war. Der Vertrag legte einen Vorschuss von 100 000 Dollar fest, zahlbar an Parker, sowie Tantiemen in Höhe von fünfzig Prozent pro Album.[22] Elvis erhielt allem Anschein nach nicht einen Cent des Vorschusses. Mit diesen Vereinbarungen verfuhr Parker mit Elvis, als sei er schon tot und begraben und als hätte er keine Erben, die von seinem Vermögen profitieren könnten.

Als der Autor Albert Goldmann Jean Aberbach, der für Freddie Bienstock bei Hill and Range arbeitete, zu dem Ausverkaufsvertrag zwischen RCA und Colonel Parker befragte, erklärte Aberbach, Parkers Leben sei an diesem Punkt von seiner Spielsucht beherrscht worden. Aberbach, der eine enge Arbeitsbeziehung mit dem Colonel führte, sagte: »Er war zu vielem gezwungen, das er andernfalls vielleicht nicht getan hätte. Er war gezwungen, Richtungen einzuschlagen, die er andernfalls vielleicht nicht eingeschlagen hätte.«

Was den Ausverkauf betraf, meinte Aberbach: »Angesichts seiner Not, Geld beschaffen zu müssen, kam er mit Sicherheit gerade recht, denn es gibt Leute, bei denen man besser keine Schulden hat.«

Das Jahr 1973 war nicht nur von zentraler Bedeutung in Elvis' Karriere, es war auch ein weiterer Wendepunkt für das organisierte Verbrechen. Es war das Jahr, in dem das Hotel Flamingo sich schuldig bekannte, durch den Mafioso Meyer Lansky Verbindungen zum Gangstermilieu zu haben. Drei Jahre später würde das FBI eine Razzia im Stardust durchführen, um Beweise für eine Verbindung zur Mafia zu finden. Der Mythos, die Mafia sei aus Las Vegas vertrieben worden, hatte sich lange gehalten. Aber es war eben nur ein Mythos.

Las Vegas hatte sich stark verändert, seit Colonel Parker in den 1940er-Jahren, während er Schmusesänger Eddy Arnold managte, zum ersten Mal das Unterhaltungspotenzial der Stadt für sich nutzte. Damals war die Stadt nicht viel mehr als eine angehimmelte Haltestelle für euphorische Wild-West-Jungs. Erst als das Flamingo im Jahr 1947 unter der Leitung des Gangsters Bugsy Siegel eröffnete, übernahm das organisierte Verbrechen die Kontrolle über Las Vegas.

Die gesamten 1950er-Jahre hindurch investierten die Teamsters Millionen in die Chicago-Mafia, die vorwiegend über Meyer Lansky für den Bau neuer Casinos in Las Vegas landeten. Als Howard Hughes gegen Ende der 1960er-Jahre anfing, Hotels von Investoren zu kaufen, die in Verbindung zur Mafia standen, machte die Story die Runde, Hughes habe die Mafia aus dem Geschäft gebracht. Nichts hätte weiter von der Wahrheit entfernt sein können.

Auch wenn sich die Mafia an Hughes verkauft hatte – die schlauen Köpfe, die Lenker der Geschäfte, blieben in den Casinos. Schon immer war es das Geld gewesen, das Nacht für Nacht von den Einkünften abgeschöpft und dann, unversteuert, in braunen Papiertüten den Mafiabossen übergeben wurde, welches das Casino-Geschäft wirklich profitabel machte. 1970 änderte sich nur die Art und Weise, wie mit dem Geld verfahren wurde. Die braunen Papiertüten wurden durch Offshore-Bankkonten ersetzt. Der Zweck blieb derselbe: Große Bargeldeinlagen sollten den neugierigen Blicken des FBI und der Bundesanwälte verborgen bleiben. Sobald das Bargeld in Offshore-Banken einbezahlt war, konnte es durch legale Transfers wie Schecks und Zahlungsanweisungen wieder in legitime Unternehmen in Mafiabesitz zurückgeleitet werden.

Für Ermittlungen über die Nutzung von Offshore-Banken durch das organisierte Verbrechen und über andere sogenannte »wirtschaftliche« Delikte führte das Justizministerium eine umfangreiche verdeckte Aktion durch, die den Namen Strike Force erhielt. Ermittler in mindestens neun Städten waren daran beteiligt: New York, Miami, Jacksonville, Memphis, Boston, Houston, Milwaukee, Indianapolis und Charlotte, North Carolina.

Schon früh gerieten vier Männer ins Visier der Strike Force: Nigel Winfield, Lawrence Wolfson, Frederick Pro und Philip Kitzer.[23] Man hielt die Männer für Mitglieder der Gruppe »The Fraternity«, einer grobmaschigen, geheimen Organisation, die sich aus dreißig oder vierzig der weltweit größten Verbrecher zusammensetzte. Sie hielten untereinander über Telefon, Telex, Post und persönliche Besuche Kontakt, um sich gegenseitig bei diversen Betrügereien und gewinnbringenden Unternehmungen unterstützen zu können.

Das FBI hatte Wolfsons Interaktion mit den Mafiafamilien in New York und New Jersey mehrere Jahre lang beobachtet. Gegen Mitte der 1970er-Jahre war der Achtundfünfzigjährige nach Miami übergesiedelt, wo er, wie es in einem Artikel im *Miami Herald* vom 15. Dezember 1977 hieß, dabei gesehen wurde, wie er sich im Miami Heart Institute mit Sam »The Plumber« DeCalvacante, dem berühmten Kopf der Mafiafamilie in New Jersey, und Sebastian »Buster« Aloi, einem Mitglied der Joseph-Columbo-Gangsterfamilie aus New York, traf. Frederick Pro hatte den interessantesten Hintergrund von den vieren. Er war ein ehemaliger Soldat der Streitkräfte und hatte sich einst im St. Charles-Seminar in Lansdowne, Pennsylvania, auf das Priesteramt vorbereitet.[24]

Im Frühjahr 1976 erhielt Winfield – mit großer Wahrscheinlichkeit aus Elvis' näherer Umgebung – einen Hinweis, dass der Entertainer eine Lockheed Jetstar besitze, die er nicht nutze. Versuche, das Flugzeug zu verkaufen, erfuhr Winfield, seien erfolglos geblieben. Weil 600 000 Dollar des Kaufpreises noch nicht abbezahlt waren, wollte Elvis unbedingt etwas wegen des Flugzeugs unternehmen.

Im Jahr zuvor hatte Vernon für Elvis den Kauf einer luxuriösen Boeing 707 veranlasst, die einst dem Finanzflüchtling Robert Vesco gehört hatte, der damals unter Anklage stand, weil er die Börsenaufsichtsbehörde daran gehindert hatte, seine Finanzen genau zu überprüfen. Elvis zahlte 75 000 Dollar auf das Flugzeug an und sagte Journalisten, er werde es für bevorstehende Flüge nach Europa und Fernost nützen. Kurz nach Abschluss des Deals erhielt Elvis ein anonymes Telegramm aus Panama mit der Drohung, das Flugzeug zu entführen. Diese Drohung in Verbindung mit der Beschlagnahmung des Flugzeug durch die Behörden in New Jersey brachte Elvis dazu, von dem Geschäft zurückzutreten.[25]

Mehrere Monate später kaufte er eine Gulfstream Turboprop für geschätzt 1,2 Millionen Dollar als Geschenk für Colonel Parker sowie eine 109 Passagiere fassende Conair 880 für sich selbst. Die Gulfstream wurde Parker, der nicht gern flog, geliefert, und prompt verkaufte er sie. Das Geschenk wurde als ein Zeichen der Sympathie bezeichnet, doch es war wohl eher ein Teil des Deals beim Kauf der Conair 880. Unterdessen hatte der Colonel Vernon schon mitgeteilt, dass Elvis ihm eine beträchtliche Summe an nicht bezahlten Provisionen schulden würde, falls ihre Wege sich jemals trennen sollten. Elvis bekam die Gulfstream sehr wahrscheinlich zu einem Vorzugspreis. Da sie auf 1,2 Millionen Dollar geschätzt war, konnte er diesen Betrag und nicht den tatsächlichen Preis bei der Zahlung seiner Schulden bei Parker angeben.

Da Winfield in den Jahren zuvor schon mit Vernon Presley über den Verkauf anderer Flugzeuge gesprochen hatte (sehr wahrscheinlich während der Verhandlungen wegen der Gulfstream, der Conair und der Boeing 707), rief er ihn an und sagte ihm, er wolle ihn einem Mann vorstellen, der möglicherweise sein Problem mit der Tristar lösen könne. Der Mann hieß Frederick Pro.[26]

So wie es Winfield am Telefon beschrieb, hörte es sich nach einem guten Geschäft an. Am 24. Juni 1976 flogen Winfield, Pro, Wolfson und drei andere Männer nach Memphis, um sich mit Vernon und zwei von Elvis' Anwälten, Beecher Smith und Charles Davis, zu treffen. Gemäß der Bedingungen des Vertrags, der von den Männern vorgelegt wurde, sollte der Ablauf wie folgt sein: Sie würden die Jetstar von Elvis kaufen und einen Kredit in ausreichender Höhe bei der Chemical Bank in New York aufnehmen, um die verbliebenen Schulden von 600 000 Dollar abzubezahlen, und den Preis für das Flugzeug um 350 000 Dollar erhöhen, wodurch der Wert des Flugzeugs auf fast eine Million Dollar steigen würde. Dann würden sie das Flugzeug für eine Monatsmiete von 16 755 Dollar für sieben Jahre wieder an Elvis vermieten. Elvis wiederum würde dann das Flugzeug für 17 755 Dollar im Monat wieder an sie untervermieten, was ihm einen monatlichen Gewinn von 1000 Dollar einbringen würde.

Tags darauf stimmte Vernon dem Vorhaben zu. Pro nahm die Schlüssel für die Jetstar und flog nach New York. Unmittelbar nach dem Start kontaktierte er Kitzer über das Bord-Boden-Telefon des Flugzeug und teilte ihm mit, dass er Elvis' Flugzeug erschwindelt habe. Zuvor hatte Kitzer gegenüber Pro behauptet, dass es »ein Ding der Unmöglichkeit« sei, das Flugzeug zu bekommen.[27]

Pro rieb Kitzer diesen Betrug, von dem er glaubte, er sei der weltbeste, so richtig schön unter die Nase und sagte ihm, er werde seine Offshore-Banken brauchen, um den Schwindel zu Ende zu bringen. Warum es so wichtig war, die Jetstar zu bekommen, ist nie herausgekommen, aber in Anbetracht der beteiligten Akteure ging es angesichts der relativ kleinen Geldsumme sicher nicht um direkten Profit.

Als es Oktober geworden war, hatte Beecher Smith erkannt, dass Vernon aufs Kreuz gelegt worden war. Smith las einen Artikel im *Wall Street Journal*, in dem stand, das FBI untersuche die Verbindungen des organisierten Verbrechens mit einer Reihe von Offshore-Banken. Eine der in dem Artikel genannten Banken war Kitzers Mercantile Bank and Trust.

Smith kannte die Bank, weil Pro für einen Teil der Summe im Zusammenhang mit dem Jetstar-Geschäft Schecks über sie ausgestellt hatte. Mit dieser Information im Gepäck begab sich Smith in das Büro des Staatsanwalts in Memphis und löste so eine FBI-Ermittlung über die Männer aus, die an dem Jetstar-Betrug beteiligt waren.

Ohne Smiths Wissen gerieten er und Vernon nichts ahnend ins Zentrum von Ermittlungen der Strike Force. Als im Oktober 1976 FBI-Ermittler Elvis und Vernon in Graceland aufsuchten, um sie zu dem Betrug zu befragen, zeigte ihnen Elvis, der den größten Teil des Jahres auf Tour unterwegs gewesen war, die Marke, die Nixon ihm gegeben hatte, und bot an, sie auf jede ihm mögliche Weise zu unterstützen.

Die Agenten befragten sie über ihre Kontakte zu Pro und anderen, sagten Elvis und Vernon jedoch nicht, dass sie in eine weltweite Ermittlung über das organisierte Verbrechen verwickelt worden waren.

Im Frühling 1977 trugen Elvis und Colonel Parker ihre Fehde ganz unverblümt aus. *The Nashville Banner* veröffentlichte einen Artikel, in dem es hieß, der Colonel sei bereit, Elvis' Managementvertrag zu »verkaufen«. Die Zeitung zitierte eine ungenannte, Elvis nahestehende Quelle und schrieb, Parker habe diese Entscheidung aus »gesundheitlichen und finanziellen« Gründen getroffen. Weiter hieß es, gewisse »Geschäftsleute« an der Westküste hätten ihr Interesse an dem Vertrag bekundet. »Der Colonel ist nicht zwangsläufig pleite«, so die Quelle. »Er braucht nur ein bisschen Geld, so an die eine Million Dollar, die er allein im Dezember verspielt hat.«

In der Zeitung hieß es, der Colonel habe seine Büros in Los Angeles und Las Vegas geschlossen und leite sämtliche geschäftliche Anfragen an sein Garagenbüro in Madison weiter. Der Bericht stimmte damit überein, was Elvis' Bodyguard Sam Thompson den Autoren Charles

Thompson und James Cole erzählte. In jenem Frühling habe ihm der Colonel erzählt, er werde den Managementvertrag verkaufen, weil Elvis »eine Menge Ärger macht – mehr Ärger, als es wert ist.«

Parker bestritt sowohl den Inhalt des Zeitungsartikels als auch Thompsons Behauptung, doch wenn es stimmte, dass seine Verluste im Casino auf die unglaubliche Summe von einer Million Dollar im Monat angewachsen waren, wie die Zeitung schrieb, dann stand er wohl kurz davor, seinen Anteil des Managementvertrags mit Elvis zu verlieren. Sollte das eintreten, konnte er die Tatsache, dass er nichts mehr mit Elvis' Management zu tun hatte, nur damit erklären, diesen Vertrag an den Inhaber des restlichen Anteils von fünfundzwanzig Prozent zu »verkaufen«.

Mitte des Sommers befand sich Elvis in einem schlimmen Zustand. Er wog fast 120 Kilo, und seine Fans und Menschen, die ihn in den Jahren zuvor nicht gesehen hatten, waren bestürzt über sein aufgedunsenes Äußeres. Wiederholt musste er wegen vielerlei anhaltender Beschwerden ins Krankenhaus. Da er sich selbst Medikamente gegen Depressionen und Angstzustände verabreichte – wie eine spätere polizeiliche Ermittlung ergab, hatte sein Leibarzt, Dr. George Nichopoulos, ihm innerhalb der ersten sieben Monate des Jahres 8805 Amphetamine, Sedative und Betäubungsmittel verordnet –, war seine Aussprache während seiner Auftritte häufig verwaschen, und sein Verhalten auf der Bühne wurde zunehmend unkontrollierter, mit langen Unterbrechungen, während der er ausschweifende Monologe mit religiösem Inhalt führte.

Trotz des Zustands, in dem Elvis sich befand, buchte Colonel Parker in jenem Jahr fünfundfünfzig Konzerte für ihn. Bei einer Einnahme von über einhunderttausend Dollar pro Konzert beliefen sich die Gesamteinkünfte vor Unkosten und Steuern auf die Summe von 5,5 Millionen Dollar. Der Colonel schickte ihn von Mitte Februar bis Ende Juni fast ohne Unterbrechung auf Tour, die er mit einer Vorstellung in der Market Square Arena in Indianapolis, Indiana, abschloss. Nach der Vorstellung wurden Elvis und mehrere Bandmitglieder krank und mussten die Nacht im Krankenhaus verbringen.

In Graceland versuchte Elvis, wieder zu Kräften zu kommen. Er war schwer krank, aber um abzunehmen, nahm er weiter Diätpillen ein. Im Juli schlief er größtenteils und verließ nur selten sein Schlafzimmer. Anfang August nahm er sich lange genug zusammen, um Lisa Marie zu einer privaten Einladung in den Vergnügungspark Libertyland begleiten zu können. Ein paar Tage darauf sah er sich in einer Privatvorstellung in einem Kino in Memphis den James-Bond-Film *Der Spion, der mich liebte* an. Dabei trug er erkennbar eine Walther PK Automatik bei sich, doch das war nichts Ungewöhnliches; er hatte fast ständig mehrere Pistolen bei sich, die er unter seiner Jacke, in seinen Taschen und Stiefeln versteckte.

Von all den Dingen, über die sich Elvis Gedanken machte – seine Gesundheit, das kürzlich veröffentlichte Enthüllungsbuch seiner drei ehemaligen Bodyguards, seine Scheidung von Priscilla und seine Unfähigkeit, eine neue Beziehung aufzubauen, seinen nervtötenden Konzertplan, seine Streitereien mit dem Colonel –, es waren wohl die Nachforschungen der Strike Force, die ihm am meisten Sorgen machten. Die Ermittlungen gingen langsam voran. Mehrere Monate zuvor waren zwei verdeckte Ermittler mit Philipp Kitzer nach New York geschickt worden. Bei einem Undercovereinsatz, der aus einem James-Bond-Film hätte sein können, wie ihn Elvis so mochte, nahmen die drei Männer einen Flug mit der National Airlines von Miami nach New York.

Während des Flugs saßen die drei Männer getrennt, sprachen nicht miteinander und gaben nicht zu erkennen, dass sie sich kannten. Als sie in New York ankamen, spielten sie das Spiel weiter und quartierten sich im Hotel Mayflower ein, wo sich die beiden Undercoveragenten von Kitzer abgesondert hatten und mit einem FBI-Agenten zusammentrafen.[28]

Später brachte Kitzer die beiden Undercoveragenten in ein anderes Hotelzimmer, wo sie Frederick Pro vorgestellt wurden. Kitzer meinte, es sei »gut«, wenn man die beiden kannte«, und dass sie jegliches Problem lösen könnten, das Pro mit der »Gang« habe, womit er die Mafiafamilien in New York und New Jersey meinte. Während des Treffens enthüllte Pro das Ausmaß seiner weltweiten Geschäfte und spottete darüber, wie er Elvis die Jetstar »abgeluchst« hatte.

Auf der Grundlage der von dem FBI-Agenten vollständig aufgezeichneten Gespräche im Mayflower kamen die Leiter der Strike Force zu dem Schluss, dass sie den Fall Pro-Kitzer-Wolfson nun der Staatsanwaltschaft in Memphis zur Strafverfolgung übergeben könnten.

Aus den Akten des FBI geht nicht hervor, wie viele Informationen an Elvis und Vernon weitergegeben wurden, doch sie wurden mit größter Wahrscheinlichkeit darüber informiert, dass sich die Staatsanwälte schon bald an das große Geschworenengericht wenden würden, um Anklagen zu erheben. Wenn es so weit sei, könne es erforderlich werden, dass beide vor dem Geschworenengericht aussagen müssten. Ganz sicher aber würden ihre Aussagen bei der Gerichtsverhandlung erforderlich sein.

Elvis' nächstes Konzert war für den 17. August in Portland, Maine, geplant; deshalb fuhr Colonel Parker einige Tage zuvor dorthin, um das Werbematerial für das Konzert zu arrangieren. Parker hatte immer fest an die Profitabilität von Konzertkonzessionen geglaubt. Er legte mehr Wert auf den Firlefanz, der auf den Konzerten verkauft wurde, als auf den musikalischen Inhalt der Vorstellung.

Am 15. August verbrachte Elvis Zeit mit Lisa Marie, die für einen kurzen Besuch gekommen war, doch als sie ins Bett ging, blieb er die ganze Nacht wach, spielte Squash und plauderte mit seiner damaligen Freundin Ginger Alden. Um sechs Uhr morgens am 16. August waren alle im Haus außer Elvis und Alden schlafen gegangen; Alden sagte, sie habe genug und werde ins Bett gehen.

Elvis erwiderte, er sei noch nicht müde genug zum Schlafen. Allem Anschein nach war Alden der letzte Mensch, der ihn an jenem Morgen gesehen hat. Als sie ins Bett ging, sah sie ihn in Richtung des Badezimmers gehen.

»Schlaf nicht ein«, sagte sie.

Am Nachmittag jenes Tages erhielt Colonel Parker einen Anruf in seiner Hotelsuite in Portland: Elvis war tot.

Scotty Moore, 1995 (James L. Dickerson)

Scotty Moore, Mitte, mit den Jordanaires zu Hause in Nashville
(James L. Dickerson)

KAPITEL 8

★ ★ ★

Der König ist tot: Lang lebe der Manager

Während Elvis eiligst ins Baptist Hospital gebracht wurde, befand sich der stellvertretende Bundesstaatsanwalt Hickman Ewing im Bundesgericht in Memphis, wo Arthur Baldwin, der Kopf der Oben-ohne-Nachtclubszene, wegen Kokain- und Feuerwaffenbesitzes unter Anklage stand. Die Verhandlung war in einer der Titelstorys in den Morgenzeitungen besprochen worden, und die Themen Sex, Waffen und Drogen hatten enormes öffentliches Interesse geweckt. Die Menschen in Memphis konnten sich nicht vorstellen, wie es jemandem einfallen könne, dass Frauen – brave *Frauen aus Memphis* – sich für Geld auszogen. In Memphis werde es so etwas *niemals geben*, behaupteten sie, nicht im Hinterhof des King, womit sie einmal mehr unter Beweis stellten, dass Leugnen eine Voraussetzung dafür ist, in einer Metropole zu wohnen, die den Weitblick besitzt, sich selbst als Bluff City zu bezeichnen.

Für den blonden Ewing, der in den 1990er-Jahren als leitender Staatsanwalt des Sonderermittlers Kenneth Starr in der Whitewater-Ermittlung in Arkansas zu Ruhm gekommen ist, war der dunkelhaarige Baldwin mit seiner einschmeichelnden Stimme offensichtlich der Inbegriff eines bösen Menschen. »Während einer Unterbrechung um etwa fünfzehn Uhr kam jemand mit der Nachricht in den Gerichtssaal, man habe Elvis ins Krankenhaus gebracht und er sei gestorben«, erinnert sich Ewing. »Baldwin, der nie zuvor ein Wort mit mir gesprochen hatte, kam zu mir herüber und sagte: ›Nun, Mr. Ewing, ich wünsche dem alten Elvis natürlich kein Unglück, aber das wird die öffentliche Aufmerksamkeit zumindest für ein paar Tage von mir ablenken‹ – und das tat es. Ein paar Tage später wurde er dann von der Jury verurteilt.«[1]

Ewing ließ es sich Baldwin gegenüber nicht anmerken, aber Elvis' plötzlicher Tod hatte die Bundesbehörden kalt erwischt. Ewing war in den Jetstar-Fall involviert, und sein Büro würde in wenigen Wochen vor dem großen Geschworenengericht Anklage erheben.

Unmittelbar nachdem Parker die Nachricht von Elvis' Tod erhalten hatte, rief er Vernon Presley an. Er teilte ihm mit, er werde zum Begräbnis nach Memphis fliegen, müsse sich aber vorher noch um ein paar geschäftliche Dinge kümmern. Sie beide müssten zusammenarbeiten, um sicherzustellen, dass nicht irgendwelche skrupellosen Menschen versuchen würden, an Elvis' Tod zu verdienen. Es sei noch eine Menge Geld zu verdienen, und es wäre eine verdammte Schande, wenn die Familie in dieser Zeit der Trauer etwas versäumen würde.

Bevor Parker aus Maine abreiste, setzte er sich telefonisch mit den Geschäftsführern von RCA in Verbindung. Da Elvis nun tot sei, würden sie einen neuen PR- und Marketingvertrag ausarbeiten müssen. Einen Monat später traf der Vertrag für Parker bei All Star Shows in Madison ein. Darin wurde vereinbart, dass RCA Parkers Dienste für eine Vergütung von 675 000 Dollar mindestens bis Oktober 1979 weiter in Anspruch nehmen werde.

Aus Angst, schnellfüßige Schwarzhändler würden sich an Elvis Presleys Namen bereichern, rief Parker Harry »The Bear« Geissler an, der mit hohem Einsatz Geschäfte machte und dessen Unternehmen Factors sich durch das Marketing für *Krieg der Sterne*-Produkten sowie Farrah-Fawcett- und Sylvester-Stallone-Fanartikel einen Namen gemacht hatte. Parker und Geissler schlossen am Telefon eine

Vereinbarung. Tags darauf flog Parker nach New York, um den Vertrag abzuholen, der eine Anzahlung von 100 000 Dollar bei Unterzeichnung vorsah, und begab sich danach direkt nach Memphis.

Elvis war seit weniger als vierundzwanzig Stunden tot, und der Colonel hatte bereits 775 000 Dollar verdient.[2] Er hatte eine Glückssträhne.

Am Morgen des 17. August 1977 beherrschte Elvis Presleys Tod die Nachrichten in Memphis. »Der Tod holt sich die Krone des Rock 'n' Roll«, titelte die Morgenausgabe des *Commercial Appeal*. Die Zeitung zitierte Elvis Leibarzt Dr. George Nichopoulos, der sagte, der zweiundvierzigjährige Künstler sei aller Wahrscheinlichkeit nach an einem Herzanfall gestorben, die genaue Todesursache werde man jedoch erst nach der Obduktion kennen.

Elvis' Cousine Donna Presley Early hielt sich mit ihrem Onkel Vernon und zwei weiteren Familienmitgliedern im Zimmer ihrer Großmutter auf, als Colonel Parker hereinkam; er trug eine Baseballmütze, khakifarbene Hosen und ein geblümtes Hawaiihemd. Sie trösteten einander, besonders die Großmutter, Minnie Mae, der Elvis den Kosenamen »the Dodger« gegeben hatte.

Die Familie besprach, welche Lieder bei der Begräbnisfeier gesungen werden sollten. »Colonel Parker war zwar im Zimmer, aber er wusste nicht viel zu sagen«, erinnert sich Early. »Er war nicht der Typ Mensch, der seine Gefühle zeigte, also weinte er nicht oder Ähnliches, aber es war offensichtlich, dass er bestürzt war.« Vernon dagegen war verzweifelt und verängstigt. »Sie haben meinen Sohn umgebracht«, sagte er immer und immer wieder. »Sie haben meinen Sohn umgebracht.«[3]

Colonel Parker wurde gebeten, einer der Sargträger zu sein, aber er lehnte mit der Begründung ab, er sei auf Reisen gewesen und habe nicht die passende Kleidung dabei. Niemand schlug vor, in einem Geschäft in Memphis das Nötige zu kaufen. Während der Totenwache sprach Parker mit Vernon über das Geschäft mit Factors und teilte ihm mit, dass er eine Vollmacht brauchen würde, um die Presleys weiterhin repräsentieren zu können.[4] Es ist unklar, wann

Vernon die Verträge unterzeichnete, aus den Gerichtsakten geht jedoch hervor, dass sie am 18. August, dem Tag der Beerdigung, in Kraft traten.

Auf der Begräbnisfeier war Parker mit derselben Baseballmütze, demselben Hawaiihemd und denselben khakifarbenen Hosen bekleidet. Seine Frau Marie kam nicht zum Begräbnis nach Memphis, doch Hunderte Fans und Berühmtheiten erschienen sehr wohl, darunter der Soulsänger James Brown, Caroline Kennedy, Ann-Margret, George Hamilton, Sammy Davis Jr., Chet Atkins sowie der Gouverneur von Tennessee, Ray Blanton, der zunehmend ins Zentrum von Ermittlungen des Justizministeriums geriet, die Hickman Ewing veranlasst hatte.

In der Woche darauf veröffentlichte *Newsweek* vier Doppelseiten über den Entertainer. Darin wurde Elvis als »mehr als ein Pop-Superstar« bezeichnet. Weiter hieß es, er habe den Weg der Unterhaltungsmusik für alle Zeiten verändert. Über Colonel Parker berichtete der Artikel, er habe, nachdem er gesehen hatte, wie Fans massenhaft in Memphis einfielen, dafür gesorgt, dass sich Straßenverkäufer vor Graceland platzierten, um Elvis-Presley-T-Shirts für fünf Dollar das Stück zu verhökern. Eine siebenunddreißigjährige Hausfrau aus Waldorf, Maryland, die nach Memphis geeilt war, um dem Begräbnis beizuwohnen, wurde so zitiert: »Was auch immer über [Elvis] geschrieben wird, ob richtig oder falsch, für mich verändert es nichts. Er ist mein einziges Idol.«

Unmittelbar nach dem Begräbnis kehrte Parker nach Los Angeles zurück, wo er sich sofort daran machte, seine Anteile am Presley-Vermögen zu sichern. Mit RCA verhandelte er über die Produktion einer Doppel-LP mit dem Titel *Elvis in Concert*. Gemäß der Vertragsbedingungen bekämen sowohl die Presleys als auch Colonel Parker einen Vorschuss von jeweils 225 000 Dollar, wobei für Parker noch zusätzliche 50 000 Dollar für All Star Shows vorgesehen waren.[5]

Vier Tage nach der Bestattung unterzeichnete Vernon eine Vereinbarung, die Parker als Manager des Presley-Vermögens anerkannte. In der Vereinbarung hieß es: »In meiner Funktion als Elvis' Nachlassverwalter bestätige ich hiermit, dass ich es begrüße, wenn Sie die Geschäfte zu denselben Bedingungen, die Sie in der vertraglichen Vereinbarung vom 22. Januar 1976 mit Elvis getroffen haben, weiterführen, und ich bevollmächtige Sie hiermit, in sämtlichen diese Vereinbarung betreffenden Angelegenheiten für mich zu sprechen und zu unterzeichnen. Ich vertraue auf Ihr gutes Urteilsvermögen, um Elvis' Bild für seine vielen Fans und Freunde lebendig zu halten.«

James Kingsley, ein Journalist des *Commercial Appeal*, mit dem Elvis eine enge Freundschaft geschlossen hatte, rief den Colonel in seinem Büro in Los Angeles an und befragte ihn zu der Vereinbarung. »Ich werde genug damit zu tun haben, mich um Elvis' Nachlass zu kümmern«, ließ Parker ihn wissen. »Früher hieß es Elvis und der Colonel ... jetzt heißt es Elvis und der Colonel und Vernon Presley.« Kingsley befragte ihn auch zu den T-Shirt-Verkäufern vor Graceland, und Parker antwortete, die Familie habe damit nichts zu tun gehabt.

Am Tag, als Elvis starb, berichtete die Polizei in Memphis zunächst, die Todesursache sei entweder Herzversagen oder eine versehentliche Medikamentenüberdosis gewesen; zu späterer Stunde wurde die Möglichkeit einer Überdosis dementiert. Der Chefpathologe Dr. Jerry Francisco gab nachfolgend als Todesursache »Herzrhythmusstörungen« an. Er sagte, es gebe keinerlei Hinweise auf einen chronischen Medikamentenkonsum. »Nach Abschluss sämtlicher Tests schließen wir, dass er aller Wahrscheinlichkeit nach eines natürlichen Todes gestorben ist.«

In den Wochen nach Elvis' Tod befasste sich das Justizministerium intensiv mit der Jetstar-Ermittlung und der mit der Mafia in Verbindung stehenden Betrügerbande »Fraternity«. Nach vertraulichen Unterlagen des FBI war die Bande für »betrügerische finanzielle Transaktionen im Milliarden-Dollar-Bereich« bei Banken rund um die Welt verantwortlich. Der Bericht nannte die Namen von mehr als dreißig Banken, die entweder als »Beschuldigte« bezeichnet wurden –

das heißt, sie waren an dem Komplott beteiligt – oder als »Opfer« – das heißt, sie haben betrügerische finanzielle Transaktionen von den »beschuldigten« Banken erhalten.[7]

Am 13. Oktober wurde der Tatbestand im Jetstar-Fall dem großen Geschworenengericht in Memphis vorgelegt, das in versiegelten Umschlägen die Anklagen gegen sechs Männer zurückschickte.[8] Am 18. Oktober wurden zwei der Männer, Frederick Pro und Philip Kitzer, unverzüglich nach der Öffnung der siebzehn Punkte umfassenden Anklageschrift im Bundesgericht von zwei bereitstehenden FBI-Agenten festgenommen. Für die anderen vier Männer wurden Haftbefehle erlassen, die umgehend vollzogen wurden. Nachdem die Verdächtigen Kaution gestellt hatten, wurde Vernon von FBI-Agenten über die neuen Entwicklungen informiert, und man riet ihm, zusätzliche Sicherheitsvorkehrungen zu treffen.

Als Elvis' Tod die für das Las Vegas Hilton anstehenden Vorstellungen im August zunichtegemacht hatte, wurden Colonel Parkers Privilegien im Hotel widerrufen. Barron Hilton brauchte seine Dienste als Berater, die ihn im Jahr 50 000 Dollar kosteten, nicht mehr. Daraufhin arbeitete der Colonel von seinem Büro in Los Angeles aus. Er hielt Abstand von Memphis und, wenn nötig, beriet er sich mit Vernon am Telefon.

Anfang 1978 stürmten von privater sowie geschäftlicher Seite Forderungen an das Presley-Vermögen auf Vernon ein. Elvis' Bank, die National Bank of Commerce, verklagte Vernon auf 1,4 Millionen Dollar aus drei verschiedenen Schuldverschreibungen. Ginger Aldens Mutter verklagte Vernon auf fast 40 000 Dollar, weil, wie sie behauptete, Elvis ihr versprochen habe, ihr Haus abzubezahlen. Sogar Priscilla stellte Forderungen an die Presleys. Wie aus den Akten des Nachlassgerichts hervorgeht, forderte sie den Restbetrag von 356 000 Dollar, der von der Barsumme von 725 000 Dollar aus der Scheidungsvereinbarung ausstand. Der Betrag sollte bis zum

1. August 1982 in monatlichen Raten von jeweils 6000 Dollar ausgezahlt werden.

Im April vor Elvis' Tod hatte Vernon im Auftrag seines Sohnes einen Schuldschein auf Graceland in Höhe von 494 024 Dollar unterschrieben, um die Zahlung der monatlichen Raten an Priscilla sicherzustellen. Anlass dafür war ein in Kalifornien geltendes Gesetz, demnach für Zahlungen aus Scheidungen Sicherheiten hinterlegt werden mussten, wenn der zahlende Ehegatte in einem anderen Bundesstaat lebte.

Weiter forderte Priscilla die Hälfte des Erlöses aus dem Verkauf der Einrichtung des früheren gemeinsamen Hauses des Paares in Los Angeles, die auf 500 000 Dollar angesetzt war, einen fünfprozentigen Kapitalanteil an Elvis Presley Music und Whitehaven Music sowie monatlich 4000 Dollar Unterhalt für Lisa Marie.

Das waren schlimme Nachrichten für Vernon. Laut Finanzbericht, den die Presleys dem Nachlassgericht vorlegten, hatte Elvis drei Konten mit insgesamt 1,9 Millionen Dollar bei der National Bank of Commerce. Die verblüffendste Erkenntnis aus dem Bericht war, dass Elvis, zusammen mit Frank Sinatra, Aktien (696 Anteile) an der Del Webb Corporation gehalten hatte, einem Unternehmen der öffentlichen Hand, das am Betrieb mehrerer Casinos in Las Vegas beteiligt war.[10] Als Elvis im Jahr 1969 erstmals in Las Vegas auftrat, gehörten Del Webb die Hotels Thunderbird und Sahara.

Es ist nicht bekannt, wann Elvis die Aktien an den Hotels gekauft hat, augenscheinlich muss es aber irgendwann zwischen 1969 und 1977 gewesen sein. Für ihn war es untypisch, Aktien zu kaufen, daher ist es zweifelhaft, dass er die Del-Webb-Aktien erworben hat. Wahrscheinlicher ist, dass die Aktien im Rahmen eines Tauschgeschäfts an ihn übergingen.

Interessanterweise kam eine der Forderungen an die Presleys von 1103 Imports, einem Diamanten-Großhändler mit Büros im Thunderbird. Das Unternehmen behauptete, Elvis schulde ihnen über 13 000 Dollar für Schmuck, den er im November und Dezember 1976 gekauft hatte.[11]

Zu den Geldproblemen, die Vernon kontinuierlich verfolgten, kam die anstehende Gerichtsverhandlung im Jetstar-Fall hinzu. Nach Dokumenten des FBI war er Hauptzeuge. Wenn er die richtige Aussage im Zeugenstand machte, würde eine ganze Dominoreihe einstürzen und damit einen Welleneffekt auslösen, der nicht nur in die geheime Festung der Fraternity, sondern in den inneren Zirkel von Amerikas wichtigsten Mafiafamilien spülen würde.

In Elvis' letzten Lebensjahren, als er anfing, schusssichere Westen zu tragen und ein ganzes Arsenal von Schusswaffen bei sich zu haben, machten sich die Leute über ihn lustig und lachten hinter seinem Rücken. Sie sagten, er sei paranoid und von Drogen umnebelt. Niemand nahm seine Ängste ernst. Jetzt machte Vernon dasselbe durch. Immer, wenn er etwas darüber sagte, dass Elvis nicht eines natürlichen Todes gestorben sei, sahen die Menschen zur Seite, selbst Familienmitglieder, als sei Elvis' peinliche Paranoia auf Vernon übergesprungen und habe ihn mit unsinnigen Gedanken infiziert.

Als Frederick Pro im Februar 1978 zu einer routinemäßig angesetzten Anhörung vor Gericht nicht erschien, stellte der stellvertretende US-Bundesstaatsanwalt Hickman Ewing einen Haftbefehl gegen ihn aus. Erneut wurde Vernon vom FBI geraten, besondere Sicherheitsvorkehrungen zu treffen. Pro war jetzt flüchtig, und alles konnte passieren. Unterdessen versuchte Philip Kitzer einen Deal mit dem US-Bundesstaatsanwalt in Louisville auszuhandeln, wo er ebenfalls wegen krimineller Handlungen in Verbindung mit der organisierten Kriminalität unter Anklage stand.[12]

Im Mai wurde Frederick Pro in Los Angeles festgenommen und nach New York gebracht, wo ihn Klagen wegen organisierter Kriminalität im Zusammenhang mit Offshore-Banken erwarteten. Nach mehreren Verhandlungsmonaten stimmte Pro einem Deal zu, unter dem alle ausstehenden Anklagepunkte gegen ihn der Rechtsprechung in New York übergeben wurden.[13]

Zwei waren erledigt, vier standen noch aus, doch für Vernon war das nur ein schwacher Trost. Die Fälle Pro und Kitzer waren praktisch unter den Teppich gekehrt worden. Vernon war dankbar, dass ihm das Erscheinen vor Gericht erspart geblieben war, es standen jedoch noch vier weitere Fälle an, und es wurde immer offensichtlicher, dass es jemanden gab, der den Einfluss hatte, den Fall aus Memphis abzuziehen.

Zwar war Elvis' Name aus den Zeitungen herausgehalten worden, doch dasselbe galt für die Namen der beteiligten Mafiafamilien und jegliche Erwähnung der Fraternity. Vernon war kein gebildeter Mann, aber er erkannte Ärger, wenn er ihn sah.

Kurz nach Elvis' Tod gab Colonel Parker bei dem Bildhauer Carl Romanelli eine Statue von Elvis für die Lobby des Las Vegas Hilton in Auftrag. Im September trafen sich Vernon und Priscilla zur Einweihung der Statue. Sie war ein gut einen Meter achtzig großes bronzenes Abbild des King, das ihn mit einer Gitarre darstellte. Vernon, der dünn und zerbrechlich aussah, posierte mit Priscilla und Barron Hilton für Fotos. Seinem gequälten Gesicht war die Bürde deutlich anzusehen.

Der Colonel meldete Vernon bei William Morris für Interviews mit den Medien an, wobei pro Interview 25 000 Dollar bezahlt werden sollten; es fanden sich jedoch keine Interessenten, was keine Überraschung war. Im selben Monat arbeitete Parker mit dem Inhaber von Factors, Harry Geissler, zusammen und versuchte, den Handel mit Elvis-Souvenirs zu bekämpfen. Geisslers Anwälte verschickten Schreiben, die in juristischen Kreisen als »Abschreckungsbriefe« geläufig sind. Darin wurde gedroht, jeden vor Gericht zu stellen, der keine »vollständige Auflistung« aller nicht autorisierten Verkäufe vorlegte. Nur ein paar der Händler nahmen den Brief ernst.

Im November 1978 unterschrieb Parker eine weitere Vereinbarung mit RCA Records. Darin willigte die Plattenfirma ein, ihm 175 000 Dollar für »besondere Dienste bei der Kostenaufstellung der Produktwerbung für die Vermarktung« zu bezahlen. Die Vereinbarung wurde von Parker, nicht aber von Vernon unterzeichnet, der offenbar nicht von ihrer Existenz in Kenntnis gesetzt worden war.[14]

Im Januar 1979 war es dem Richter am Nachlassgericht, Joseph Evans, bewusst geworden, dass man etwas unternehmen müsse, um

Lisa Maries Rechte am Nachlass zu schützen. Er setzte Priscilla, die National Bank of Commerce und Elvis' Steuerberater Joseph Hanks als Verwalter von Lisa Maries Erbe ein.

Ebenfalls im Januar trat Elvis' Cousine Donna Presley Early die Arbeit in Vernons Büro in Graceland an. Sie war in Missouri aufgewachsen, hatte aber seit sie zehn war ihren Onkel regelmäßig im Sommer in Graceland besucht. Jetzt brauchte Vernon jemanden im Büro, dem er vertrauen konnte, und sie half gern aus.

»Onkel Vernon war ein bisschen grimmig, und ich habe ihn erst näher kennengelernt, als ich für ihn zu arbeiten anfing ... und von da an standen wir uns sehr nahe«, so Early.

Als sie eines Tages allein im Büro war, kam Vernon herein und setzte sich an den Schreibtisch, der neben ihrem stand. Er legte seine Füße auf den Schreibtisch und stieß ein schwermütiges Seufzen aus. Er blickte hinaus auf den Meditation Garden, wo Elvis bestattet worden war. »Ich kann nicht glauben, dass mein Baby da draußen in der kalten Erde liegt, und die Hurensöhne, die es getan haben, laufen herum.«

Early dachte sich, er trauert eben noch, und sagte: »Ja, ich weiß. Es ist ein entsetzlicher Gedanke, dass er da draußen ist, und wir sind noch hier.«

Vernon warf ihr einen strengen Blick zu. »Nein, du verstehst nicht, was ich meine.«

»Was meinst du denn?«

»Ich will damit sagen, dass Elvis umgebracht wurde.«

Early griff nach dem Telefon und sagte: »Wir müssen die Polizei rufen.«

»Nein, leg den Hörer auf.«

»Wir müssen es jemandem sagen«, meinte sie.

»Nein, wir müssen so damit umgehen, wie Elvis es gewollt hätte.«

Early wusste, was er meinte. Sie war in Las Vegas gewesen, als Elvis die Todesdrohungen erhalten hatte, weswegen das FBI gerufen wurde. »Ich war im Raum«, warf sie ein. »Elvis sagte: ›Ich hab den Jungs gesagt, sie sollen ihn sich schnappen, wenn er mich erwischt, denn ich will nicht, dass irgendein Hurensohn da oben im Zeugenstand sitzt und berühmt wird, weil er Elvis Presley umgebracht hat.'«

Vernon sprach weiter. »Ich werde es intern regeln, so, wie Elvis es gewollt hätte.«

»Hast du Beweise?«

»Ich weiß, wer es war, und habe den Beweis.«[15]

An jenem Tag ging Early nach Hause – sie wohnte mit ihren Eltern in einem Wohnwagen, der hinter Graceland stand – und erzählte ihrer Mutter von ihrem Gespräch mit Vernon. Diese bestätigte: »Ja, ich weiß. Er hat es mir gegenüber auch schon erwähnt.«

»Sollten wir nicht etwas unternehmen?«

»Nein, lass das Vernon machen«, sagte ihre Mutter. »Wenn sie Zugang zu Elvis hatten, erwischen sie dich auch.«

Vernon hat nie etwas unternommen. Ein paar Monate nach diesem Gespräch ist er einem Herzanfall erlegen, wie der Gerichtsmediziner feststellte, derselben Todesursache, die bei Elvis angegeben worden war. Vernons Ende kam am 26. Juni, dem Geburtstag des Colonels. Vernon hätte ihm kein schrecklicheres Geschenk machen können. Einmal mehr war der Nachlass des Elvis Presley ins Chaos gestürzt worden.

Colonel Parker flog zur Bestattung nach Memphis. Während Vernon im Meditation Garden in Graceland zur letzten Ruhe gebettet wurde, wurden über Lautsprecher Songs von Elvis gespielt. Parker traf sich mit Priscilla und teilte ihr mit, er werde ein Schreiben brauchen, das ihn weiterhin als Manager von Elvis' Nachlass bestätigte.

Am Tag darauf schickte Priscilla ein Schreiben an Parker bei All Star Shows in Madison, das auch Hanks sowie ein Repräsentant der National Bank of Commerce unterzeichnet hatten. Darin dankte man Parker für seine Dienste an Elvis' Nachlass und bestätigte, dass alle Parteien in ihrer Funktion als Nachlassverwalter wünschten, dass »alles bleiben soll, wie es ist und wie es in Vernons Brief vom 23. August 1977 festgehalten worden war.«

Vernons Tod brachte den Jetstar-Fall erneut ins Schleudern. Im Frühjahr waren zwei der anderen Männer nach Hinterlegung der

Kaution verschwunden und untergetaucht, was eine weitere Verzögerung der Verhandlung zur Folge hatte, während FBI-Agenten nach ihnen suchten. Der Tod des Kronzeugen der Regierung brachte weitere Verzögerungen mit sich, während die Ankläger versuchten, einen Fall zu konstruieren, den sie ohne Vernons Aussage vor Gericht bringen könnten.

Mit der Zeit erhielt Priscilla einen tieferen Einblick in die Finanzen des Nachlasses. Sie war fassungslos, wie schlecht Elvis' Geld verwaltet worden war. Es gab mehr Schulden als verfügbares Bargeld, und mit Ausnahme des Hauses und des kleinen Aktienvermögens steckten Elvis' Vermögenswerte in Männerspielzeug wie Autos, Motorrädern, Flugzeugen und Schusswaffen, darunter mehrere Maschinengewehre. Es war, schlicht und einfach ausgedrückt, sehr wenig Geld verfügbar.

Priscilla kontaktierte Hanks und den Repräsentanten der Bank, und zusammen baten sie den Nachlassrichter, einen juristischen Betreuer für Lisa Marie einzusetzen. Der Richter entschied sich für einen jungen Anwalt aus Memphis, dessen Name einem Drama von Tennessee Williams entnommen schien. Er hieß Blanchard Tual.

Am 5. Mai 1980 wurde Tual als Lisa Maries Betreuer eingesetzt und beauftragt, die Vermögensverhältnisse im Interesse der Wahrung ihrer Belange zu prüfen. Besonderes Augenmerk sollte er auf die Nachforschungen über die Beziehung zwischen Colonel Parker und Elvis und über Parkers Geschäfte nach Elvis' Tod legen.

Alle Beteiligten standen den ganzen Sommer hindurch unter großer Anspannung.

Schließlich legte Tual nach fünf Monaten, in denen Colonel Parker keine neuen Projekte anstieß, die mit Elvis zu tun hatten, dem Gericht seinen Bericht vor. »Sämtliche Verträge, die beginnend mit dem Jahr 1967 zwischen Parker und Presley geschlossen wurden ... waren unlauter insofern, als die Provisionen unverhältnismäßig waren«, schrieb Tual in einer glühenden Anklage gegen Colonel

Parker. »Parker ist, sowohl zu Elvis' Lebzeiten als auch in seiner Rolle als Verwalter des Nachlasses, der Insichgeschäfte und der Übervorteilung schuldig und hat seine Pflichten sowohl gegenüber Presley zu Lebzeiten als auch gegenüber dem Nachlass verletzt.«

Weil das Gericht Parker freie Hand bei der Verwaltung des Vermögens gelassen habe, schrieb Tual, hätten »die Presleys, und letztendlich Lisa Marie Presley, Millionen von Dollars verloren«. Tual bat das Gericht, die Lage zu bereinigen und anzuordnen, dass sämtliche Vergütungen aus Elvis' finanziellen Investitionen direkt den Presleys und nicht Parker zugeteilt werden, dass Parkers Fünfzig-Prozent-Provision beendet werden soll und dass die Presleys Klage gegen Parker einreichen, um ihn davon abzuhalten, über etwaige Vermögenswerte von Boxcar Enterprises verfügen zu können. Es war das erste Mal, dass sich jemand öffentlich gegen Parker stellte.[17]

Tuals Bericht traf die Nachrichtenmedien in Memphis völlig unerwartet. In der Stadt gab es eine Reihe von Anwälten, die mit großen Reden und hitzigen Erklärungen auf den Stufen der Gerichtsgebäude Karriere gemacht hatten – nicht so der belesene, sanftmütige Tual. Colonel Parker war die am meisten gefürchtete Person im Showbusiness. Niemand, nicht einmal Elvis, wagte es, ihn herauszufordern. Der Bericht war ein Paukenschlag.

Die Zeitungen in Memphis hatten immer ein gutes Verhältnis zu Parker gehabt, doch als die Journalisten jetzt versuchten, ihn zu kontaktieren, damit er sich über den Bericht äußerte – *Sag uns, dass das nicht wahr ist, Colonel!* –, war er nicht erreichbar und rief nicht zurück. Die Medien des ganzen Landes nahmen eine hitzige Verfolgungsjagd auf den Colonel auf, aber es gelang ihm, allen zu entwischen. Sprecher seines Büros sagten, er sei krank und nach Hause gegangen, um sich auszukurieren.

The Commercial Appeal schickte ihren Journalisten William Dawson nach Los Angeles, um den flüchtigen Colonel aufzuspüren. Als Erstes fuhr er zum Büro von RCA Records in Hollywood. Er hatte von mehreren Seiten von Parkers kleiner Bürosuite auf der sechsten

Etage gehört, aber als er ankam, stellte er fest, dass Parkers Name nicht auf dem Wegweiser in der Lobby aufgeführt war.

Ein Wachmann sagte dem Journalisten, dass Parker selten ins Büro komme und im Moment niemand da sei. Und selbst wenn jemand da wäre, so der Wachmann, würde es ihm nichts nützen, denn der Colonel und seine Mitarbeiter würden Besucher nur nach Terminvereinbarung empfangen.

Schließlich fand Dawson das Haus des Colonels in Palm Springs. Es war weiß mit blauen Zierstreifen und stand ein Stück von der Straße zurückversetzt hinter einer weißen Mauer mit einer blauen, schmiedeeisernen Einzäunung. Ein Schild warnte Besucher vor dem Elektrozaun. Der Reporter erhielt keine Antwort, als er auf den Knopf der Sprechanlage drückte, aber nachdem er eine Weile vor dem Tor herumgestanden hatte, sah er zwei Frauen hinter einer Tür an der Seite des Hauses herauslugen.

Eine von ihnen kam heraus und fragte, was er wolle. Er sagte, er wolle mit dem Colonel sprechen. Die Frau erwiderte, sie sei Krankenschwester und kümmere sich um die kranke Frau des Colonels. Der Colonel sei in Los Angeles und nicht erreichbar. Dawson hatte keine Gelegenheit, mit dem Colonel zu sprechen, aber er kehrte nach Memphis zurück und schrieb einen Artikel über den »Mantel der Heimlichkeiten«, der den Colonel einhüllte.

Im Dezember ging Tual erneut vor Gericht und bat den Richter um die Bewilligung, seine Nachforschungen zu vertiefen. Beecher Smith, der Anwalt, der Priscilla und die Mitverwalter vertrat, protestierte und sagte, es liege in ihrer Verantwortung, nicht in Tuals, die Interessen von Elvis' zwölfjähriger Tochter zu vertreten. Tual klagte, Smith habe versucht, seine Ermittlungen »abzublocken«.[18]

Tual äußerte gegenüber dem Richter die Befürchtung, die Nachlassverwalter, Priscilla ausgenommen, hätten »Angst« vor Colonel Parker. Über seinen Bericht vom September sagte er, er sei nur ein »erster Schritt« gewesen, und fügte hinzu, dass es in diesem Fall noch vieles gebe, das »überprüft« werden müsse. Es war eine kontroverse Anhörung.

Tual, außer sich vor gerechtem Zorn, verteidigte Lisa Marie und deren Interessen mit großer Leidenschaft. Reporter beschrieben, wie Smith manchmal »bebend« vor dem Richter stand; er beantragte, Tuals Nachforschungen einzustellen. Tuals Bericht kritisierte er und beschuldigte ihn der Überreaktion.

Tual feuerte zurück: »Kein einziges Mal habe ich das Wort ›Fahrlässigkeit‹ verwendet, obwohl ich es hätte tun können; kein einziges Mal habe ich die Worte ›grobe Fahrlässigkeit‹ verwendet, obwohl ich es hätte tun können; niemals habe ich den Ausdruck ›gewissenloses Handeln‹ verwendet, obwohl ich es hätte tun können.«

Richter Evans hörte sich Tuals Meinung an und er hörte sich Smiths Meinung an. Elvis Presley war wahrscheinlich der berühmteste Entertainer auf der Welt. Colonel Parker war fast ebenso berühmt. Niemand in Musikerkreisen hatte je von Evans gehört, aber man hatte ihm die Verantwortung übertragen, die Interessen eines kleinen Mädchens zu sichern, das seinen Schutz wahrlich zu brauchen schien.

Schließlich gab Evans in einem Moment beispielhafter Südstaaten-Rechtsprechung Tual die Vollmacht, Colonel Parker aufzufordern, dem Gericht einen ausführlichen Finanzbericht einschließlich Steuerinformationen vorzulegen. Zudem erhielt Tual die Vollmacht, die Unterlagen von Boxcar Enterprises sowie die Geschäfte des Colonels mit Factors zu prüfen. Es war das juristische Pendant eines Footballspiels, in dem der Coach seinen Spitzenverteidiger mit den anfeuernden Worten *mach, Junge, mach!* ins Spiel brachte.

Colonel Parker war nicht der Einzige in Elvis' Umfeld, der unter Beschuss geriet. Während Richter Evans im Nachlassgericht für Furore sorgte, wurde Elvis' Leibarzt, Dr. George Nichopoulos, vor die Ärztekammer gerufen und beschuldigt, er habe suchterzeugende Medikamente im Übermaß an neun Patienten verordnet, einschließlich Elvis.

Nichopoulos sagte zu Elvis' Tablettenkonsum aus und bestätigte den Verdacht, dass der Künstler von einer Reihe unterschiedlicher Medikamente abhängig gewesen sei. Einmal sei er in Kalifornien gewesen, wo er Injektionen mit Novocain, Demerol und Steroiden gegen Rückenschmerzen erhalten hatte, und mit einer Abhängigkeit von Demerol nach Memphis zurückgekehrt, wo er zur Entgiftung in das Baptist Hospital eingewiesen worden sei, so Nichopoulos. Der Arzt verteidigte die Vielzahl von Rezepten, die er ausgestellt hatte: Er habe versucht, Elvis' Suchtproblem durch die Reduzierung der Medikamente auf therapeutische Mengen zu kontrollieren.

Die Ärztekammer befand Nichopoulos für nicht schuldig der schwerwiegendsten Anklagepunkt, jedoch schuldig der Verordnung eines Übermaßes an suchterzeugenden Medikamenten. Seine Approbation wurde für drei Monate ausgesetzt, und er bekam drei Jahre Bewährung. Während der gesamten Anhörung saßen Ermittler des Büros der örtlichen Justizbehörde im Zuschauersaal. Nichopoulos wusste nicht, dass der Justizminister eine polizeiliche Ermittlung über Elvis' Medikamentenkonsum und die Handlungsweise des Arztes eingeleitet hatte. Dies war die einzige polizeiliche Ermittlung, die jemals im Zusammenhang mit Elvis Tod durchgeführt wurde.

Da ein paar von Elvis' engen Weggefährten an die Westküste gezogen waren, flogen die Ermittler Larry Hutchinson und David McGriff mit dem Polizeibeamten Bobby Armstead nach Los Angeles, um potenzielle Zeugen zu befragen. Auf ihrer Liste standen der ehemalige Bodyguard Red West, der frühere Tour-Manager Joe Esposito und Elvis' vormalige Freundin Linda Thompson.

»In Kalifornien hat jeder einen Agenten«, sagt McGriff und lacht, wenn er sich daran erinnert, dass sie alle Register ziehen mussten, damit sie ihre Interviews bekamen. »Wir fanden es lächerlich … es machte den Eindruck, als seien alle beschäftigt, und ich bin mir nicht sicher, dass das der Fall war.«[19]

Der Letzte auf ihrer Liste war Colonel Tom Parker. Zu ihrer Überraschung konnten sie problemlos Kontakt mit ihm aufnehmen. Er willigte ein, sich mit ihnen in ihrem Zimmer in einem Hotel in

Beverly Hills zu treffen. Nach allem, was sie hatten anstellen müssen, um die Interviews mit den anderen zu bekommen, waren sie angenehm überrascht, dass er sich einverstanden erklärte, sich mit ihnen zu verabreden.

In Freizeitkleidung und mit einer dicken Zigarre traf Parker zur verabredeten Zeit im Hotelzimmer ein. Er war nicht allein gekommen. Er wurde von George Fenneman begleitet, dem Fernsehsprecher, der in den 1950er-Jahren mit Groucho Marx in der populären Fernsehsendung *You Bet Your Life* (*Darauf kannst du dein Leben verwetten*) aufgetreten war. McGriff und Hutchinson war nicht bewusst, dass Parker sich auf ein Glücksspiel mit hohem Einsatz vorbereitet hatte.

Allein der Gedanke, sich eine Gelegenheit entgehen zu lassen, die Würfel mit den Ermittlern aus Memphis rollen zu lassen, war für Parker unvorstellbar. Bei dieser Darbietung spielte Parker die Rolle des Groucho und sein Freund George Fenneman sich selbst. Die Show hieß *You Bet Your Life* (und genau das machte der Colonel im Grunde genommen) – und der Running Gag war der Einzeiler aus Grouchos und Fennemans Sendung: »Nenne das Geheimwort und gewinne einhundert Mäuse.«[20]

Die Ermittler aus Memphis löcherten ihn, was er über Elvis' Medikamentenkonsum gewusst habe. Er antwortete, er wisse wirklich nicht viel darüber. Er habe sich die meiste Zeit in Kalifornien und Las Vegas aufgehalten. Sie befragten ihn über Elvis' Beziehungen zu seinen Gefolgsleuten. Ob es jemanden gegeben habe, der ihn zum Konsum ermuntert habe?

Parker antwortete, er wisse es wirklich nicht.

Sie fragten, ob er in den zwei Jahren, in denen Elvis in der Army war, persönlichen Kontakt zu ihm gehabt habe. Eigentlich nicht, Elvis habe ihn zwei- oder dreimal angerufen und vielleicht ein paar Briefe geschickt, so der Colonel.

Er sagte den Ermittlern, dass er während eines Besuchs von Elvis in seinem Haus in Palm Springs im Jahr 1974 gedacht habe, es sei etwas nicht in Ordnung. Weiter sagte Parker, Elvis habe zugegeben,

Medikamente zu nehmen, ihn jedoch ermahnt, er solle sich nicht in sein Privatleben einmischen.

Der Colonel war das ganze Gespräch hindurch freundlich und entgegenkommend und machte auf die Ermittler den Eindruck, als habe er nichts zu verbergen. Am Ende des Gesprächs lud er sie ein, mit ihm nach Palm Springs zu fahren. Er werde bei George Hamilton zu Abend essen und sei sicher, der berühmte Schauspieler würde nichts dagegen haben, sie als Gäste zu begrüßen. Die Ermittler lehnten die Einladung ab.

»Ich fand, Parker war ein vollendeter Gentleman«, sagte McGriff 1997 in einem Interview mit dem Autor. »Er war extrem ruhig, entspannt, fast als werde er uns sagen, was er sagen musste, ohne dass es ihm in irgendeiner Weise unangenehm war. Mir ist nicht aufgefallen, dass er sich unwohl fühlte oder dass er versuchte, seine Antworten zu verschleiern. Nach dem Gespräch war ich überzeugt, dass der Colonel die Fragen weitestgehend wahrheitsgemäß beantwortet hat. Klar, ich hatte noch an die fünfzig großartige Fragen, die ich nicht gestellt habe, mit denen er vielleicht Schwierigkeiten gehabt hätte.«

Nenne das Geheimwort und gewinne einhundert Mäuse!

Die Ermittler nannten das Geheimwort nicht und kehrten in der Überzeugung nach Memphis zurück, dass es keinen Grund dafür gebe, den Colonel als Zeugen für Dr. George Nichopoulos' bevorstehende Gerichtsverhandlung zu benennen. Sie waren sicher, dass er Elvis nicht zur Einnahme von Medikamenten ermuntert hatte und so weit vom Alltagsleben des Entertainers entfernt gewesen war, dass er nichts zu dem Fall würde beitragen können.

Es ist interessant, Vermutungen darüber anzustellen, wie anders es möglicherweise gekommen wäre, wenn die Ermittler das Geheimwort gesagt hätten und der Colonel seine Schatztruhe mit Enthüllungen über Elvis' Medikamenteneinnahme geöffnet hätte. Er mag ein Hochstapler gewesen sein, aber er war ein ehrenwerter Hochstapler, der sich niemals um einen Wetteinsatz drückte. Es ist durchaus im Bereich des Möglichen, dass der Colonel auf dieses

Gespräch gewettet hatte. Fenneman trug nicht nur einen Hauch Drama bei, er diente auch als Zeuge.

Im Mai wurde Nichopoulos basierend auf der Ermittlungsarbeit der Beamten in Memphis von einem Geschworenengericht angeklagt. Bei der Gerichtsverhandlung wurde der Arzt von James Neal vertreten, einem bekannten Anwalt in Tennessee, der sich als Ankläger in der Watergate-Affäre einen Namen gemacht hatte. Neal stellte Nichopoulos als fürsorgenden und engagierten Arzt dar, der sein Bestes gegeben hatte, um Elvis' Bedürfnissen gerecht zu werden. Die Jury befand Nichopoulos für nicht schuldig, und er nahm seine ärztliche Tätigkeit wieder auf.

Als der Autor im Jahr 1997 mit McGriff sprach, arbeitete der immer noch als Polizeibeamter und war der Drug Task Force zugeteilt, einer Sonderermittlungseinheit aus Beamten des FBI, der Drogenbehörde, Drug Enforcement Agency, des Büros des Sheriffs und der Polizei in Memphis. Tatsächlich verzögerte sich das Interview, weil McGriff auf einer Undercover-Ermittlung im Einsatz war, als der Autor in der Stadt eintraf.

Nachdem McGriff sich um eine Vertretung gekümmert hatte, erhielt er von seinem Vorgesetzten die Erlaubnis, den Autor in einem Restaurant in Ost-Memphis zu treffen. Auf die Frage, ob er glaube, dass in diesem Fall die Gerechtigkeit gesiegt habe, dachte McGriff einen Augenblick nach und antwortete dann, er glaube nicht. »Ich werde nicht sagen, wem Gerechtigkeit widerfahren ist und wem nicht … die Gerechtigkeit hat nicht gesiegt.«

Colonel Parker lief weder vor Blanchard Tual weg noch versuchte er, gegen den Gerichtsbeschluss anzukämpfen, jedoch bat er Tual vor der Übergabe seines Finanzberichts um die Unterzeichnung einer Verschwiegenheitsvereinbarung. Während der Monate, in denen Tual tiefer in die Finanzstrukturen des Presley-Vermögens und die Beziehung des Künstlers zum Colonel eintauchte, behielt er seine

Gedanken weitestgehend für sich. Er gab keine Pressekonferenzen, und Interviewanfragen lehnte er höflich ab.

Was immer Priscilla und der Colonel von dem vom Gericht bestellten Betreuer erwartet haben mochten, man kann wohl mit Sicherheit sagen, dass sie schockiert waren, wie gründlich und umfangreich sein abschließender, fünfundachtzigseitiger Bericht war, der dem Gericht am 31. Juli 1981 vorgelegt wurde. Die Schlagzeile in der *Press-Scimitar* am Morgen darauf prägte die Stimmung: »Bericht zufolge wurde Elvis durch Managerverträge hintergangen.«[21]

Tual berichtete, seine Ermittlungen zeigten, dass Colonel Parker und RCA Records zusammen das Vermögen der Presleys um 2,7 Millionen Dollar geschädigt hätten. Besondere Bedenken äußerte er hinsichtlich der sechs Verträge, die im Rahmen des »Aufkaufs« von 1973 mit RCA unterzeichnet wurden. Tual sagte: »Die RCA-Manager mussten erkannt haben, dass die Zusatzgeschäfte mit Parker im Grunde genommen Schmiergeld für Parker waren ... damit er Elvis in den Jahren darauf ohne Buchprüfung unter Kontrolle behielt.«

Tual drängte das Gericht zu verfügen, dass die Presleys keine neuen Vereinbarungen eingingen und die Zahlung von Parkers laufenden Forderungen einstellten. Weiter legte er nahe, dass die Presleys eine Klage gegen RCA einreichten und versuchen sollten, den Aufkauf-Vertrag von 1973 für nichtig erklären zu lassen. Zudem sollten RCAs Bücher hinsichtlich der geschäftlichen Transaktionen mit dem Presley-Vermögen geprüft werden.

»Colonel Parker hat wissentlich [Elvis' Vertrauen] bis zu seinem Tod missbraucht«, sagte Tual. »Es liegen Beweise vor, dass sowohl Parker als auch RCA schuldig sind der Verdunkelung, der geheimen Absprachen, des Betrugs, der Vortäuschung falscher Tatsachen, der Arglist und Übervorteilung ... [Drei Vereinbarungen] waren skrupellos, auf betrügerische Weise erwirkt und widersprachen allem, was in der Branche üblich war. Die Art und Weise, wie man mit dem beliebtesten amerikanischen Volkshelden des Jahrhunderts umging, ist haarsträubend und schreit nach einer umfassenden Wirtschaftsprüfung durch die verantwortlichen Stellen.«

Wie fast die ganzen Ermittlungen hindurch waren die Verwalter des Presley-Nachlasses sprachlos. Deren Anwalt, Beecher Smith, sagte den Reportern, er werde keinen Kommentar abgeben. Jack Magids, ein Anwalt aus Memphis, den Parker zu seiner Verteidigung engagiert hatte, teilte den Reportern mit, der Colonel streite sämtliche im Bericht aufgeführten Anschuldigungen ab.[22]

Richter Joseph Evans überdachte den Inhalt des Berichts und verlas seine Entscheidung am 14. August, zwei Tage vor Elvis' Todestag, in einem Gerichtssaal, der brechend voll mit Fans war, von denen manche von weither gekommen waren. Evans sagte: »Das Gericht befindet, dass die Vergütung, die Colonel Parker erhalten hat, unverhältnismäßig und nicht hinnehmbar ist.«

Er verfügte, dass die Verwalter des Presley-Erbes innerhalb von fünfundvierzig Tagen Klage gegen Colonel Parker einreichten, um »die noch festzulegenden fälligen und den Presleys geschuldeten Beträge« zurückzubekommen. Als Extra-Bonus verfügte der Richter, dass Tual als zusätzlicher mit der Sache betraute Anwalt an der Verhandlung teilnehmen sollte.

Später unterhielt sich ein Journalist von *The Commercial Appeal* mit ein paar der Anwesenden. »Man sollte ihn hängen«, meinte eine Frau.

»Wen?«, fragte der Journalist.

»Parker«, antwortete sie.

Am Tag darauf brach Colonel Parker sein selbst auferlegtes, langes Schweigen und rief James Kingsley bei *The Commercial Appeal* an. »Ich bin bereit, mich vollumfänglich gegen sämtliche gegen mich vorgebrachten Anschuldigungen zu verteidigen und werde weitere mir zur Verfügung stehende rechtliche Schritte einleiten«, sagte er dem Reporter. Tuals Bericht habe ihn »schockiert« und er bestreite jegliches Fehlverhalten.

Anschließend sprach der Colonel mit dem Journalisten Randell Beck von der *Memphis Press-Scimitar*. Nachdem er Tuals Kenntnisse der Musikindustrie stark in Zweifel gezogen hatte, widersprach er der Darstellung des Betreuers, Elvis habe sich leicht manipulieren lassen, und sagte, Elvis sei launisch und unzuverlässig gewesen. »Manchmal war es eine solche Seelenqual, (ihn) dazu zu bringen weiterzumachen.«

Zum ersten Mal in seinem Leben stand der große Colonel Parker mit dem Rücken zur Wand, und ein unbekannter Anwalt aus Memphis, der entweder zu furchtlos oder zu dumm war, um die enorme Tragweite seines Vorgehens zu begreifen, hatte ihn so weit gebracht. Sie waren David und Goliath, und der alternde, rundliche Colonel wusste, er würde sich von niemandem mit David verwechseln lassen.

Parkers Situation wurde noch durch Berichte darüber verschärft, der Eigentümer von Factors, Harry »the Bear« Geissler, habe sich vor einem Gericht in Delaware des Postbetrugs schuldig bekannt, wobei auch Unternehmen, die mit den Filmen *Superman (Superman: The Movie), Krieg der Sterne (Star Wars) und Grease* in Zusammenhang standen, darin verwickelt gewesen seien. Das Unterhaltungsmagazin *Variety* berichtete, dass Geissler über zweihundert Klagen zum Schutz des Presley-Images eingereicht hatte, dass ein Berufungsgericht ihm jedoch die dafür vorausgesetzte Befugnis abgesprochen habe und entschied, dass das exklusive Persönlichkeitsrecht eines Prominenten auf sein Image nicht vererbt werden kann und mit seinem Tod endet.

Bis Juni 1982 hatte Priscilla zwei Klagen gegen Parker eingereicht; eine in Memphis, die den Fünfzig-Prozent-Anteil an Elvis' Tantiemen für nichtig erklären sollte; die andere in San Francisco, die Parker beschuldigte, das Presley-Vermögen um mehr als fünf Millionen Dollar geschädigt zu haben. Beide Prozesse waren von Richter Joseph Evans angeordnet worden.

Die Presleys waren nicht die Einzigen, die Klagen einreichten. RCA Records klagte in New York darauf, festzustellen, dass der Aufkauf-Vertrag von 1973 rechtens gewesen sei, und den Presleys zu untersagen, Klage gegen RCA wegen verlorener Tantiemen zu erheben. Sämtliche Beteiligten am Gerichtsverfahren in Memphis wurden als Beschuldigte genannt: Priscilla Presley, Joseph Hanks, die National Bank of Commerce, Blanchard Tual sowie Colonel Parker.

Der Einzige, gegen den in diesem Drama keine Klage eingereicht wurde, war Richter Joseph Evans.

Colonel Parker reagierte mit einem eigenen Prozess. Am 12. März 1982 reichte der Zweiundsiebzigjährige in Las Vegas Klage ein und focht die Kontrolle über Elvis' Vermögenswerte durch die Presleys an. Als Beschuldigte wurden genannt: Priscilla Presley, die National Bank of Commerce und Joseph Hanks. In der Verhandlung stellte Parker seine Beziehung zu Elvis als »Partnerschaft« dar, und ihre Geschäftsbeziehung bezeichnete er als Gemeinschaftsprojekt, ein »Joint Venture«.[23]

Das war nichts Neues. Vom ersten Tag an hatte er Briefe verschickt, die mit »Elvis und der Colonel« unterschrieben waren, und Werbung gemacht, die auf »Elvis und der Colonel« verwies. Er war mehr als ein Manager. Er war der schwer geprüfte »Partner« in einem jahrzehntelangen Joint Venture.

Parker sagte in der Verhandlung: »In Anerkennung der einzigartigen Fähigkeiten des Colonels, als Wertschätzung der Loyalität des Colonels gegenüber Elvis und als Ansporn für den Colonel, seine Dienste weiterzuführen und auszuweiten, vereinbarten Elvis und der Colonel, dass sie ab dem 2. Januar 1967 künftig zu gleichen Teilen von sämtlichen Gewinnbeteiligungen aus Elvis' Filmverträgen und von sämtlichen Tantiemen aus garantierten Zahlungen aus den Plattenverträgen mit RCA profitieren werden.«

Während des Prozesses klagte Parker, die Nachlassverwalter würden sich in seine weiterlaufende Tätigkeit für das Joint Venture einmischen. Er forderte das Gericht in Nevada auf, ihm die Kontrollvollmacht über Elvis' Nachlass zu übertragen, damit die geschäftlichen Einzelheiten des Joint Venture »abgewickelt werden könnten«.

Weiter sagte er, er habe Elvis aus reiner Herzensgüte, und weil er es damals dringender gebraucht hatte als Parker selbst, einen Vorschuss von 1,6 Millionen Dollar von den Einkünften des Joint Venture gegeben. Nun wolle er das Geld zurück, auch wenn es zurzeit nicht verfügbar sei und selbst wenn es einem zwölfjährigen Mädchen gehörte, das seinen Vater unter den traumatischsten Umständen, die man sich nur vorstellen könne, verloren habe.

Über all den Schlagzeilen über den Presley-Nachlass war der ungelöste Jetstar-Fall in Vergessenheit geraten. Es hatte eine Reihe von Verzögerungen gegeben, und seit dem Tod des Kronzeugen hatte der Kampfgeist nachgelassen. Die beiden Angeklagten, die sich schuldig bekannt hatten, Frederick Pro und Philip Kitzer, hatten ihre Gefängnisstrafen bereits abgesessen und waren wieder auf freiem Fuß. Die verbliebenen Angeklagten waren gegen Kaution auf freiem Fuß und berichteten einmal die Woche ihren Kautionsbüros. Fünf Jahre waren vergangen, seit das große Geschworenengericht die Anklagen dem Justizministerium übergeben hatte, und seitdem waren keine neuen Beweise gefunden worden.[24]

Der Jetstar-Fall stand nicht allein im Fokus. Anfang der 1980er-Jahre gab es weitere bedeutende Entwicklungen, die, wenn auch nur indirekt, den Colonel betrafen. Während sich die Ankläger im Jetstar-Fall noch vorbereiteten, starb am 7. April 1982 der frühere Richter am Obersten Gerichtshof, Abe Fortas, und nahm den Behörden jede Hoffnung darauf, etwas über seine Verbindung zu Elvis und dem Colonel herauszufinden oder seiner Beziehung zur Glücksspielindustrie in Las Vegas auf den Grund gehen zu können.

Zur gleichen Zeit war das Justizministerium dem Mafiaboss in Louisiana, Carlos Marcello, dicht auf den Fersen. Er war in die Falle einer Bundesermittlung mit dem Codenamen Brilab gegangen und wegen Versuchs der Bestechung des Bundesrichters angeklagt worden, der den Vorsitz in diesem Fall führen würde, in den einige von Marcellos Partnern verwickelt gewesen waren.

Marcello wurde am 19. April 1983 zu zehn Jahren Haft in einem Bundesgefängnis in Texarkana, Texas, verurteilt.[25] 1989 wurde er wegen guter Führung vorzeitig entlassen und durfte nach Louisiana zurückkehren, wo er 1994 starb.

Nachdem Priscilla Presley herausgefunden hatte, wie wenig der Nachlass tatsächlich wert war, suchte sie nach Wegen, seinen Wert zu steigern, während sie vor Gericht noch mit dem Colonel darum kämpfte. Nach Vernons Tod im Jahr 1979 war Graceland geschlossen worden, doch der Unterhalt des Anwesens kostete über 30 000 Dollar im Monat. Das musste von den Einkünften aus den fortlaufenden Plattentantiemen bestritten werden, die auf etwas mehr als 340 000 Dollar im Jahr zurückgegangen waren.

Nach Elvis' und Vernons Tod hatte Priscilla bei einer Vielzahl von Freunden und Verbündeten Rat gesucht. Als einer ihrer wichtigsten Ratgeber, der texanische Finanzier Jester Maxfield, im September bei einem Flugzeugabsturz ums Leben kam, reiste sie nach Kansas City, um sich mit einem seiner Angestellten zu treffen – dem fünfunddreißig Jahre alten Börsenhändler Jack Soden.

Soden gegenüber legte sie sämtliche finanziellen Probleme des Presley-Nachlasses offen. Sie seien nicht arm. Sie seien nicht reich. Mehr oder weniger würden sie sich von einem Jahr zum anderen gerade so über Wasser halten. Sie brauche einen Plan, um Kapital aus dem Nachlass schlagen zu können. Andernfalls würde Lisa wenig von der glanzvollen Karriere ihres Vaters haben.

Soden schlug vor, Graceland öffentlich zugänglich zu machen.

Das hörte sich für Priscilla nach einem guten Plan an. Sie unterbreitete Sodens Vorschlag ihren Mitstreitern, und zusammen beschlossen sie, dass Graceland zur neuesten Touristenattraktion in Memphis werden sollte. Jack Soden wurde als Projektleiter engagiert. Im Juni darauf hatte das über fünf Hektar große Graceland-Anwesen seine Tore für die Fans des verstorbenen Entertainers geöffnet. Der Eintritt kostete 7,50 Dollar. Für vier Dollar zusätzlich konnten die Fans den Bus und die Flugzeuge besichtigen.

»Graceland zu verkaufen, ist nie in Betracht gekommen«, sagte Priscilla gegenüber dem *Commercial Appeal*-Reporter Steve Tompkins. »Graceland zu öffnen, war das Letzte, was ich wollte … Ich denke, wir haben so lange gewartet, wie es ging, in der Hoffnung, andere Einkünfte würden uns retten.«

500 000 Dollar wurden investiert, um das Herrenhaus zur Besichtigung vorzubereiten, der Zuspruch war jedoch so immens, dass die Erstinvestitionen innerhalb der ersten fünf Wochen nach Betriebsaufnahme ausgeglichen waren. Im ersten Jahr fanden sich eine halbe Million Besucher vor den Toren Gracelands ein. Am Ende des Jahrzehnts kamen 600 000 Besucher im Jahr. Dass Jack Soden als Gracelands Geschäftsführer eingesetzt wurde, war keine Überraschung.

Im November 1982, als das Projekt Graceland unübersehbar zu einer erfolgreichen Touristenattraktion geworden war, wurde angekündigt – voreilig, wie sich herausstellen sollte –, dass Colonel Parker und die Presleys nach ihrem langen Kampf um die Kontrolle der verbliebenen Vermögenswerte des Entertainers zu einer außergerichtlichen Einigung gekommen waren. Einige Angelegenheiten zwischen den beiden Parteien mussten noch aus dem Weg geräumt werden, und auch der Prozess mit RCA Records war noch nicht abgeschlossen.

Im Juni beendeten Colonel Parker, RCA Records und die Presleys formell ihren Rechtsstreit. Dem Vertrag zufolge wurde die Funktion des Colonels als Manager des Nachlasses beendet. Sämtliche Tantiemen, die er vor 1982 erhalten hatte, durfte er behalten.

Das Unternehmen Graceland erklärte sich bereit, Parkers Anteil an Boxcar Enterprises für 225 000 Dollar, Boxcars Marke »Always Elvis« für weitere 100 000 Dollar sowie die restlichen Vermögenswerte der Firma für 25 000 Dollar zu kaufen. RCA erklärte sich bereit, Graceland zehn Jahre lang 110 000 Dollar pro Jahr zu zahlen sowie dem Colonel zwei Millionen Dollar für mehr als dreihundertfünfzig Film- und Fernsehclips und sämtliche Originalexemplare von Elvis' Aufnahmen.[26]

Im Wesentlichen gab sich der Colonel mit etwas über 2,3 Millionen Dollar zufrieden. Nach all den Beschimpfungen und drohenden rechtlichen Schritten beschlossen die drei Parteien – Priscilla, der Colonel und RCA –, den Disput auf freundschaftlicher Basis zu beenden, wobei Priscilla und RCA ihre Zusammenarbeit fortsetzten.

Der Colonel wurde zum Teufel gejagt, nicht jedoch ohne zuvor ein geheimes Abkommen zu treffen, das es Quellenaussagen zufolge Graceland und dem Colonel untersagte, jemals in der Öffentlichkeit ohne die Einwilligung der anderen Partei über diese zu sprechen.[27]

Während der verbleibenden 1980er-Jahre übte sich der Colonel in Zurückhaltung. Er hatte gesundheitliche Probleme. Mehrere Jahre zuvor hatte er einen Herzanfall gehabt und 1981 brach er sich die Schulter, nachdem er im Aufzug des RCA-Gebäudes in Los Angeles gestürzt war. Während er in der Tür des Aufzugs lag und nicht aufstehen konnte, schlug die Tür immer wieder mit so großer Wucht auf seinen hilflosen Körper, dass seine Schulter brach.

An Parkers siebenundsiebzigsten Geburtstag feierte Barron Hilton in der neunundzwanzigsten Etage des Las Vegas Hilton eine Party für ihn. Es kamen etwa einhundert Gäste, darunter Priscilla und ihre Eltern, Mr. und Mrs. Joseph Beaulieu, der Comedian Rodney Dangerfield sowie Al Dvorin.

»Ich mag vielleicht siebenundsiebzig sein, aber ich fühle mich nicht so«, sagte Parker den Gästen. »Ich erlaube meinem Körper einfach, mir zu sagen, was ich tun soll.«

Abwesend war Marie Parker, seine todkranke Ehefrau. Am 25. November 1986, etwa fünf Monate nach der Party, erlag sie schließlich ihrer Krankheit. Sie war schon seit mehreren Jahren schwer krank gewesen. Sie starb in ihrem Haus in Palm Springs und wurde im Mausoleum des Spring Hill Cemetery in Madison, Tennessee, bestattet. Ihre Gruft befindet sich mehrere Gewölbetagen über Bodenniveau im Außenbereich des Mausoleums. Die Inschrift lautet schlicht: »Marie Frances Parker, 18. Mai 1908 – 25. November 1986.« Keine liebevollen Worte, kein »Ruhe in Frieden« oder »liebende Ehefrau«.

Die Grabstätte neben Maries Gruft ist namenlos und leer und war vermutlich für den Colonel vorgesehen.[28] Maries letzte Ruhestätte ist von einem Hauch der Verzweiflung umgeben, von etwas, das an die unendliche Einsamkeit ihrer bizarren Lebensreise am Arm des Colonels erinnert.

Während des Rechtstreits mit RCA hatte der Colonel Maries schwindende Gesundheit als Vorwand benutzt, nicht nach New York reisen zu können, damit man ihn hätte loswerden können. In einer eidesstattlichen Erklärung gab er an, Marie befinde sich »in einem nahezu komatösen Zustand« und stehe unter ständiger ärztlicher Aufsicht.

Ein Jahr später, nachdem er immer mehr zum Einsiedler geworden war, stattete der Colonel Memphis einen seiner seltenen Besuche ab, um Graceland zu besichtigen, wo er zwei Tage lang Jack Sodens Gast war. Von Memphis aus fuhr er nach Nashville, um Maries letzte Ruhestätte zu besuchen und um sein Büro in Madison zu inspizieren. Er beschloss, das Büro in ein Museum umzuwandeln und die Artefakte auszustellen, die er im Laufe seiner langen Laufbahn gehortet hatte.

Während er in Nashville war, fuhr er an einer Druckerei vorbei, um mehrere Elvis-Poster abzuholen, die er für eine bevorstehende Ausstellung in Las Vegas bestellt hatte. Pat Embry, ein Journalist des *Nashville Banner*, traf sich mit ihm in der Druckerei und führte dort ein hastig arrangiertes Interview. Parker erzählte Embry von seinem Ausflug nach Graceland und sagte: »Sie können ihnen ausrichten, der Colonel habe gesagt, sie leisten großartige Arbeit in Graceland.«

Im August, mit damals achtundsiebzig Jahren, tauchte er an Elvis' zehntem Todestag in Las Vegas auf. Schwammig und schwächlich, aber mit einem schicken Cowboyhut, gab er eine Pressekonferenz im Las Vegas Hilton, wo er eine Ausstellung in der Elvis-Suite, in der die Nacht 2500 Dollar kostete, zusammengestellt hatte.

Für fünf Dollar konnte jeder seine einwöchige Ausstellung mit Fotos, Plakaten und Erinnerungsstücken sehen. Zu kaufen gab es nichts: Alles war nur zur Ansicht. Gegenüber Associated Press sagte der Colonel, er vergieße keine Träne, obwohl Elvis seit zehn Jahren tot sei. »Es gibt nichts, worüber man weinen müsste, es macht alles zu viel Spaß«, meinte er. »Jetzt, da er tot ist, bin ich sein Sprecher, und das hilft mir dabei, ein paar seiner Memorabilia zu verkaufen.«

In seinen letzten Lebensjahren sah man Parker selten in der Öffentlichkeit, und er gab nur wenige Interviews. In einem Gespräch mit Woody Baird, einem Journalisten von Associated Press in Memphis, sagte er 1990, er habe nichts tun können, um Elvis von den Medikamenten fernzuhalten. Parker sagte: »Er hat seine eigenen Entscheidungen getroffen, und daran konnte man nichts ändern.«

Am meisten schien Parker der unablässige Fluss von Artikeln in der Klatschpresse zu ärgern, die verkündeten, Elvis sei gesund und munter. 1995 sagte er in einem Interview mit dem Zeitungsreporter Mike Weatherford vom *Las Vegas Review-Journal*, Fans hätten ihm kürzlich erzählt, sie würden jede Woche in spiritistischen Sitzungen mit Elvis sprechen. Sie hätten dem Colonel angeboten, ihm ein Flugticket zu schicken, damit er an einer der Sitzungen teilnehmen und selbst mit Elvis sprechen könne. Parker antwortete ihnen: »Das ist meine neue Nummer. Wenn Elvis das nächste Mal auftaucht, geben Sie sie ihm und sagen Sie ihm, er soll mich anrufen.«

Zwei Jahre nach Maries Tod heiratete Colonel Parker seine langjährige Assistentin Loanne Miller. Sie hatten sich 1969 kennengelernt, als sie als Sekretärin für den Direktor der Werbeabteilung des Hotels International arbeitete, das kurz vor seiner Eröffnung stand. Sie war etwa fünfundzwanzig Jahre jünger als der Colonel, also fünfunddreißig Jahre alt, als sie sich kennenlernten. Später arbeitete sie als Angestellte des Las Vegas Hilton und von RCA Record Tours mit ihm zusammen. Nach Elvis' Tod arbeitete sie für ihn.

Seine Begeisterung für Elvis hat der Colonel nie verloren, zumindest nicht seine Begeisterung als Elvis' Promoter. Als Graceland jedoch in den 1990er-Jahren zu einem Multi-Millionen-Dollar-Unternehmen anwuchs, war seine geschmacklose Präsentation von Fotos und Postern mehr und mehr fehl am Platz, was ihm bewusst zu sein schien. Zu guter Letzt war Elvis zu groß für den Colonel geworden.

Als die US-Post 1992 eine Elvis-Presley-Briefmarke herausgab, reihte sich der Colonel in die Warteschlange in Las Vegas ein, um als einer der Ersten die Marke zu kaufen. Er sah alt aus, sein Gesicht fleckig, und der Zahn der Zeit hatte seinen bauchigen, hundertvierzig Kilo schweren Körper unförmig werden lassen. Er bewegte sich nur langsam, auf einen Gehstock gestützt, und fast schien er zu taumeln, während er einen Fuß vor den anderen setzte.

Eines Tages legte er seine Zigarre beiseite, machte einfach einen kalten Entzug, während er die Sonntagszeitung las. Er war auf eine Anzeige gestoßen, in der es hieß: »Raucherentwöhnung für 200 Dollar.« Loanne, die sich in einem anderen Zimmer aufhielt, rief er zu: »Wir haben gerade 200 Dollar verdient!«

»Wie denn das?«, fragte sie.

»Ich habe gerade mit dem Rauchen aufgehört.«[29]

Über Wochen hinweg rief der Colonel immer mal wieder Freunde an und lud sie zu sich nach Las Vegas ein. Weil gerade Weihnachtsferien waren und das neue Jahr bevorstand, konnte niemand von zu Hause weg. Die meisten hatten Familien und Geschäfte, um die sie sich kümmern mussten. Es war eine ungünstige Zeit für Besuche.

»Ist es wichtig?«, fragten seine Freunde.

»Na ja – nein«, erwiderte er. »Kommt einfach vorbei, wenn ihr könnt.«

Colonel Tom Parker stand der Tod bevor, und er wusste es. Er war siebenundachtzig, und es war Zeit zu sterben: Er wäre der Letzte gewesen, der das nicht zugegeben hätte. Trotz allem war da noch etwas, das er kommunizieren wollte. Etwas, das er kommunizieren *musste*. Außer seiner Ehefrau Loanne gab es niemanden für ihn auf der Welt. Was er seinen langjährigen Freunden sagen musste, würde Loanne niemals verstehen: Es war nur für die Snowmen's League bestimmt.

Der Colonel sah Elvis' zweiundsechzigsten Geburtstag kommen und gehen. Elvis Presley Enterprises feierten ihn am 8. Januar in Memphis, wie jedes Jahr, aber das größte Ereignis des Jahres sollte erst am 16. August, dem zwanzigsten Todestag des Künstlers, stattfinden. Parker wusste, dass er das nicht mehr erleben würde.

Das Presley-Unternehmen, noch immer unter Priscilla Presleys Leitung, verband eine Hassliebe mit Colonel Parker. Das Unternehmen hatte wegen der Kontrolle über Elvis' Vermögen schwere Zeiten mit ihm durchgemacht, doch letzten Endes war er immer noch »der Colonel«, der Mann, der am engsten mit der Karriere des verstorbenen Entertainers verknüpft war, und bei Elvis Presley Enterprises wusste man, dass nichts zu gewinnen, aber alles zu verlieren war, wenn die öffentliche Fehde mit ihm weitergeführt werden würde.

Die Haltung des Unternehmens EPE gegenüber Parker erinnerte an den Grundsatz der Army gegenüber Homosexuellen: »Frag nichts, sag nichts.« Der geheime Pakt zwischen Elvis Presley Enterprises und Parker schrieb vor, dass keine der beiden Parteien jemals öffentlich über die Privatangelegenheiten der jeweils anderen Partei sprechen durfte. Keine durfte die Handlungsweise der anderen infrage stellen. Keine durfte sagen, was sie über die andere wusste.[30]

EPE hatte Gründe, eine derartige Vereinbarung zu treffen. Nach Elvis' Tod ging seine Popularität durch die Decke. Als Graceland der Öffentlichkeit zugänglich gemacht wurde, kamen im ersten Jahr 300 000 zahlende Gäste, um das Anwesen zu besichtigen. In den Jahren darauf lockte Graceland durchschnittlich eine halbe Million Besucher jährlich an.

Nur ein Gebäude in Amerika zog mehr Besucher an: das Weiße Haus. Was immer man bei Elvis Presley Enterprises insgeheim über Parker dachte, man hatte eine immense Investition zu schützen, und dieser Investition war am besten gedient, wenn man den Ruf des Mannes, der am engsten mit Elvis' Laufbahn verbunden war, nicht in den Schmutz zog.

Finanzielle Überlegungen waren Grund genug, Parkers Ruf zu schützen, doch sie waren nicht der einzige Grund. Fast vom ersten Tag an hatte es Gerüchte gegeben, Parker »habe etwas« gegen Elvis »in der Hand« –, er würde ihn mit einer Information erpressen, die ihn vernichten würde.

Zudem gibt es eine Theorie, dass Parker Elvis hypnotisierte, um ihn dazu zu bringen, all seine Befehle zu befolgen. Einmal hat Parker versucht, Gordon Stoker, ein Mitglied der Jordanaires, zu hypnotisieren. Er sagte ihm, wenn er sich nach der Hypnose daran erinnern könnte, was Parker gesagt hat, würde er ihm einhundert Dollar geben. Stoker erinnerte sich, und Parker gab ihm das Geld.

Es konnte nie belegt werden, dass Parker jemandem in Elvis' Umfeld gesagt hatte, er habe belastendes Material über den Entertainer, das er an einem sicheren Ort aufbewahrte; mit Sicherheit jedoch machte er die Menschen *glauben*, er habe es. Darüber hinaus gab es Storys über seine angeblichen Verbindungen zu Mitgliedern des organisierten Verbrechens in Louisiana, Florida und Las Vegas. Ohne jemals geradeheraus zu sagen, dass er Kontakte zu hochrangingen Mafiamitgliedern hatte, machte er die Menschen glauben, er habe sie.

Parker war ein Meister darin, diese Ängste zu schüren. Angesichts der Realität seiner langen, öffentlichen Beziehung zu Elvis und der Gerüchte darüber, wie sehr er dem Entertainer schaden könnte, wenn man ihn herausforderte, konnte Priscilla keinen Vorteil darin erkennen, den alten Mann auf die Probe zu stellen. Es war leichter mitzuspielen, als ihn zu bekämpfen.

In der letzten Woche seines Lebens rief Parker weiterhin seine Freunde an. Anscheinend drängte er sie nicht, also vertrösteten sie ihn. Am Montag, dem 20. Januar 1997, wurde Parker von seinem Kardiologen Dr. Charles W. Ruggeroli, der ihn schon früher wegen Herzinsuffizienz behandelt hatte, in das Las Vegas Valley Hospital eingewiesen. Seine letzte, tödliche Krankheit war ohne Vorwarnung eingetreten: Loanne hielt sich in einem anderen Zimmer auf, als sie einen dumpfen Schlag hörte. Sie rief nach dem Colonel und fragte, ob alles in Ordnung sei, doch er antwortete nicht. Als sie ins Wohnzimmer kam, um nach ihm zu sehen, fand sie ihn zusammengesunken in seinem Sessel, einen Stapel Weihnachtspost von Fans im Schoß. Als er zusammenbrach, war er mit deren Beantwortung beschäftigt gewesen.

Der alte Mann hatte schon das ganze Jahr über mit schweren gesundheitlichen Problemen zu kämpfen gehabt, und der frühere Hundertvierzig-Kilo-Mann war weit von seinem Kampfgewicht entfernt. Loanne ließ ihn ins Krankenhaus bringen, und am Morgen darauf erlitt er einen Schlaganfall. Um 9.58 Uhr erklärte Dr. Ruggeroli ihn für tot.

Die Reaktionen auf Parkers Tod waren kurios. »Parker hat das Gebäude verlassen«, lautete die Schlagzeile in der *Entertainment Weekly*. Die Zeitschrift bezeichnete ihn als »den berüchtigtsten Rockmusik-Manager der Geschichte«. *Time* nannte ihn »Elvis Presleys Impresario«, der Mann, der »die Karriere des Kings lenkte« und exorbitante Prozentsätze nahm.

In Nashville, wo Parker und Marie viele Jahre lang ein Haus unterhalten hatten, waren die Reaktionen zurückhaltender. *The Nashville Banner* nannte ihn »den erfinderischen Kopf« hinter Elvis, und der *Tennessean* »den berühmtesten Manager in der Geschichte der Popmusik«.

In Las Vegas sagte Bruce Banke, der ehemalige Publicity-Manager des Hilton und langjährige Gefährte, einem Reporter des *Las Vegas Review-Journal*, Parker sei »der unglaublichste Promoter gewesen, den ich je getroffen habe«. Derselben Zeitung sagte der Entertainer Wayne Newton, die Hälfte von Parkers Existenz sei mit Elvis gestorben. Jetzt, da Parker tot sei, »sind alle tot«.

Die Elvis-Fanzeitschriften waren nicht so freundlich. In einem Nachruf mit der Überschrift »Sonofobituary« (etwa: Nachruf für einen Hurensohn), der in der *Now Dig This* veröffentlicht wurde, stellte Gordon Minto Parker als Hofnarren dar. »Leider scheint es, als würden wenige um ihn trauern«, schrieb er, »die Popmusikwelt hat ihren berüchtigtsten und umstrittensten Manager verloren. Einen wie ihn wird es mit Sicherheit nie wieder geben ... Zyniker würden vielleicht sagen, dies sei wahrlich die Endstation einer Verirrung (sic)«.

Das Bild, das in Parkers letzten Jahren von ihm gezeichnet wurde, unterschied sich auffallend von jenem, das ihn den größten Teil seines

Lebens begleitet hatte. Begriffe wie einschüchternd, verdrießlich, drohend, egoman schienen nicht mehr zutreffend.

Paul Lichter hatte als freier Verkäufer von Elvis-Memorabilia über die Jahre mehrere Auseinandersetzungen mit dem Colonel gehabt; woran er sich aber am stärksten erinnerte, war, wie er sich seinem Sohn Tristan gegenüber verhalten hatte. »Der Colonel überhäufte das Kind mit Geschenken«, sagt er. »Er war ein ausgesprochen großzügiger Mann.«

Einmal erzählte Tristan dem Colonel, er sei ein Fan von Michael Jackson. »Da Colonel das nun wusste, schickte er Tristan dieses großartige Foto von sich selbst mit Michael Jackson auf dem Balkon seiner Wohnung in Las Vegas«, erzählt Lichter. »Später bekam Tristan von Michael Jackson eine Einladung zu einer Party und eine Platin-Schallplatte von *Thriller*, und das alles nur wegen des Colonels.«[31]

Parkers langjähriger Mitarbeiter Al Dvorin, der sich um das Tagesgeschäft vieler Tourneen gekümmert hatte, teilt Lichters Meinung über die sanftere, fürsorglichere Seite des Colonels. »Er ließ mich die Schecks austeilen«, sagt Dvorin. »Ich habe den Leuten mehr bezahlt, als sie verdienten, das war seine Art, ihnen zu helfen. Wenn einer der Promoter, mit denen wir zusammengearbeitet haben, in Not geriet, kümmerte sich der Colonel um ihn ... er war ein guter Kumpel, ein guter Kamerad, beachten Sie also den verlogenen Blödsinn, den Sie in den Zeitungen lesen, gar nicht.«

Nicht sein Mangel an Großzügigkeit ist es, für den der Colonel am schärfsten kritisiert wird, sondern für die Art und Weise, wie er Elvis' Karriere gemanagt hat. Keith Richards, Gitarrist der Rolling Stones, sagt, es sei »geradezu skandalös gewesen, was Parker Elvis angetan hat.« Andere sehen es genauso. Die Geschäftsführerin der Broadcast Music, Inc., Frances Peterson, ist der Ansicht, Parker sei »nachlässig« mit Elvis' Finanzen umgegangen. »Er hat ein astronomisches Honorar dafür eingesteckt, Elvis zu managen, viel mehr als für ein Managerhonorar üblich, und deshalb wurden Elvis' Geschäfte nicht korrekt geführt«, sagt sie. »Parker hätte Elvis' Situation hinsichtlich der Medikamente besser beherrschen können. Sein Standpunkt war schlicht, sich lieber nicht einzumischen.«[32]

»Die größte Tragödie in der amerikanischen Musikgeschichte ist die Art und Weise, wie Elvis Presley gemanagt wurde«, sagte Marshall Grant (Musikmanager und Johnny Cashs einstiger Gitarrist). Menschen, die Elvis am Anfang seiner Karriere kannten, die sahen, wie verheißungsvoll sie war, werden nie verzeihen können, was der Colonel ihm angetan hat. »In meiner Funktion als Manager hatte ich nie besonders viel Respekt vor [Parker]«, so Grant. »Ich weiß, der Colonel ist tot und all das, und ich spreche nicht gern über Menschen, die schon begraben sind, aber Wahrheit muss Wahrheit bleiben. Meiner Ansicht nach war der Colonel kein Manager. Elvis hat sich selbst erschaffen ... ich weiß nicht, warum Elvis nicht gesagt hat: ›Hey, jetzt reichts!‹ Hätte Colonel Parker seine Arbeit ordentlich gemacht, hätte er verdammt noch mal alles getan, um dafür zu sorgen, dass Elvis auch in den kleinsten Winkel des Globus käme, ob er nun einen Pass hatte oder nicht. Ich kenne viele Manager, die nicht mit den Künstlern reisen. Er hatte Angst, jemand würde ihm Elvis wegnehmen, so wie er Elvis Bob Neal weggenommen hat.«

Grant glaubt, Parker wusste die ganze Zeit über von Elvis Sucht. »Natürlich wusste er es. Daran besteht kein Zweifel. Und er hat nichts unternommen. Er hätte versuchen können, ihm zu helfen. Das Einzige, was ihn interessiert hat, war das Geld, das Elvis ihm eingebracht hat. Er hat sich nie darum bemüht, die Situation zu verbessern.«[33]

Zu seinen Lebzeiten hatten viele Angst vor dem Colonel, fürchteten, etwas zu sagen, das ihn verärgern würde, fürchteten, den Zorn seiner Freunde auf höchster und niedrigster Ebene auf sich zu ziehen. Sein Tod wird dazu führen, dass seine Rolle in Elvis Presleys Laufbahn neu auf den Prüfstein kommt. Über die Jahre hat der Colonel vieles getan, um Elvis vor Menschen zu schützen, die ihm schaden wollten, und das sollte man ihm zugutehalten. Am Ende des Tages jedoch war sein Tod vielleicht das größte Geschenk, das er Elvis gemacht hat, denn nur durch sein Ableben ist offensichtlich geworden, dass Elvis am Ende seines Lebens nicht annähernd so durchgeknallt war, wie die Geschichte es darstellt.

Colonel Parker war kein religiöser Mann. Es existiert kein offizieller Beleg, dass er jemals die Existenz einer höheren Macht anerkannt hat. Niemand war von seinem Wunsch überrascht, seine Trauerfeier nicht in einer Kirche, sondern im Las Vegas Hilton abzuhalten. Es war stimmig, dass sein Übergang in eine andere Welt in einem Casino stattfand.

Die Trauerfeier war für 14.30 Uhr am Samstag nach seinem Tod angesetzt. Die strahlende Laufschrift des Hotels verabschiedete sich in gebührender Weise vom Colonel. Es war eine der seltenen Gelegenheiten, an denen *sein* Name in Leuchtbuchstaben oben auf der Anzeigentafel erschien. Loanne lud eine Reihe von Prominenten zur Feier ein, aber nur wenige kamen, mit Ausnahme von früheren Weggefährten wie etwa Eddy Arnold.

Alles in allem wohnten etwa zweihundert Menschen der Trauerfeier bei. Viele standen herum und erzählten von ihren Erinnerungen an den Mann. Gelegentlich wurde gelacht und gescherzt. Manchmal wurde geweint.

Die vielleicht größte Überraschung war die Anwesenheit von Priscilla Presley, dem Menschen, mit dem man auf der Trauerfeier für den Colonel wohl am allerwenigsten gerechnet hätte. Natürlich waren alle gekommen, um Colonel Parker zu sehen, der, vielleicht in einem kunstvollen Sarg liegend, der einem »Planwagen« nachempfunden war, auf die Schultern einer Gruppe von leichtfüßigen Kleinwüchsigen gehoben wurde. Aber er war erkennbar abwesend, denn er war bereits vor der Feier eingeäschert worden.

Die meisten seiner Freunde, die Parker in den Tagen vor seinem Tod angerufen hatte, kamen zu seiner Trauerfeier. Vielen tat es leid, dass sie ihn nicht mehr lebend gesehen hatten. Während sie sich miteinander unterhielten, stellten sie fest, dass viele von ihnen denselben Anruf erhalten hatten. Worüber hatte der Colonel sprechen wollen? Würde er aus dem Reich der Toten Kontakt mit ihnen aufnehmen und das Rätsel lösen?

Im Jahr nach seinem Tod weigerte sich Priscilla, ein Interview zu geben und über ihre Gründe, der Trauerfeier beizuwohnen, zu sprechen. Hatte sie ebenfalls einen Anruf erhalten, auf den sie nicht reagiert hatte? An einem Punkt während der Trauerfeierlichkeiten brach sie zusammen, schluchzend, und ihre Stimme erhob sich, sodass alle es hören konnten: »So haben wir das nicht abgemacht!«

Weinte Priscilla, weil Parker nach mehreren Jahren bei schlechter Gesundheit schließlich gestorben war? Oder weinte sie, weil er versprochen hatte, sie nach seinem Tod aus ihrer Gefangenschaft zu befreien, und sie plötzlich erkannte, dass das nicht geschehen würde? Vielleicht war es Inhalt der »Abmachung«, auf die sie sich bezog, dass ihr Albtraum durch seinen Tod enden würde? Hatte sie vergessen, dass die Trauerfeier in einem Casino stattfand, wo das Haus immer die größten Gewinnchancen hatte?

Die Trauerfeier verlief reibungslos, trotz eines unangenehmen Augenblicks, als ein aufdringlicher Zeitschriftenreporter aufgefordert wurde, den Raum zu verlassen. Dieser Reporter rief später ein paar Freunde des Colonels an und fragte sie, ob sie etwas über eine Mordermittlung wüssten, in die der Colonel in Florida verwickelt gewesen war. Es gebe ein Gerücht, der Colonel habe eine Freundin gehabt, die umgebracht worden sei.

Später am selben Tag wurde die Asche in den Palm Memorial Gardens in Las Vegas bestattet. Kaum hatten die Trauernden das Las Vegas Hilton verlassen, wechselte das Hotel die Reklameanzeige, um für einen bevorstehenden Schwergewichtspreiskampf zu werben. Für viele überraschend wollte der Colonel nicht neben Marie bestattet werden, die im Mausoleum des Spring Hill Cemetery in Madison, Tennessee, ihre letzte Ruhe gefunden hatte. Ebenso wie die Trauerfeier im Casino fand auch die Bestattung unter Ausschluss der Öffentlichkeit statt.

Als die Trauernden an jenem Tag abreisten, hatten sie das Gefühl, als sei etwas ungelöst geblieben. Diejenigen, die auf Erlösung gehofft hatten, wurden enttäuscht. Diejenigen, die sich einen versiegelten Umschlag erhofft hatten oder eine Erklärung oder einen Grund, der alles erklären würde, gingen leer aus. Und von Loanne wurden sie in den Monaten nach der Bestattung lediglich dazu aufgefordert, Stillschweigen über den Colonel zu bewahren.

In gewisser Weise hat Parker dafür gesorgt, dass er das letzte Wort haben würde. Nach Lage der Dinge konnte niemand sicher sein, dass er nicht aus dem Jenseits die Hand ausstrecken würde ... in einem Jahr, in zehn Jahren oder in zwanzig Jahren, durch Boten, die versiegelte Umschläge bei sich hätten, auf denen teuflische, mit schwarzem Schnee bespritzte Worte ständen, die ihr Leben völlig verändern würden.

Manche glauben, Colonel Parker habe übernatürliche Kräfte besessen und werde sich eines Tages erheben wie ein gigantischer, schwerfälliger Phoenix und mit ihm eine Armee steppender Kleinwüchsiger und – vielleicht – sogar der King höchstpersönlich, um seinen Thron als der größte Showman auf Erden zurückzufordern.

Andere glauben, der Meister der Gauner habe möglicherweise im aufgeblähten Körper des 45. Präsidenten der Vereinigten Staaten, Donald J. Trump, dem wohl größten Snowman in der Geschichte Amerikas, Gestalt angenommen.

In vielerlei Hinsicht hat die Geschichte des Colonel Tom Parker gerade erst begonnen.

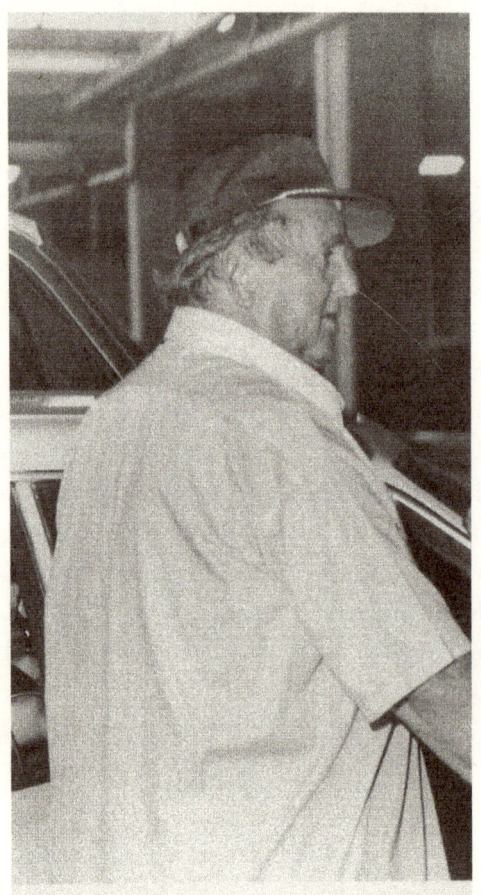

Ein ungepflegter Colonel Tom Parker trifft 1981 zu einem Gerichtstermin in Memphis ein (James R. Reid)

ANMERKUNGEN

Kapitel 1
1 Nachlassgericht von Shelby County, Tennessee (Akte A-655). Während der Regulierung des Nachlasses von Elvis Presley wurde Tom Parker erstmals als Kuijk identifiziert und aktenkundig gemacht. Er nahm diese Behauptung widerspruchslos hin und behauptete in weiteren Gerichtsverfahren in der Tat, kein Bürger der Vereinigten Staaten zu sein und somit nicht gezwungen werden zu können, die von einem amerikanischen Gericht geforderten Informationen zur Verfügung zu stellen.
2 Für sein Buch *Elvis and the Colonel* ermittelte der niederländische Autor Dirk Vellenga den Aufenthaltsort von Andreas van Kuijks noch lebenden Familienmitgliedern und befragte sie über Andreas' frühe Jahre in den Niederlanden.
3 McKennon, *A Pictorial History of the American Carnival*; Bogdan, *Freak Show*.
4 McKennon, *A Pictorial History of the American Carnival*.
5 McKennon, *A Pictorial History of the American Carnival*.
6 McKennon, *A Pictorial History of the American Carnival*.
7 Interview mit dem Autor am Vorabend seines 78. Geburtstags im Jahr 1997.
8 *The Commercial Appeal*; *Memphis Press-Scimitar*.
9 White, »Sinners in Dixie«, *Collier's* (26. Januar 1935); Berichte der Prudential-Versicherungsgesellschaft, 1910–1940; *The Commercial Appeal* (Kriminalberichte 1910–1950); Lee, *Beale Street*; Harkins, *Metropolis of the American Nile*; Leser, die sich für ausführliche Informationen über die frühe Geschichte von Memphis interessieren, besonders im Hinblick auf Gewaltverbrechen, werden in zwei Büchern dieses Autors fündig: *Dixie's Dirty Secret* und *Goin' Back To Memphis*.
10 McKennon, *A Pictorial History of the American Carnival*.
11 Wie die Glücksspielautomaten dorthin kamen – und an andere Orte in Louisiana –, wurde von John. H. Davis recherchiert, der in seinem Buch *Mafia Kingfish: Carlos Marcello and the Assassination of John F. Kennedy* nachvollzieht, wann Costello in den Bayou-Staat Louisiana kam.
12 Interview des Autors mit einem Historiker der US-Einwanderungsbehörde, U.S. Immigration and Naturalization Service; *The World Book Encyclopedia* (Ausgabe von 1964).
13 US-Einwanderungsbehörde, U.S. Immigration and Naturalization Service; *The World Book Encyclopedia* (Ausgabe von 1954).
14 Jahoda, *River of the Golden Ibis*.

15 Thomas A. Parker – Akte der Einberufungsbehörde, Selective Service.
16 Interview des Autors mit Debbie Taylor, Tampa Humane Society (1997); Hopkins, *Elvis*; diverse Artikel aus Zeitungen und Zeitschriften.
17 Thomas-A.-Parker-Akte der Einberufungsbehörde, Selective Service.

Kapitel 2
1 Swindell, Spencer Tracy; Ponti, Hollywood East.
2 Tom Parker – Akte der Einberufungsbehörde, Selective Service.
3 Während des Zweiten Weltkriegs, des Koreakriegs und des Vietnamkriegs blieben die allgemeinen Musterungsuntersuchungen weitgehend unverändert. Die vorliegende Beschreibung von Parkers Musterung wurde durch Interviews mit anderen Rekruten nachvollzogen und basiert auf den persönlichen Erfahrung des Autors mit ebendieser Untersuchung.
4 Richtlinien der Einberufungsbehörde, Selective Service System.
5 Tom Parker – Akte der Einberufungsbehörde Selective Service.
6 Arnold, It's A Long Way From Chester County; Streissguth, Eddy Arnold.
7 Arnold, It's A Long Way From Chester County.
8 Tom Parker – Akte der Einberufungsbehörde, Selective Service.
9 Sindler, Huey Long's Louisiana.
10 Martin, Dynasty: The Longs of Louisiana; Jeansonne, Leander Perez: Boss of the Delta. Weitere Informationen in diesem Kapitel über Jimmie Davis, Leander Perez und Huey Long gehen aus vielfältigen Quellen hervor, darunter Zeitungsartikel, Allan Sindlers Huey Longs Louisiana und Glen Jeansonnes Leander Perez: Boss of the Delta.
11 Davis, Mafia Kingfish.
12 Time-Life Books, Mafia.
13 Davis, Mafia Kingfish; Time-Life Books, Mafia. Weitere Informationen in diesem Kapitel über Carlos Marcello, Santo Trafficante und Meyer Lansky stammen von einer Vielzahl von Quellen, darunter Time-Life Books, Mafia, und Curt Gentrys Buch J. Edgar Hoover: The Man and The Secrets.
14 KWKHs Louisiana Hayride, Souvenirheftchen.
15 Interview mit Al Dvorin.
16 The Nashville Tennessean; Nashville Banner.
17 The Nashville Tennessean (7. Mai 1953).
18 Streissguth, Eddy Arnold.
19 The Nashville Tennessean.
20 Snow, The Hank Snow Story. Weitere Informationen in diesem Kapitel über Hank Snow kommen von der Associated Press, The Commercial Appeal, der Nashville Banner, The Hank Snow Story und anderen Quellen.
21 Snow, The Hank Snow Story.
22 Interview mit Scotty Moore. Moores Schilderung von Elvis' erster Aufnahmesession im Memphis Recording Studio, damals im Besitz von Sam Phillips, unterscheidet sich wesentlich von Phillips' Beschreibung. Der Autor verwendet Moores Schilderung, da diese von dessen Ehefrau Bobbie Moore sowie von Phillips' Mitarbeiterin Marion Keisker bestätigt wurde. Der Autor interviewte Sam Phillips mehrere Male und glaubt, seine Erinnerungen seien aufrichtig. Im Hinblick auf die unterschiedlichen Schilderungen von Phillips und anderen ist

der Autor zu dem Schluss gekommen, dass Phillips, der kein Musiker ist, weniger geeignet ist, sich genau an alle Einzelheiten, besonders im musikalischen Bereich, zu erinnern. Eher wird er sich detailliert an die geschäftlichen Aspekte dieser Sessions erinnern, wie zum Beispiel den Vertrieb der Schallplatten.
23 Interview mit Bobbie Moore.
24 Interview mit Bobbie Moore.
25 Interview mit Scotty Moore.
26 Interview mit Scotty Moore; Moore und Dickerson, That's Alright, Elvis.
27 Der Autor hat den Vertrag, dessen Original sich im Besitz von Scotty Moore befindet, geprüft.
28 Interview mit Frank Page; Hopkins' Interview mit Page, Spezialsammlungen, Universität von Memphis. Alle Zitate in diesem und anderen Kapiteln des Buches, die Marion Keisker zugeschrieben werden, stammen aus Interviews von Jerry Hopkins und wurden für den Saal mit Spezialsammlungen in der Bibliothek der Universität von Memphis gestiftet, wo man sie einsehen kann.

Kapitel 3
1 Scotty Moore – Elvis Presleys Management-Vertrag vom 12. Juli 1954; abgebildet in *That's Alright, Elvis* (Seite 66).
2 Der Original-Brief befindet sich in den Archiven von Scotty Moore.
3 Interview mit Jerry Hopkins, Bibiliothek der Universität von Memphis.
4 Interview mit D. J. Fontana.
5 Interview mit Scotty Moore.
6 Snow, *The Hank Snow Story.*
7 Interview mit Scotty Moore.
8 Highway 82, der von Greenville bis zur Staatsgrenze zwischen Alabama und Mississippi von Osten nach Westen quer durch Mississippi verlief, galt als Grenze für die Verbrecherfamilien in New Orleans und Memphis.
9 Sammlung des Senators Kenneth McKellar, Bibliothek von Memphis und Shelby County; Sammlung von John D. Martin, Bibliothek von Memphis und Shelby County; ausführliche Informationen über die Unterwelt in Memphis erhalten Sie in Dickerson, *Dixie's Dirty Secret.*
10 Interview mit Evelyn Black Turveville.
11 Interview mit Bobbie Moore.
12 Interview mit June Carter Cash.
13 Interview mit Marshall Grant.
14 Interviews mit Scotty Moore und D. J. Fontana.
15 Guralnick, Last Train To Memphis: Elvis Presley – Sein Aufstieg 1935–1958 (*Last Train To Memphis*).
16 Keisker, *Memphis: 1948–1958*; Jerry Hopkins' Interview mit Keisker.
17 Jerry Hopkins' Interview mit Keisker, Universität von Memphis.
18 *Memphis Press-Scimitar.*
19 Interview mit Sam Phillips, Spezialsammlungen, Bibliothek der Universität von Memphis; Interviews mit Sam Phillips und Kemmons Wilson, Gruber, *Memphis: 1948–1958;* Interviews des Autors mit Partnern von Kemmons Wilson, die nicht genannt werden wollen; weiterführende Information siehe Dickerson, *Goin'Back To Memphis.*

20 Snow, *The Hank Snow Story.*
21 Snow, *The Hank Snow Story.*
23 *New York Times* (30. und 31. Dezember); *The Commercial Appeal* (29. und 30. Dezember); 1972 Gesetzgebung des Staates Mississippi (kommentiert), Band 2, Titel 3; Mississippi Department of Archives and History, Jackson, Mississippi; Sammlung des Gouverneurs Paul B. Johnson an der Universität von Southern Mississippi in Hattiesburg, Mississippi; weitere Informationen zur Gesetzgebung in Dickerson, *Dixie's Dirty Secret.*
24 Mississippi Rep. A. C. »Butch« Lambert.
25 *Nashville Tennessean,* 30. November 1956.
26 Interview mit Scotty Moore; Moore und Dickerson, *That's Alright, Elvis.*
27 Elvis Presleys FBI-Akte.
28 Associated Press, *Nashville Banner,* 15. August 1983.
29 Sammlung von Jerry Hopkins, Spezialsammlungen, Universität von Memphis, »Elvis Presley's Personal Appearances«, vom Juni 1970.

Kapitel 4
1 Statistiken und eine Fallstudie aus Mississippi finden Sie in Dickerson, *North To Canada* (Kapitel 3).
2 Elvis Presleys Akte bei der Einberufungsbehörde, Selective Service.
3 Elvis Presleys Akte bei der Einberufungsbehörde, Selective Service.
4 United Press International, 4. August 1955.
5 Elvis Presleys Akten beim Nachlassgericht.
6 *The Commercial Appeal.*
7 Interview mit Hal Kanter.
8 Interview mit Scotty Moore.
9 Interview mit Gordon Stoker.
10 Elvis Presleys Akte bei der Einberufungsbehörde, Selective Service, welche die Einberufungs- und Einstufungsbescheide von 32 Männern enthält, einschließlich Presleys.
11 Interview mit Jack Clement.
12 Interview mit Brenda Lee.
13 Elvis Presleys' FBI-Akte; Allen, »Elvis Given 60-Day reprieve«, *The Commercial Appeal,* 28. Dezember 1957.
14 Archiv von Scotty Moore.
15 Interview mit Scotty Moore; Moore und Dickerson, *That's Alright, Elvis.*
16 Das Interview wurde von Radio und Fernsehen aufgenommen und über Presseagenturen verbreitet.
17 In einem Urteil vom Juli 1989 entschied der Richter am Amtsgericht von Jackson, Mississippi, William Barbour, dass die Kommission sich an einer weitreichenden Verschwörung beteiligt hatte, um den Südstaatlern ihre konstitutionellen Rechte abzuerkennen. In *Dixie's Dirty Secret* listet Dickerson eine Vielzahl an Verbrechen auf, die von der Kommission begangen wurden.
18 In *Mafia Kingfish* schildert der Autor John Davis Kohns Versuch, Carlos Marcello gerichtlich zu belangen; weitere Informationen siehe Time-Life Books, *Mafia.*
19 Interview mit Al Dvorin.

Kapitel 5

1. Elvis Presleys FBI-Akte (der Autor verweist nicht auf Seitenzahlen, da die 663 Seiten umfassende Akte vom FBI nicht paginiert wurde).
2. Elvis Presleys FBI-Akte.
3. Interview mit Scotty Moore.
4. Archiv von Scotty Moore.
5. Brief von Walter Jenkins an Colonel Tom Parker, 22.12.1959, Senate Masters, Box 142, Bibliothek von Lyndon B. Johnson.
6. Brief von Lyndon Johnson an Colonel Parker, 29.12.1959, Senate Masters, Box 142, Bibliothek von Lyndon B. Johnson.
7. Brief von Lyndon B. Johnson an Colonel Parker, 10.12.1959, Senate Masters, Box 142, Bibliothek von Lyndon B. Johnson.
8. Elvis Presleys FBI-Akte.
9. Elvis Presleys FBI-Akte.
10. Elvis Presleys FBI-Akte.
11. Marion Keisker, Hopkins-Sammlung, Universität von Memphis.
12. Godbout, *The New York Times*, 4. März 1960.
13. Mitchell, *The Commercial Appeal*, 3. März 1960.
14. Interview mit Scotty Moore.
15. Associated Press, 9. November 1960, berichtete über die Versuche des Gouverneurs von Louisiana, Jimmie Davis, gegen die Segregation in den Schulen anzukämpfen, und seine Drohung, die Staatsmiliz zu aktivieren.
16. Davis, *Mafia Kingfish*.
17. Interview mit Scotty Moore; Moore und Dickerson, *That's Alright, Elvis*.
18. Burk, *Memphis Press-Scimitar*, 27. February 1961.
19. *The Commercial Appeal*.
20. Interview mit einem Partner Parkers, der nicht genannt werden will.
21. Hopkins, *Elvis*.
22. Wilder, *Tampa Tribune*, 4. August 1961.
23. Meffert, *Tampa Tribune*, 16. Juli 1961.
24. Interview mit Hal Kanter.
25. Brief von Lyndon Johnson an Colonel Parker, 15.12.1962, »VP Masters«, Box 38, Bibliothek von Lyndon B. Johnson.

Kapitel 6

1. Im Jahr 1997 nahm der Autor Kontakt mit Trude Forsher auf, um sie für das vorliegende Buch zu interviewen. Sie sagte, sie wolle kein Interview geben, es sei denn, sie werde dafür bezahlt, was der Autor ablehnte. Forsher, die in einem Pflegeheim in Kalifornien lebte, reagierte vergnügt, lachte in sich hinein und meinte, ihr Grundsatz, dass Interviews bezahlt werden sollten, stehe im Einklang mit den Vorgaben, die der Colonel über die Jahre gemacht hatte, den Medien keinesfalls etwas ohne Bezahlung zu geben.
2. Parker, *Elvis: The Secret Files*; Hal Wallis Interview, DeGolyer Institute of American Studies at Southern Methodist University, Dallas, Texas.
3. Interview mit Scotty Moore.
4. Brief, Bibliothek von Lyndon B. Johnson. Brief, Walter Jenkins an Colonel Parker, 6.12.1963, »WHCF«, Box 54, Bibliothek von Lyndon B. Johnson.

5 Hopkins, *Elvis*.
6 Clayton und Heard, *Elvis Up Close*.
7 Knott, »Elvis' Acting Still Limps After 10 years, 12 Movies«, *The Commercial Appeal*, 16. Juni 1966.
8 Barber, *Memphis Press-Scimitar*, 15. Februar 1964.
9 *Ibid.*
10 Elvis Presleys FBI-Akte.
11 Elvis Presleys FBI-Akte.
12 Brief, Scotty Moore an Colonel Parker, 1. April 1964, Archiv von Scotty Moore.
13 Interview mit Evelyn Black Turveville; Moore und Dickerson, *That's Alright, Elvis*.
14 Interview mit Evelyn Black Turveville.
15 Bevor Abe Fortas an die Yale University ging, wo er sein Jurastudium abschloss, brachte er sich durch das College in Memphis, indem er in einer Band mit dem Namen The Blue Melody Boys Geige spielte. In Memphis kannte man ihn als »Fiddlin' Abe« (Abe, der Geigenspieler).
16 Informationen über Abe Fortas' Verbindungen zu Kasinos in Las Vegas durch die Great American und potenzielle Verbindungen zu der Parvin Foundation durch den Richter am Obersten Gerichtshof, William Douglas, stammen aus vielfältigen Quellen, darunter Curt Gentrys *The man and the Secrets*, sowie aus einem Zeitungsartikel in der Scripps-Howard vom 12. November 1968 von Dan Thomasson und Nicholas Norrock über Fortas' Verbindungen zur Immobilienbranche in Virginia; ein Artikel vom 6. Mai 1969 von Thomasson über Douglas' Leitung der Albert Parvin Foundation, in deren Aktienbestand ein Kasino enthalten war, dessen Eigentümer Meyer Lansky war; ob sowohl Fortas als auch Douglas mit der Parvin Foundation in Verbindung standen, ist nicht mehr nachvollziehbar, da die FBI-Akten über Fortas und Douglas vernichtet wurden, wie aus einem Telefongespräch des Autors mit einem Beamten des FBI hervorging. Abe Fortas' FBI-Akte, die dem Autor 1998 zur Verfügung gestellt wurde, legt eine Reihe illegaler Handlungen durch den Richter am Obersten Gerichtshof nahe.
17 Davis, *Mafia Kingfish*.
18 Williams, *The Commercial Appeal*, 18. Januar 1966.
19 *Memphis Press-Scimitar*, 1. Mai 1964; *The Commercial Appeal*, 7. Mai 1966.
20 Elvis Presleys Akte des Nachlassgerichts (Nr. A-655).
21 Elvis Presleys Akte des Nachlassgerichts.
22 Presley, *Elvis und ich (Elvis and Me)*.
23 Sammlung des Gouverneurs Paul B. Johnson, Bibliothek der Universität von Southern Mississippi.
24 Moore und Dickerson, *That's Alright, Elvis*.
25 Interview mit Scotty Moore.
26 Interview mit Paul Lichter.
27 Elvis Presleys FBI-Akte.

Kapitel 7
1 Interview mit Scotty Moore.
2 Interview mit Chips Moman.
3 Interview mit Scotty Moore; Moore und Dickerson, *That's Alright, Elvis*.
4 Abe Fortas' FBI-Akte.

5 Abe Fortas' FBI-Akte.
6 Presseerklärung des Hotels Las Vegas International.
7 Champlin, *Los Angeles West Magazine*, 19. Oktober 1969; Informationen über Bill Miller stammen von Nat Freelands Artikel »Star-Making For Los Angeles« in der Ausgabe von *Entertainment World* vom 8. Mai 1970.
8 Elvis Presleys Akten des Nachlassgerichts.
9 Elvis Presleys FBI-Akte.
10 Elvis Presleys FBI-Akte.
11 Presley, *Elvis und ich (Elvis and Me)*.
12 Elvis Presleys FBI-Akte.
13 Elvis Presleys FBI-Akte.
14 Elvis Presleys FBI-Akte.
15 Interview mit Paul Lichter.
16 Interview mit Paul Lichter.
17 Interview mit Paul Lichter.
18 Eine Kopie von Barron Hiltons Brief an Colonel Parker mit dem Angebot, ihm über einen Zeitraum von drei Jahren jährlich 50 000 Dollar für seine Dienste als »Berater« zu zahlen, befindet sich in den Akten des Nachlassgerichts über die gerichtliche Regulierung von Elvis Presleys Vermögen.
19 Ibid.
20 Elvis Presleys Akten des Nachlassgerichts.
21 Elvis Presleys Akten des Nachlassgerichts.
22 Elvis Presleys Akten des Nachlassgerichts.
23 Nigel Winfield war Vorsitzender der Commercial Air Transport Sales in Miami; Lawrence Wolfson tätigte Geschäfte bei Transworld Industries und Leasco; Frederick Pro war Vorsitzender von Air Cargo Express und verschiedenen anderen Unternehmen, darunter die in Florida registrierte Holding Parker-West; Philip Kitzer war leitender Mitarbeiter bei Seven Oaks Finance in Minneapolis, Minnesota sowie Partner von drei Offshore-Banken – der Mercantile Bank and Trust in St. Vincent auf den Britisch-Westindischen Inseln, der First National City Bank and Trust Company in Granada, Westindische Inseln sowie der Seven Oak Finance Bank in Kent, England. Alle Informationen im vorliegenden Buch über die Ermittlungen des FBI im Jetstar-Betrugsfall gehen aus Akten des FBI, aus Akten des Büros des Innenministeriums in Florida sowie aus den genannten Zeitungsartikeln hervor.
24 Elvis Presleys FBI-Akte.
25 Elvis Presleys FBI-Akte.
26 Elvis Presleys FBI-Akte.
27 Elvis Presleys FBI-Akte.
28 Elvis Presleys FBI-Akte.

Kapitel 8

1 Interview mit Hickman Ewing 1991 während seiner Zuständigkeit als US-Staatsantwalt für West-Tennessee.
2 Elvis Presleys Akte des Nachlassgerichts.
3 Interview mit Donna Presley Early; Vernon Presleys Aussagen stammen aus Earlys Erinnerungen.

4 Kinsley, »Parker Continues as Elvis Manager«, *The Commercial Appeal*, 25. August 1977. Eine Kopie von Vernon Presleys Vereinbarung mit Parker befindet sich in Elvis Presleys Akte des Nachlassgerichts.
5 Elvis Presleys Akte des Nachlassgerichts.
6 Elvis Presleys Akte des Nachlassgerichts.
7 Die Liste befindet sich in Elvis Presleys FBI-Akte.
8 Frederick Pro, Lawrence Wolfson, Philip Kitzer, Raymond Baszner, Gareiel Caggiano und Roy Everett Smith, laut Elvis Presleys FBI-Akte.
9 Elvis Presleys FBI-Akte.
10 Triplet, »Partial List of Elvis's Assets, Graceland Inventory Filed«, *The Commercial Appeal*, 23. November 1977.
11 Triplet, »Partial List of Elvis's Assets, Graceland Inventory Filed«.
12 Im April wurde er unter bewaffnetem Schutz nach Memphis gebracht, wo er sich schuldig des Betrugs im Jetstar-Fall bekannte. Er erhielt eine Gefängnisstrafe von insgesamt zehn Jahren.
13 Elvis Presleys FBI-Akte. Einzelheiten über die Verständigung im Strafverfahren zwischen Pro und dem Gericht wurden nie öffentlich gemacht, aber elf Vergehen, derer er in Memphis angeklagt war, wurden vom Justizministerium fallen gelassen. Pro erhielt eine Geldstrafe von 20 000 Dollar und wurde zu einer Gefängnisstrafe von vier Jahren verurteilt, die später auf drei Jahre verkürzt wurde.
14 Elvis Presleys Akte des Nachlassgerichts.
15 Interview mit Donna Presley Early.
16 Elvis Presleys Akte des Nachlassgerichts.
17 Chism, »RCA, Parker Accused of Plot to Cheat Elvis«, *The Commercial Appeal*.
18 »Judge Widens Lawyer's Powers in Elvis Estate Case«, *The Commercial Appeal*.
19 Interview mit David McGriff.
20 George Fenneman starb am 29. Mai 1997.
21 *Memphis Press-Scimitar*, 1. August 1981.
22 »Silence Follows Probate Court Report on Cheating of Elvis«, *The Commercial Appeal*, 3. August 1981.
23 Thomas Andrew Parker vs. Joseph Hanks, Priscilla Presley and the National Bank of Commerce, Eighth Judicial District Court of the State of Nevada in the County of Clark, A211531 und A213589.
24 Im Juli 1982 wurden Lawrence Wolfson, Nigel Winfield, Gabriel Caggiano und Raymond Baszner von einem Geschworenengericht der Verschwörung für schuldig befunden. Alle anderen Anklagepunkte waren vom Justizministerium fallen gelassen worden. Sie erhielten Gefängnisstrafen von durchschnittlich zwei Jahren und ihre Geldstrafen rangierten zwischen 2000 und 10 000 Dollar. Es war wohl kaum das spektakuläre Ende eines Falles, der Milliarden von Dollars, den berühmtesten Künstler der Welt sowie Mafia-Verbindungen von der Fraternity bis hin zur Cosa Nostra einschloss. Für die Verurteilten war es kaum mehr als eine Verwarnung. Niemand war besonders überrascht. Ohne Elvis oder Vernon Presley im Zeugenstand hatte der Fall seine Schlagkraft verloren.
25 The Editors, Time-Life Books, *True Crime: Mafia*.
26 Beck, »Elvis estate, Colonel Parker end battle«, *Memphis Press-Scimitar*, 16. November 1982; Bloom, »Col. Parker settles for $2 million«, *Memphis Press-Scimitar*,

20. Juni 1983; »Elvis estate will settle with Parker«, *The Commercial Appeal*, 17. November 1982.

27 Interview mit Gesprächspartnern, die nicht genannt werden wollen.

28 Der Autor besuchte die Gruft im Jahr 1998.

29 Interview mit früheren Partnern, die nicht genannt werden wollen. Informationen über Colonel Parkers Begräbnisfeier wurden aus Interviews mit seinen Freunden und Bekannten zusammengetragen, die fast ausnahmslos darum baten, nicht namentlich genannt zu werden. Informationen über seinen Tod und die Zeit danach stammen aus einer Vielzahl von Quellen, darunter das Standesamt in Nevada, das Büro der Rechtsmedizin in Clark County sowie Presseberichte. Das Valley Hospital, wo Parker starb, weigerte sich, einen Kommentar über ihn abzugeben, ebenso wie das Hotel Hilton International, das mit einem Schreiben reagierte und sich darauf berief, es könne keinerlei Kommentar über Einzelheiten aus dem Leben des Colonels ohne die Genehmigung durch seine Witwe abgeben.

30 Interview mit Paul Lichter.

31 Interview mit Frances Preston.

32 Interview mit Marshall Grant.

33 Laut Dan Grossi, Kriminalbeamter in Tampa und Leiter der Mordkommission, ist das Gerücht unwahr, Colonel Parker sei von den Behörden in Florida über den Mord an einer angeblichen Freundin verhört worden; auf Bitten des Autors recherchierte Grossi in alten Akten und sprach mit altgedienten Kollegen, konnte jedoch keine Hinweise darauf finden, dass Parker jemals zu einem Mord befragt worden war.

BIBLIOGRAFIE

Bücher

Arnold, Eddy. *It's a Long Way From Chester County*. Old Tappan, New Jersey: Hewitt House, 1969.

Bogdan, Robert. *Freak Show: Presenting Human Oddities for Amusement and Profit*. Chicago: University of Chicago Press, 1988.

Bronson, Fred. *The Billboard Book of Number One Hits*. New York: Billboard Publications, 1985.

Brown, Peter und Steven Gaines. *The Love You Make: An Insider's Story of the Beatles*. New York: Signet, 1976.

Cotton, Lee. *Did Elvis Sing In Your Hometown?* Sacramento, California: High Sierra Books, 1995.

Cusic, Don. *Eddy Arnold: I'll Hold You in My Heart*. Nashville: Rutledge Hill Press, 1997.

Davis, John H. *Mafia Kingfish: Carlos Marcello and the Assassination of John F. Kennedy*. New York: McGraw-Hill, 1989.

Dawson, Joseph. *The Louisiana Governors*. Baton Rouge: Louisiana State University Press, 1990.

Dewitt, Howard A. *Elvis: The Sun Years*. Popular Culture, Ink, 1993.

Dickerson, James. *Goin' Back To Memphis: A Century of Blues, Rock 'n' Roll, and Glorious Soul*. New York: Schirmer Books, 1996.

– *Coming Home: 21 Conversations About Memphis Music*. Memphis: Scripps Howard, 1986.

– (mit Scotty Moore). *That's Alright, Elvis: The Untold Story of Elvis's First Guitarist and Manager, Scotty Moore*. New York, Schirmer Books, 1997.

– *Dixie's Dirty Secret: The True Story of How the Government, the Media, and the Mob Conspired to Combat Integration and the Vietnam Antiwar Movement*. Armonk, New York: M.E. Sharpe, 1998.

Editors, *Mafia*. Alexandria, Virginia: Time-Life Books, 1993.

Esposito, Joe. *Good Rockin' Tonight*. New York: Simon & Schuster.

Facts on File Yearbook. New York: Facts on File, 1966.

Gentry, Curt. *J. Edgar Hoover: The Man and The Secrets*. New York: Plume, 1991.

Goldman, Albert. *Elvis*. New York: McGraw-Hill, 1981.

Gruber, J. Richard. *Memphis: 1948–1958*. Memphis: Memphis Brooks Museum Of Art, 1986.

Guralnick, Peter. *Last Train to Memphis: Elvis Presley – Sein Aufstieg 1935–1958 (Last Train To Memphis: The Rise of Elvis Presley*. New York, Little, Brown, 1994.)

Hannaford, Jim und G. J. Rijff. *Inside Jailhouse Rock.* Holland: Jim Hannaford Productions, 1994.
Harkins, John E. *Metropolis of the American Nile.* Oxford, Mississippi: The Guild Bindery Press, 1991.
Hopkins, Jerry. *Elvis: A Biography.* New York: Simon and Schuster, 1971.
Jahoda, Gloria. *River of the Golden Ibis.* New York: Holt, Rinehart and Winston, 1973.
Key, Jr., V. O. *Southern Politics.* New York: Random House, 1949.
Lee, George W. *Beale Street: Where the Blues Began.* College Park, MD: McGrath, 1969.
McAleer, Dave. *The All Music Book of Hit Singles.* London: Carlton Books, 1994.
McKennon, Joe. *A Pictorial History of the American Carnival* (Band 1). Sarasota, Florida: Carnival Publishers, 1971.
Miller, William D. *Memphis During the Progressive Era.* Memphis: Memphis State University Press, 1957.
Murphy, Bruce Allen. *Fortas: The Rise and Ruin of a Supreme Court Justice.* New York: William Morrow, 1988.
Nash, Alanna mit Billy Smith, Marty Lacker und Lamar Fike. *Elvis Aaron Presley: Revelations from the Memphis Mafia.* New York: HarperCollins Publishers.
Ownbey, Jack and Bob Burris. *The Hank Snow Story.* Chicago: University of Illinois Press, 1994.
Parker, John. *Elvis: The Secret Files.* London: Anaya Publishers, 1993.
Pierce, Patricia Jobe. *The Ultimate Elvis.* New York: Simon & Schuster, 1994.
Ponti, James. *Hollywood East.* Orlando, Florida: Tribune Publishing, 1992.
Presley, Priscilla Beaulieu und Sandra Harmon. *Elvis und ich (Elvis and Me).* New York: Putnam.
Preston, Patricia Tunison and John Preston. *Frommer's Comprehensive Travel Guide: Tampa & St. Petersburg.* New York: Prentice Hall Travel, 1991.
Reeves, Miriam. *The Governors of Louisiana.* Gretna, Louisiana: Pelican Publishing, 1962.
Rijff, Ger J. und Jan van Gestel. *Fire in the Sun.* Amsterdam: Tutti Frutti Productions, 1991.
Shaw, Arnold. *Dictionary of American Pop/Rock.* New York: Schirmer Books, 1982.
Smith, Gene. *Elvis's Man Friday.* Nashville: Light of Day Publishing, 1994.
Stambler, Irwin und Grelun Landon. *The Encyclopedia of Folk, Country & Western Music.* New York: St. Martin's Press, 1969.
Streissguth, Michael. *Eddy Arnold: Pioneer of the Nashville Sound.* New York: Schirmer Books, 1997.
Swindel, Larry. *Spencer Tracy: A Biography.* New York: World Publishing, 1969.
Thompson, Charles C. und James P. Cole. *The Death of Elvis: What Really Happened?* New York: Delacorte, 1991.
Vellenga, Dirk mit Mick Farren. *Elvis and the Colonel.* New York: Delacorte Press.
Whitburn, Joel. *Billboard Top 1000 Singles (1955–1992).* Milwaukee: Hal Leonard 1993.
Wilson, Charles Reagan und William Ferris. *Encyclopedia of Southern Culture.* Chapel Hill, North Carolina: University of North Carolina Press, 1989.
Worth, Fred und Steve D. Tamerius. *All About Elvis.* New York: Bantam Books, 1981.
Wright, Fred W. *City Smart Guidebook: Tampa / St. Petersburg.* Santa Fe, New Mexico: John Muir Publications, 1966.

Zeitungen
The Commercial Appeal, Memphis, Tennessee.
The Memphis Press-Scimitar, Memphis, Tennessee.
The Nashville Tennessean, Nashville, Tennessee.
The Nashville Banner, Nashville, Tennessee.
The New York Times, New York, New York.

Interviews des Autors (aufgezeichnet)
Carter Cash, June (1985)
Clement, Jack (1985, 1996)
Dvorin, Al (1998)
Ewing, Hickman (1991)
Fontana, D. J. (1996, 1997)
McGriff, David (1997)
Grant, Marshall (1997, 1998)
Grossi, Dan, Sergeant Tampa Police Department
Historiker der US-Einwanderungsbehörde (U.S. Immigration and Naturalization Service) (1998)
Kanter, Hal (1997)
Lee, Brenda (1997)
Lichter, Paul (1998)
Moman, Chips (1985, 1986, 1987, 1988)
Moore, Bobbie (1996, 1997)
Moore, Scotty (1995, 1996, 1997, 1998)
Page, Frank (1997)
Phillips, Sam (1985, 1986)
Presley Early, Donna (1998)
Preston, Frances (1997)
Sedlmayr, Carl Jun. (1997)
Stoker, Gordon (1996)
Taylor, Debbie, Tampa Humane Society (Juli 1997)
Turveville, Evelyn Black (1996, 1997)

Archive, Bibliotheken und Spezialsammlungen
FBI (Federal Bureau of Investigation), Akte Elvis Presley, Akte Abe Fortas
Einberufungsbehörde (Selective Service System)
Akte Thomas A. Parker (Hillsborough County, Florida) Classification Record, Seite 101
Akte Elvis A. Presley (Shelby County, Tennessee)
Archiv Scotty Moore, Nashville, Tennessee
Universität von Memphis
Spezialsammlungen, Bibliothek der Universität von Memphis, Memphis, Tennessee. Interviews mit Marion Keisker, Steve Shoals, Sam Phillips, Scotty Moore, Bob Neal und Frank Page
Mississippi Department of Archives and History, Jackson, Mississippi
Universität von Southern Mississippi
Sammlung Governor Paul B. Johnson, Hattiesburg, Mississippi
Bibliothek von Memphis und Shelby County
Sammlung Senator Kenneth McKellar, Memphis, Tennessee

Artikel

Adams, Malcolm. »Elvis Wants No Fancy Fuss When He puts up Uniform.« *Commercial Appeal.* 17. Februar, 1960.
Allen, Richard. »Elvis Given 60-Day Reprive – Army Won't Stop Career.« *Commercial Appeal.* 28. Dezember 1957.
– »Presley To Net $9.86 On Final PAY.« 5. März 1960. Associated Press. »Jealous Ohioan Punches at Elvis.« August 5, 1960.
– »Elvis Shines in Vegas Appearance.« 2. August 1969.

Barber, Tom. »The White Elephant.« Memphis Press-Scimitar. 15. Februar, 1964.
Beck, Randell. »Report Says Manager's Deals Defrauded Elvis.« *Memphis Press-Scimitar.* 1. August 1981.
Blalock, Bill. »Presley's Invasion of State Has Everybody Cooperating.« Tampa Tribune. 3. August 1961.
Bradford, Vernon. »State To Pay $8,000 To Help Finance Presley Film.« *Tampa Tribune.* 3. August 1961.
Bruce, Russell »It's Elvis ›the King of Swing‹ Now.« Associated Press. 4. Februar 1956.
Burk, Bill. »Elvis Is Shocked At Musicians Quitting.« *Memphis Press-Scimitar.* 21. September 1957.
– »Elvis Ambition: To Be Fine Actor.« *Memphis Press-Scimitar.* 27. Februar 1961.

Carpenter, John. »Vegas Pays the King's Ransom.« *Los Angeles Free Press.* 29. August 1969.
Champlin, Charles. »Las Vegas.« *Los Angeles Times West Magazine.* 19. Oktober 1969.
Chisum, James. »Elvis' Former Wife Files for Benefits of Divorce.« *The Commercial Appeal.* 3. Februar 1978.
Christgau, Robert. »Elvis in Vegas.« *The Village Voice.* 4. September 1969.
Cronin, Peter, Scott Isler und Mark Rowland. »Elvis Presley: An Oral Biography.« *Musician.* Oktober 1992.

Dalton, David. »Elvis.« *Rolling Stone.* 21. Februar 1970.
Dickerson, James. »Presley Pal Still Pickin'.« *CoverStory.* Vol 2, No. 44 (1993).
Donahue, Michael. »That's All Right, Mama«. *Mid-South Magazine.* 11. August 1981.

Edwards, Joe. »Originator says ›Elvis the Pelvis‹ disliked name.« Associated Press. 1983.
Embry, Pat. »The Colonel«. *Nashville Banner.* 12. Juni 1987.
Freedland, Nat. »Bill Miller: Star-Making For Las Vegas.« *Entertainment World.* 8. Mai 1970.
Henry, Polly. »Tampa Beauty Home From Hollywood But Not For Long.« *St. Petersburg Times.* 11. Juli 1961.
Holmes, Charles. »There Was No Favoritism In Armor Branch Service – Different ›After House‹«. *The Commercial Appeal.* 28. Februar 1960.
Godbout, Oscar. »Presley Flies In To Drop The ›Sgt.‹« *The New York Times.* 4. März 1960.

James, Steve. »The Acoustic Roots of Rock.« *Acoustic Guitar.* Juli/August 1994.
Johnson, Robert. »The Elvis Diary.« *Sixteen.* Mai 1957.

Kingsley, James. »Threatening Telegram Pulls Presley Out of Deal For 707«. *The Commercial Appeal.* 14. Februar 1975.
– »Elvis Buys Manager $1.2-Million Plane«. *The Commercial Appeal.* 12. Juli 1975.
Knott, John. »Elvis's Acting Still Limps After 10 Years, 12 Movies«. *The Commercial Appeal.* 10. Juni 1966.
KWKH, »Louisiana Hayride«. A souvenir booklet (Veröffentlichungsdatum unbekannt).

Lawson, Herbert. »Uncollectible Drafts on West Indian Bank Flood U.S. and Total Millions of Dollars«. *The Wall Street Journal.* 19. Oktober 1976.
LeBrecque, Ron. »Poor Health Brings Mobsters Together«. *Miami Herald.* 15. Dezember 1977.

Martin, Neville. »The King and I.« *Guitarist.* November 1992.
Meffert, Neil. »Elvis Comes To Yankeetown«. *The Tampa Tribune.* 16. Juli 1961.
Mitchell, Henry. »For Civilian ›Mr.‹ Tomorrow«. *The Commercial Appeal.* 3. März 1960.
– »Elvis and Fans Share Thrills at his Joyous Homecoming«. *The Commercial Appeal.* 8. März 1960.

Nashville Banner. »Is Col. Parker Ready to ›Sell‹ Elvis Presley?« 28. April 1977.
Newsweek. »Return of the Pelvis.« 11. August 1969.
Nolan, John. »Singer Still Bears Scars of Abuse in Childhood.« Associated Press. 18. Mai 1979.

Orloff, Kathy. »Elvis Hasn't Lost It.« *Chicago Sun-Times.* 10. August 1969.

Porteous, Clark. »Cotton Is No. 1 On City's Hit Parade.« *Memphis Press-Scimitar* (9. Mai 1954).
– »Two Big Charity Shows.« *Memphis Press-Scimitar.* 25. Februar 1961.

Randall, Nancy. »Elvis – The Memory Lives. *Nine-O-One Network.* Dezember 1987.
– »Elvis«. *Nine-O-One Network.* Juli/August 1987.
– »The Men Who Shot Elvis.« *Nine-O-One Network.* Juli/August 1987.

Shaw, Arnold. »An Unrecorded Chapter of the Elvis Presley Story.« *Billboard.* (undatiert).
Scott, John L. »Subdued Presley Returns to Vegas«. *Los Angeles Times.* 2. August 1969.
Scott, Vernon. »Famous Singer in Turnabout«. *United Press International.* 26. September 1968.
Schumach, Murray. »Money No Object In Sinatra Show«. *The New York Times.* 13. Mai 1960.
Sims, Lydel. »Genuine Respect For Elvis Has Grown In Home Town«. *The Commercial Appeal.* 8. März 1960.

Thomas, Bob. »It Looks Like Romance For Presley and Ann-Margret«. *Associated Press*. 6. August 1963.
Triplett, John. »Graceland Inventory Files«. *The Commercial Appeal*. 23. November 1977.

United Press International. »Presley Rejects Las Vegas Offer«. 11. August 1969.
– »Elvis Freed From Jet Contract«. 9. Mai 1975.

White, Owen P. »Sinners in Dixie«. *Collier's* (26. Januar 1935).
Wilder, Paul. »Dispute Over State Funds To Help on Elvis Presley Film Upsets His Manager«. *The Tampa Tribune*. 4. August 1961.

REGISTER

Aberbach, Jean 252, 253
Alden, Ginger 260
Andress, Ursula 188, 189
Arnold, Eddy 32, 36–44, 51–60, 63, 76, 80, 86, 88, 96, 102, 117, 154, 253, 297
Austin, Gene 27, 28

Baldwin, Arthur 262 f.
Beatles 195, 200–203, 207, 216, 232, 241
Bevo 39 f.
Bienstock, Freddie 194, 196, 226, 252
Binder, Steve 215–218, 227
Black, Bill 63, 66, 74, 103, 152, 159, 164, 172, 199, 202
Black, Evelyn 85
Blue Moon Boys 67, 69–72, 79, 81–85, 103, 200
Bowers, Milton 130, 131
Burton, James 228

Carolla, Sam 23
Carter, June 85f.
Cash, Johnny 85f., 94, 197
Clement, Jack 132
Costello, Frank 23, 47
Covington, Pappy 72
Crump, E. H. »Boss« 18, 83, 94, 115, 130
Csida, Joe 58

Davis, Jimmie 45, 47, 55, 84, 144, 164, 169, 303, 307
Davis, Oscar 19, 59, 68, 70, 78
Diskin, Tom 52, 57f., 61, 77–80, 90, 130, 144, 196, 198, 204, 218, 226f., 245

Dvorin, Al 52, 146, 246, 288, 295

Early, Donna Presley 264, 271f.
Ed Sullivan Show 104, 109, 121
Epstein, Brian 200f.
Evans, Joseph 270, 276, 282ff.
Ewing, Hickman 262–265, 269

Federation for Constitutional Government 100
Fenneman, George 278, 280
Fontana, D. J. 72, 78, 91, 216, 228
Fortas, Abe 154, 204f., 222, 229, 241, 285
Fortas, Alan 205, 211f., 219
Francisco, Jerry 266

Gabriel, Kathy 135
Garland, Hank 129
Geissler, Harry 263, 270, 283
Glick, Leonard 120
Grand Ole Opry 37f., 42, 49, 51, 70f., 86, 133
Grant, Marshall 87

Hartman, Jon 188
Hill and Range 96f., 135, 154, 194, 196, 226, 252
Hilton, Barron 243, 248, 267, 270, 288
Hodge, Charlie 217, 219
Hookstratten, Gregory 237
Hoover, J. Edgar 105, 108, 151, 156, 240
Hutchinson, Larry 277, 278

Jenkins, Walter 154
Johnson, Lynda Bird 204
Johnson, Lyndon B. 154 f., 185, 192, 197, 214, 221
Johnston, Erle 213
Jones, Johnny J. 11ff.
Juanico, June 119

Kahanamoku, Duke 176
Kanter, Hal 122ff., 183, 189
Katzman, Sam 193, 199
Keisker, Marion 62, 93, 158
Kerkorian, Kirk 230
Kitzer, Philip 254, 256, 259f., 267, 269, 285
Klein, George 212

Lacker, Marty 212, 224, 226
Lastfogel, Abe 145
Lee, Brenda 134
Lichter, Paul 218f., 244–247, 295
Long, Huey 23, 47
Louisiana Hayride 49f., 70, 72, 83, 104

Marcello, Carlos 23, 47f., 72, 84, 144f., 169, 206, 285
McGriff, David 277–280
Miller, Mitch 95
Milton Berle Show 104f.
Mississippi Sovereignty Commission 101, 111
Mobley, Mary Ann 199, 213
Moman, Chips 224–228, 237
Moore, Bobbie 71, 85
Moore, Scotty 62, 74, 152, 157, 184, 198, 228, 261
Mott, Bitsy 24f.
Murphy, George 239

Neal, Bob 70, 73, 76–79, 81, 86, 88, 90, 93, 97f., 296
Nelson, Gene 193, 199
New-Madrid-Verwerfung 75
Nichopoulos, George 258, 264, 276f., 280
Nixon, Richard 221, 239ff., 249, 257

Page, Frank 72
Parker, Loanne 247, 251, 290–294, 297, 299
Parker, Marie 10, 24f., 28, 30, 42, 83, 88, 143, 175f., 187, 212f., 217, 237, 247, 259f., 265, 268, 273–276, 288f., 294, 298
Parkhill, George 196
Pearl, Minnie 59, 177
Perez, Leander 47, 144, 169
Perkins, Luther 152
Perkins, Thomas Wayne 152
Phillips, Dewey 77
Phillips, Sam 68, 70–74, 79, 86, 88, 93–97, 100, 132, 138, 158, 172, 198, 227
Ponsie, Marie 10
Prell, Milton 212, 230
Presley, Gladys 62, 67, 85–89, 93, 97, 116, 133, 137ff., 168, 206
Presley, Lisa Marie 213, 217, 237, 247, 259 f., 268, 271, 273f., 276
Presley, Priscilla 155f., 168, 171, 184f., 190, 192, 203, 208f., 212f., 217, 220, 228, 232, 237–241, 247, 259, 267f., 270–275, 281, 283, 284, 286ff., 292f., 297f.
Presley, Vernon 67, 85–89, 93, 97, 100, 129, 133, 137–141, 149, 156, 168, 171, 197, 212, 220, 238–241, 247, 255ff., 260, 263–272
Preston, Frances 184
Pro, Frederick 254, 256, 259, 267, 269, 285

Reynolds, Debbie 107f.
Ross, Robert 24

Schilling, Jerry 239
Sedlmayr, Carl jun. 13–16, 19, 25, 27, 39, 101, 107, 207
Shaw, Arnold 88f.
Sholes, Steve 89f., 95, 97, 110, 127
Shoofey, Alex 210, 230f., 249
Shore, Dinah 254
Sinatra, Frank 70, 145, 162, 164, 166, 173, 178, 212, 215, 220, 231, 268
Sinatra, Nancy 160, 165, 231

Smith, Beecher 256, 275, 282
Snow, Hank 50f., 57–61, 68–71, 80ff., 85–90, 97ff., 107
Soden, Jack 286f.
Stanley, Dee 168
Stewart, James 33
Stoker, Gordon 130, 133, 293
Stoller, Mike 135f.
Stone, Mike 217, 247

Thurmond, Strom 100
Tracy, Spencer 33
Trafficante, Santo 48, 84
Trumbo, Dalton 33

Tual, Blanchard 273, 280, 283
Tubb, Ernest 38, 51

Upson, Dean 37, 52, 53, 56, 58

van Kuijk, Andreas 10f.

Webb, James Earl 26ff., 268
Webb's City 26f.
Whitman, Slim 69f.
Wiginton, Chuck 130
Wilson, Kemmons 94, 97, 305
Wolfson, Lawrence 254
Wood, Anita 141, 154

DER VERLAG DER STARS! hannibal

Gillian G. Gaar
Elvis – Die Legende
Autorisiert vom Graceland Archiv
Hardcover, 192 Seiten
ISBN 978-3-85445-622-3

Elvis Presley, der King of Rock'n'Roll, starb am 16. August 1977. Doch seine Legende lebt weiter: Im Laufe der Jahrzehnte entdeckten immer wieder neue Fan-Generationen seine Musik und seine Filme. Die alten haben niemals aufgehört, seine Songklassiker zu hören, zu „Hound Dog" oder „Jailhouse Rock" zu tanzen oder zu „Always On My Mind" zu träumen. Elvis Presley war nicht nur irgendein Rocksänger. Er war der Inbegriff eines Lebensgefühls.

Wenn er das konservative Amerika mit seiner sexy Ausstrahlung, den körperbetonten Auftritten und der Haartolle zunächst auch noch so sehr schockierte, so verkörperte er doch ganz und gar den amerikanischen Traum.

George Klein, Chuck Crisafulli
Elvis – Mein bester Freund
Hardcover, 384 Seiten
ISBN 978-3-85445-328-4

Als George Klein noch die achte Klasse der Humes High School besuchte, da konnte er noch nicht ahnen, welchen Platz der neue Schüler mit der Gitarre – ein Junge namens Elvis – in seinem späteren Leben einmal annehmen würde. Doch als GK (ein Spitzname, den Elvis ihm gab) diesen Jungen zum ersten Mal singen hörte, wusste er, dass Elvis Presley etwas Besonderes war. Klein begleitete Elvis' steile Karriere, kostete das wilde Leben im Showgeschäft aus und blieb dem „King of Rock'n'Roll" bis zu dessen viel zu frühem Tod im Jahre 1977 stets ein enger und loyaler Freund.

Elvis – Mein bester Freund ist ein aufrichtiges und unterhaltsames Buch, das ganz neue Perspektiven auf das Phänomen Elvis und die frühen Tage des Rock'n'Roll eröffnet. George Klein schreibt sehr liebevoll über den Freund – darüber, wer der König des Rock'n'Roll wirklich war und wie er sich verhielt, wenn er nicht im Rampenlicht stand.

www.hannibal-verlag.de

James L. Dickerson arbeitete für eine Reihe renommierter amerikanischer Tageszeitungen und verfasste zahlreiche Biografien, u. a. über Nicole Kidman, Russell Crowe oder Faith Hill. Besonderes Lob erhielt er für seine Bücher über die Musikgeschichte des amerikanischen Südens, *Mojo Triangle* und *Memphis Going Down*. Gemeinsam mit Elvis' erstem Gitarristen und Manager Scotty Moore schrieb er *That's Alright, Elvis* und *Scotty & Elvis*.